郑岩 著

逝者的面具
汉唐墓葬艺术研究

Masking Death:
Funerary Art of Medieval China

图书在版编目（CIP）数据

逝者的面具：汉唐墓葬艺术研究 / 郑岩著 . —北京：北京大学出版社，2013.2
（艺术史丛书）
ISBN 978-7-301-21794-8

Ⅰ.①逝… Ⅱ.①郑… Ⅲ.①随葬品（考古）—面具—艺术评论—中国—汉代～唐宋时期 Ⅳ.①K878.94

中国版本图书馆CIP数据核字（2012）第301062号

书　　名	逝者的面具：汉唐墓葬艺术研究
著作责任者	郑　岩　著
责任编辑	谭　燕
标准书号	ISBN 978-7-301-21794-8/J·0487
出版发行	北京大学出版社
地　　址	北京市海淀区成府路205号　100871
网　　址	http://www.pup.cn　新浪微博：@北京大学出版社
电子邮箱	编辑部 wsz@pup.cn　总编室 zpup@pup.cn
电　　话	邮购部 010-62752015　发行部 010-62750672
	编辑部 010-62707742
印 刷 者	北京汇林印务有限公司
经 销 者	新华书店
	720毫米×1020毫米　16开本　26.5印张　442千字
	2013年2月第1版　2024年6月第7次印刷
定　　价	79.00元

未经许可，不得以任何方式复制或抄袭本书之部分或全部内容。
版权所有，侵权必究
举报电话：010-62752024　电子邮箱：fd@pup.cn
图书如有印装质量问题，请与出版部联系，电话：010-62756370

目 录

古代墓葬与中国美术史写作（代前言）/ 1

第一编 新艺术类型的兴起 / 17
  风格背后——西汉霍去病墓石刻新探 / 18
  关于墓葬壁画起源问题的思考——以河南永城柿园汉墓为中心 / 55
  西汉石椁墓与墓葬美术的转型 / 76

第二编 画像主题与社会 / 97
  山东临淄东汉王阿命刻石的形制及其他 / 98
  汉代艺术中的胡人形象 / 126
  关于汉代丧葬画像观者问题的思考 / 147

第三编 墓主形象及其意义 / 167
  墓主画像研究 / 168
  墓主画像的传承与转变——以北齐徐显秀墓为中心 / 195
  逝者的"面具"——论北周康业墓石棺床画像 / 219
  青州北齐画像石与入华粟特人美术——虞弘墓等考古新发现的启示 / 266

第四编 制度、空间与形式 / 307
  论"邺城规制"——汉唐之间墓葬壁画的一个接点 / 308
  崔芬墓壁画初探 / 337
  压在"画框"上的笔尖——试论墓葬壁画与传统绘画史的关联 / 352
  论"半启门" / 378

后 记 / 420

古代墓葬与中国美术史写作
（代前言）

本书的第一幅插图是湖南长沙马王堆1号西汉墓出土的帛画（图1）[1]。近几十年来，这幅帛画已经家喻户晓，公众可以在博物馆、教科书、邮票、互联网，乃至日常生活用品的包装设计中看到其真身以及所衍生出的种种图像。除了被置于历史学、考古学、神话学、民俗学等学科中加以描述和阐释，通过美术史家的写作，它也成为中国美术传统的重要一页。从这一页向后翻，我们还可以看到顾恺之、董源、张择端、黄公望、董其昌、石涛、徐悲鸿，乃至徐冰等艺术家的名字以及他们的作品[2]。一项偶然的考古发现何以成为美术史著作屡屡征引的"经典"？我们应该用什么语言来描述和解读它？

实际上，马王堆帛画的"美术史研究价值"并非与生俱来，在墓葬被发掘之前，其意义主要存在于与墓主人的关系上——伴随着西汉长沙国的软侯夫人长眠于封闭严密的墓穴中；两千多年前，它还可能出现于与丧葬有关的一系列仪式中，与参加仪式的人产

图1 湖南长沙马王堆1号西汉墓出土帛画（采自中国古代书画鉴定组：《中国绘画全集》第1卷，北京、杭州：文物出版社、浙江人民美术出版社，1997年，第3页，图版3）

---

[1] 考古发掘报告见湖南省博物馆、中国科学院考古研究所：《长沙马王堆一号汉墓》，北京：文物出版社，1973年。
[2] 例如，在近年来为美国多所大学采用的一部中国美术史教科书中，就可以看到关于马王堆帛画和上述艺术家及其代表作的介绍。见 Robert L. Thorp and Richard Ellis Vinograd, *Chinese Art and Culture*, New York: Harry N. Abrams, Inc., 2001; 中文版见杜朴、文以诚：《中国艺术与文化》，张欣译，北京：世界图书公司，2011年。

生各种联系。换言之，在被制作和使用时，其内部、外部种种物质和非物质的因素，都不是以艺术的名义存在和展开的。1972年的考古发掘使这幅帛画得以重生。从两千多年的大梦中醒来，帛画色彩如新。但是，它所面对的不再是当年的长沙国、汉王朝，而是当今的长沙市、中国、世界，它与原来主人的关系，与其所属时代、地域、制度、习俗等的关系不再是其唯一的文化坐标值。

像马王堆帛画这样的古代墓葬材料进入中国美术史写作，说到底是新的学术理念与古老材料的交汇；在技术层面上，则是美术史与考古学两个学科的交汇。尽管这种交汇已经有了近一个世纪的实践，但是还远没有完成，我们时时处在十字路口上。在这样的背景下，有必要回顾一下美术史学界对于古代墓葬研究的历程，以便做出更加自觉的选择。限于篇幅，我在这里无法详细梳理具体材料和研究成果，而偏重于对相关概念和方法的反思。

一

我们在传统文献中时常可以读到有关古代墓葬的文字，或记载与死亡相关的事件和礼仪[1]，或提及零散出土的遗物，或铺陈一些离奇的传说。成书于6世纪初的郦道元的《水经注》是一部内容宏富的地理百科全书，其中提到的古代陵墓多达260余处。书中的叙述和论说往往基于实地考察的材料，反映出作者作为一位地理学家和史学家的专业眼光。首次提及古代墓葬材料的美术史著作是唐人张彦远的《历代名画记》[2]。该书所收录的绘画作品既包括卷轴、屏风、画幛，也包括大量寺观壁画，取材远比后世的画史著作广泛。张彦远还将东汉大儒赵岐列入"叙历代能画人名"[3]，原因是赵岐

---

[1] 如《仪礼》中记载的古代丧葬制度就非常详细，相关研究见陈公柔：《士丧礼、既夕礼中所记载的丧葬制度》，《考古学报》1956年第4期，第67—84页；又见陈公柔：《先秦两汉考古学论丛》，北京：文物出版社，2005年，第79—100页。
[2] 可以说这是最早的一部绘画通史，该书为中国绘画建立起了基本的历史叙事，其中清晰地贯穿了画家的师承关系，以及各种风格发展的过程，由此开启了中国"画学"的传统，初步具备了学科的意义。
[3] 张彦远撰，秦仲文、黄苗子点校：《历代名画记》，北京：人民美术出版社，1963年，第101页。

生前曾在自己预先修建好的墓室中作画。张彦远所依据的是范晔《后汉书·赵岐传》的记载[1]，这几乎是传统画史中唯一提到的墓葬壁画的例子。张彦远将这个故事收入书中，是因为"上古质略，徒有其名，画之踪迹，不可具见"[2]，所以只好求助于时代更早的文献，但是，这并不说明他清楚地意识到了墓葬壁画在美术史写作中的价值，例如大量唐墓壁画的材料就没有进入张彦远的视野。

宋代以后，金石学兴盛，相关著作所收录的青铜器、碑志、玉器等有不少出自古代墓葬。但是，以证经补史为主要目的，以考订文字为基本手段的金石学，极少注意古物艺术价值的研究，更不会刻意强调古物与墓葬的关联。

清末光绪年间（1875—1908）修建河南开封至洛阳的汴洛铁路（今陇海铁路的一部分）时，在洛阳邙山发现大量色彩鲜艳的唐代釉陶墓俑。其中少部分流入北京的古董市场，直到光绪三十三年（1907）被罗振玉发现后[3]，其艺术与历史价值才开始被认识到，这些墓俑也获得了"唐三彩"的定名。与此同时，大批唐三彩已流散于国外收藏家和博物馆的手中。在西方学者撰写的中国美术史著作中，以唐三彩为代表的墓俑多出现于有关"雕塑"的章节中。在中国，鲁迅、郑振铎等人也收藏此类物品[4]，他们将这些用于随葬的明器认定为"艺术品"，赋予了它们新的生命。

此外，墓葬中的"绘画"也被发现。最早的例子是洛阳"八里台"西汉墓室壁画[5]。这是绘在由五块空心砖拼砌而成的一堵梯形山墙上的壁画，大约在1916年前后出土于洛阳郊区的一座西汉晚期墓葬。墓砖从墓室中被拆出后，经上海商人转手盗卖出中国。1925年，巴黎古董商卢芹斋（C.T.Loo）将竞拍所得的这组文物转赠给美国波士顿美术馆（Museum of Fine Arts, Boston）[6]。此后，这组壁画便频频出现

---

[1]《后汉书》，北京：中华书局，1965年，第2124页。
[2] 张彦远撰，秦仲文、黄苗子点校：《历代名画记》，第30页。
[3] 罗振玉：《古明器图录》，艺术丛编本，1916年；自影印本，1919年；新影印本，南京：江苏古籍出版社，2003年。
[4] 冯宝琳：《记鲁迅先生手绘的两幅土偶图》，《文物》1961年第10期，第22页；故宫博物院：《捐献大家——郑振铎》，北京：紫禁城出版社，2005年。
[5] 洛阳一带并无"八里台"的地名，据考该墓出土地当在今洛阳老城以西。见黄明兰、郭引强：《洛阳汉墓壁画》，北京：文物出版社，1996年，第9页。
[6] Otto Fischer, *Die Chineseische Malerei der Han-Dynastie*, Berlin: Neff Verlag, 1931, pp.82-83.

图 2　美国波士顿美术馆展出的洛阳"八里台"西汉墓壁画（郑岩摄影）

于西方各种中国美术史的著作中。但是，与我在该馆所拍摄的这组壁画的全貌（图2）不同，多数著作选取的只是壁画的一个局部（图3），它的材质被忽略，更不必说原来在墓葬中的位置。经过对图片的剪裁，它更像一幅"画"，就像我们在纸或帛上所看到的画面一样方正。与赵岐的作品只呈现于文献的状况不同，"八里台"壁画的采用使得美术史的叙事不再停留在文字层面，更增添了图像证据。但是，二者在某些方面又是相似的：其一，它们都满足了史家将绘画史的时间维度向更早时代延伸的目的；其二，它们都在"画"的概念下被描述和阐释。这两个方面的影响一直到今天还可以看到。

总体上说，20世纪的中国美术史研究处于传统学术向现代学术的转型中。在这个过程中，西方和日本学者的同类著作自然被援为"公例"。早期出自中国学者之手的一些美术史讲义就源于对国外同类著作的编译，其基本架构与国外的中国美术史著作差别不大[1]。与此相伴，20世纪中国的美术学院也是直接或间接地（如通过学习日

---

[1] 如1920年前后陈师曾在北京美术学校的授课讲义《中国绘画史》（济南：翰墨缘美术院，1923年）即根据日本学者中村不折、小鹿青云的《支那绘画史》（1913年）编写。陈氏门人俞剑华在回忆文章中说明了陈氏《中国绘画史》的渊源："约在1920年左右陈师曾在艺术学校讲授的《中国绘画史》是据日人中村不折、小室翠云（后又译作小鹿青云）合著的《支那绘画史》而加以改编。这一份讲义，在他去世以后铅印出版，可以说是近代所出《中国绘画史》的先锋。"（俞剑华：《陈师曾（传记）》，周积寅、耿剑主编：《俞剑华美术史论集》，南京：东南大学出版社，2009年，第430页）此条材料承王雪峰先生提供，特此致谢。

本或苏联）按照西方的"公例"建立的，而美术史教材的第一批读者往往设定为美术院校的学生，因此，西方美术史著作中常见的"绘画、雕塑、建筑、工艺美术"的四分法就被长期套用在中国美术史的材料上。所以，上述对于"八里台"壁画的处理方式，在中外学者的著述中均普遍存在。

中国拥有上千年的"画学"传统，当西方美术的分类系统与中国材料对接时，最容易处理的概念是"绘画"。20世纪美术史学者们对于彩陶和墓室壁画持续的兴趣，很大

图3 高居翰（James Cahill）所著《中国绘画》（Chinese Painting）一书的插图只选取了洛阳"八里台"汉墓壁画的一个局部，这是很多中国美术史著作常见的方式。（James Cahill, Chinese Painting, New York: Rizzoli International Publications, Inc., 1977, p. 13.）

程度上与中国"画学"的传统以及西方"绘画"的概念相关。在80年代开始出版的60卷本《中国美术全集》，以及后来陆续出版的近300卷的《中国美术分类全集》中，"绘画"类作品年代最早的是史前时期的彩陶，其次是汉唐时代的墓室壁画、画像石、画像砖。这些出土于墓葬的材料与出于名家手笔的传世品并肩而立，构成了中国绘画史的"全集"。

从总体上看，彩陶研究至今仍是考古学家的专利，而没有成为美术史家所关注的热点领域，其在美术史写作中的价值主要体现于通论性著作中。它们与玉器、岩画等史前遗存一起，使得中国美术的时间跨度向前大大延展，充分显示出"源远流长"的特征。彩陶纹样实际上只是器物外表的装饰，在许多图录中，纹样的"展开图"将有曲度的器物表面转化为二维的平面，其中图像内容比较复杂的一类，确乎成了地道的"画"，但随葬彩陶的墓葬却很少被提到（图4）。

同样，在研究墓葬中以雕刻或模印工艺制作的画像石、画像砖时，传统的拓片技术得到了广泛的应用。拓片使得画像砖石更具有"画"的特征，很多时候，人们研

图4 青海乐都柳湾马家窑文化马厂类型895号墓（采自青海省文物管理处考古队、中国社会科学院考古研究所：《青海柳湾——乐都柳湾原始社会墓地》下，北京：文物出版社，1984年，图版14.1）

究的不是砖石本身，更不是它们所属的墓葬，而是捶拓在宣纸上的黑白影像（图5）。有很多研究者将汉代墓室壁画、画像石、画像砖，以及漆器和铜镜图案等统称为"汉画"，进一步强化了与"绘画"概念的对接。湖南长沙陈家大山和子弹库战国墓葬出土的两幅帛画[1]，则被很多研究者描述为"最古老的卷轴画"。

对材料属性的认定，决定了研究者提出问题的出发点和所采用的方法。在相关研究中，对于图像主题的考证和风格的讨论是最常见的两个方面。关于长沙马王堆1号墓帛画的细致解读是前者的代表，研究者除了关注画面内部各个部分之间的关系，还借助于同时期的文献典籍。这样的做法虽然类似于西方美术史的图像志

图5 四川郫县出土东汉制盐画像砖及其拓片（照片由四川省博物馆提供，拓片采自魏学峰主编：《中国画像砖全集·四川画像砖卷》，成都：四川美术出版社，2005年，第81页，图110）

---

[1] 湖南省博物馆：《新发现的长沙战国楚墓帛画》，《文物》1973年第7期，第3—4页；湖南省博物馆：《长沙子弹库战国木椁墓》，《文物》1974年第2期，第36—43页；熊传新：《对照新旧摹本谈楚国人物龙凤帛画》，《江汉论坛》1981年第1期，第90—94页。

图6 冯云鹏、冯云鹓《金石索》之一页。在摹刻的画像旁边，可以读到作者针对画面内容所作的考证。（采自冯云鹏、冯云鹓：《金石索》，北京：书目文献出版社，1996年，第1448、1449页）

(Iconography) 研究，但实际上更多地来源于中国固有的考据传统，如清代冯云鹏、冯云鹓的《金石索》一书就对照文献，对山东嘉祥东汉武氏祠的画像内容进行了详细考证，成绩极大（图6）。在这样的研究中，学者们除了使用文献，同时也注意寻求画面内部各个细节之间的逻辑关系，最后达到图像与文献的互证。对主题的考证为进一步研究图像的意义奠定了必要的基础，这方面的成果十分丰富。但也有较多的论著将文字和图像之间的关系看得过于简单，其结论难免穿凿附会。

相较于对主题的考证，美术史家的兴趣更多地体现于对图像风格的关注。如《中国美术全集·墓室壁画》中的一张图版选取了山西太原北齐娄睿墓壁画中门吏的头部[1]，整套图像的主题因而变得难以理解，但是，壁画用笔和设色的方式却由此凸现出来（图7）。这样，对于风格的讨论，就很容易局限于技法等问题上，而这恰恰是人们在研究卷轴画时常常关心的问题。

面对中古时期的考古材料，关于样式的讨论也是一个持续的热点。对于样式的描述，如"曹衣出水"、"吴带当风"，往往来源于传世文献。这些文字具有极强的概括力，弥足珍贵，但同时它们也有可能造成我们观察图像时先入为主的限定，阻碍了对于其他形式特征的关心。

---

[1] 宿白主编：《中国美术全集·绘画编12·墓室壁画》，北京：文物出版社，1989年，图版67。

图7 壁画局部的照片使得其用笔和设色的特征十分突出（采自宿白主编：《中国美术全集·绘画编12·墓室壁画》，图版67）

在《历代名画记》一书中，张彦远曾为绘画风格样式的逻辑关系提供了一个解释性框架，即画家的"师资传授"。这种类似于汉晋谱牒之学的框架使得作品与作者联系在了一起。但是，考古发现的墓室壁画并没有类似赵岐事迹的背景，我们对其作者一无所知。笼罩在传统绘画史的叙事习惯中，许多研究者执著于对墓室壁画作者的推考。如有人认为北齐娄睿墓壁画中的人马出自杨子华手笔[1]，江苏丹阳南朝墓葬中的竹林七贤与荣启期砖画与顾恺之、陆探微或戴逵有关[2]。这样的思路显然受到传统

---

[1] 史树青：《从娄叡墓壁画看北齐画家手笔》，《文物》1983年第10期，第29—30页；史树青：《娄叡墓壁画及作者考订》，《中国艺术》创刊号，北京：人民美术出版社，1985年，第22页；宿白：《太原北齐娄叡墓参观记》，《文物》1983年第10期，第27页。

[2] 南京博物院、南京市文物保管委员会：《南京西善桥南朝大墓及其砖刻壁画》，《文物》1960年第8、9期合刊，第42页；林树中：《江苏丹阳南齐陵墓砖印壁画探讨》，《文物》1977年第1期，第71—72页；金维诺：《我国古代杰出的雕塑家戴逵和戴颙》，氏著：《中国美术史论集》，北京：人民美术出版社，1981年，第83—89页。

画学研究强大的影响。

与墓室壁画的情况相似，墓俑和神道石刻常常被美术史家认定为"雕塑"。但是，在近代之前并没有系统的中国雕塑史写作。阿部贤次（Stanley K. Abe）研究了19世纪末、20世纪初中国宗教和陵墓石刻被中外古董商、收藏家和学者们收集的过程，从中可以看到中国古代宗教偶像、陵墓石刻等如何被转化为"雕塑"[1]。在20世纪中国美术史的写作中，西方雕塑史成为一个强大的参照系，学者们试图构建起一个与之相对应和抗衡的中国雕塑传统。在这个过程中，西方雕塑的术语被大量借用来描述中国作品，如此一来，对一尊石雕菩萨像最高的赞誉便是"东方维纳斯"，对于秦始皇陵兵马俑的赞美与颂扬古希腊巴特农神庙浮雕的语言如出一辙。实际上，直接以西方雕塑的术语来描述中国材料，而不是结合中国历史文化背景对其加以修正，无论如何也无法构建起与西方相对应的中国雕塑史，这就像我们以中国"书法"的概念和术语去写一部"欧洲书法史"一样。

陵园布局和墓室结构可以被归入"建筑"一类。在刘敦桢主编的《中国古代建筑史》中，每个历史时段都有"陵墓"一节[2]。但是，现有的建筑史著作主要侧重于类型和结构的描述，而很少论及建筑的艺术特征以及与历史和文化的关系。在中国高校使用的大部分中国美术史讲义中，建筑只是在形式上加入了"美术"的大家庭，却远没有成为其有机的组成部分。讲义中出现的多是建筑立面的照片，而很少采用反映其法式结构的测绘图。也就是说，除了大致的外在形象，建筑史家所关心的建筑结构并没有得到美术史讲义编写者足够的重视。不谈结构，其艺术价值自然也无法深究。至于墓室建筑，讲义中更是绝少提及，在论及壁画和随葬品时，很少采用墓室平面图或剖面图。

在通史写作中，对于随葬品则往往择其"精美"者，按照质地进行分类和重新排列后，归入"工艺美术"的章节，但其作为随葬品的属性、组合关系、排列方式则

---

[1] Stanley K. Abe, "From Stone to Sculpture: The Alchemy of the Modern," in *Treasures Rediscovered: Chinese Stone Sculpture from the Sackler Collections at Columbia University*, Miriam and Ira D. Wallach Art Gallery, Columbia University in the City of New York, 2008, pp. 7-16.
[2] 刘敦桢主编：《中国古代建筑史》（第二版），北京：中国建筑工业出版社，1984年。

很少被提及。墓志和碑刻被当作"书法"来研究,所以讲义中的插图只是拓片中一个局部,研究者只关心"字"的风格,而不在意"文"的内容。

上述为人们所熟悉的视角和方法显然更多地来源于已有的知识框架,而不是新的材料。尽管如此,这些视角和方法仍具有一定的合理性。例如,根据题记可知,画像石在汉代即被称作"画"[1],墓室壁画在南北朝以后也越来越与日常生活中的绘画具有相似的布局与风格,也就是说,将墓葬中的图像当作"画"来研究的做法,在很多情况下与古人的观念是一致的[2]。作为狭义"艺术品"的卷轴画与墓室壁画虽然不是单线的传承关系,但在技术层面仍然有着许多内在的关联。当然,这并不说明我们可以随意地将现行的作品分类体系和概念套用在墓葬材料上,我们应该意识到,使用这些概念以及由此衍生出的方法时,需要研究其学术史的背景,反思其理论前提。

二

实际上,墓室壁画、画像石等图像材料与后世卷轴画的关联只是问题的一个方面,在另一方面,它们又存在着很大的差别,例如,前者不像后者一样是艺术活动的产物,而是丧葬礼仪的组成部分,它们也不是用来欣赏的画作,其预设的观者往往只是信念中死者不灭的灵魂[3]。考虑到墓葬材料的这些特性,近年来另一个值得注意的方向是将墓葬放置在更大的历史文化背景下来理解其内部的各种元素。1997年出版的柯律格(Craig Clunas)的《中国艺术》一书[4],放弃了一般通史著作面面俱到的

---

[1] 画像石的概念沿用了金石学家的定名,其依据即来自汉代碑铭,如宋人洪适《隶释》卷十六在著录山东嘉祥东汉武氏祠画像题记时,提到武梁碑中"雕文刻画,罗列成行,摅骋技巧,委蛇有章"一句,曰:"似是谓此画也,故予以武梁祠堂画像名之。"(洪适:《隶释 隶续》,北京:中华书局,1985年,第168—169页)又,山东苍山东汉元嘉元年(151)画像石墓题记亦称墓中画像为"画"(山东省博物馆、山东省文物考古研究所:《山东汉画像石选集》,济南:齐鲁书社,1982年,第42页)
[2] 关于这个问题的讨论,参见本书《压在"画框"上的笔尖——试论墓葬壁画与传统绘画史的关联》一文。
[3] 相关讨论可参见本书《关于汉代丧葬画像观者问题的思考》一文。
[4] Craig Clunas, *Art in China*, Oxford and New York: Oxford University Press, 1997.

写法，章节也不按朝代划分，索性采用"墓葬中的艺术"（Art in Tomb）的标题来叙述早期美术史。这部通俗读物所采取的虽然并非一种尽善尽美的体例，但它的确为更加完整地理解考古材料提供了机会，也有可能在此基础上建构起作品之间内在的逻辑关系，并由此生长出新的学术课题。

更早的探索以巫鸿的《武梁祠》一书为代表[1]。巫鸿有着文化人类学的背景，他强调更加完整地阅读墓葬材料。在研究著名的山东嘉祥东汉武梁祠（151）时，他在前人所作的建筑复原方案的基础上（图8），将这座墓上祠堂内部的画像与建筑充分

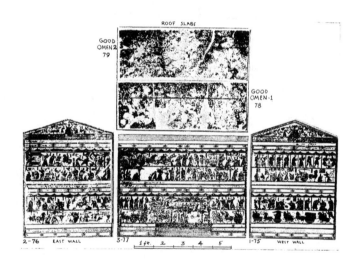

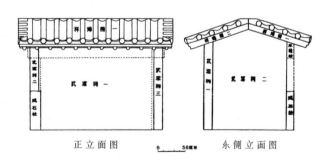

图8　费慰梅（Wilma Fairbank）（上）和蒋英炬、吴文祺（下）关于山东嘉祥东汉武梁祠的复原方案。这些方案使其内部的画像联系为一个整体，为美术史的研究奠定了重要基础。（上，采自Wilma Fairbank, *Adventures in Retrieval*, Cambridge, Mass.: Harvard University Press, 1972, fig. 2；下，采自蒋英炬、吴文祺：《汉代武氏墓群石刻研究》，济南：山东美术出版社，1995年，第36页）

---

[1] Wu Hung, *The Wu Liang Shrine: The Ideology of Early Chinese Pictorial Art*, Stanford: Stanford University Press, 1989; 巫鸿：《武梁祠——中国古代画像艺术的思想性》，柳杨、岑河译，北京：生活·读书·新知三联书店，2006年。

结合在一起来观察,进而根据墓碑所提供的武梁生平,以画像与文字对读,将图像与汉代的政治、社会、文化以及人物特殊的经历联系在一起。无论读者是否赞同其最终的结论,这种观察材料的方式的确富有启发意义。这项研究使得美术史与历史学沟通起来,在这个方向上,美术史不再只被理解为一种学科史,而成为更具普遍意义的文化史[1]。

此外,曾布川宽、杰西卡·罗森(Jassica Rawson)、邢义田、包华石(Martin Powers)等人关于墓葬美术的研究也充满新意。这些学者的学术背景虽然不同,但其研究都在不同程度上带有新艺术史的色彩。在材料的使用上,他们强调与考古学理念更加密切地衔接,并努力推进与历史学研究的整合。因为这种转向的出现,宿白、徐苹芳、俞伟超、孙机、杨泓等学者的论著便获得了美术史研究者的重视,这些考古学家对于年代、区域关系、埋葬制度与习俗等问题的讨论,成为美术史研究新的起点。

上述学者的影响正在逐步显现出来。新一代学者在关心图像本体的同时,又致力于学习思想史、政治史、社会史等方面的成果,美术史与其他人文学科之间的界限变得越来越模糊,这一点从近年来出版的几本书中都可以看到。李清泉《宣化辽墓》一书的副标题为"墓葬艺术与辽代社会",明确地将美术史与社会史联系在一起[2]。如果只是浏览贺西林、李清泉《永生之维——中国墓室壁画史》一书的插图,我们会感到"绘画"的概念仍挥之不去,但该书主标题却明确指向了古人的生死观[3]。而新近出版的张倩仪的《魏晋南北朝升天图研究》在思想史方面下的功夫,似乎超过绘画史本身[4]。

---

[1] 巫鸿新近提议将墓葬当作美术史的一个"亚学科"(sub-discipline),就像书画、青铜、陶瓷或佛教美术一样,成为一个专门的研究领域,并试图"发展出处理和解释考古材料的一套系统的理论和方法"(巫鸿:《美术史十议》,北京:生活·读书·新知三联书店,2008年,第75—87页)。尽管我们要警惕这个概念在以后的实践中与其他类似概念一样,再次成为一个固定而封闭的领地,但这个概念的提出,的确可以被看作古代墓葬研究的重要理论成果。近年来,在这个主张的带动下,已在北京召开了两次国际学术讨论会(2009、2011),其中第一次会议的论文已结集出版,见巫鸿、郑岩主编:《古代墓葬美术研究》第一辑,北京:文物出版社,2011年。
[2] 李清泉:《宣化辽墓——墓葬艺术与辽代社会》,北京:文物出版社,2008年。
[3] 贺西林、李清泉:《永生之维——中国墓室壁画史》,北京:高等教育出版社,2009年。
[4] 张倩仪:《魏晋南北朝升天图研究》,北京:商务印书馆,2010年。

余英时1962年的博士论文《东汉生死观》试图将"正式的思想"与"民间的思想"联系起来研究，为此他选择了"生死观"这一论题[1]。他说："我之所以研究生死观，是考虑到这个论题的普遍性。……生死问题属于困扰所有人——不论贵贱、贤愚、士俗、贫富——的最具有普遍意义的极少数问题。人们直接或间接，清楚或隐晦，自觉或不自觉，都会对此问题给出自己的答案。"如果将墓葬看作生死观的物化形态之一，那么，我们就有可能触及到一种属于所有人的美术史。这样，美术史所讲述的故事，就有可能从那些大师的杰作扩展到更广大的社会层面。

三

美术史研究对象的转换与史观的变化息息相关。与宇文所安（Stephen Owen）描述的民国初年中国文学史创建的过程相似[2]，在20世纪初中国社会与学术激剧变动的大背景下，"美术"和"美术史"等术语从域外引进[3]，研究者开始在国家、民族的观念下将"美术"的过去作为"传统中国"文化的一部分进行描述，试图建构起近代学科意义的中国美术史。在"美术革命"的口号下，以文人画为中心的传统绘画价值体系受到激烈的批判。为了适应新的社会需要，必须重新建构起民族艺术传统新的话语体系。人们要求这部新历史更加"完整"、"系统"、"全面"，而不只是宫廷的收藏清单，或者某种风格流派的家谱。这样的目标带动了学术视野的扩展，也要求引入新

---

[1] Ying-shih Yu, *Views of Life and Death in Later Han China*, Ph.D. Dissertation, Harvard University, 1962; 余英时：《东汉生死观》，侯旭东等译，上海：上海古籍出版社，2005年，第1—118页。
[2] 宇文所安：《过去的终结：民国初年对文学史的重写》，《中国学术》总第5期，北京：商务印书馆，2001年；此据宇文所安：《他山的石头记——宇文所安自选集》，田晓菲译，南京：江苏人民出版社，2003年，第314页。
[3] 薛永年指出："'美术史'这个名词是从国外引进的，民国成立前一年（1911），商务印书馆出版了吕澂编写的《西洋美术史》，'美术史'作为学科科目最早出现的（在）民国元年（1912）政府教育部文件《师范学校课程标准》上。五年以后（1917），姜丹书编成了作为教材的涵括中西的《美术史》。"薛永年：《反思中国美术史的研究与写作——从20世纪初至70年代的美术史写作谈起》，《美术研究》2008年第2期，第52页。有关史料又见姜丹书：《我国五十年来艺术教育史料之一页》，《美术研究》1959年第1期，第33—36页。

的叙事构架[1]。像美术创作的实践一样[2]，这个新架构的来源，一方面要参照西方或日本的系统，另一方面还要重新开掘传统美术的源泉。20世纪的艺术家和学者走向民间、走向边疆，都在不同程度上与后一种倾向相关。

丰富的墓葬材料使得中国美术史的史料布局发生了重要变化，为在更开阔的视野上重新塑造中国艺术传统的形象提供了强有力的支持。在这个过程中，史观、史料互为因果，也带动了方法和结论的不断丰富与更新。鲁迅对于汉代石刻画像的兴趣，即与这种对传统的重新建构有关[3]。50年代初，郑振铎编辑的《伟大的艺术传统图录》所构建的这个新的"艺术传统"，也包括了大量墓葬出土的材料[4]。

在新中国成立之后，对于古代墓葬的研究也受到马克思主义历史观的影响。尽管"精美"的艺术品大多出土于高等级墓葬，但研究者可以通过巧妙的措辞将它们转化为"劳动人民智慧的结晶"。在这样的背景下写作的美术史，虽然不免杂入一些教条，却也的确突破了士大夫的传统观念。"文革"结束以后，对于墓葬材料的研究，或多或少受到当代哲学、文化思潮的影响，也与当代的艺术实践相关。当"美术革命"的口号渐渐远去的时候，我们可以更加冷静地来思考古代墓葬材料与后世大师杰作之间的关系，也有机会重新思考不同研究方法之间关联的可能性。当传统艺术的概念和分类体系不能用以概括新的艺术创作的时候，我们也完全有理由用新的眼光来重新理解古代墓葬的材料。在对古代不断重新发现和理解的过程中，我们也会时时意识到自己还生活在当下。

---

[1] 例如，王汎森注意到，19世纪末以社会进化论为基础的线性历史观在中国产生了广泛的影响（王汎森：《近代中国的线性历史观——以社会进化论为中心的讨论》，《新史学》第19卷第2期，2008年6月，第1—46页；又见王汎森：《近代中国的史家与史学》，香港：三联书店，2008年，第47—108页）。这种新的时间观在20世纪初中国美术史的写作中也有明显的反映。

[2] 这正如陈独秀在谈到"美术革命"时所言："若想把中国画改良，首先要革王画的命。因为改良中国画，断不能不采用洋画写实的精神。"陈独秀：《美术革命——答吕澂》，《新青年》第二卷第六号，1917年1月。

[3] 鲁迅说："至于怎样的是中国精神，我实在不知道。就绘画而论，六朝以来，就大受印度美术的影响，无所谓国画了；元人的水墨山水，或者可以说是国粹，但这是不必复兴，而且即使复兴起来，也不会发展的。所以我的意思，是以为倘参酌汉代的石刻画像，明清的书籍插图，而且留心民间所赏玩的所谓'年画'，和欧洲的新法融合起来，也许能够创出一种更好的版画。"（1935年2月5日致李桦）"惟汉人石刻，气魄深沉雄大，唐人线画，流动如生，倘取入木刻，可另辟一境界也。"（1935年9月9日致李桦）张光福编注：《鲁迅美术论集》，昆明：云南人民出版社，1982年，第490、497页。

[4] 郑振铎：《伟大的艺术传统图录》，上海：上海出版公司，1951—1952年；北京：中国古典艺术出版社，二册，1956年重印。

那么，什么是一座墓葬？

墓葬可以被理解为安置死者肉身的处所；可以被理解为建筑、绘画、雕塑和工艺美术等艺术形式的集合体；可以被理解为人们在生死这个最大的、最具有普遍意义的哲学命题下，以物质的材料、造型的手法、视觉的语言，结合着相关仪式所构建的诗化的"死后世界"（至少是其一部分）。在后一个层面上，它也可以被整体地理解为一种具有功能性和终极价值的艺术作品，而不只是一个放置死者肉身和"艺术品"（绘画、雕塑、工艺美术作品）的盒子。

本文原刊于《文艺研究》2011年第1期，第92—99页；韩文稿由徐润庆翻译，刊于首尔《美術史論壇》总第30期（2010年6月），第167—190页。

第一编

新艺术类型的兴起

风格背后

——西汉霍去病墓石刻新探

一

西汉武帝元狩六年（公元前117），在征伐匈奴的战争中屡建奇功的骠骑将军霍去病以24岁英年不幸病故。司马迁的《史记》记载了他隆重的葬礼："天子悼之，发属国玄甲军，陈（阵）自长安至茂陵，为冢象祁连山。"[1]

出西汉都城长安西北行，跨过渭水，便是咸阳塬。这是从渭水河谷向黄土高原攀升的第一个阶梯。九位西汉皇帝的陵墓由东而西，就排列在这高亢而平坦的塬上，每座帝陵附近散布着众多的陪葬墓，并设有陵邑。武帝茂陵位于今兴平市南位乡张里村、策村和道常村之间，陵区内的陪葬墓主要集中在东部司马道南北和陵邑东西两边[2]。

关于霍去病墓，《史记》司马贞《索隐》引姚察言："冢在茂陵东北，与卫青冢并。西者是青，东者是去病冢。上有竖石，前有石马相对，又有石人也。"[3]《汉书·卫青霍去病传》颜师古注曰："在茂陵旁，冢上有竖石，冢前有石人马者是也。"[4]据此，近代以来，人们将名为"石岭子"的一处封土遗址看作"霍去病墓"，即今茂陵博物馆所在地。经2003年钻探发现，这处封土为覆斗形，底边东西60米，南北95米，顶部南北16米，东西9.5米。其墓道位于封土北面偏东处，长36米，宽6—24米。封土南面偏东有一条陪葬坑，宽6.5米，延伸出封土外面13米。封土西面23米处有一南北向的陪葬坑[5]。

---

[1]《史记·卫将军骠骑列传》，北京：中华书局，1959年，第2939页。
[2] 咸阳市文物考古研究所：《西汉帝陵钻探调查报告》，北京：文物出版社，2010年，第43—72页。
[3]《史记》，第2940页。
[4]《汉书》，北京：中华书局，1964年，第2489页。
[5] 咸阳市文物考古研究所：《西汉帝陵钻探调查报告》，第54—56页。

风格背后

图1 陕西兴平西汉霍去病墓马踏匈奴石刻（采自王仁波主编：《秦汉文化》，北京、上海：学林出版社、上海科技教育出版社，2001年，第145页，图21）

封土顶部、四坡和附近发现14件人物、动物形象的石刻和3件文字刻石，其中既有虎、马、牛、羊、象、猪、鱼、蟾蜍等自然界的动物，也有诸如怪兽食羊、人熊相搏等具有神秘色彩的题材，长度一般超过1.5米，其大者超过2.5米。最为精彩的马踏匈奴（图1）高1.68米，长1.9米，被认为象征着霍去病率领汉兵征服匈奴的功绩[1]。

在上世纪20年代，美国人福开森（John C. Ferguson）曾对这些石刻的年代及其与霍去病墓的关系提出疑问[2]。2003年的钻探发现，在霍去病墓以北100米处，

---

[1] 关于这些石雕最新的全面著录，见汤池主编：《中国陵墓雕塑全集·2·西汉》，西安：陕西人民美术出版社，2009年，第6—18页，图3—17。
[2] John C. Ferguson, "Tomb of Ho Ch'ü-ping," *Artibus Asiae*, vol. 3, no. 4 (1928-1929), pp. 228-232.

即今茂陵博物馆宿舍区内有一座墓葬，墓室东西19米，南北21米，墓道西向，长32米。这座墓葬的封土已夷平，旧说为霍去病的"衣冠冢"[1]。最近贺西林根据这些新的线索，就上述石刻与霍去病墓的关系提出进一步的质疑[2]，这对于今后的研究富有积极意义。但是在对遗址进行系统的发掘之前，各种解释都只能停留在假说的层面，故本文暂从众论，取旧说作为立论的基本背景，即仍将石岭子遗址看作霍去病墓[3]。

长期以来，霍去病墓石刻被研究者当作早期中国雕塑最具代表性的作品加以讨论，其图片几乎可以在任何一部中国美术史教材中找到，早已为研究者和公众所熟悉，以至于我们无须再花费过多的笔墨一一详细描述其特征。许多学者都谈到，这些作品体量巨大，多以形取材，因材生形，不同程度地保留有石头的天然形态，动物多为卧姿，马踏匈奴和跃马的四肢间也不予以凿空，以减少镂雕之功，有的甚至保留了石块原有的表皮[4]。

为什么是这样一种独特的风格？

这是一个老问题，但并没有得到很好的回答。一种常见的做法是将这种风格简单地概括为"时代风格"。问题是，这里所说的"时代"并不是一个准确的年代学术语，而是一种意义宽泛的措辞。在这样的基础上，对风格、形式的描述难以落到实处，所以大量的文章只能套用"深沉雄大"、"气势磅礴"等词汇敷衍。

与这种做法不同，我倾向于把这些石刻看作与特定年代、地域、人物、事件相关的作品，试图将其风格放置在更为具体的历史背景下加以解释，从而将关于作品主题、形式等内部元素的探讨，与社会、宗教等外部问题的研究结合起来。

实际上，这批作品并不是孤立存在的，从年代、地域和风格来看，我们还应注意到相关的其他几批材料，包括上林苑昆明池牵牛和织女像、太液池遗址出土的一件

---

[1] 咸阳市文物考古研究所：《西汉帝陵钻探调查报告》，第54页。
[2] 贺西林：《"霍去病墓"的再思考》，《美术研究》2009年第3期，第24—44页。
[3] 即使贺西林的推测成立，也就是说，将石岭子看作一处宗教设施，而不是霍去病墓，也不会从根本上影响本文的立论。这处设施坐落于茂陵区域之内，我们仍然可以将这些石刻看作武帝时期的"景观"作品。
[4] 对霍去病墓石刻风格的描述，见傅天仇：《陕西兴平县霍去病墓前的西汉石雕艺术》，《文物》1964年第1期，第40—44页。

石鱼、甘泉宫遗址发现的石熊等。

《汉书·武帝纪》记载，元狩三年（公元前120）"发谪吏穿昆明池"[1]。班固《西都赋》："集乎豫章之宇，临乎昆明之池，左牵牛而右织女，似云汉之无涯。"[2]张衡《西京赋》："乃有昆明灵沼，黑水玄阯，……牵牛立其左，织女处其右，日月浴室乎出入，象扶桑与濛汜。"[3]《三辅黄图》卷四引《关辅古语》曰："昆明池中有二石人，立牵牛、织女于池之东西，以象天河。"[4]文献中提到的牵牛和织女像幸运地保留至今。其中牵牛像位于长安县斗门镇常家庄田间，高2.58米，呈坐姿，头部较大，向左侧倾，面部刻画粗率，头发以錾子凿为阴线，右手举于胸前，左手置腹上，腰部以下未经细致雕琢（图2）[5]。织女像今在斗门镇棉绒加工厂附近，高2.28米，项后垂有发髻，亦为坐姿，身躯较为板直，袖手置膝上，其面部经过后人修补（图3）。两像均采用巨大的四方柱体花岗岩雕刻而成，保留了材料外形基本的轮廓。由于刻工较粗，其性别被当地村民

图2 长安县斗门镇西汉昆明池遗址牵牛像（采自王子云：《陕西古代石雕刻·I》，西安：陕西人民美术出版社，1985年，图版1）

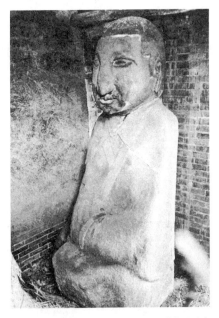

图3 长安县斗门镇西汉昆明池遗址织女像（采自王子云：《陕西古代石雕刻·I》，图版2）

---

[1]《汉书》，第177页。
[2] 萧统编，李善注：《文选》第1册，上海，上海古籍出版社，1986年，第21页。
[3] 同上书，第65页。
[4] 何清谷：《三辅黄图校注》，西安：三秦出版社，2006年，第300页。
[5] 关于二像的尺寸，据李松等：《中国古代雕塑》，北京：外文出版社；纽黑文、伦敦：耶鲁大学出版社，2006年，第65页。

颠倒[1]，早年有关报道也有误判[2]，后予以纠正[3]。

除了牵牛、织女二像，文献还提到昆明池有石鲸鱼。《西京杂记》卷一曰："昆明池刻玉石为鱼，每至雷雨，鱼常鸣吼，鬐尾皆动。汉世祭之以祈雨，往往有验。"[4]《三辅故事》记载更详："昆明池中有豫章台及石鲸。刻石为鲸鱼，长三丈，每至雷雨，常鸣吼，鬣尾皆动。"[5]陈直曾提到："鲸鱼刻石今尚存，原在长安县开瑞庄，现移陕西省碑林博物馆。"[6]碑林博物馆在1955年6月至1993年1月名作陕西省博物馆[7]。1991年陕西历史博物馆建成后，碑林的许多文物陆续移至该馆。与陈直的说法相近，《中国文物地图集·陕西分册》称，有一件石鲸原在长安区斗门乡马营寨村西出土，断为鲸体、鲸尾两截，鲸体长5米，尾长1.1米，鲸体始迁至客省庄（岩案：即开瑞庄），今存陕西历史博物馆，鲸尾仍在原地[8]。刘庆柱、李毓芳也提到马营寨村出土有汉代石鲸，推定为原昆明池中的石鲸，然其描述与《中国文物地图集·陕西分册》的文字有较大差异："石为火成岩质。鲸体浑圆，长1.6，最大直径0.96米。头部雕出鲸眼，尾部弯曲，鲸体鳞纹仍依稀可辨。"[9]遗憾的是，"昆明池石鲸"的说法找不到更为详细的报道，所有提及该石鲸的论著均未提供图片。

陕西历史博物馆门前水池中陈列一石鱼（图4），承该馆文军女史查检馆内档案可知，这件石鱼为建章宫太液池遗址所出，而不是昆明池中遗物。此物于1973年发现于西安三桥北高堡子村西，为砂石刻成，呈橄榄形，长4.90米，最大直径1米，

---

[1] 当地村民长期将牵牛像当作女性神祇供奉，并为之建"石婆庙"。该像一度迁到陕西省博物馆（碑林）陈列，因当地农民仍前去祭拜，转往长安终南山下的草堂寺保存，后仍为村民搬迁到原地，并重建庙宇供奉。民间对这两尊石像的祭祀至今仍很兴盛，而且依旧将牵牛像视作石婆。见《牛郎织女与石婆庙》，开心自由人的博客，http://sxmshanxi.blog.163.com/blog/static/62191265200878229152 70/，2010年12月30日10:10最后检索。
[2] 顾铁符：《西安附近所见的西汉石雕艺术》，《文物参考资料》1955年第11期，第3—5页。
[3] 俞伟超：《应当慎重引用古代文献》，《考古通讯》1957年第2期，第76—77页；汤池：《西汉石雕牵牛织女辨》，《文物》1979年第2期，第87—88转84页。
[4] 《燕丹子/西京杂记》，北京：中华书局，1985年，第6页。
[5] 陈晓捷注：《三辅决录·三辅故事·三辅旧事》，西安：三秦出版社，2006年，第23页；又《三辅黄图》卷四亦引此段文字，见何清谷：《三辅黄图校注》，第299页。
[6] 陈直：《三辅黄图校证》，西安：陕西人民出版社，1981年，第94页。
[7] 路远：《西安碑林史》，西安：西安出版社，1998年，第457、485页。
[8] 国家文物局编：《中国文物地图集·陕西分册》下，西安：西安地图出版社，1998年，第101—102页。
[9] 刘庆柱、李毓芳：《汉长安城》，北京：文物出版社，2003年，第197页。

风格背后

图4　西安三桥北高堡子村出土的西汉石鱼（文军摄影）

其头部仅雕出一只眼睛[1]。《汉书·武帝纪》记太初二年（公元前103）在长安城西起建章宫[2]，《史记·孝武本纪》载："其北治大池，渐台高二十余丈，名曰泰液池，中有蓬莱、方丈、瀛洲、壶梁，象海中神山龟鱼之属。"[3]《三辅黄图》卷四引《关辅记》："建章宫北有池，以象北海，刻石为鲸鱼，长三丈。"[4]发现者对照这些文献，将该石鱼认定为太液池中石鲸。

斗门乡马营寨村与三桥北高堡子村一在今西安市区西南郊，一在西北郊，相隔较远，上述两说所指是一是二，仍有待进一步研究[5]。

值得注意的还有陕西淳化县城北约30公里的好花疙瘩山（古称甘泉山）南梁武帝村西汉甘泉宫"汉武帝庙"旧址（通天台）的一尊石熊。石熊采用长英岩料，以石

---

[1] 黑光：《西安汉太液池出土一件巨型石鱼》，《文物》1975年第6期，第91—92页。
[2]《汉书》，第199页。
[3]《史记》，第482页。
[4] 何清谷：《三辅黄图校注》，第308页。
[5] 林通雁将"昆明池石鲸"和"太液池石鲸"看作两物。见林通雁：《西汉霍去病墓石雕群的三个问题》，《美术观察》2009年第3期，第104页；林通雁：《论西汉长安的陵墓雕塑艺术》，汤池主编：《中国陵墓雕塑全集·2·西汉》，第67—68页。

图5 陕西淳化南梁武帝村西汉甘泉宫通天台遗址与石熊、石鼓（采自王仁波主编：《秦汉文化》，第119页，图2）

拟形，雕为蹲卧状，左前爪举至左耳处，其余三爪收于腹前，高1.25米，直径2.93米。距石熊不远处一尊高1.46米的"石鼓"，其上有北宋政和丙申年（1116）游人的题记（图5）[1]。甘泉宫为西汉祭天之地，林梅村推断此熊属于武帝祭祀太一的紫坛殿前的石神石兽之列[2]。但甘泉宫遗址并未作系统发掘，这组材料也未见正式的考古调查报告发表，其性质还有待进一步研究。

上述石雕人、鱼、熊与霍去病墓石刻的共性表现在几个方面：其一，其年代皆在武帝时期；其二，均集中在西汉都城长安附近；其三，均与宫廷营造工程有关；其四，皆为形体较大、雕刻粗率的石刻，风格相近。

陕西城固县张骞墓前的一件被认作"虎"的石兽，也被有的研究者看作这一时期的圆雕作品。从后来发表的照片看，石兽已残，只余躯干及颈部[3]。其腹下凿空，外轮廓呈大幅度的S形，颇似东汉的风格。1957年，山西安邑社村老坟地出土一件石虎，仅头部雕刻较为具体，四肢间未加凿空，也是"循石造型"的作品，风格与霍去

---

[1] 陕西省地方志编纂委员会：《陕西省志·文物志》，西安：三秦出版社，1995年，第187页；姚生民：《甘泉宫志》，西安：三秦出版社，2003年，第135—136页，图版八。
[2] 林梅村：《古道西风——考古新发现所见中西文化交流》，北京：生活·读书·新知三联书店，2000年，第116—117页。
[3] 王子云：《汉代陵墓图考》，西安：太白文艺出版社，2007年，第95页。新近对于这件石兽的研究，见沈琍：《张骞墓石翼兽造型及相关问题研究》，罗宏才主编：《从中亚到长安》，上海：上海大学出版社，2011年，第129—163页。

病石雕相近，高0.71米，长1.34米[1]。有关报道推定为"西汉墓冢或祠庙前之物"[2]。另外，1985年河北石家庄小安舍村出土的一对石人，据信与西汉文帝时期所修赵佗先人墓有关[3]。由于这三件作品或年代不易论定，或性质不甚明确，或地域相距较远，故不在本文讨论范围内。

二

关于霍去病墓石刻风格的成因，一种通行的解释是，在石刻艺术的起步阶段，中国人对于石头的性能还不熟悉，加工技术无法达到精工细致的程度，当时的铁制工具也不够成熟，因此工匠采取了这种比较节省工时的方式。仔细分析，这种看法仍有值得推敲的余地。

大规模地将石头用于建筑和艺术，的确是西汉开始的一种新变化。

将史前石器加工技术考虑进来是没有实质意义的。在年代更早的历史时期的遗址中有零星的石刻发现，如早年发掘的商代殷墟西北冈1001号大墓出土一组大理石刻，包括一件37.1厘米高的石虎[4]。殷墟妇好墓中也发现一对高40厘米、大理石刻成的鸱鹗[5]。这些石刻的造型和纹饰很像同时期的青铜器，表面的磨光程度很高。因为其体量并不太大，也许可以直接搬用玉器制作的工具和技术。这些材料难以和西汉的大型石雕构成有机的关联。

1998—1999年在陕西临潼郦山秦始皇陵出土的大量石甲胄展现出对于石头令人费解的一种加工方式[6]，工匠们花费大量工时，将石头加工为与实物大小形制相同的

---

[1] 山西博物院：《山西博物院珍粹》，太原：山西人民出版社，2005年，第115页。
[2] 汤池主编：《中国陵墓雕塑全集·2·西汉》，图版第18页，图版说明第11页。
[3] 河北省石家庄市文保所：《石家庄发现汉代石雕裸体人像》，《文物》1988年第5期，第91—92页；汤池主编：《中国陵墓雕塑全集·2·西汉》，图版第4、5页，图版说明第3页。
[4] 梁思永、高去寻：《侯家庄第二本·1001号大墓》上册，台北：中研院历史语言研究所，1962年，第78页。
[5] 中国社会科学院考古研究所：《殷墟妇好墓》，北京：文物出版社，1980年，第201—202页。
[6] 陕西省考古研究所、秦始皇兵马俑博物馆：《秦始皇帝陵园考古报告1999》，北京：科学出版社，2000年。

图6 （左图）陕西兴平西汉霍去病墓"左司空"题记（采自《文物》1964年第5期，图版壹之1）

图7 （右图）陕西兴平西汉霍去病墓"平原乐陵宿伯牙、霍巨孟"题记（采自《文物》1964年第5期，图版壹之2）

甲片，然后连缀为成套的甲胄。石头在这里被转化成金属制品的外形，完全失去了原有的质感；而甲胄原有的金属材料为石头所替换，全然不具备实战的功用。这种处理石头的方式与汉武帝时期大型石雕所采用的手法大相径庭。

总体上看，上述年代较早的材料过于零散，并不能为研究汉代石刻技术的渊源提供充分的信息。因此，从早年调查霍去病墓的欧美学者，到近年来研究这一课题的中国学者，都有人将西汉时期这种新出现的艺术形式解释为北方草原民族或其他外来文化的影响[1]。但即使有某些技术或文化的因素传入，也难以证明有外来工匠直接参与了这些石刻的制作，相反，在霍去病墓封土石块上发现的"左司空"题记却说明其工程是由少府左司空督造的（图6）[2]。而"平原乐陵宿伯牙、霍巨孟"的题记（图7）则说明工匠中有的来自今山东北部的平原郡乐陵县[3]。

就目前材料来看，石头加工技术可能在秦到西汉初年有了飞跃性的发展，人们在这个时期开始掌握制作大型石刻的某些初步的技术手段。冶金学的研究表明，在战国早期，已出现了脱碳铸铁、韧性铸铁和铸铁脱碳钢的生产，到战国中晚期，淬

---

[1] 如亨兹（Carl Hentze）认为马踏匈奴像与公元前7至前6世纪的古巴比伦狮子像相近，可能受到外来影响。Carl Hentze, "Les influences étrangères dans le monument de Houo-Kiu-ping," *Artibus Asiae*, vol. 1, no. 1, 1925, pp. 31-36. 近年来，林梅村认为秦汉时期这类大型石雕有着来自欧亚草原文化的影响，见氏著：《古道西风——考古新发现所见中西文化交流》，第99—165页。

[2] 陈直：《陕西兴平县茂陵镇霍去病墓新出土左司空石刻题字考释》，《文物参考资料》1958年第11期，第63页。1987年和1989年，又发现两件刻有"左司空"题记的较小的石块，见韩若春：《西汉霍去病墓侧新发现两块"左司空"题记石》，《考古与文物》1993年第1期，第14页。

[3] 陈直：《陕西兴平县茂陵镇霍去病墓新出土左司空石刻题字考释》；徐森玉：《西汉石刻文字初探》，《文物》1964年第5期，第2—3页。

火工艺形成并在西汉早期得到普及，这些发展都大大提高了铁制工具的强度，使得生产工具实现了铁器化。郦山秦始皇陵西北郑家庄曾发现一处秦代石料加工场，出土打石用的铁质工具175件[1]，这些工具可能不是用于石铠甲的制作，而有可能施诸体量巨大的材料。河北满城西汉中山靖王刘胜妻窦绾墓中曾发现较多的生产工具，在封门外的填土中发现了铲、镢、锤等工具，应是开凿墓穴时所遗留的[2]。这些工具虽然并不一定直接用于攻石，但在山间开凿这座容积达3000立方米的墓穴必然要使用大量铁制工具。窦绾墓出土了36件铁范，说明在开凿墓穴时，很可能随时就地铸造新的工具[3]。

从西汉初年开始，类似窦绾墓的这种大型崖洞墓成为诸侯王陵经常采取的形式。崖洞墓开凿在山岩间，内部多个墓室互相连通，结构复杂，工程极为浩大。崖洞墓的流行为汉代工匠熟悉石头的性能和加工技术提供了大量的机会。江苏铜山龟山西汉楚王及王后墓墓室内壁加工之平整令人惊异，其长达56米的北甬道笔直延伸，毫厘不爽（图8、9）[4]。而这种对石头表面进行磨光的技术，却不见于那些长安附近的石刻人物和动物。

石材加工的技术甚至在民间也已经开始逐步推广。西汉中期到晚期，在以山东南部、江苏北部为中心的沿海地区，包括河南东部和安徽东北部，出现了一批石椁墓，其年代最早者，据研究至少可以至武帝时期。这些墓葬中的石材加工较为平整，并且出现了越来越复杂的图像装饰[5]。

---

[1] 秦俑考古队：《临潼郑庄秦石料加工场遗址调查报告》，《考古与文物》1981年第1期，第39—43页。
[2] 中国社会科学院考古研究所、河北省文物管理处：《满城汉墓发掘报告》上册，北京：文物出版社，1980年，第216、279—280页。
[3] 同上书，第280—283页。
[4] 南京博物院、铜山县文化馆：《铜山龟山二号西汉崖洞墓》，《考古学报》1985年第1期，第119—133页。
[5] 有关讨论，见 Zheng Yan, "Sarcophagus Tombs in Eastern China and the Transformation of Han Funerary Art," (translated by Marianne P Y Wong and Shi Jie) *RES: Journal of Anthropology and Aesthetics*, 61/62, 2012, pp. 65-79；中文稿见本书《西汉石椁墓与墓葬美术的转型》一文。关于石椁墓的年代，有学者认为，较早可以到西汉文帝、景帝时期（赖非：《济宁、枣庄地区汉画像石概论》，《中国画像石全集》第2卷，第6页，济南、郑州：山东美术出版社，河南美术出版社，2000年）。比较慎重者，认为可以早到武帝时期（蒋英炬：《关于汉画像石产生背景与艺术功能的思考》，《考古》1998年第11期，第90—96页）。最近又有学者提出，以江苏徐州为中心，一些出土画像石的墓葬，包括一些等级较高的大墓，年代可以早到西汉早期偏晚阶段，上限可以到景帝初期（刘尊志：《徐州地区早期汉画像石的产生及其相关问题》，《中原文物》2008年第4期，第87—95页）。

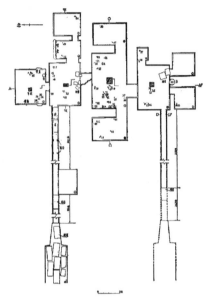

图8 江苏徐州龟山2号西汉墓平面图（采自《考古学报》1985年第1期，第120页）

图9 江苏徐州龟山2号西汉墓北甬道（郑岩摄影）

由于武帝时期的石刻工程是由皇室控制的，所以并不存在财力不逮的问题。汉代初年与民休息，但到武帝时期国力已经积累到相当高的程度，皇室规模宏大的工程绝不在少数，这是区区几件石刻耗费的工时所无法比较的。

据鉴定，霍去病墓石刻的材质有4种岩石学类型：第一种为花岗伟晶岩，其中跃马由一块完整的花岗伟晶岩雕成，伏虎、蛙、怪兽食羊的材料均呈花岗伟晶岩脉侵入黑云斜长片麻岩中；第二种为片麻状花岗岩，包括卧马、卧象、人、人熊相搏等；第三种为中粒二长花岗岩，包括马踏匈奴、两件鱼、卧牛、野猪等；第四种为辉石岩，仅蟾一件。这四类岩石的硬度虽然较高，但在外力的撞击下容易破碎，并不很难加工[1]。

即使像许多研究者那样将这些石雕放置在雕塑史的脉络中来观察，我们也会注意到，它们粗朴简括的作风并不是这个时期所有雕塑作品均遵循的定式。长安附近出土过多件西汉时期的玉质圆雕作品，常常可以看见十分灵巧的作品，如咸阳新庄元帝

---

[1] 刘丹龙、孙平燕：《汉霍去病墓石雕艺术探微》，《文博》2004年第6期，第88—91页。

图10 陕西咸阳新庄出土的西汉仙人骑马玉雕（采自王长启主编：《中华国宝——陕西文物集成·玉器卷》，西安：陕西人民教育出版社，1999年，第225页）

图11 陕西兴平茂陵1号无名冢1号陪葬坑出土的西汉鎏金铜马（采自汤池主编：《中国陵墓雕塑全集·2·西汉》，第74页，图86）

渭陵西北、王皇后陵东建筑遗址出土的玉雕熊、鹰、辟邪和仙人骑马像（图10）[1]，囊括了圆雕、透雕、浮雕、线刻等多种雕刻技法。西汉时期流行的青铜镇造型巧妙，外表镶嵌的金丝银线，充分显现出这时期人们对于雕塑外表装饰的重视。而茂陵1号无名冢1号陪葬坑出土的一具鎏金铜马长76厘米、高62厘米（图11），造型准确，比例合度，可以代表这时期雕塑艺术写实风格的水平[2]。这些同时期雕塑作品固然有材质上的差别，但它们对造型的理解和追求的确与那些大型石雕大异其趣。

除了上述形体相对较小的作品，大型的雕塑作品也已有例在先。《史记·秦始皇本纪》记秦朝曾有十二金人之作[3]，其造型无从得知[4]。有学者建议参照时代更早的曾侯乙墓的钟虡铜人来想象，估计二者相去不远[5]。但是，这些已有的大型青铜像的造型似乎没有影响到西汉石刻的制作。至于秦始皇陵从葬坑出土的陶俑的写实风格，也让人感到后无来者。

值得注意的还有崖洞墓工程中所见汉代人对于石头的理解，它们实际上是在石

---

[1] 张子波：《咸阳新庄出土的四件玉雕器》，《文物》1973年第2期，第60页；王丕忠：《咸阳新庄出土的玉奔马》，《文物》1979年第3期，第86页。这一地点是在汉元帝渭陵区域内，见陕西省文物局：《陕西文物古迹大观——全国重点文物保护单位巡礼之二》，西安：三秦出版社，2003年，第77—78页。

[2] 咸阳地区文管会、茂陵博物馆：《陕西茂陵一号无名冢一号从葬坑的发掘》，《文物》1982年第9期，第2页，图版壹。

[3]《史记》，第281页。

[4] 根据《汉书》的记载，约略可知十二金人为夷狄之服。见《汉书·五行志》，第1472页。

[5] 李零：《关于中国早期雕刻传统的思考——考古艺术史笔记》，《新美术》2009年第1期，第4—10页。

头内部拓展出复杂的空间。这样的思路也未出现于西汉的大型石刻中,后者的功夫只是有节制地施加于石头的外表。

以上我分析了工具、技术、材料以及对雕塑形体与空间关系的理解等因素,这并不意味着上述条件一一具备了,就会产生技法娴熟、制作精工的石刻作品,因为这些因素如何结合到一件作品中,对当时的工匠来说,仍然是一个新问题。但是,既然各种条件已经具备,这样的问题就不难以解决。工匠们可以对雕刻的局部做较为精细的处理,就一定能对其做全面的加工,只要时间和财力允许,那些未经加工的石块外表也可以得到处理。说到底,马腿之间不凿透、石蟾大部未施斧凿,不是"不能",而是"不为"。"不为"的背后应有某种特殊的观念在产生作用。或者说,工匠们不是被动地接受了看似半成品式的风格,相反,他们是充分考虑到这些雕刻的功能和意义,而做出了主动的选择。

三

一个常常被研究者所忽略的简单事实是,在历史的语境中,霍去病墓石刻以及牵牛、织女石像等并不是独立的雕塑作品,它们既不被单独陈列,其意义也不能只靠自身来实现。实际上,它们都是一种体量巨大的工程的组成部分[1],这种工程可以称为"景观",或者借用 20 世纪 60 年代以后的概念,称作"大地艺术"(Land Art, Earth Art 或 Earthworks)。不过,两千年前的这些工程虽然在手段和形式上可以用当代视觉艺术的语汇进行描述,它们却不仅仅是一种艺术观念的表现,而是具有功能性的营造,除了设计师、工匠富有创造性的贡献外,其背后还有皇帝及其臣属的意志

---

[1] 本文完成后,我又读到安·帕卢丹(Ann Paludan)在多年前发表的一篇文章,她也主张将霍去病墓封土及其石刻看作一个整体,而不是把石刻当作独立的雕塑来看待。她还将霍去病墓与太液池石鱼、昆明池牵牛织女像进行了比较。这些意见都是本文所赞成的。该文试图在分类的基础上,复原石刻原来的位置,如文中提到马踏匈奴和跃马两石原来可能各有两件,成对排列在封土之前;还推测两件石鱼和带题记的石块都属于建筑构件,可能是一座祠堂或祭坛的组成部分。从现存材料看,这些推测的依据尚不充分。Ann Paludan, "An New Look at the Tomb of Huo Qubing," *Orientations*, Oct., 1992, pp. 74-82.

风格背后

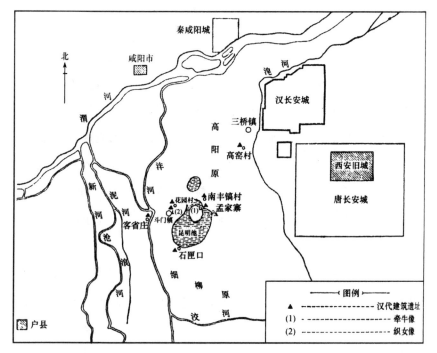

图 12　上林苑遗址（采自中国社会科学院考古研究所汉长安城工作队、西安市汉长安城遗址保管所编：《汉长安城遗址研究》，北京：科学出版社，2006年，第308页）

与运作，是宗教热情与皇权威力的集中体现。

牵牛、织女像所在的昆明池是上林苑的组成部分。上林苑是秦代的旧苑，武帝建元三年（公元前138）加以重建并扩大，范围包括长安城东南面至西南面的广大地区，其遗址西至周至县终南镇，东至蓝田县焦岱镇，北到渭河以南，南到终南山北麓（图12）[1]。苑内有大量离宫别馆，放养有各种禽兽，以供皇帝游玩射猎。苑内还有大片水面，其中最重要的是元狩三年（公元前120）修建的昆明池。

《史记·平准书》曰："是时越欲与汉用船战逐，乃大修昆明池，列观环之。治

---

[1] 刘庆柱：《汉长安城的考古发现及相关问题研究——纪念汉长安城考古工作四十年》，《考古》1996年第10期，第6页。近年来，考古工作者对于上林苑范围内"秦始皇上天台"遗址（中国社会科学院考古研究所、西安市文物保护考古所阿房宫考古队：《上林苑四号建筑遗址的勘探和发掘》，《考古学报》2007年第3期，第359—378页）、"磁门石"遗址（中国社会科学院考古研究所、西安市文物保护考古所阿房宫考古队：《西安市上林苑遗址六号建筑的勘探和试掘》，《考古》2007年第11期，第94—96页）、"烽火台"遗址（中国社会科学院考古研究所、西安市文物保护考古所阿房宫考古队：《西安市上林苑遗址一号、二号建筑发掘简报》，《考古》2006年第2期，第26—34页），以及未央宫区后围寨村北的一处遗址（中国社会科学院考古研究所、西安市文物保护考古所阿房宫考古队：《西安市上林苑遗址三号建筑及五号建筑排水管道遗迹的发掘》，《考古》2007年第3期，第3—14页）进行了勘探和试掘，证明这些遗址均为战国晚期至西汉时期的高台建筑基址。

楼船,高十余丈,旗帜加其上,甚壮。于是天子感之,乃作柏梁台,高数十丈。宫室之修,由此日丽。"[1]昆明池遗址大致位于斗门镇、石匣口村、万村和南丰村之间,东西约4.25、南北约5.69公里,周长约17.6公里,面积约16.6平方公里。近年来通过调查和钻探,在池东岸发现进水渠2条,在池西岸和北岸边发现出水渠4条,在池内发现高地4处,在南岸和东岸上发现建筑遗址3处,当属司马迁所说的"列观环之"[2]。其北部一处高地可能是池中的岛屿,应是豫章馆之所在。班固《西都赋》和张衡《西京赋》所提到的牵牛、织女像,前者位于岛屿上,后者位于昆明池的西侧,与赋中的记载完全相合[3]。

扬雄《羽猎赋》序称,武帝"穿昆明池,象滇河"[4]。因为有牵牛、织女像的存在,按照上引《关辅古语》的说法,它同时还"象天河"。昆明池的营建,既包括人工的建筑、雕刻,也包括自然的水、树木。雕刻的意义与其他元素不同,如果没有这些雕刻,无论工程多么奢华,昆明池都只是长安城外的一个人工湖;而有了牵牛、织女像,它的意义就被转化,成为与另一个空间对应的富有意义的象征。在这里,"象"一词可以从两个层面去理解,第一是在物质和视觉上建立起一个与目标相似的镜像,第二是镜像和目标之间建立起意义上的关联。石刻在这里并不只是被观看的对象,更重要的作用在于"标识"[5],即在意义层面上起到引导的作用。

与牵牛、织女两像的风格近似,建章宫太液池石鲸也只是雕出大致的外形,而缺少细节刻画。太液池中有蓬莱、方丈、瀛洲、壶梁,皆神山之名。齐威王、齐宣王和燕昭王就曾使人入海寻找蓬莱、方丈、瀛洲三神山,"此三神山者,其傅在勃海中,

---

[1]《史记》,第1436页。
[2] 胡谦盈:《汉昆明池及其有关遗存踏察记》,《考古与文物》1980年创刊号,第23—28页;中国社会科学院考古研究所汉长安城工作队:《西安市汉唐昆明池遗址的钻探与试掘简报》,《考古》2006年第10期,第53—65页。
[3] 王仲殊:《西汉的都城长安》,原载氏著《汉代考古学概说》,北京:中华书局,1984年;此据氏著《中日两国考古学·古代史论文集》,北京:科学出版社,2005年,第61—62页。
[4] 萧统编,李善注:《文选》第一册,第388页。又,《三辅黄图》引《西南夷传》曰:"天子遣使求身毒国市竹,而为昆明所闭。天子欲伐之,越巂昆明国有滇池,方三百里,故昆明池以象之,以习水战,因名曰昆明池。"陈直指出:"自《西南夷传》曰以下至'以习水战'止,皆用《汉书》臣瓒注文。又原注一段,略用如淳注文。"陈直:《三辅黄图校证》卷四。
[5] 郭伟其在一篇文章中使用这个词来讨论霍去病墓石刻与祁连山的联系,见氏著:《纪念与象征:霍去病墓石刻的类型及其功能》,《美术学报》2010年第4期,第50—59页。

去人不远；患且至，则船风引而去。盖尝有至者，诸仙人及不死之药皆在焉。其物禽兽尽白，而黄金银为宫阙。未至，望之如云；及到，三神山反居水下。临之，风辄引去，终莫能至云。"[1]如此绘声绘色的描述出自方士之口，在秦汉宫廷甚为流行。秦代的方士徐市还谈到蓬莱有大鲛鱼，《史记·秦始皇本纪》云：

> 方士徐市等入海求神药，数岁不得，费多，恐谴，乃诈曰："蓬莱药可得，然常为大鲛鱼所苦，故不得至，愿请善射与俱，见则以连弩射之。"始皇梦与海神战，如人状。问占梦博士，曰："水神不可见，以大鱼蛟龙为候。今上祷祠备谨，而有此恶神，当除去，而善神可致。"乃令入海者赍捕巨鱼具，而自以连弩候大鱼出射之。自琅邪北至荣成山，弗见。至之罘，见巨鱼，射杀一鱼。[2]

《秦始皇本纪》记三十一年（公元前216）十二月"夜出逢盗兰池"，《正义》引《括地志》云："兰池陂即古之兰池，在咸阳县界。《秦记》云：'始皇都长安，引渭水为池，筑为蓬、瀛，刻石为鲸，（池）长二百丈。'"[3]太液池中石鲸"象海中神山龟鱼之属"或与东海大鱼的传说相关，可能也是沿袭了秦代兰池刻石鲸的做法。

这些新发现的西汉石刻都与霍去病墓石刻风格接近，在一定程度上可以成为后者断代的一个旁证。霍去病墓石刻往往被看作中国陵墓雕刻的开端[4]，但是，这个早期的例子与后来陵墓神道两侧墓仪石刻的安置方式并不相同。1907年9月30日，日本学者桑原骘藏调查霍去病墓时，见"四周散乱地立着数十尊石兽，但大半已损坏"[5]。"数十尊"和"损坏"的说法显然不够准确，但石刻散乱的事实却为后来的调查者一再重申。1914年法国人谢阁兰（Victor Segalen）、吉尔贝尔·德·瓦赞（Gilbert de Voisins）和让·拉蒂格（Jean Lartigue）共同调查该遗址时，除马踏

---

[1]《史记·封禅书》，第1369—1370页。
[2]《史记》，第263页。
[3]《史记》，第251页。
[4] 杨宽：《中国古代陵寝制度史研究》，上海：上海人民出版社，2003年，第79页。
[5] 桑原骘藏：《考史游记》，张明杰译，北京：中华书局，2007年，第61页。

逝者的面具

图13　谢阁兰1914年拍摄的陕西兴平西汉霍去病墓照片（*Journal Asiatique*, mai-juin, 1915, p. 473）

匈奴石刻立于墓前，其他石刻则散布于墓冢顶部和各个坡面上（图13），一件石鱼还被后人加工成顶部小庙的台阶[1]。谢阁兰推测，马踏匈奴石刻所在可能并非原位，它也许是一对石刻中的一件，或者还有其他成对的石刻排列在封土的南面。这种推测或是根据姚察"前有石马相对"的说法得出的，或是参照了后世神道石刻的排列方式。他到达遗址的时间虽然较早，但调查所得的石刻十分有限，从早年的照片看，这时期很多石头还埋在封土中。谢阁兰绘制的霍去病墓平面图也很简略，除了马踏匈奴，只标出了一件石牛和卧马的位置[2]。拉蒂格1923年再次调查霍去病墓时也少有新的发现，他的文章中只增加了人熊相搏一石[3]。在次年美国人毕安琪（Carl W. Bishop）调查后所发表的文章中，又增加了两件石鱼（可能包括谢阁兰见到的那件石鱼）和石猪等更多的雕刻[4]。马子云1933年冬到访该遗址，所记录的动物和人物石刻达到12件[5]。他指出："霍墓与各石雕，自汉至明初，大约完整无损。以后至嘉靖年地震，墓

---

[1] Victor Segalen, "Premier Exposé des resultats archéologiques obtenu dans la Chine occidentale par la mission Gilbert de Voisins, Jean Lartigue et Victor Segalen (1914)," *Journal Asiatique*, mai-juin, 1915, pp. 467-480; Victor Segalen, "Rencent Discoveries in Ancient Chinese Sculpture," *Journal of the North-China Branch of the Rayal Asiatic Society*, vol. 48, Shanghai, 1917, pp.153-155.
[2] Victor Segalen, Gilbert de Voisins and Jean Lartigue, *Mission archéologique en Chine (1914)*, Geunther, Paris, 1923-35, vol. 1, p. 42.
[3] Jean Lartigue, "Au tombeau de Houo-k'iu-Ping," *Artibus Asiae*, 1927, no. 2, pp. 85-94.
[4] Carl W. Bishop, "Notes on the Tomb of Ho Ch'ü-Ping," *Artibus Asiae*, 1928-1929, vol. 3, no. 1, pp. 34-46.
[5] 马子云：《西汉霍去病墓石刻记》，《文物》1964年第1期，第45—46页。

上竖立之薄而高者，即倾倒墓下，厚而大者则仍在原处。后至万历年，在墓顶与墓之东北脚下，建立二小庙。"马子云提到，在他到达遗址的两年之前，西京筹委会将所发现的部分石刻移于墓前，分别陈列于两廊子下[1]。此外，"又有许多磨制与未磨制之石，皆分布在墓冢之四周"[2]。陈直根据上世纪50年代的调查指出："墓顶及墓下四周，有巨型花岗石一百五十余块……"[3] 1957年，陕西省文物管理委员会又陆续发现了包括题记在内的多件石刻。

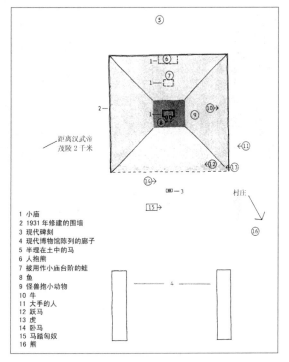

图 14　陕西兴平西汉霍去病墓上石刻分布示意图（采自 Ann Paludan, *Chinese Spirit Road: The Classical Tradition of Stone Tomb Statuary*, New Haven and London: Yale University Press, 1991, p. 241.）

根据以上发现者的记录我们大致可以了解，汉代修建封土时，曾将许多动物和人物题材的雕刻与石块散布于封土顶部和各个坡面上（图14）。经过了嘉靖年间（1522—1566）的地震以及其他自然和人为的因素，有的石刻和石块发生了不同程度的位移，但在有关部门有计划地移动石刻之前，这处封土基本保持了西汉时的形貌。

最近的调查者还注意到，封土的东、西两面至今还保存不少天然巨石（图15）[4]。那些数量不断增加的石刻是从众多不具形象特征的石块中分辨和挑选出来的，其中有些石刻的形象比较具体，而有的只是经过了局部简单的加工，形象特征若有若无。当

---

[1] 王子云称其事在1930年，见氏著：《汉代陵墓图考》，第92页。
[2] 马子云：《西汉霍去病墓石刻记》，第45页。
[3] 陈直：《汉书新证》，天津：天津人民出版社，1985年，第322页。
[4] 咸阳市文物考古研究所：《西汉帝陵钻探调查报告》，第54页。

图15 陕西兴平西汉霍去病墓封土上的巨石（采自咸阳市文物考古研究所：《西汉帝陵钻探调查报告》，彩版二九，2）

时寻找这些石刻的人说："在乱石中发现了一件好石雕，可是回头找朋友来看时再也找不到石雕了。"[1] 这说明那些所谓的"雕塑作品"与只经过了切割的石块并没有严格的界限。

茂陵所在的咸阳地区仅分布有石灰岩、砂岩、页岩、粘土岩等古生界或中生界的沉积岩，而不见霍去病墓封土上的花岗岩，那些大型雕刻的石料和只经过了简单切割而不具形象特征的花岗岩石块，多是从秦岭终南山段北坡采集，然后堆积在封土上的[2]，它们都是用以塑造这一景观的组成部分。有的题记发现于不具形象的石块上（图16），而不是人物和动物雕刻上，也说明了这一点。

石刻被搬迁后，虽然便于保护与观瞻，但却破坏了原来的配置关系。这些石刻如今整齐有序地陈列在封土南面两侧（图17），当观众绕行于石刻四周，它们便被转换为典型的"圆雕"[3]。如今，封土上明清时期建立的小庙虽被拆除，却又增建了供游人观景的凉亭，封土南面扩建水池、假山、亭子，雕梁画栋，俗不可耐，被移动的石刻再次淹没在今人营造的新景观中，而西汉时期霍去病墓的风貌却荡然无存。

两千年前，这些石刻杂陈于普通的石块中，掩映在丰茂的草木间，宜于远观，难以近玩，使得这处封土在诸多的陪葬墓中呈现出与众不同的景象。同样，太液池中

---

[1] 傅天仇：《陕西兴平县霍去病墓前的西汉石雕艺术》，第43页。
[2] 鉴定者指出，仅辉石岩质石蟾的材料可能来源于长安石砭峪小瓢沟的超基性岩体，其余材料均来自终南山。见刘丹龙、孙平燕：《汉霍去病墓石雕艺术探微》，第89页。
[3] 例如，王志杰关于这批石刻陈列方式和观瞻效果的讨论，前提就是将石刻认定为"圆雕"。见氏著：《霍去病墓石刻陈列方式探讨》，《文博》1994年第1期，第103—108页。

图16 陕西兴平西汉霍去病墓"左司空"刻石（采自汤池主编：《中国陵墓雕塑全集·2·西汉》，第18页，图17）

图17 陕西兴平西汉霍去病墓石刻目前的陈列方式（采自王仁波主编：《秦汉文化》，第44页，图23）

的石鲸也不是用于陈列和瞻仰的"圆雕"，它原本只是太液池景观的一部分，甚至被淹没在水下。

唐人颜师古、姚察，以及清人毕沅都将石岭子遗址与《汉书》所云霍去病墓"为冢象祁连山"的记载联系起来。那么，封土上堆加这些经人工开采、搬运和雕刻的石头，所呈现的是一种什么样的图景？这种图景和祁连山之间又有何关联？

一般认为"为冢象祁连山"是对霍去病生前功业的表彰。《史记·卫将军骠骑列传》

之司马贞《索隐》："案：崔浩云'去病破昆邪于此山，故令为冢象之以旌功也'。"[1]《汉书·武帝纪》颜师古注揭示了祁连一词的另一种意义："匈奴谓天为祁连……今鲜卑语尚然。"[2] 今人否定了将"祁连"与匈奴语或鲜卑语联系在一起的说法，梅维恒（Victor H. Mair）认为"祁连"译自和拉丁语 caelum（天空，天堂）同源的某个吐火罗语词[3]。林梅村进一步指出，"祁连"一词应译自吐火罗语阳性形容词体格单数 klom 和 klyomo 的早期形式 *kilyom(o)，意思即"圣天"。吐火罗人即为匈奴所灭的西北民族月氏，祁连山即先秦文献中提到的"昆山"，也就是昆仑山，"昆仑"即 *kilyom(o) 一词在汉语词汇中最早的印欧语借词[4]。不管关于"祁连"词源的上述探索是否为最后的定论，我们都可以看到各种解释均不否认"祁连"与"天"的关联。

我们无法推断汉武帝时期"祁连"一词是否被按照其原来的意义加以理解，单从图像方面看，霍去病墓的封土形式的确具有某种神秘的色彩。马子云在1933年的调查记录中提到，该墓封土的形式与汉代博山炉盖十分相似（图18）[5]。谢阁兰[6]和水野清一[7]也曾持相近的看法，这类观点还为安·帕卢丹（Ann Paludan）[8]、陈诗红[9]、贺西林[10]和郭伟其[11]等学者广泛接受。程征更大胆地推测："在霍去病墓上原来就不会是'乱石'杂陈的面貌，恰相反，而是列置有序的。"在对照了釉陶瓮、博山炉和画像砖上的山形后，他把这种次序描述为"在波状起伏的岩石行列所代表的层峦叠嶂里活跃着虎、象、豕、牛、蟾、怪兽等山灵水怪和厮杀的兵马"[12]。最近，林通

---

[1]《史记》，第2940页。
[2]《汉书》，第203页。
[3] Victor H. Mair, "Reflections on the Origins of the Modern Standard Mandarin Place Name 'Dunhuang'," 李铮等编：《季羡林教授八十华诞纪念文集》卷二，南昌：江西人民出版社，1991年，第932页。
[4] 林梅村：《汉唐西域与中国文明》，北京：文物出版社，1998年，第64—69页。
[5] 马子云：《西汉霍去病墓石刻记》，第46页。
[6] Victor Segalen, Gilbert de Voisins and Jean Lartigue, *Mission archéologique en Chine (1914)*, vol. 1, p. 41.
[7] 水野清一：《前漢代に於ける墓飾石彫の一群に就いて——霍去病ての坟墓》，《東方學報》第3册，1933年，第324—350页。
[8] Ann Paludan, "An New Look at the Tomb of Huo Qubing," pp. 81-82.
[9] 陈诗红：《霍去病墓及其石雕的几个问题》，《美术》1994年第3期，第85—89页。
[10] 贺西林：《寄意神工——古代雕塑》，北京：生活·读书·新知三联书店，2008年，第28页。
[11] 郭伟其：《纪念与象征：霍去病墓石刻的类型及其功能》。
[12] 程征：《为冢象祁连山——霍去病墓石刻群总体设计之探讨》，《西北美术》1984年第2期，第17页。

雁通过对于石刻题材的分析,也指出"霍去病墓所象征的祁连山是一座像长安太液池上蓬莱三岛那样的神山或仙山"[1]。这类看法非常具有启发性。汉代博山炉盖铸作为野兽出没的连绵山峦,正与当时传说的仙山形象相合。故可推断,霍去病墓封土上利用石刻和石块所营造的,正是类似一座仙山的景观。需要略作修正的是,博山炉底部常见的龙形说明,其顶盖可能象征海中的仙山,而霍去病封土本身更有可能与汉代人对于西方昆仑等仙境的想象相关。

仙山的意义与"祁连"一词"圣天"的意义也相当接近。有论者指出,汉代人有时将"天"和"仙界"看作两个不同的世界[2],但这两个概念有时又可以相连。与战国时期不同,许多东汉时期的图像材料显示,人们相信神仙世界的主宰西王母居住在"天门"之内(图19)[3]。假如林梅村将

图 18 河北满城陵山西汉中山靖王刘胜墓出土的铜错金博山炉(采自中国社会科学院考古研究所、河北省文物管理处:《满城汉墓发掘报告》上册,第 64 页)

图 19 重庆巫山出土的东汉鎏金铜棺饰上所见西王母与天门图像的组合(采自《考古》1998 年第 12 期,第 81 页,图 4.1)

---

[1] 林通雁:《西汉霍去病墓石雕群的二个问题》,第 103—104 页。
[2] 信立祥:《汉代画像石综合研究》,北京:文物出版社,2000 年,第 143—182 页。
[3] 重庆巫山县文物管理所、中国社会科学院考古研究所三峡工作队:《重庆巫山县东汉鎏金铜牌饰的发现与研究》,《考古》1998 年第 12 期,第 77—86 页。

"祁连"和"昆仑"合二为一的说法不误,那么正是在西汉时期,昆仑也被看作西王母所居住的仙境。

也许正是祁连山字面的意义,使得这处与霍去病功业相联系的人造山丘被想象为一处与"天"有关的神山。《史记·卫将军骠骑列传》司马贞《索隐》所引崔浩"去病破昆邪于此山,故令为冢象之以旌功也"之说[1]与上述学者的看法可能并不矛盾,他们解释的是这处景观不同层面的意义。汉武帝的文韬武略与他对求仙的狂热不能截然划分开来,更不能对立起来,其实,在这个时期,人间的事功往往与对天和仙界的想象联系在一起,二者并行不悖。如历史上周穆王开疆拓土的西征,被诗化为与西王母的会见;秦始皇的历次东巡,既是一种政治性的活动,也具有宗教的意义;昆明池的修建,是为了训练水军,攻打西南夷,也可以为长安城提供水源,同时,这处地上的景观在空间和意义上也对应着举头可见的苍天。所以,一方面,我们可以将马踏匈奴解释为对霍去病战功的象征,另一方面,如有些学者注意到的,那些石刻取材之广泛,已经不限于西北边地的自然景物,诸如人熊相搏(图20)、怪兽食羊(图21)等神秘题材也许更多地可以与其宗教意义相关联[2]。霍去病墓的封土既是这位年青将军的纪念碑,又是理想中亡者灵魂的归宿。

如上所述,昆明池一方面"象滇河",另一方面又"象天河"。这二者的关系还不十分清楚,一种可能性是,遥远的西南边地也被想象为另一个世界。那些未实质性地划入汉帝国统治范围内的地区,往往引起汉人十分浪漫的想象,除了滇河,西部的昆仑以及东海中的岛屿,同样遥远而神秘。

司马迁写道:"秦每破诸侯,写放(仿)其宫室,作之咸阳北阪上。"[3]在这个时代,"天下"被空前地扩大,而安置于都城附近的六国宫室仿制品却又使得帝国一

---

[1]《史记》,第2940页。杨爱国先生提醒我注意《旧唐书·李靖传》的一条材料:"(贞观)十四年(640),靖妻卒,有诏坟茔制度依汉卫、霍故事,筑阙象突厥内铁山、吐谷浑内积石山形,以旌殊绩。"(《旧唐书》,北京:中华书局,1975年,第2481页)可见,将霍去病墓石刻理解为旌功的意义,是唐代一种较普遍的看法。此处将卫霍联言,是因为《汉书·卫青霍去病传》载,元封五年(公元前106)卫青死后,"与主合葬,为冢象庐山"(《汉书》,第2490页)。卫青冢与霍去病墓并列,但未见石刻,该墓以何种形式"象庐山",是一个悬而未决的问题。
[2]如郭伟其推断,食羊的怪兽可能是《山海经》所提到的昆仑之丘的"土蝼"。见氏著:《纪念与象征:霍去病墓石刻的类型及其功能》。
[3]《史记》,第239页。

图 20　陕西兴平西汉霍去病墓人熊相搏石刻（采自王仁波主编：《秦汉文化》，第 143 页，图 19）

图 21　陕西兴平西汉霍去病墓怪兽食羊石刻（采自王仁波主编：《秦汉文化》，第 131 页，图 21）

下子被艺术化地缩小，最终全然落入始皇帝的巨掌中。西汉长安附近这些工程，也使得东海中的仙山、西方的昆仑、南方的滇河、天上的星汉全都以"象……"的语法，集中到了皇帝的身边。遥远的西南夷是雄心勃勃的武帝将要远征的目标，而在京郊的昆明池既是他未来的功业，又映射着茫茫天汉。在时间概念上，昆明池指向未来，而祁连山联系着过去；在空间概念上，昆明池营建在武帝生活的都城近郊，而祁连山坐落在武帝死后的陵墓旁边——未来对应着生者的都城，而过去对应着死者的陵墓。

　　这些变化在美术史上具有重要的意义。我们应该注意到，恰恰是在秦到西汉时期，掩埋于地下的墓葬在空间概念上出现了质的变化。根据司马迁的描述，秦始皇帝陵墓中"以水银为百川江河大海，机相灌输，上具天文，下具地理"[1]。在西汉中期以后的许多墓葬中，画像艺术开始流行，在墓室顶部描绘的天象是最为常见的内容。但这种"天"的图像并不是自然的天，而是观念化的天。在陕西西安交通大学附属小学发现的一座西汉晚期砖室墓的天顶壁画中，日中有阳乌，月中有蟾蜍、桂树，仙鹤在云气中翱翔，周边环绕的四神、二十八宿配合各色动物与人物形象，牵牛和织女也

---

[1]《史记》，第 265 页。

侧身其中（图22）[1]。如此一来，一个略有身份或财力的人，也可以像皇帝一样，将茫茫宇宙揽入怀抱之中。与此同时，宫廷中发明的博山炉也出现于民间的墓葬中，不过它们不全是鎏金错银的铜器，而往往是陶制的粗陋复制品，熏香的功能已经丧失，仙山的造型和观念却得以流行。

图22　陕西西安交通大学附属小学西汉墓顶部壁画（采自《西安交通大学西汉壁画墓》，图版2）

---

[1] 陕西省考古研究所、西安交通大学：《西安交通大学西汉壁画墓》，西安：西安交通大学出版社，1991年，图版2。

宫廷的景观工程，很容易使人联想到中国古代都城"象天法地"的问题，但这个话题最忌大而化之地泛泛而论。董仲舒《春秋繁露·天地之行》云："为人君者，其法取象于天。"[1] 但这基本上是儒生们的理想。《三辅黄图》卷一曰："始皇穷极奢侈，筑咸阳宫，因北陵营殿，端门四达，以则紫宫，象帝居。渭水贯都，以象天汉，横桥南渡，以法牵牛。"[2] 目前考古发掘尚无法证明这一说法。《三辅黄图》又称汉长安"城南为南斗形，北为北斗形"[3]。自元人李好问所著《长安志图》对此提出置疑后，至今聚讼纷纭。实际上，西汉长安的建设是在渭水以南秦宫殿旧址的基础上逐步加以扩展而形成的，在其起步阶段未必有严整的规划[4]。

汉武帝时期对于霍去病墓、昆明池、太液池和甘泉宫等景观的营建，比起长安城的总体规划来说更能体现"象天"之类的观念，这与武帝本人是有直接关系的。《史记·封禅书》曰：

> 齐人少翁以鬼神方见上。上有所幸王夫人，夫人卒，少翁以方盖夜致王夫人及灶鬼之貌云，天子自帷中望见焉。于是乃拜少翁为文成将军，赏赐甚多，以客礼礼之。文成言曰："上即欲与神通，宫室被服非象神，神物不至。"乃作画云气车，及各以胜日驾车辟恶鬼。又作甘泉宫，中为台室，画天、地、太一诸鬼神，而置祭具以致天神。[5]

少翁是一个骗子，他的言论实际上只是对燕齐术士们旧有说辞的强化，却最终为武帝所接受，并落实为一系列充满神仙气息的建筑和舆服。诸如霍去病墓、昆明湖、太液池等工程，并不是在儒家理论的指导下形成的，其中有的可能与这个阶段

---

[1] 钟肇鹏：《春秋繁露校释》（校补本），石家庄：河北人民出版社，2005年，第1064页。
[2] 何清谷校注：《三辅黄图校注》，第27页。
[3] 同上书，第75页。
[4] 对于这个问题的讨论较多，比较有代表性的论述可以参考前引王仲殊《西汉的都城长安》一文。巫鸿从美术史的角度对此有更细致的讨论，见巫鸿：《中国古代艺术与建筑中的"纪念碑性"》，李清泉、郑岩等译，上海：上海人民出版社，2009年，第185—245页。
[5] 《史记》，第1387—1388页。

方士们的蛊惑有一定关系。因此，我倾向于将这些设施看作在特定年代与特定事件和特定人物的观念相关的工程，而不一定从陵墓制度等方面去寻求答案。

四

为了通神，少翁的建议中提到对"宫室被服"的改造，即其造型或装饰必须"象神"。接下来武帝的行为便是"象神"式图像的注脚，如一辆"云气车"[1]。这说明所谓"宫室被服"可能还包括更广大的范围，宫廷使用的博山炉等器用也在其中。博山炉是生活中奢侈品，是私人化的室内艺术，它将人们想象中的仙山以缩微的方式表现于器物，武帝茂陵1号无名冢1号陪葬坑出土的鎏金银铜博山炉是目前所见最为华美的一件（图23）[2]。根据铭文可知，该炉曾是未央宫内之物[3]。值得注意的是，这类器物只是对仙境形象缩微化的模拟，

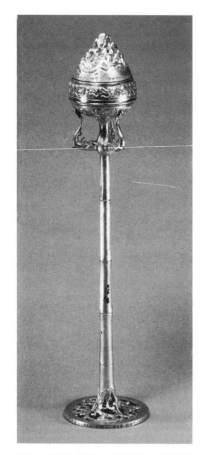

图23 陕西兴平茂陵1号无名冢1号陪葬坑出土的西汉鎏金银铜博山炉（采自王仁波主编：《秦汉文化》，第182页，图7）

而霍去病墓、昆明池、太液池以及甘泉宫的各种设施除了"象神"，本身就有可能是举行一些宗教礼仪的场所。因此，这种大型的景观可能有着与器物精致华美的风格所不同的设计理念。

---

[1] 秦始皇陵铜车马上的云纹装饰，以及西汉许多高等级墓葬出土的车件上的云纹，可能都与"云气车"的概念有关。
[2] 咸阳地区文管会、茂陵博物馆：《陕西茂陵一号无名冢一号从葬坑的发掘》，图版肆。
[3] 炉盖口外侧刻铭文："内者未央尚卧，金黄涂竹节熏卢（炉）一具，并重十斤十二两，四年内官造，五年十月输，第初三"。底座圈足外侧刻铭文："内者未央尚卧，金黄涂竹节熏卢（炉）一具，并重十一斤，四年寺工造，五年十月输，第初四"。见上文第3页。

要探讨宗教性景观的设计手法，辽宁绥中县秦汉行宫遗址是一个可以参照的例子。1982 年以来，考古工作者在绥中至河北秦皇岛市沿海地区发现多处秦汉建筑基址，均是秦代至西汉的行宫遗址。其中绥中万家镇南部沿海一带发现了石碑地、黑山头、瓦子地、大金丝屯、止锚湾和周家南山等大型建筑遗址群，分布范围达 900 平方米[1]。靠渤海的三处以石碑地为中心，两翼为止锚湾、黑山头，每一处的近海都有成对的巨型礁石，犹如门阙。石碑地有被称为"姜女坟"（也被称为"姜女石"）的三块礁石矗立在靠近海岸约 500 米的水面上，其中间一块似倒塌所致（图 24）[2]。这些礁石实际上是一组海蚀柱，其中最大的一块高出海面 24 米，呈黑色。其底部堆放着一些大型的白色河光石。这类白色的石头不见于附近海域，应是前人有意放置的。与

图 24　辽宁绥中"姜女坟"近景（采自辽宁省文物考古研究所：《姜女石——秦行宫遗址发掘报告》下册，图 1）

---

[1] 辽宁省文物考古研究所：《辽宁绥中县"姜女坟"秦汉建筑遗址发掘简报》，《文物》1986 年第 8 期，第 25—40 页；辽宁省文物考古研究所姜女石工作站：《辽宁绥中县"姜女石"秦汉建筑群址石碑地遗址的勘探与试掘》，《辽宁绥中县石碑地秦汉宫城遗址 1993—1995 年发掘简报》，《考古》1997 年第 10 期，第 36—46,47—57 页；辽宁省文物考古研究所：《姜女石——秦行宫遗址发掘报告》，北京：文物出版社，2010 年。
[2]《史记》，第 251 页；华玉冰：《试论秦始皇东巡的"碣石"与"碣石宫"》，《考古》1997 年第 10 期，第 83、84 页注 19。

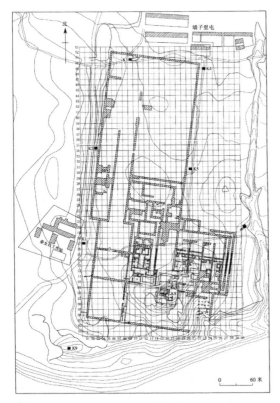

图 25 辽宁绥中石碑地秦代建筑遗址平面图（采自辽宁省文物考古研究所：《姜女石——秦行宫遗址发掘报告》上册，第 17 页，图 5）

这些礁石相对，岸上则有规模宏大的建筑群（图 25），在距离海岸约 300 米处，有一条宽约 10 米的石甬道穿过东西礁石带，通往止锚湾和黑山头[1]。在止锚湾遗址的周围海上原有多处矗立于海中的礁石，遍布在南北长五六十米，东西宽三四十米的范围内。在黑山头遗址对面百余米的海面上，也有两块类似门状的礁石分布，相距 40 米，俗称为"龙门石"（图 26）[2]。这两处遗址也有大片的建筑遗址存在。

这组总名为"姜女石"的遗址，被认定为秦始皇三十二年（公元前 215）东巡，使燕人卢生求仙人羡门、高誓的"碣石"行宫之所在[3]。发掘证明，这处规模宏大的行宫毁于秦末，个别地点在西汉时进行了重建。史载太初三年（公元前 102）四月，武帝"北至碣石，巡自辽西"[4]，可能与这些宫殿的重建有关。

北魏郦道元《水经注·濡水》对于这处景观有较详细的记述：

> 今枕海有石如甬道数十里，当山顶有大石如柱形，往往而见，立于巨

---

[1] 辽宁省文物考古研究所：《姜女石——秦行宫遗址发掘报告》上册，第 5 页。
[2] 同上。
[3] 关于"碣石"地望目前有不同的看法。就渤海沿岸的上述发现而言，有人认为姜女石建筑群为碣石宫，有人认为其南面的秦皇岛金山嘴遗址为碣石宫，也有人认为是这一系列地点的总称。有关观点的综述，见中国社会科学院考古研究所：《中国考古学·秦汉卷》，北京：中国社会科学出版社，2010 年，第 67—70 页。
[4]《史记》，第 1398—1399 页。

图26　辽宁绥中黑山头遗址地貌（采自辽宁省文物考古研究所：《姜女石——秦行宫遗址发掘报告》下册，图版206）

海之中，潮水大至则隐，及潮波退，不动不没，不知深浅，世名之天桥柱也。状若人造，要亦非人力所就。韦昭亦指此以为碣石也。《三齐略记》曰："始皇于海中作石桥，海神为之竖柱。始皇求与相见，神曰：我形丑，莫图我形，当与帝相见。乃入海四十里，见海神，左右莫动手，工人潜以脚画其状。神怒曰：帝负约，速去。始皇转马还，前脚犹立，后脚随崩，仅得登岸，画者溺死于海，众山之石皆倾注，今犹岌岌东趣，疑即是也。"[1]

海中礁石是天然形成的，但在秦代，它们忽然被"发现"。所谓的"发现"，实际上是将这些大自然的造化认定为某种形象。这些礁石一方面要"状若人造"，例如看上去像"天桥柱"；另一方面，它们又必须"非人力所就"，就像《三齐略记》的故事中所说的那样，是海神与始皇帝合作的成果。

"发现"之后，便需要"确认"。那些从别处搬运来的白色石头，很可能便是一种"确认"的手段。如果没有任何人工痕迹，那么它在视觉和意义上就仍是自然的礁石。但是，这种附加的人工手段必须严格加以约束，礁石本身不施任何斧凿，因为唯

---

[1] 陈桥驿：《水经注校证》，北京：中华书局，2007年，第348页。

有保留其自然面目，这一形状特殊的礁石才会被认定为超自然力量的造化，而不是人为的捏造，才具有权威性和说服力。

相对于海上的景观而言，岸上的离宫别馆是对其宗教含义的进一步"确认"。如果我们将岸上的建筑和礁石看作一个整体，那么这处"大地艺术"的作品就是由人工和自然两种力量构成的。当然，礁石本身还不是这种宗教活动的终点，它们只是中介，是通往仙境的桥梁，秦皇、汉武的目光要由此再向大海的深处追寻。

海中礁石的自然形态引起人们对另一种物象的联想，这种情况在西汉也可以见到，《史记·李将军列传》记："广出猎，见草中石，以为虎而射之，中石没镞，视之石也。因复更射之，终不能复入石矣。"[1]完全相同的情节还见于这一时期韩婴所撰《韩诗外传》卷六："昔者楚熊渠子夜行，寝石以为伏虎，弯弓而射之，没金饮羽。下视知其石也。因复射之，矢跃无迹。"[2]这样的故事还发生在北周时期的李远身上，《周书·李远传》载："（远）尝校猎于莎栅，见石于丛蒲中，以为伏兔，射之而中，镞入寸余。就而视之，乃石也。"[3]

相似的过程也发生在霍去病墓的营造工程中：自然赋予了某块石头特殊的形状，恍然看去，似乎有一只蟾蜍隐藏其中。"发现"之后，便需要人们将蟾蜍从自然的束缚中解救出来——这是"确认"的工作。工匠在一端进行有限的加工，简单地刻出眼和口部，而其他部分则更多地保留自然的外貌（图27）。

在体量巨大的景观作品中，所使用的手法是多种多样的，除了石蟾蜍所见的制作方式，霍去病墓石刻有的加工略为精细。但如果将整个封土看成一个整体，这样的加工仍然只是局部的，大量的石头只是进行了简单的切割。有的石块的重量可达10吨以上，与长途运输的工作量相比，雕刻的人力则微乎其微。

"搬运"也是大型景观惯用的方式，上面我们提到了碣石宫遗址礁石旁边那些从他处搬运的白色石头，而在班固《西都赋》的描述中，上林苑"乃有九真之麟，大宛

---

[1]《史记》，第2871—2872页。汪悦进教授提醒我注意这一史料，特此鸣谢。
[2] 许维遹：《韩诗外传集释》，北京：中华书局，1980年，第230页。
[3]《周书》，北京：中华书局，1971年，第420页。

风格背后

图 27　陕西兴平西汉霍去病墓蟾蜍石刻（采自王仁波主编：《秦汉文化》，第 130 页，图 19）

之马，黄支之犀，条支之鸟。踰昆仑，越巨海，殊方异类，至于三万里"[1]。有了这些从异域输入的动物，上林苑不仅仅是皇帝的郊猎之所，它同时也被转换成一个无所不包的仙境。太初三年（公元前 102）四月，汉武帝第三次封禅泰山，"纵远方奇兽蜚禽及白雉诸物，颇以加礼"[2]。在泰山上添加这些奇禽异兽，泰山便进一步被转化为一座神山[3]。

如果将霍去病墓石刻看作是人工制品，那么，那些不具形象的石头、池边的树木、水中的游鱼则是大自然的造化。独立的雕塑可以通过外在的形象将材料的特质完全隐藏起来，但是作为景观或景观的组成部分，就无法、也不能将材料全然隐藏。如

---

[1] 萧统编，李善注，《文选》第 1 册，第 11 页。
[2] 《史记·封禅书》，第 1398 页。
[3] 在山林里添加活的禽兽，与人造的动物石刻是两种形式，但在秦始皇的地下王国中，我们也可以看到两种形式并存——在骊山陵的从葬坑中发现两处动物坑，其一位于陵西内外城之间的西门以南，共 31 座，南北 3 行排列，出土鹿、麋、飞禽等；另一处位于外城以北，出土鸡、猪、羊、狗、獾、鳖、鱼等。除了这些真实的动物，近年来又在秦陵外城东北角之外发现一处青铜水禽坑，其底部有象征性的河道，在两侧垫木夯土台上，已发现 46 件原大的青铜水禽，包括天鹅、鹤、鸿雁等，这些以雕塑手法模拟的水禽体表有彩绘残迹，姿态各异，栩栩如生。

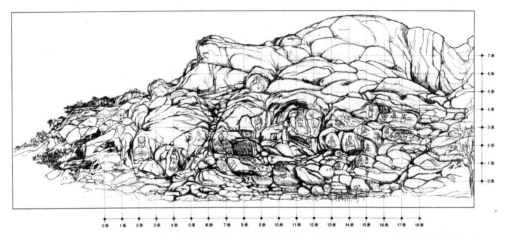

图 28　江苏连云港孔望山摩崖东汉造像群实测图（采自中国国家博物馆田野考古研究中心等：《连云港孔望山》，第 42、43 页之间的插页，图 45）

图 29　江苏连云港孔望山摩崖东汉造像群（采自中国国家博物馆田野考古研究中心等：《连云港孔望山》，第 41 页，图 44）

果完全出自人为而没有自然的成分，那么这些作品就失去了和环境的关联，就会变为不具有任何宗教力量的玩物。碣石宫是通往仙界的门槛，霍去病墓封土是仙山的模拟，昆明池是银河的象征，太液池也是一处仙境的化身，这些景观的营建在理念上秉承了同样的原则。

汉代景观的最后一个例子是江苏连云港的孔望山。这处著名的遗址最近进行了新的调查与发掘，并出版了详细的报告[1]。对于研究者来说，报告中清晰的线图极有参考价值（图28）。但与照片（图29）对比来看，摩崖上东汉时期雕刻的线条显然被人为地强化了。远远望去，摩崖雕刻实际上与整个山岩浑然一体。测绘线图的过程也是一个辨认的过程，就像人们从墓葬封土的乱石中挑选那些石刻一样。由于这些摩崖雕刻的存在，加之山上的承露盘、山洞等人工的遗迹，这座普通的石山被转化为一处富有宗教意义的景观。在这里，造化与人工并存，"状若人造，要亦非人力所就"。

孔望山附近的蟾蜍与大象的雕刻技法仍在很大程度上保留着西汉的传统。蟾蜍与原来的岩石紧密联系在一起（图30、31），像一块顽石被某种神力点化为生灵——一种与月亮和"阴"相关的动物。大象（图32）则是远方的贡物，也是上天所赐的祥瑞，它用一块独体的天然巨石随形刻成，尽管周身打磨光滑，但令人惊异的是，其四肢之间并未挖空——就像我们在马踏匈奴石刻所见到的那样。对比同时期的墓葬神道石刻动物灵动的风格（图33），我们就会意识到，在这处宗教景观中，传统的力量仍在顽强地延续。

晚至12世纪末到13世纪上半叶，在今重庆大足县城东北的宝顶山上，以大佛湾为中心，僧人赵智凤历时七十余年，主持开凿了一处大规模的石窟[2]。南崖西端的"牧牛正觉道场"以牛喻心，以牧人喻修行人，表现修行禅观、调伏心意的主题，其中群牛随着山岩石块的高低起伏而雕成（图34）。东北角的九龙浴太子一铺，则巧妙地将山顶的泉水引至龙头，清泉从龙嘴灌注到释迦太子身上（图35）。显然，那

---

[1] 中国国家博物馆田野考古研究中心等：《连云港孔望山》，北京：文物出版社，2010年。
[2] 重庆大足石刻艺术博物馆：《大足石刻》，重庆：重庆出版社，1994年。

图30 江苏连云港孔望山摩崖东汉蟾蜍石（采自中国国家博物馆田野考古研究中心等：《连云港孔望山》，第101页，图160）

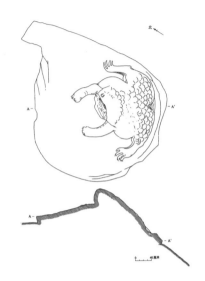

图31 江苏连云港孔望山摩崖东汉蟾蜍石平、剖面图（采自中国国家博物馆田野考古研究中心等：《连云港孔望山》，第102页，图161）

图32 江苏连云港孔望山摩崖东汉象石（采自中国国家博物馆田野考古研究中心等：《连云港孔望山》，第93页，图145）

图33 河南孟津象庄东汉陵前石象（采自张书田主编：《中国名流丛书·洛阳卷》，香港：香港大学出版印务公司，1995年，第11页）

风格背后

图 34　重庆大足宝顶山南宋石窟牧牛图（郑岩摄影）

图 35　重庆大足宝顶山南宋石窟九龙浴太子图（郑岩摄影）

些南宋匠师们营造的不是一座陈列雕塑作品的美术馆，而是人世间的佛国。也许他们"不知有汉"，但宗教的情怀、艺术的匠意却可以超越时空，彼此呼应。

本文原刊《陕西历史博物馆馆刊》第18辑（西安：三秦出版社，2011年，第140—161页）。我对于霍去病墓石刻等材料的兴趣，很大程度上来源于与同仁贺西林教授的交流。贺君研究霍去病墓已有多年，颇多创见，对我时有重要启发。本文的指向和某些观点与贺君高论并不同，然贺君仍将多年积累的资料倾囊而出，供我使用。此外，汪悦进、文军、杨爱国、吴雪杉、文文、陈根远、徐涛、范淑英、郭伟其、陈群、刘晓达和董睿诸君对本文的写作也提供了重要的帮助。特此向以上朋友表示感谢！

关于墓葬壁画起源问题的思考

——以河南永城柿园汉墓为中心

1987—1991年发掘的河南永城柿园汉墓是美术考古的一项重要收获[1]，根据墓葬中出土的钱币判断，其年代在公元前136—前118年之间。这是迄今所知年代最早的一座壁画墓[2]，其墓主为某一代梁王。已有许多学者就该墓壁画的内容和绘画风格等问题进行研究，我则关心另外一些问题：首先，作为迄今所知年代最早的壁画墓，这项发现对于研究墓葬壁画的产生有何意义？其次，该墓既然是一座诸侯王陵，那么其中的壁画与西汉诸侯王陵墓制度有何关系？

随着对墓葬壁画研究的逐步深入，我们越来越需要对这一艺术形式进行动态的考察，其中，探索墓葬壁画的起源便是一个重要而复杂的课题。这个课题可以有多方面的着眼点，如墓葬壁画起源的时间、地点、方式、背景、动因等，都是需要讨论的问题，这当然远不是一两篇文章所能解决的。我们首先要面临材料的局限，年代较早的壁画墓自然最受研究者关注，但"迄今所知最早的壁画墓"与"历史上最早的壁画墓"是两个近似却又不同的概念。实物材料存留和被发现，都有很大的偶然性，我们也许永远不可能见到那座"历史上最早的壁画墓"，而只能根据现有材料做有限的推定。况且，我们也无法证明墓葬壁画产生于一次突然的"发明"，无法证明历史上真的曾经有一座可以冠以"最早"二字的壁画墓存在。相反，从目前的材料来看，墓葬

---

[1] 阎根齐主编：《芒砀山西汉梁王墓地》，北京：文物出版社，2001年，第81—247页。
[2] 一般说来，"墓葬壁画"的概念大致包括两个方面：一，其载体为墓葬壁面（包括天顶）；二，其图像有较为复杂的内容和构图，而不是简单的几何纹样类的装饰。我以"墓葬壁画"替代常用的"墓室壁画"一词，是因为有些古代墓葬常在墓门与墓道处装饰壁画，而"墓室壁画"一词无法涵盖之。此外，我曾主张打破材料的界限，将画像石、画像砖等具有绘画性特征的图像也容纳到"壁画"的概念中，以便于观察不同形式的壁画在内容等方面的联系（郑岩：《魏晋南北朝壁画墓研究》，北京：文物出版社，2002年，第14—16页，注1）。但本文所讨论的重点是彩绘壁画作为一种特定的艺术形式在其初始阶段的一些问题，所以有必要再加强调其材料等方面的特性，故文中使用的"壁画"一词，除了特别加以说明外，仍指彩绘壁画。

逝者的面具

壁画更像是一种逐步形成的艺术形式，"起源"在这里是一个动态的、渐进式的概念。基于这种认识，我们的研究重点也应从确定一个具体的时间点，转移到其他方面。

此前研究者在讨论汉代墓葬画像艺术的起源时，多从社会背景的角度入手，如西汉时期经济的发展和厚葬陋习的泛滥等因素，都经常被涉及。这些研究固然相当重要，然而社会背景只是画像艺术产生的必要条件，而不是充分条件。从美术史的角度来看，我们也许更要关心另外一些问题，如：为什么会在墓葬中采取绘画这种特别的艺术形式而不是其他形式？绘画如何转移到墓葬之中？壁画的内容与形式从何而来？在这一方面，柿园墓的发现提供了重要的线索。

选取柿园墓作为标本来讨论墓葬壁画的起源，并不只是因为该墓在目前所知的壁画墓中年代最早，相反，我已经注意到柿园墓与以往所知的一批早期壁画墓在时间和空间上有一定距离。这批早期墓葬主要是今河南洛阳地区即西汉司隶部河南郡的几座空心砖墓[1]，包括1916年前后发现的八里台墓[2]、1957年发掘的烧沟61号墓[3]、1976年发掘的烧沟卜千秋墓[4]和1992年发掘的浅井头墓[5]等。此外，1927年在英国展出的一组绘有壁画的空心砖（后为大英博物馆收藏）也属于这个时期[6]。对照洛阳

---

[1] 本文初稿发表时，未涉及近年新发现的陕西西安理工大学墓（西安市文物保护考古所：《西安理工大学西汉壁画墓发掘简报》，《文物》2006年第5期，第7—44页）、西安曲江翠竹园1号墓（西安市文物保护考古所：《西安曲江翠竹园西汉壁画墓发掘简报》，《文物》2010年第1期，封二、第26—39页），以及1987年发掘的西安交通大学附属小学墓（陕西省考古研究所、西安交通大学：《西安交通大学西汉壁画墓》，西安：西安交通大学出版社，1991年）和1985年发掘的西安曲江池1号墓（徐进、张蕴：《西安南郊曲江池汉唐墓清理简报》，《考古与文物》1987年第6期，第40—45页）。前三座墓均为小砖构筑的带左右耳室的单室墓。西安理工大学墓的壁画有宴饮、狩猎等内容，其人马形体较小，画面色彩艳丽，笔墨精微。曲江翠竹园1号墓内绘门吏、婢女、怀抱婴儿的妇人以及一具带彩绘图案的屏风，其人物形体高大。星象图在西安交通大学附属小学墓有了新的表现，其主室顶部和正壁上部绘云气、鹤、鹿等，日、月分列于室顶南北，周围的两重巨大圆圈内绘四神和二十八宿，星宿的位置和方向基本准确。这些壁画的绘制水平也明显高于洛阳地区，说明各地壁画墓的发展并不平衡。墓葬中壁画复杂的内容和成熟的绘画风格，也暗示着在京畿地区壁画墓还有更早的例子有待发现。西安曲江池1号墓为土洞墓，墓道及墓室东、西、南三壁生土墙上分别绘马、黄牛、犀牛、鱼等，风格简率粗朴，与其他诸墓的壁画风格差别较大，或为一座等级较低的墓葬。此外，据发掘者的意见，2008年发掘的陕西靖边杨桥畔老坟梁42、119号墓（国家文物局主编：《2008中国重要考古发现》，北京：文物出版社，2009年，第116—119页）和1995年发掘的内蒙古包头召湾51号墓（内蒙古文物考古研究所：《内蒙古中南部汉代墓葬》，北京：中国大百科全书出版社，1998年，第203—214页）也属于这一时期。日益丰富的材料提醒我们，今后对于西汉墓葬壁画的研究要进一步注意到区域之间的差别。

[2] 该墓壁画至迟在1924年流散到国外，现存美国波士顿美术馆。黄明兰、郭引强：《洛阳汉墓壁画》，北京：文物出版社，1996年，第101—104页。

[3] 河南省文化局文物工作队：《洛阳西汉壁画墓发掘报告》，《考古学报》1964年第2期，第107—126页。

[4] 洛阳博物馆：《洛阳西汉卜千秋壁画墓发掘简报》，《文物》1977年第6期，第1—12页。

[5] 洛阳市第二文物工作队：《洛阳浅井头西汉壁画墓发掘简报》，《文物》1993年第5期，第1—16页。

[6] 倪克鲁（Lukas Nickel）：《大英博物馆收藏的一组汉代壁画》，贺西林译，《考古与文物》2004年第5期，第74—80页、封二。

烧沟汉墓的分期，这些墓葬的年代大约在西汉晚期元帝到成帝时期（公元前48—前7），比柿园墓晚半个多世纪，二者的分布区域、墓葬形制和等级也有差别。如果我们将洛阳西汉墓看作壁画墓成批出现的开始，那么，柿园墓中的壁画则更像是一种偶然、零散出现的"试验品"；下文的讨论还将证明这座墓葬中的壁画和诸侯王的陵墓制度也没有必然的联系。但是，这正是一种新事物出现之初的特征。柿园墓和洛阳诸墓在时间和空间上仍存在不少缺环，然而从下文的分析中我们将看到二者所体现出的观念仍有许多共性。因此，就墓葬壁画起源问题的讨论来说，柿园墓在目前有着特殊的价值。

此外，还需要对本文的研究角度略加说明。在这篇小文中，我试图通过对一座墓葬的"细读"来考察墓葬壁画起源这一复杂的问题。一座墓葬往往同时具有一些普遍性和特殊性的特征，前者可以支持我们通过该墓来研究一种具有普遍意义的历史现象，后者会引发我们新的思考维度，避免面对大量材料进行归纳研究时的粗疏。同时，我们必须看到这种方法的局限性，即有可能对细节作过度的解释，或者将一些局部的结论扩大化。这种偏差对于研究一个涵盖面较大的课题来说，难免会产生误导。本文所采取的一种修正的办法是，一方面注重对柿园墓及其壁画进行较细致的分析，另一方面又将该墓放置在此前此后墓葬演变的整体脉络中来观察。

这种研究只是一种尝试，我并不奢望利用被考古学者偶然发现的某一项个案，来取得一锤定音的效果，相反，我们可以利用更多类似个案的研究，充分展现出问题的复杂性，经过反复思考和验证，引导我们的研究日益深入。

一

该墓最完整的一幅壁画如今陈列在河南博物院的展厅（图1），并刊登在各种出版物中。这两种传达方式，都大大改变了壁画与墓葬环境原有的关联。实际上，壁画原本是墓葬的组成部分，我们有必要先观察一下柿园墓的整体情况。该墓位于永城芒山镇柿园村东保安山东南的余坡上，是一座依山开凿的崖洞墓。墓顶原来可能有建筑，

图1　陈列于河南博物院的河南永城柿园西汉墓壁画（辛培摄影）

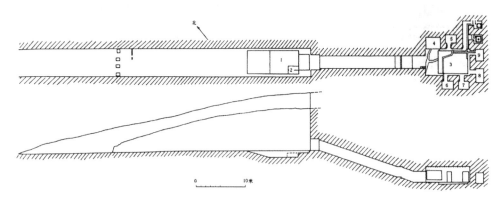

图2　河南永城柿园西汉墓平、剖面图：（1）凹坑（2）钱窖（3）主室（4）1号侧室（5）2号侧室（6）3号侧室（7）4号侧室（8）5号侧室（9）6号侧室（10）7号侧室（11）8号侧室（采自阎根齐主编：《芒砀山西汉梁王墓地》，图32）

周围有陵墙残迹。陵墙外发现20余座附葬的石棺墓。墓葬面向西北，由墓道、甬道、主室、巷道和8个侧室组成，全长95.7米（图2）。

墓葬主室呈长方形，顶部及墙面抹一层泥灰，外层涂白石灰。因为壁画只在主室局部出现，所以这层白灰应不是专为绘制壁画而设。四壁顶端开凿56个方形的凹槽，有的凹槽内留有"灰烬"（发掘报告语，疑为朽木）。靠近门洞的部分有一平台，对应室顶的壁画，约占主室总面积的1/3，其他部分有排水的凹坑。

根据各室残留的遗物判断，棺室可能是主室右壁靠近门洞的1号侧室，其东西两壁顶端及四角也刻有凹槽。主室右壁中央的2号侧室可能是储藏钱币的场所。左壁中部的3号侧室用于放置青铜器。左壁后部的4号侧室用途不明。沿后壁开设两个侧室，左端5号侧室存放衣物和朱砂等物品。右端6号侧室用途不明，其壁面也涂有石灰。沿后壁向右开出一条通道，连接两个侧室，外侧的7号侧室有象征性的沐浴设施，内侧最为隐秘的8号侧室有水井和厕所。厕所的踏脚石上刻常青树、小鸟、玉璧等画像[1]。该墓墓室虽然不像河北满城刘胜墓的布局那样严谨[2]，但各个部分彼此贯通，功能各异，初步具备了象征地上建筑的特征。

壁画绘制在主室前部平台所对应的室顶（图3）、南壁和主室西壁门道口以南（图4），以及主室西壁门道口以北的部分（图5）。其中顶部壁画保存完好，南壁主室西壁门道口以南（左侧）的壁画仅存上部，这两幅壁画有着共同的特征，即在主体画面以外皆有菱形穿壁的花纹带，呈黑灰色，主体画面则以红色为基调，绘龙、仙山等内容。西壁门道口以北（右侧）的壁面因为面积较小，仅绘有一部分边饰。此外，1号侧室的顶部、5号侧室的四壁和顶部都发现了涂朱的痕迹以及直线纹，发掘报告推测"在这些室内原来也曾绘有壁画"[3]。

从文献资料来看，宫室庙堂中的壁画大约产生于春秋时期[4]。地上建筑的壁画显然是墓葬壁画的一个重要来源，如壁画的绘制技法等，都有可能先在地上建筑中得到训练。墓葬壁画的许多题材，也可能受其影响。更重要的是，西汉时期的墓葬已具有

---

[1] 此类图像出现在厕所内与情理不合，这在后世的墓葬中甚为少见，说明画像与墓室结构之间尚未形成比较固定的配置关系。
[2] 中国社会科学院考古研究所、河北省文物管理处：《满城汉墓发掘报告》，北京：文物出版社，1980年。
[3] 阎根齐主编：《芒砀山西汉梁王墓地》，第11页。
[4] 邢义田已对有关的文献材料作了详尽的梳理，见邢义田：《汉代壁画的发展和壁画墓》，氏著：《秦汉史论稿》，台北：东大图书公司，1987年，第450—452页；修订本见氏著：《画为心声：画像石、画像砖与壁画》，北京：中华书局，2011年，第1—46页。

图3 河南永城柿园西汉墓主室顶部壁画（采自阎根齐主编：《芒砀山西汉梁王墓地》，图49）

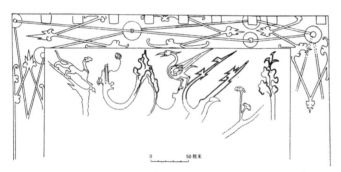

图4 河南永城柿园西汉墓主室南壁及西壁左侧壁画（采自阎根齐主编：《芒砀山西汉梁王墓地》，图50）

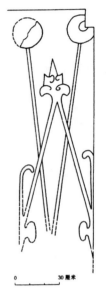

图5 河南永城柿园西汉墓主室西壁右侧壁画（采自阎根齐主编：《芒砀山西汉梁王墓地》，图51）

"第宅化"的特征[1]，当墓葬的整体结构模仿墓主地上的阳宅时，作为地上建筑组成部分的壁画，就会很自然地影响到地下的墓葬。

关于墓葬"第宅化"的背景还需要做更深入的研究，粗略地说，可以解释为"事死如生"观念的影响。但是，生者的世界包罗万象，对地下世界的"设计"只能有选择地复制或模仿地上的事物，如果一种事物与当时人们对死后世界的理解无关，那么

---

[1] 俞伟超：《汉代诸侯王与列侯墓葬的形制分析——兼论"周制"、"汉制"与"晋制"的三阶段性》，《中国考古学会第一次年会论文集》，北京：文物出版社，1979年，第332—337页；吴曾德、肖亢达：《就大型汉代画像石墓的形制论"汉制"》，《中原文物》1985年第3期，第55—62页。

关于墓葬壁画起源问题的思考

图6　湖南长沙马王堆1号西汉墓第三重朱地漆棺左侧板画像线描图（采自湖南省博物馆、湖南省考古研究所：《长沙马王堆一号汉墓》上卷，北京：文物出版社，1973年，图23）

就不可能出现在墓葬中。考虑到丧葬观念发展的连续性，我们更应当注意墓葬壁画与其他丧葬艺术形式的关系。

贺西林在谈到柿园墓壁画时指出："在曾侯乙墓漆棺、马王堆汉墓漆棺、马王堆汉墓帛画以及砂子塘汉墓漆棺画等众多的楚和西汉早期丧葬艺术中都可以嗅到这种浓烈的装饰气息。"他还特别注意到湖南长沙马王堆1号墓第三重朱地漆棺左侧板画面（图6）的造型、构图、色彩等与柿园墓顶部壁画惊人地相似。此外，贺氏还比较了西汉铜镜、织锦等艺术形式[1]。其结论是："这一时期的墓室壁画从图像到风格上都带有其他丧葬绘画的痕迹，明显地表现出对于其他传统艺术的借鉴与挪用。"[2]

这一判断是正确的，例如单从这一时期不同形式的作品在数量方面的差异来考虑，这种由多（漆棺画、帛画、织锦、铜镜等）到少（壁画）的影响是合乎逻辑的。但是贺著的比较标准略显宽泛，反倒使得这种关系较为模糊。如果更严格地从画面内容、构图形式和色彩等方面进行对比，那么柿园汉墓壁画似乎更接近于棺的装饰，而与帛画、铜镜等有一定距离。如壁画长方形的构图、四周的边饰、龙的造型、红的底色，都与马王堆1号墓第三重漆棺装饰如出一辙。

所不同的是，棺是一种"器具"，图像主要绘制在外壁，一个画面与另一个画面

---

[1] 贺西林：《古墓丹青——汉代墓室壁画的发现与研究》，西安：陕西人民美术出版社，2001年，第17页。
[2] 同上书，第14、15页。

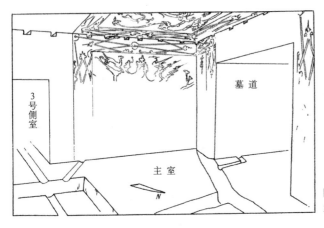

图7　河南永城柿园西汉墓主室壁画布局示意图（郑岩绘图）

是"外向"的关系，而墓室是一种内部空间，其图像分布在内壁，彼此为"内向"关系。更值得注意的一个细节是，棺上的边饰既是画面的边框，又是这个长方体各个面之间的界限，是与棺的结构相统一的；但在墓室中，画像与建筑结构之间的关系却变得相当混乱。我根据报告的描述，粗略地画出一幅三维的示意图（图7），从中我们可以大致看到壁画与建筑的关系。在其顶部和南壁壁画的东边缘，边饰与石面的结构并无关联，这两部分的壁面没有转折，而边饰却使得画面突然停止，也就是说，这部分边饰只是画面的边框，而与画面的载体无关。特别是南壁的壁画，竟然和西壁左侧的壁画连成一幅，原有的设计稿被不匹配的墙面硬性地"折"了90°。并且，马王堆1号墓第三重漆棺所见各个画面相互之间严密的组合关系在墓葬壁画中也丧失殆尽。如此看来，壁画的设计者并没有着眼于墓室本身的结构，他似乎更习惯于棺的装饰，整套画像就像是从棺上直接"搬"到了墓室中。我甚至怀疑这套壁画出自一位装饰棺的画工之手，或者至少可以说，墓葬中的壁画借用了棺画的画稿。

马王堆1号墓的年代约在公元前165年左右，略早于柿园墓，但这并不是说柿园墓的壁画是从马王堆1号墓这座具体的墓葬中抄袭而来。实际上，马王堆1号墓的漆棺画像可能有其自身的发展系统，不仅该墓中各重棺的装饰逻辑严密[1]，其前

---

[1] Wu Hung, "Art in its Ritual Context: Rethinking Mawangdui," *Early China*, 17 (1992), pp. 111-145；中译本见巫鸿：《礼仪中的美术——马王堆再思》，陈星灿译，载郑岩、王睿编：《礼仪中的美术——巫鸿中国古代美术史文编》上卷，郑岩等译，北京：生活·读书·新知三联书店，2005年，第101—122页。

也可能存在一个更久远的传统。如战国时期的曾侯乙墓漆棺的装饰就是一个更早的例子[1]。砂子塘西汉墓等漆棺绘画的发现[2]，也证明马王堆棺的装饰并非孤例。准确地说，作为墓葬的一种新的艺术形式，柿园墓壁画可能受到了传统更为久远的葬具装饰系统的影响。

可以支持这种传递关系的一个事实是，柿园墓凿山为室的形制正是从漆棺所属的竖穴墓发展而来的，对于这个问题，已有许多学者进行过讨论[3]。横穴墓墓室空间加大，为装饰壁面提供了可能。正如邢义田所言："有室有壁是壁画能够出现的先决条件。横穴墓室普遍取代竖穴墓，对雕刻或壁画装饰墓的出现，应有推波助澜的作用。"[4]

木椁墓是商周以来传统的墓葬形式，墓内按照墓主身份的不同，棺椁从一棺一椁到五棺二椁，有再重、三重、五重、七重的区别，墓主身份较高的棺则髹漆施彩绘。这种墓葬在长江流域一直延续到西汉后期，边远地区甚至延续到东汉前期。在横穴墓中，墓穴正方体的空间与原来漆棺的结构相似而空间加大，漆棺上的彩绘便可顺理成章地改绘到墓室壁面上。

由此可见，墓葬壁画作为一种新的艺术形式，一个重要的产生途径可能是对于传统丧葬艺术形式的模仿。与之类似的还有画像石艺术的来源问题，如在鲁南及苏鲁豫皖交界地带发现的一批西汉中晚期的小型石椁墓，其画像也与楚地的画像装饰相类似[5]。

---

[1] 湖北省博物馆：《曾侯乙墓》上册，北京：文物出版社，1989年，第36页图21，第39页图22。
[2] 湖南省博物馆：《长沙砂子塘西汉墓发掘简报》，《文物》1963年第2期，图版贰；湖南省博物馆：《湖南省文物图录》，长沙：湖南人民出版社，1964年，图版72。
[3] 关于西汉时期墓葬形制变化的论述，参见俞伟超：《汉代诸侯王与列侯墓葬的形制分析》；王仲殊：《中国古代墓葬概说》，《考古》1981年第5期，第449—458页。黄晓芬近来对汉墓形制的演变进行了详细研究，她将汉墓分为"椁墓"和"室墓"两大类，前者包括了通常所说的竖穴木椁墓，后者主要指通常所说的横穴墓，作为崖洞墓的柿园墓即属于"室墓"一类。黄氏指出，由"椁墓"向"室墓"演变，是西汉大型墓葬变迁的主流，这一过程中，前者层层密闭、彼此分割的墓室，逐渐向彼此联系、互相开通的形式过渡，而后者越来越突出空间感，以至于墓室内有了完全独立的祭祀空间。黄晓芬《汉墓的考古学研究》，长沙：岳麓书社，2003年，第70—95页。
[4] 邢义田：《汉代壁画的发展和壁画墓》修订本，第34页。
[5] 相关讨论见 Zheng Yan, "Sarcophagus Tombs in Eastern China and the Transformation of Han Funerary Art," (translated by Marianne P Y Wong and Shi Jie) *RES: Journal of Anthropology and Aesthetics*, 61/62, 2012, pp. 65-79；中文稿见本书《西汉石椁墓与墓葬美术的转型》一文。

不同类型墓葬之间的关系不是单向的,而是彼此互动。例如,在马王堆3号墓中发现了悬挂在内棺左右侧板上的帛画[1],其性质与T形的非衣不同,而更接近于壁画。似乎由于空间和材料的限制,人们难以直接在棺内壁绘制壁画,只好采取了悬挂帛画的形式。这一现象或者说明该墓中产生了对于壁画的需求,或者说明这一时期已经在其他墓葬中出现了壁画,又反过来对传统的丧葬系统产生了影响。由于材料有限,这一问题目前还难以论定,有待今后进一步探讨。

按照习惯的分类方式,不同材质的遗存往往被分别加以讨论,而原本存在于彼此之间的联系就容易被忽视。因此,一些旧有的研究方法值得重新加以思考。早在半个多世纪以前,滕固在探讨汉代画像石的雕刻技法时,就提出了"拟绘画"和"拟浮雕"的观点[2]。几乎同时,费慰梅根据对山东长清孝堂山墓祠和金乡墓祠(旧称"朱鲔祠堂")等材料的分析,也得出了相近的结论[3]。这类研究的取向在今天仍有其意义。相近的图像在不同材料之间的传递以及由此导致的新形式的产生,是考古学和美术史研究中值得进一步注意的问题。

二

接下来我们将从壁画的题材入手进行讨论,但重点并不是对具体细节作图像志(Iconography)的解释,而是借助柿园墓观察一下早期墓葬壁画在内容方面的总体特征。

柿园墓主室顶部的壁画主体为一巨龙,四周有白虎、朱雀和一种鸭嘴鱼身的怪物,并以流转的云气和灵芝等填空。贺西林将鸭嘴鱼身怪物考为《山海经·大荒西

---

[1] 湖南省博物馆、湖南省文物考古研究所何介钧主编:《长沙马王堆二、三号汉墓(第一卷 田野考古发掘报告)》,北京:文物出版社,2004年,第109—115页。
[2] 滕固:《南阳汉画像石刻之历史的及风格的考察》,《张菊生七十生日纪念论文集》,上海:上海印书馆,1937年;此据沈宁编:《滕固艺术文集》,上海:上海美术出版社,2003年,第280—292页。
[3] Wilma Fairbank, "A Structural Key to Han Mural Art," *Harvard Journal of Asiatic Studies*, 7, no. 1(April 1942) , pp. 52-88; reprinted in Wilma Fairbank, *Adventures in Retrieval*, Cambridge, Mass. : Harvard University Press, 1972, pp. 87-140.

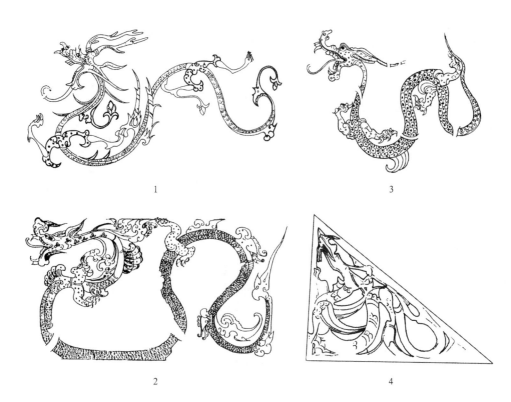

图 8　西汉墓葬画像中的龙：（1）河南永城柿园西汉墓主室顶部壁画中的龙（采自阎根齐主编：《芒砀山西汉梁王墓地》，图 49）（2）湖南长沙马王堆 1 号西汉墓第三重朱地漆棺左侧板画像中的龙（采自湖南省博物馆、湖南省考古研究所：《长沙马王堆一号汉墓》，上卷，图 23）（3）湖南长沙马王堆 1 号西汉墓帛画中的龙（采自湖南省博物馆、湖南省考古研究所：《长沙马王堆一号汉墓》上卷，图 38）（4）河南洛阳烧沟 61 号西汉墓隔梁后面砖雕画像中的龙（郑岩绘图）

经》所提到的"鱼妇"，象征北方以及生命转化、灵魂复苏[1]。尽管这些动物在墓葬中的实际位置与四方并不吻合，但认定为四神的雏形，或可成立。如贺氏所见，其中龙（图 8.1）的造型与马王堆 1 号墓第三重朱地漆棺左侧板画面的两龙（图 8.2）近似，而后者中央有三座山峰的昆仑山。马王堆 1 号墓出土的帛画上部的龙姿态也与之基本相同（图 8.3）。同样造型的双龙还见于洛阳烧沟 61 号墓隔梁背面，其中央为天门，两龙皆有骑乘者（图 8.4），郭沫若认为是墓主[2]，孙作云释作羽人[3]。四神的含义至为

---

[1] 贺西林：《古墓丹青——汉代墓室壁画的发现与研究》，第 16 页。
[2] 郭沫若：《洛阳汉墓壁画试探》，《考古学报》1964 年第 2 期，第 1—8 页。
[3] 孙作云：《洛阳西汉墓壁画考释》，《孙作云文集》，第 4 卷，郑州：河南大学出版社，2003 年，第 185 页。

图9　湖南长沙砂子塘1号西汉墓外棺漆画（采自《文物》1963年第2期，图版2）

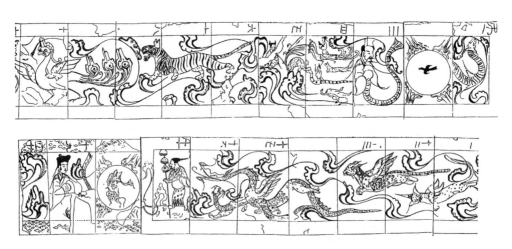

图10　河南洛阳西汉卜千秋墓脊顶画像（采自《文物》1977年第6期，第10、11页）

复杂，但参考上述旁证，加之图中又有灵芝草与云气等细节，该画面当与神仙的观念有一定关系。南壁的画像包括仙山、灵芝、朱雀、斑豹等形象。仙山、斑豹等元素，也见于长沙砂子塘1号西汉墓外棺漆画上（图9）[1]，后者中的仙山应为"上有三角"、"下狭上广"的昆仑[2]。

值得注意的是，西汉晚期洛阳地区墓葬中所见的壁画也多以升仙和驱邪为主。卜

---

[1] 湖南省博物馆：《长沙砂子塘西汉墓发掘简报》，《文物》1963年第2期，图版贰；湖南省博物馆：《湖南省文物图录》，图版72。
[2] 《十洲记》，上海古籍出版社编：《汉魏六朝笔记小说大观》，上海：上海古籍出版社，1999年，第70页。

图 11　河南洛阳浅井头西汉墓脊顶画像（采自黄明兰、郭引强：《洛阳汉墓壁画》，第 81 页）

千秋墓门额上绘人面鸟，主室脊顶两端绘伏羲女娲、日月、持节仙人、双龙、枭羊、凤、虎，以及墓主夫妇乘龙凤拜见西王母的场景（图10），主室后壁绘驱邪的猪首方相氏。浅井头墓脊顶绘日月、伏羲、女娲、人首兽身神怪、双龙穿璧等（图11），与卜千秋墓壁画大同小异。烧沟61号墓壁画也表现了吉祥和辟邪的内容，只在隔墙横梁上绘"二桃杀三士"（见图14）。其脊顶除了绘日月、流云外，还绘有星象（图12），可知为天的图像。

这里出现的问题是：为什么早期的墓葬壁画主要表现信仰方面的内容？或者反过来问：为什么这些内容要以壁画这种新的艺术形式来表现？

我们可以从柿园墓本身来寻找回答该问题的线索。该墓虽然多次被盗，但从残留的随葬品中，仍大致可以想象到当时人们为这位梁王所准备的物品种类。其主室遗留金饼1枚，墓道封石中设置有陶车轮坑，墓道中有储藏了225万枚钱币的窖藏，2号侧室也随葬铜钱，墓道底部排列大量的车马器、陶俑和兵器，可能属于24辆完整的车（图13）。墓内发现的陶俑包括1件守门俑、4件女俑、40件骑士俑。此外还有各

67

图 12 河南洛阳烧沟 61 号西汉墓脊顶画像（采自苏健：《洛阳汉代彩画》，郑州：河南美术出版社，1986 年，第 30 页）

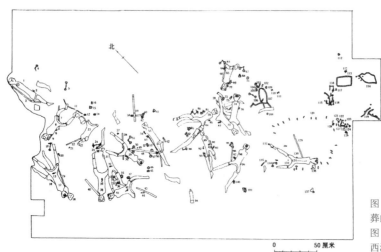

图 13 河南永城柿园西汉墓随葬的 6 号车车马器及陶俑分布图（采自阎根齐主编：《芒砀山西汉梁王墓地》，第 142 页）

种日常生活所用器具和装饰品等。

与墓葬建筑、壁画结合起来看，我们大致可以了解这时期人们在另一个世界的"需求"，它包括物质方面的各种享受，如宜于居住的建筑、各种饮食、出行所用的车马、享用不尽的金钱等；也包括对传说中仙界和天界的具体描绘。这些内容体现了人们对于死后世界的想象和设计。

在墓葬营建中，人们通过不同的方式来实现这一设计。这些方式包括：一、"搬用"，即将生者所使用的物品，直接迁移到墓葬中，如钱币、马车、兵器等。二、"复制"或"模拟"，如以雕塑形式模拟的物品，如陶车轮、陶俑等，基本上属于明器一类；模拟地上建筑的墓室本身，也属于这种表现方式。三、"创造"，即把那些只存在于信仰中，在现实世界无法以感官体验的、无形的概念，转化为视觉的、具象的形象，如各种神怪、仙境等。

"无形"虽然也可以用雕塑等形式来表现，但终究不如绘画更富有表现力，而早期墓葬壁画所承担的即是这项使命。唐人朱景玄曾言，绘画的长处在于"穷天地之不至，显日月之不照"，"有象因之以立，无形因之以生"[1]。诺曼·布列逊（Norman Bryson）引述了鸟儿啄食画中葡萄的传说，指出："对于鸟儿来说……一切妨碍完美复制的东西都是障碍、拦路虎。但对于我们自己，对于人类，艺术则起始于目力和世界之间的人为障碍树立起来的地方。"[2]因此，绘画很容易成为人们所利用的一种最简便、最有表现力的手段，来实现对无形世界的"创造"。

年代更早的绘画主要也是服务于这种"创造"的目的。如著名的战国时期长沙陈家大山楚墓和长沙子弹库楚墓出土的帛画即分别表现男女墓主借助于神异动物而去往另一个世界的过程，而这个诗化的过程是无法呈现于现实世界的。

东汉人王逸认为屈原《天问》所描述的是楚先王庙及公卿祠堂内的壁画，据孙作云统计，其内容除了日月星辰、雨师屏翳、风神蜚廉、昆仑山、烛龙外，还有各种历史人物及其故事，如女娲、鲧、尧、舜、禹、后羿、夏桀、商汤、伊尹、殷纣王、姜

---

[1] 朱景玄：《唐朝名画录·序》，卢辅圣主编：《中国画学全书》第一册，上海：上海书画出版社，1993年，第161页。
[2] 诺曼·布列逊：《词语与图像：旧王朝时期的法国绘画》，王之光译，杭州：浙江摄影出版社，2001年，第xiii页。

图 14　河南洛阳烧沟 61 号西汉墓隔墙横梁前面"二桃杀三士"画像（采自《考古学报》1964 年第 2 期，第 11 页）

媛、周文王、姜太公、周武王、周公、周幽王、齐桓公、晋太子申、楚令尹子文、吴太伯、彭祖、厉王、伯夷、叔齐，等等[1]。由于时间的阻隔，这些历史人物是人们无法亲眼见到的形象，也成为早期绘画经常表现的题材。例如在洛阳烧沟 61 号墓的壁画中就有"二桃杀三士"的故事（图14）。

那么，将神仙之类的绘画作品设置在墓葬中究竟有什么用途？

值得注意的是，大约与柿园墓的营造同时，在宫廷出现了一些特殊的宗教活动，许多方士以各种神秘奇异的法术，赢得了武帝的信任。《史记·封禅书》：

> 齐人少翁以鬼神方见上。上有所幸王夫人，夫人卒，少翁以方盖夜致王夫人及灶鬼之貌云，天子自帷中望见焉。于是乃拜少翁为文成将军，赏赐甚多，以客礼礼之。文成言曰："上即欲与神通，宫室被服非象神，神物不至。"乃作画云气车，及各以胜日驾车辟恶鬼。又作甘泉宫，中为台室，画天、地、太一诸鬼神，而置祭具以致天神。[2]

方士少翁的把戏导致了一系列宗教艺术品的出现，这些图像被认为有"辟恶鬼"、"致天神"的宗教功能。这与此前方士李少君的一套言论颇为类似：

---

[1] 孙作云：《楚辞〈天问〉与楚宗庙壁画》，河南省考古学会编：《楚文化研究论文集》，郑州：中州书画社，1983 年，第 3—4 页。
[2]《史记》，北京：中华书局，1959 年，第 1387—1388 页。

少君言上曰："祠灶则致物，致物而丹沙可化为黄金，黄金成以为饮食器则益寿，益寿而海中蓬莱仙者乃可见，见之以封禅则不死，黄帝是也。"[1]

所谓"物"，可理解为鬼神之属。我们可以看到，绘画、建筑在这里与祠灶等宗教仪式一样，都会产生"致物"或"致天神"的效果。这类观念很可能会对战国以来升仙题材绘画的创作起到推波助澜的作用。因为活跃在宫廷中的这些方士大都来自东方燕、齐等地的民间，因此，这些观念就不会只在汉武帝一个人的心目中起作用。那么，我们对柿园墓壁画的功能或者也可以作类似的理解，即这些壁画并不是一种出自审美目的的"装饰"，而是一种具有宗教功能的"道具"。

这些壁画在墓葬中的设置也说明其意义主要不在视觉方面，如该墓主室四壁顶部的凹槽说明原来可能搭建有木结构的顶棚，而这个顶棚正好将顶部的壁画遮挡起来[2]。因此，即使参加葬礼的人们有可能进入墓室，恐怕也看不到这些壁画。

那么，这幅华美的壁画的观者究竟是谁？一种可能是，只有那位已经死去的梁王，才能感受到这些图像的存在。古人普遍相信，故去的人在地下有知，他们的各种器官仍像生前一样发挥着作用，死者也具有"看"的能力[3]。或许，柿园汉墓壁画的设置还可以说明，瞑目的死者"看"的方式毕竟与生者有所不同，陶渊明《挽歌诗三首》之二中说："欲语口无音，欲视眼无光"[4]，现实世界中的光学原理对死者"无光"的眼来说是没有意义的。

一种更大的可能是，这些壁画如汉武帝甘泉宫的壁画一样，只对天神有意义，可以引导上天的仙人来迎接那些死去的人。既然"宫室被服非象神，神物不至"，那么在墓葬中描绘了仙境灵异和景色，想必神物就可以从天而降了。有了这些壁画以后，墓室也有了双重的意义，它不只是一个容纳尸体和各种物品的空间，而且成为一个虚

---

[1]《史记》，第 1385 页。
[2] 我们无法得知这个可能存在的顶棚有什么功能。一种相似的结构是同一时期河北满城刘胜墓（公元前 113）的中室在崖洞中搭建了一个土木结构的屋宇，以使得整个墓葬更像地上的宅第。
[3] 关于这个问题的讨论，见本书《关于汉代丧葬画像观者问题的思考》一文。
[4] 王叔岷：《陶渊明诗笺证稿》，北京：中华书局，2007 年，第 500 页。

拟的仙境，成为死者以及那些随葬品所处的背景，这样，墓室一方面是现实世界的一个"镜像"，同时又成为连接仙界的桥梁。

当墓葬壁画成为一种风气被普遍接受之后，壁画的内容和功能也逐渐发生变化，取材范围日益扩大。对于那些地位和财力都位于社会中下层的墓主来说，他们无法像帝王一样随心所欲地将各种财富埋藏在地下，而以相对廉价的壁画来复制生前曾经拥有的（或者只是梦想中的）宅第、庄园、车马、童仆，无疑是最可行的办法。还有越来越多的壁画发挥了绘画的特长，表现了大规模的人物活动的场面。到东汉晚期，墓葬壁画成为死者的子孙宣扬其孝行的工具，以便达到被"举孝廉"的目的，个别墓葬壁画在完成后，甚至还要公开展示，由此导致了壁画功能新的转换[1]。这些画像与陶俑等艺术形式的分工不再像早期那样明显，而是彼此影响。那些层累而成的内容几乎无所不包，大大丰富了中国绘画艺术的语言。当然，关于后来墓葬壁画在内容方面的种种变化，已不是本文所能详论的了。

三

发掘报告推测，柿园汉墓的墓主为死于公元前136年的梁共王刘买，也不排除是梁孝王配偶的可能性。其他研究者也将该墓看作西汉早期诸侯王墓的一个例子，该墓的发现对于研究西汉诸侯王的埋葬制度确有重要的意义。但值得注意的是，在永城梁王墓地中出现的壁画墓仅此一例，因此，就梁王乃至整个汉代诸侯王的丧葬制度而言，它只能被看作一个特殊的例子。

一般说来，作为一种有控制力的规范和准则，制度的建立是一种官方行为。目前所存的文献尚无法证明汉代上层社会的墓葬中有使用壁画的规定，考古材料也不足以说明壁画在高等级墓葬中的普遍性。1957年，洛阳小屯村东北发现一座有彩绘的战

---

[1] 详见本书《关于汉代丧葬画像观者问题的思考》一文。

国大墓，长 10 米，宽 9 米，深 12 米有余，在丰富的随葬品中，有一件带有墨书"天子"二字的石圭。发掘者认为该墓可能为天子的陵寝或贵族墓。墓圹四壁和墓道绘制红、黄、黑、白四色的图案，"这种彩绘应该是具有着帷幕和画幔作用的圹壁装饰"[1]，但这种图案尚不能称得上是真正意义的壁画。秦始皇陵据说"上具天文，下具地理"[2]，但由于该陵主墓室尚未发掘，我们无从判断这些内容是否以壁画的形式表现出来。文献记载两汉皇帝陵墓多使用黄肠题凑[3]，这套葬制有时也用来赏赐近臣[4]。目前两汉帝陵虽未发掘，但王侯级的黄肠题凑墓却有发现[5]。从其墓室的结构来看，是无法使用壁画的。

据黄展岳 1998 年的统计，在所发现的 34 座西汉诸侯王、王后墓中，有 20 座为崖洞墓，14 座为竖穴土石坑木椁墓、黄肠题凑墓和石室墓[6]。永城芒砀山各代梁王、王后的墓葬属于崖洞墓。但这些在山岩中开凿的墓室内部结构细节的设计却各不相同，如墓道的长度、侧室的数量和布局等，都不统一。虽然汉朝对于诸侯王丧葬制度有一系列的规定，但具体到墓室的营造，并非每个细节都与制度有关，至于是否使用壁画，似乎也没有一定之规。

发掘报告将柿园墓室顶部壁画的巨龙与墓主的身份联系在一起。但在汉代美术中，龙的图像并不为天子或王侯所专有，在许多中小型墓葬的画像中，也常可见到龙的形象。

目前所发掘的两汉诸侯王陵中，使用彩绘壁画或画像石的只占极小的比例[7]。一

---

[1] 考古研究所洛阳发掘队：《洛阳西郊一号战国墓发掘记》，《考古》1959 年第 12 期，第 653—654 页。
[2] 《史记·秦始皇本纪》，第 265 页。
[3] 《后汉书·礼仪志下》："方石治黄肠题凑便房如礼。"刘昭注补："《汉旧仪》略载前汉诸帝寿陵曰：'天子即位明年，将作大匠营陵地，用地七顷，方中用地一顷。深十三丈，堂坛高三丈，坟高十二丈。武帝坟高二十丈，明中高一丈七尺，四周二丈，内梓棺柏黄肠题凑，以次百官藏毕。其设四通羡门，容大车六马，皆藏之内方，外陟车石。外方立，先闭剑户，户设夜龙、莫邪剑、伏弩，设伏火。已营陵，余地为西园后陵，余地为婕妤以下，次赐亲属功臣。'"《后汉书》，北京：中华书局，1965 年，第 3144 页。
[4] 《汉书·霍光传》记地节二年（公元前 68）霍光死后，宣帝赐"梓宫、便房、黄肠题凑各一具"。《汉书》，北京：中华书局，1962 年，第 2948 页。
[5] 比较典型的黄肠题凑墓如北京大葆台西汉墓，见中国社会科学院考古研究所：《北京大葆台汉墓》，北京：文物出版社，1989 年。
[6] 黄展岳：《汉代诸侯王墓论述》，《考古学报》1998 年第 1 期，第 11—34 页。
[7] 相关考古发现的综述，参见本书《论"邺城规制"——汉唐之间墓葬壁画的一个接点》一文。

逝者的面具

直到东汉晚期，在王侯一级的墓葬中，制作绘画或浮雕始终未成为一种制度，出现彩绘壁画或画像石只是偶尔的、零散的、个别的现象。从总体上看，两汉壁画和画像石多出现于社会中层人物的墓葬中，其地位较高者，也只是两千石的官员，而更多的则属于下层官吏和没有官秩的地方豪富。所以，除了《后汉书·赵岐传》提到赵岐墓中绘制壁画外，在文献中并无其他记载[1]。

墓葬壁画的流行与汉代帝王葬礼无涉，所以汉代皇帝大丧用棺仍有复杂的彩绘，《后汉书·礼仪志下》："东园匠、考工令奏东园秘器，表里洞赤，虡文画日、月、鸟、龟、龙、虎、连璧、偃月，牙桧梓宫如故事。"[2]孙机考秘器即棺[3]，可从。诸侯王、公主、贵人则用"樟棺，洞朱，云气画"。可见，壁画作为一种新的艺术形式虽然借用了传统的棺饰，但由于流行在不同的社会层面，所以并不能完全取代原有的传统。

墓葬中画像的传统长期在社会中下层流行，所反映的丧葬观念和其他相关的思想很难一致，更难以形成比较严格的制度。尽管学者们对画像的题材进行了分类，可以理出一个大致的头绪，但是实际上直到东汉后期，在同一等级的墓葬中，是否使用壁画，绘制什么内容的壁画，壁画在墓葬中如何分布，往往由地方传统习俗、死者家族的经济实力以及各种其他人为的因素决定。这一时期也不存在佛教艺术中所见的那样一套比较严格的图像系统。在汉代墓葬中，虽然也有部分画像表现了墓主生前官位的升迁过程，但一些可能反映墓主身份的车马出行图像，常常出现等级混乱的现象，难以与文献记载对读。从制度方面来看，墓主身份等级主要不是以画像来反映，而是以墓葬形制、棺椁、玉衣和其他随葬品来体现。

这种状况的改变，要晚到南北朝时期。如在南朝宋、齐、梁时期的几座帝陵中，就出现了使用同一粉本制作的大型拼镶模印砖壁画[4]，这些内容严整的画像，已经成

---

[1]《后汉书》，第2124页。
[2] 同上书，第3141—3142页。
[3] 孙机："温明"和"秘器"》，杨泓、孙机：《寻常的精致》，沈阳：辽宁教育出版社，1996年，第223—229页。
[4] 南京博物院、南京市文物保管委员会：《南京西善桥南朝大墓及其砖刻壁画》，《文物》1960年第8、9期合刊，第37—42页；罗宗真：《南京西善桥油坊村南朝大墓的发掘》，《考古》1963年第6期，第291—300转290页；南京博物院：《江苏丹阳胡桥南朝大墓及砖刻壁画》，《文物》1974年第2期，第44—56页；南京博物院：《江苏丹阳胡桥、建山两座南朝墓葬》，《文物》1980年第2期，第1—17页。

为帝陵制度的一部分。在北齐境内所发现的帝陵和贵族墓，也普遍绘制彩绘壁画，其内容与布局形成了一定的规制。初步看来，壁画与帝陵的结合，可能与南北朝时期绘画艺术日益具有独立的社会地位而为上层社会所喜好有关。壁画只有与上层社会结合起来，才有可能形成一定的制度。唐代大墓中仍盛行壁画，不能不说与南北朝墓葬壁画的变化有关[1]。要特别警惕的是，我们有时会过分迷恋于历史的连续性，谈到与制度的关系，很可能会习惯性地推测柿园墓和南北朝墓的联系。但实际上，二者年代相隔悬远，其壁画的主人或作者是无法彼此预卜或追念的。

本文原载《故宫博物院院刊》2005年第3期，第56—74页。此次发表，有所修改。

---

[1] 关于南北朝墓葬壁画与制度的联系，详见本书《论"邺城规制"——汉唐之间墓葬壁画的一个接点》一文。

西汉石椁墓与墓葬美术的转型

西汉中期到晚期，即公元前2世纪中叶到公元1世纪初，在以山东南部、江苏北部为中心的东部沿海地区，包括河南东部和安徽东北部，出现了一批石椁墓[1]。这些墓葬在修建时，先挖出竖向的土圹，然后在其中以石板构筑椁室，土圹大小仅能容下石椁，有的在石椁外另辟出放置随葬品的小龛。石椁数量不等，或只有一具，或并列二至三具（图1、2）。椁板上雕刻有简单的画像，随着时间的推移，这

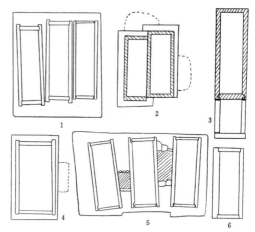

图1 石椁墓：（1）江苏沛县栖山1号墓（2）山东平阴新屯2号墓（3）河南夏邑吴庄26号墓（4）山东枣庄陶官1号墓（5）山东枣庄小山1号墓（6）山东滕州岗头1号墓（采自《刘敦愿先生纪念文集》，第440页）

---

[1] 这些墓葬已经见于报道的材料，山东地区比较有代表性的有临沭曹庄西南岭1、2号墓（刘福俊、齐克荣：《临沭县西南岭西汉画像石墓》，中国考古学会编：《中国考古学年鉴1995》，北京：文物出版社，1997年，第155—156页；临沂市博物馆编：《临沂汉画像石》，济南：山东美术出版社，2002年，第141页，图242—244），邹城龙水村4座石椁墓（胡新立：《邹城汉画像石》，北京：文物出版社，2008年，第1—27页，图165—176），滕州岗头1号墓（燕生东、刘智敏：《苏鲁豫皖交界区西汉石椁墓及其画像石的分期》，《中原文物》1995年第1期，第79—103页），滕州封山墓群（山东省文物考古研究所：《鲁中南汉墓》上册，北京：文物出版社，2009年，第15—97页）、滕州东郑庄墓群（同前，第98—194页）、滕州东小宫墓群（同前，第195—335页），枣庄小山3座石椁墓（枣庄市文物管理委员会、枣庄市博物馆：《山东枣庄小山西汉画像石墓》，《文物》1997年第12期，第34—43页），枣庄临山墓群（枣庄市文物管理委员会、枣庄市博物馆：《山东枣庄市临山汉墓发掘简报》，《考古》2003年第11期，第49—59页），枣庄渴口墓群（枣庄市博物馆：《山东枣庄市渴口汉墓》，《考古学集刊》第14集，北京：文物出版社，2004年，第80—160页），临沂罗庄区庆云山南坡1、2号墓（临沂市博物馆：《临沂的西汉瓮棺、砖棺、石棺墓》，《文物》1988年第10期，第68—75页；临沂市博物馆编：《临沂汉画像石》，第61页，图106、107；《中国画像石全集》编辑委员会：《中国画像石全集》第1卷，济南、郑州：山东美术出版社、河南美术出版社，2000年，第72、73页，图100—103），济宁师专墓地两次出土的18座（王思礼：《山东济宁发现汉墓一座》，《考古通讯》1957年第1期，第58—60页；济宁市博物馆：《山东济宁师专西汉墓群清理简报》，《文物》1992年第9期，第22—36页），济宁肖王庄1、2号墓（胡广跃、朱卫华：《济宁肖王庄石椁墓画像及相关问题》，中国汉画学会、四川博物院编：《中国汉画学会第十二届年会论文集》，香港：中国国际文化出版社，2010年，第285—289页），平阴新屯2号墓（济南市文化局、平阴县博物馆筹建处：《山东平阴新屯汉画像石墓》，《考古》1988年第11期，第961—974页），微山县微山岛南沟村墓 [转下页]

些画像的内容日益丰富,到公元1世纪前后,发展成为一种极其普遍的艺术形式,大量装饰在石结构的墓葬中,同时也见于墓地的门阙和祠堂。这种雕刻画像的石质建筑构件,被研究者称为"画像石",从宋代以后,成为金石学、考古学和美术史研究的一个重要领域。虽然成熟以后的画像石也采用了浮雕等多种雕刻技术,但从总体上看,其图像主要呈现为二维的形式,它们在汉代即被称作"画"[1]。因此这些材料可以放在广义的"绘画"概念下

图2 山东滕州浦东小区西汉石椁墓(滕州汉画像石馆陈列资料)

[接上页]

(王思礼、赖非、丁冲、万良:《山东微山县汉代画像石调查报告》,《考古》1989年第8期,第699—709页),微山县夏镇青山村墓(微山县文物管理所:《山东微山县近年出土的汉画像石》,《考古》2006年第2期,第35—47页),微山县大辛庄18号墓(微山县文管所:《山东微山县出土一座西汉画像石墓》,《文物》2000年第10期,第61—67页),兖州农机学校墓(《中国画像石全集》编辑委员会:《中国画像石全集》第2卷,济南、郑州:山东美术出版社、河南美术出版社,2000年,第12—14、20—23、图18—20、26、27),邹城卧虎山1、2、3号墓(邹城市文物管理局:《山东邹城市卧虎山汉画像石墓》,《考古》1999年第6期,第43—51页),曲阜韩家铺安汉里墓(蒋英炬:《略论曲阜"东安汉里画象"石》,《考古》1985年第12期,第1130—1135页),曲阜柴峪墓地(山东省文物考古研究所:《鲁中南汉墓》下册,第674—815页),兖州徐家营墓群(同前,上册,第409—586页)等。江苏徐州地区比较有代表性的材料有沛县栖山墓(徐州博物馆、沛县文化馆:《江苏沛县栖山画像石墓清理简报》,《考古》编辑部编:《考古学集刊》第2集,北京:中国社会科学出版社,1982年,第106—112页),徐州万寨乡、范山墓(王恺:《徐州地区石椁墓》,《江苏社联通讯》1980年10月,第19—23页;徐州博物馆:《徐州汉画像石》,南京:江苏美术出版社,1985年,附图1,图1—4),连云港桃花涧墓、酒店墓、白鸽涧墓、刘顶墓(李洪甫:《连云港市锦屏山汉画像石墓》,《考古》1983年第10期,第894—896页),泗洪重岗墓(南京博物院、泗洪县图书馆:《江苏泗洪重岗汉画像石墓》,《考古》1986年第7期,第614—622页)等。河南夏邑吴庄墓(商丘地区文化局:《河南夏邑吴庄石椁墓》,《中原文物》1990年第1期,第1—6页)也属于这一类墓葬。

[1] "画像石"一词沿用金石学家的定名,最初的定名即来自汉代碑铭中提到的"画"字,如山东嘉祥东汉武梁碑中有"雕文刻画"一句,宋人洪适以:"似是谓此画也,故予以武梁祠堂画像名之。"(洪适:《隶释 隶续》,北京:中华书局,1985年,第168—169页)又山东苍山东汉元嘉元年(151)画像石墓题记亦称墓中画像为"画"(山东省博物馆、山东省文物考古研究所:《山东汉画像石选集》,济南:齐鲁书社,1982年,第42页)。从汉代的材料来看,一些器物表面的装饰往往也被称作"画",如漆器上就提到有专门从事彩绘工作的"画工"铭刻(洪石:《战国秦汉漆器研究》,北京:文物出版社,2006年,第161—168页,表二)。与器物装饰相比,雕刻在石板上的图像,除了工具和材料特殊,其二维的平面和复杂的内容,更接近于今天所说的"绘画"。

来讨论。

学者们多将西汉石椁上这些雕刻技法和内容都比较简单的图像看作画像石艺术的初期阶段，并按照年代序列勾勒出了石椁墓变化的过程[1]。蒋英炬曾对此作过简要的概括：

> 总起来看，这种画像石椁墓主要分布在苏、鲁、豫、皖交界地区，时间早的大致到西汉武帝时期，流行于西汉晚期。画像全部是刻在石椁板上，雕刻技法以阴线刻为主，线条粗壮，画像内容和边饰花纹图案都较简单。随着时间的推移，凹面线刻开始出现，画像内容也由简单的门阙、楼堂、人物逐步扩展，不仅刻画社会生活方面的内容增多，神仙、怪兽等形象也开始出现，从整体上呈现出发展的趋势。[2]

如果我们将目光限定在画像石艺术的内部，那么这样一个由简单到复杂，由低级到高级的"进化"过程便顺理成章。但是，绘画史不能被看作一条简单的线，而应理解为多个系统交织而成的网络，画像石只是当时绘画艺术的一种形式。实际上，不同材质、不同形态的绘画发展并不同步。早在西汉早期，甚至战国和秦代，已经出现了内容相当复杂的绘画。我们难以脱离具体的材料、工具、功能和背景来叙述中国古代绘画的历史。此外，我们还应注意到，在这个时代，墓葬正处在一个重要的转变时期，这些石椁墓无

---

[1] 关于这批墓葬的形制和分期研究，比较有代表性的论著有王恺《苏鲁豫皖交界地区汉画像石墓墓葬形制》（南阳汉代画像石学术讨论会办公室编：《汉代画像石研究》，北京：文物出版社，1987年，第53—61页）、信立祥《汉画像石的分区与分期研究》（俞伟超主编：《考古类型学的理论与实践》，北京：文物出版社，1989年，第234—306页）、王恺《苏鲁豫皖交界地区汉画像石墓的分期》（《中原文物》1990年第1期，第51—61页）、杨爱国和郑同修《山东、苏北、皖北、豫东区汉画像石墓墓葬形制》（山东大学考古系编：《刘敦愿先生纪念文集》，济南：山东大学出版社，1998年，第438—449页）等。关于这批墓葬的年代，有学者认为，较早的如山东临沭曹庄西南岭1、2号墓和邹城龙水村石椁墓可以到文帝（公元前180—前157在位）、景帝（公元前157—前141在位）时期（临沂市博物馆编：《临沂汉画像石》，第3、10页；赖非：《济宁、枣庄地区汉画像石概论》，《中国画像石全集》编辑委员会：《中国画像石全集》第2卷，第6页；田立振、田超：《济宁市汉画像石分期及相关问题的探讨》，郑先兴主编：《中国汉画学会第十次年会论文集》，武汉：湖北人民出版社，2006年，第437—443页）。比较慎重者，认为可以早到武帝（公元前141—前87在位）时期（蒋英炬：《关于汉画像石产生背景与艺术功能的思考》，《考古》1998年第11期，第90—96页）。关于其下限，一般认为在西汉晚期到东汉早期。最近又有学者提出以江苏徐州为中心，一些出土画像石的墓葬，包括一些等级较高的大墓，年代可以早到西汉早期偏晚阶段，上限可以到景帝初期（刘尊志：《徐州地区早期汉画像石的产生及其相关问题》，《中原文物》2008年第4期，第87—95页）。
[2] 蒋英炬、杨爱国：《汉代画像石与画像砖》，北京：文物出版社，2001年，第73—74页。

论在建筑形制还是装饰上，都与这一转变相表里。因此，我倾向于将画像石产生的过程理解为平面性的绘画与特定的材质、技术和观念相关联的历史。基于这样的认识，本文试图在墓葬制度和习俗转型的大背景下，观察绘画艺术与墓葬相结合的具体过程，同时，也反过来思考由于画像的出现，石椁自身的意义所产生的变化。

一

在东北地区新石器时代中期的兴隆洼文化（约公元前 6000—前 5300）中，就有以石板构筑的葬具发现，北方地区的红山文化（约公元前 4500—前 3000）、小河沿文化（约公元前 3500—前 3000）以及山东地区的北辛文化（约公元前 5400—前 4200）、龙山文化（约公元前 2600—前 2000）中[1]，也都有这样的墓例。但是这些石葬具本身"缺乏发展的连续性和系统性"[2]，与汉代石椁年代更是相隔悬远，彼此并无直接的联系，所以可存而不论。

进入历史时期以后，苏鲁豫皖地区的这批墓葬是使用石葬具最早的例子。在山东临沂地区可以看到木椁墓、砖棺墓、瓮棺葬、石椁墓并存的现象[3]，说明当时的丧葬习俗处在一个多元化的时代，专门从事制作某一种葬具的稳定的专业工匠集团可能还没有形成。

苏鲁豫皖地区的石椁墓登上历史舞台时，材质、技术和形制的变革并不是同步的。其中，材质的更替走在最前面。此前的建筑多为土木结构，很少使用石头，制作这些石椁的工匠差不多是中国最早的石匠。石椁在结构上完全继承了先秦的木制棺椁。石匠们首要的任务不在于创造一种全新的构造，而在于用新的材料替换旧材料。

---

[1] 上述几种考古学文化的年代数据，均据中国社会科学院考古研究所编著《中国考古学·新石器时代卷》（北京：中国社会科学出版社，2010 年）。
[2] 栾丰实：《史前棺椁的产生、发展和棺椁制度的形成》，《文物》2006 年第 6 期，第 49 页。
[3] 临沂文化馆：《山东临沂金雀山九号汉墓发掘简报》，《文物》1977 年第 11 期，第 24—27 页；临沂市博物馆：《临沂的西汉瓮棺、砖棺、石棺墓》，《文物》1988 年第 10 期，第 68—75 页。

工匠们先将石头加工成一块块规整的石材[1]，然后进行拼接，连接处则做成类似卯榫的结构，这些技术均源于木器的加工。这里既有对传统的突破，又有与传统的衔接。

这些石匠还算不上艺术家，他们可能并不熟悉绘画，他们的工具和技术也不足以承担制作复杂图像的任务。最早的石椁墓年代大约在公元前2世纪后半叶，这时期石椁上的"画像"极为简单，如圆形和三角形。山东临沭曹庄西南岭1、2号墓是这一时期比较典型的例子（图3）[2]，其石椁上的圆形表现的应是玉璧，三角形可能是柏树。高等级墓葬中发现有以玉璧装饰漆木棺的现象[3]，柏树则具有长生、辟邪的功能和含义。

这些图形的技术含量与审美价值较低，将其称作绘画显然很牵强。要制作这些简单的图形，工匠们只需要一些概念。这些概念可以依靠自然的语言来传播，而不需要现成的画稿，工匠甚至不需要在雕刻之前对于构图和线条进行严密复杂的筹划和构思。它们就像文字一样可以被"认读"，却经不起"观看"。这些图形的意义也不在于

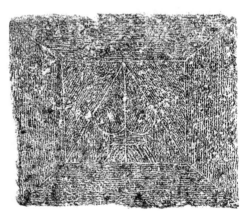

图3　山东临沭县曹庄镇西南岭石椁墓画像（采自《临沂汉画像石》，第141页）

---

[1] 有学者根据江苏徐州发现的采石遗址，讨论了这一时期石材的开采和初步的加工技术，见刘尊志：《徐州地区早期汉画像石的产生及其相关问题》，《中原文物》2008年第4期，第91页。
[2] 临沂市博物馆编：《临沂汉画像石》，第141页，图242—244。
[3] 关于汉代墓葬中璧的意义的研究，参见巫鸿：《引魂灵璧》，巫鸿、郑岩主编：《古代墓葬美术研究》第1辑，北京：文物出版社，2011年，第55—64页。

装饰，因为它们在视觉上乏善可陈。大部分的石面并没有进行精心打磨，石面上以凿子錾刻出的各种方向的平行线构成"底纹"。有时，底纹的线条与主体图形的线条在深度上并没有太大的差别，以至于难以区分[1]。为了将石板表面加工平整而凿出的平行线本来并没有观念性的意义，但有时也许会反过来引起石匠们对于物象的联想[2]，或者说，由这些平行线"引导"出图像的基本形状。如两个方向交叉形成的菱形，就和穿插于玉璧的十字纹相合。同样，线条的交叉也可以形成三角形，内部再填充另外两组平行线，就是最简单的树形。那些不为人所熟悉的材质和低水平的技术，与图像呆板的几何风格有着密切的联系。

值得注意的是，在湖南长沙陈家大山和子弹库楚墓出土的两幅帛画[3]、大量的漆器装饰、以镶嵌和针刻技术制作的新型青铜器装饰，及诗人屈原《天问》中对于楚地祠堂壁画的描述，都反映出战国时期的绘画已经具备相当的水准[4]。陕西咸阳市咸阳塬牛羊沟战国中期至秦代3号宫殿基址北部走廊残存墙体上大幅的彩绘车马仪仗壁画，则是这时期北方地区绘画的重要发现[5]。西汉时期已经出现了许多风格自然生动的绘画，如与这些石椁墓大致属同一时期的长沙马王堆1号和3号墓出土有内容十分复杂的帛画和棺画[6]。除秦咸阳宫的壁画外，这些早期的绘画大多集中发现于南方的楚地。战国晚期，山东南部的鲁国为楚国所灭，南方地区的文化得以向北推进。由于刘姓的皇室起源于江苏北部，因此，西汉建国后，楚文化的传播势头更是有增无

---

[1] "有经验的"拓工在制作拓片时，往往尽量将这些底纹"淡化"，以使得主体的线条更加突出。但实际上，这些底纹和物象难以分割，同一块刻石做两次拓片，可以得到极不相同的效果，可见拓工在选择线条时是多么困难。例如，《中国画像石全集》所收录的庆云山2号墓南壁画像的拓片与《文物》杂志所发表的同一石的拓片就有很大的不同，前者右侧一人的面部不够完整，也漏掉了二人的手杖（？），而后者只是选取了中心的"画面"，四周的边框完全略去（《中国画像石全集》编辑委员会：《中国画像石全集》第1卷，第73页，图102；临沂市博物馆：《临沂的西汉瓮棺、砖棺、石棺墓》，第73页，图15）。

[2] 这种反向联想的另一个例子也出现在西汉中期。陪葬在武帝茂陵的霍去病墓上的石雕只是经过了简单的加工，很多都保留了石头自然的表皮。那些动物形象似乎先是存在于工匠们的心目中，但在选择石头时，又受到石头外形的启发，在二者互相作用中产生了这批作品。对这个问题的讨论见本书《风格背后——西汉霍去病墓石刻新探》一文。

[3] 《长沙马王堆楚墓帛画》，北京：文物出版社，1973年；熊传新：《对照新旧摹本谈楚国人物龙凤帛画》，《江汉论坛》1981年第1期，第90—94页。

[4] 有关战国绘画的综述，见杨泓：《战国绘画》，《文物》1989年第10期，第53—59转36页。

[5] 陕西省考古研究所：《秦都咸阳考古报告》，北京：科学出版社，2004年，第283—574页。

[6] 文物出版社编：《西汉帛画》，北京：文物出版社，1972年；湖南省博物馆、湖南省文物考古研究所：《长沙马王堆二、三号汉墓》第一卷《田野考古发掘报告》，北京：文物出版社，2004年，第103—116页。

减[1]。有理由认为,山东的丧葬文化很可能受到了楚文化的影响,如在临沂地区等级较高的西汉墓中就多次出土用作铭旌的帛画[2],其绘画内容与楚地的发现表现出强烈的一致性。

在这种背景下,为什么南方地区早已出现的漆棺画像没有被直接移植到苏鲁豫皖地区的石椁上?要回答这个问题,除了上述技术方面的原因外,还要考虑到墓葬的等级。这些石椁墓大都是等级不高的墓葬,墓主至多是略为富裕的地主。如山东济宁师专石椁墓中出土的几

图4 山东济宁师专石椁墓出土的印章(采自《文物》1992年第9期,第31页)

枚印章皆未出现官职名(图4)[3],说明死者是没有官爵的平民。其他大部分墓葬则很少出现文字材料,随葬品的数量较少,质量不高。目前所见先秦和同时期的绘画作品多出现于高层社会中,很难想象下层的民众可以轻易地得到那些绘画的稿本,他们也没有财力制作精美的绘画。在规模巨大的河南永城柿园西汉墓中,主室顶部和侧壁上装饰有壁画,而其顶部壁画的题材和形式与马王堆1号墓第二重漆棺外部的绘画非常相近。在另一篇文章中,我论证了这组壁画来源于棺画的画稿[4],而柿园墓的墓主应是某一位梁王与(或)其配偶。同一时期出现的这个相反的例子证明,不同区域和材质之间绘画样本的直接传递更容易发生于同一个阶层的墓葬中。

石椁上的这些图形看上去类似于象形文字,其意义仅仅限于"标注",即通过简单的线条显示物象基本的外形特征,但它们无法表现物象具体的细节。"标注"很容易实现,而绘画却不是一日之功。然而,这些图形并没有停留在这样一个简单原始的层面,更不像文字那样定型化,它们虽处在一个起步的阶段,却有广阔的生长空

---

[1] 杨泓:《汉俑楚风》,杨泓:《逝去的风韵——杨泓谈文物》,北京:中华书局,2007年,第181—185页。鲁迅在《汉文学史纲要》中,专列一篇论"汉宫之楚声",曰:"故在文章,则楚汉之际,诗教已熄,民间多乐楚声,刘邦以一亭长登帝位,其风遂亦被宫掖。"见《鲁迅全集》第九卷,北京:人民文学出版社,2005年,第398—401页。
[2] 临沂文化馆:《山东临沂金雀山九号汉墓发掘简报》,第24页。
[3] 济宁市博物馆:《山东济宁师专西汉墓群清理简报》,第31页。
[4] 参见本书《关于墓葬壁画起源问题的思考——以河南永城柿园汉墓为中心》一文。

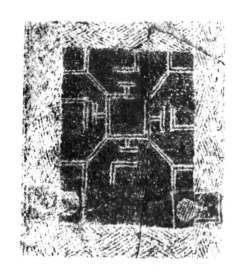
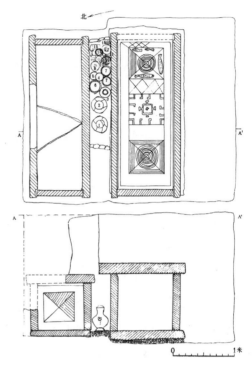

图 5（左） 山东临沂庆云山 2 号墓底部博局图（采自《文物》1988 年第 10 期，第 72 页）

图 6（右） 山东枣庄市小山 2 号墓（采自《文物》1997 年第 12 期，第 36 页）

间，一方面可以随着工匠技术的提高向着成熟的绘画发展，另一方面也可以在"标注"的意义上将另外一些现成的图像系统吸收进来。

如上所述，考古学者已经从年代学上将第一个方面的历史轨迹揭示出来。在第二个方面，山东临沂罗庄区庆云山南坡 2 号墓是个重要的例子。这座墓葬为东西双椁并列，东椁的底部刻一博局（图 5），在其左右为对称的长方形、方形、菱形和三角形图案[1]。信立祥认为，该墓年代约在宣帝（公元前 74—前 49 在位）、元帝（公元前 48—前 33 在位）之间。年代大约同时的山东枣庄小山 2 号墓的底部也刻有博局（图 6）[2]，说明这种做法在一定范围内已经流行开来。小山 2 号墓中有两具石椁南北并列，

---

[1] 临沂市博物馆：《临沂的西汉瓮棺、砖棺、石棺墓》，第 72、73 页。遗憾的是，发掘报告没有完整地发表 2 号墓底部的全部图像，只有博局图的部分发表，在后来出版的两种图录中，关于该墓的部分也略去了底部一石（临沂市博物馆：《临沂汉画像石》，第 61 页，图 106、107；《中国画像石全集》编辑委员会：《中国画像石全集》第 1 卷，第 72、73 页，图 100—103）。

[2] 枣庄市文物管理委员会、枣庄市博物馆：《山东枣庄小山西汉画像石墓》，第 36、42 页。

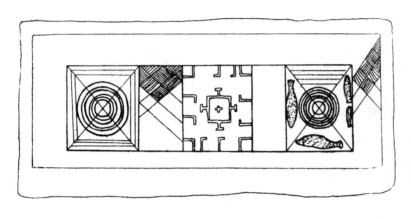

图7 山东枣庄市小山2号墓石椁底部画像（采自《文物》1997年第12期，第42页）

从层位关系看，北面的石椁晚于南面的石椁，而后者的体量略大。南面石椁底板中间一格刻博局，两端的两格分别刻玉璧，其中西端玉璧周围还刻有4条鱼（图7）。

博局图与先秦两汉时期的六博有关。这种失传的游戏曾是学者们讨论的热点。已经发现的考古材料不仅包括六博的棋具，还包括有关图像，如汉代铜镜的背面就装饰有这种棋局（图8），汉代绘画中还常见对于六博场面的描绘。但是，像庆云山和小山墓这样出现于石椁底部的博局并不多见。

博局图在方形的四边正中刻画有反向的L形折线，四角的折线被描述为V字，这些折线代表空间的"十二度"。内层方形的四边各有一T形，临沂庆云山的例子还有四条线连接V形的顶端和中央方形的四角，或与四方八位的概念相关。庆云山的例子一边还有两个圆圈，可能是叫做"茕"的骰子。小山的例子的特别之处在于四边各有两个反L形。

庆云山和小山石椁底部博局图的前身很可能是战国中晚期楚墓笭床上的装饰。笭床是镶嵌在木棺下部一块用以安放尸体的雕花木板，一般与棺的底板有一定的距离。其形式可能模仿了日常生

图8 西汉博局纹镜，直径17.7厘米（采自郭玉海：《故宫藏镜》，北京：紫禁城出版社，1996年，第31页）

活中的床，名称则可能源于竹质的床[1]。笭床上常见有透雕的图形，在湖北江陵雨台山、望山等地楚墓所见的一些例子中，这些图形多为方形，望山1号墓（图9.1）和2号墓笭床上的两个方型的图案与庆云山2号墓和小山2号墓底部博局最为接近[2]，其基本构成元素可以分解为X、T和正反向的L形线条。但是很显然，这些图形并不是博局图，从其他一些例子（图9.2—9.6）可以看出，其线条组合也非固定不变。很难断言这些笭床上的图案存在某种特殊的意义。庆云山和小山墓底部的博局图只是对笭床这种古老传统朦胧的记忆，其间的变化也非常明显。除了材质的改变，笭床图案的透雕技术也被石椁的阴线刻所替代[3]。更重要的是，石椁从丧葬以外的图像系统

1

2

3 4

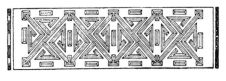

5 6

图9 湖北江陵战国楚墓中的笭床：(1)望山1号墓（采自《江陵望山沙塚楚墓》，第18页，图14）(2)望山3号墓（采自《江陵望山沙塚楚墓》，第198页，图133）(3)雨台山169号墓（采自湖北省荆州地区博物馆：《江陵雨台山楚墓》，北京：文物出版社，1984年，第35页，图25）(4)雨台山323号墓（采自《江陵雨台山楚墓》，第38页，图27）(5)雨台山555号墓（采自《江陵雨台山楚墓》，第52页，图34）(6)马山1号墓（采自湖北省荆州地区博物馆：《江陵马山一号楚墓》，北京．文物出版社，1985年，第8页，图9）

---

[1] 贺刚：《"笭床"正义》，《江汉考古》1991年第4期，第88—92页。
[2] 湖北省文物考古研究所：《江陵望山沙塚楚墓》，北京：文物出版社，1996年，第18页、图版六二之3。
[3] 贺刚认为，笭床图案之所以采取透雕技术，可能与保持尸体干燥的目的有关。贺刚：《"笭床"正义》，第92页。

中吸收了新的元素,将原来灵活多变的图案转换为更具确定性的博局图。

许多学者已经指出,博局图实际上来源于"式"的地盘。式是古代数术家占验时日的一种工具,由圆形的天盘和方形的地盘叠合构成,它与对"盖天说"这一先秦两汉流行的宇宙模式的理解以及阴阳五行的学说密切相关。这些线条是对于空间和时间观念简明的表达,使得那些抽象的概念变为可视的形象。李零对于式有较全面的研究,他指出:

> 式是一个小小的宇宙模型,它的空间、时间结构和配数、配物原理,处处带有模拟的特点。但这里要讲的是,古人发明这个模型,目的不仅仅在于"模仿",还想藉助它做各种神秘推算,提出问题和求得答案,以沟通天人。[1]

因此,这种图形本质上并不是一种装饰,而具有宗教的力量。与之相关的六博也不是一种纯粹娱乐性的游戏,古书屡屡提到仙人之间,特别是神人之间的博弈。除了文献的证据,汉画像石中也见有仙人六博的图像。在汉代,博具还出现于祭祀西王母的礼仪中[2]。

巫鸿进一步将以式为代表的这类图像称作"图",按照他的解释,"图"由一些"抽象的符号与图形"组成,常常被用作宇宙的图解和象征。他指出,东周至汉代的"图"是艺术史研究中被忽略的一个领域[3]。

石椁中的博局有几点值得注意:其一,博局图源于式的地盘,而其所在的位置,恰好位于石椁底部[4]。在庆云山2号墓中,与博局图相并列的鱼示意水的存在,而水

---

[1] 李零:《式与中国古代的宇宙模式》,《中国方术正考》,北京:中华书局,2006年,第127页。
[2] 如《汉书·哀帝志》记载建平四年(公元前3)关东民众在大旱时爆发"为西王母筹"之乱,就在祭祀中使用了博具:"其夏,京师郡国民聚会里巷阡陌,设祭,张博具,歌舞,祠西王母。"(《汉书》,北京:中华书局,1964年,第1476页)
[3] Wu Hung, "Picturing or Diagramming the Universe," Francesca Bray, Vera Dorofeeva-Lichtmann and Georges Métailié, eds., *Graphics and Text in the Production of Technical Knowledge in China*, Laden: Brill, 2007, pp. 191-214;中译本见巫鸿:《"图""画"天地》,李清泉译,郑岩、王睿编:《礼仪中的美术——巫鸿中国古代美术史文编》,北京:生活·读书·新知三联书店,2005年,第642页。
[4] 在四川东汉石棺中,人们以"画"形象地将棺盖转化为"天",却很少强调"地"的概念。而山东西汉石椁上却少见对"天"的表现。

同样与地、阴等概念相关。这种表现大地的图与三维的石椁联系在一起，其特殊的位置进一步将石椁转化为一个缩小的宇宙。

其二，两幅博局图都不是孤立存在的，死者的遗体皆直接安置在博局上部，这启发我们思考人的身体与博局之间的关系。由此可以联想到年代略晚的王莽明堂。巫鸿认为，王莽明堂方案的一个重要来源是式。按照设计，皇帝要在一年的十二个月中依次在明堂四面的十二个厅堂中居住，通过其身体的移动，将时间和空间的概念贯穿在一起，其自身也就成为运动着的宇宙的一个组成部分[1]。当然，很难设想山东的这些小型墓葬中也包含如王莽明堂那样复杂的思想，但是，与式密切相连的阴阳五行理论，却是深入中国古代社会各个层面的一种具有普遍影响的世界观[2]。

其三，两墓石椁底部所见，是迄今所知博局图尺幅最大的例子。发掘报告过于简略，没有提供博局详细的尺寸。庆云山石椁底部宽1米，小山石椁底部宽1.2米，据此推算，博局的边长应在80—100厘米之间。马王堆3号墓出土的六博棋局是体量较大的一例，其边长不过45厘米，而汉代铜镜背面所见的博局，直径仅在20厘米左右。博局被放大，显然是为了适应椁的尺度。但由此可以联想到一个古老的传说：

> 秦昭王令工施钩梯而上华山，以松柏之心为博，箭长八尺，棋长八寸，而勒之曰："昭王尝与天神博于此矣。"[3]

"箭"即六博棋中的算筹，共6枚，每枚普通的长度约23—24厘米，约合汉一尺。"棋"即棋子，一般为12枚，各长2.3—2.4厘米，约合汉一寸[4]。秦昭王所做六博，大约普通所见的8倍。将这个故事与石椁中博局图的放大直接联系起来也许过于牵强，但是，将博局图放大的做法是否意味其宗教力量的倍增，的确也是值得考虑的。

---

[1] Wu Hung, *Monumentality in Early Chinese Art and Architecture*, Stanford: Stanford University Press, 1995, p.186; 中译本见巫鸿：《中国古代艺术与建筑中的"纪念碑性"》，李清泉、郑岩等译，上海：上海人民出版社，2009年，第238页。
[2] 如顾颉刚指出："五行，是中国人的思维律，是中国人对于宇宙系统的信仰；二千余年来，它有极强固的势力。"顾颉刚：《五德始终说下的政治与历史》，《古史辨》第五册，上海：上海古籍出版社，1982年，第404页。
[3] 王先慎：《韩非子集解》，北京：中华书局，1998年，第267页。
[4] 以上尺度的考证，见李零：《式与中国古代的宇宙模式》，第133页。

其四，在年代较晚的墓葬中，棋局或会棋题材的画像成为一种与死亡观念相关的艺术母题[1]，石椁底部的博局是否与在墓葬中随葬棋具或绘制会棋图的习俗有着传承关系，目前资料太少，还难以论定。

雕刻这些简单的"图"并不困难，石匠只需要从日常所见的六博棋盘或铜镜上摹刻下横平竖直的图形，这远比摹绘漆棺上的"画"更为简单易行。与那些代表玉璧的圆形和代表柏树的三角形一样，"图"也有极强的"标注性"，它可以将石椁转化为一个缩微的宇宙。

工匠试图在形式上寻找博局图与石椁结构性的联系，如将其尺幅放大以适应石椁底部的宽度。然而，"图"的形式具有极强的规定性，它们可以被轻易地转移到另外的位置，其内部的线条却不会发生任何变动。前人的研究已经揭示出，博局图内部的线条和六博的游戏规则密切相关；在铜镜背面，这一图形也可以与铜镜圆形的轮廓构成新的关系，象征着天地／阴阳。但是，类似的联系在石椁中却没有完全建立起来，博局图仍然保持着平面的特性，像是硬性地从别处剪下来又贴到石椁上，说到底，它与石椁的结构仍缺少深层次、严密的关联，"图"与石椁的结合并没有持续下去。新近报道的山东巨野沤山墓石椁的一块侧板分为三格，中央横长的一格空白，左、右两格呈正方形，其中左格刻一人牵马，右格刻一博局图（图10）[2]。在这个例子中，从

图10　山东巨野沤山墓石椁侧壁画像（采自《中国汉画研究》第3卷，第8页，图10）

---

[1] 对于这个问题的详细研究，见李清泉：《宣化辽墓：墓葬艺术与辽代社会》，北京：文物出版社，2008年，第212—221页。
[2] 周建军、祝延峰：《山东巨野发现的汉代画像石》，朱青生主编：《中国汉画研究》第3卷，桂林：广西师范大学出版社，2010年，第8页。

图11　山东临沂庆云山2号墓两侧壁画像（采自《中国画像石全集》第1卷，第72、73页，图100、101）

笭床纹样发展而来的石椁底部的博局图已经漂移到了侧壁。

另一方面，表现玉璧和柏树的圆形、三角形虽然简单，但并没有停留在象形的层面上，随着时代的变化，构成图形的线条越来越复杂，内容也日益丰富，最终发展成了严格意义的"画"。在庆云山和小山墓的石椁侧壁，皆雕刻有较为复杂的画面，甚至出现了建筑和人物的形象（图11），这些画面与其底部的博局图并行，而后者始终没有成为一种主流的力量。

有趣的是，在平阴新屯收集到的一块石椁的侧板上，我们可以看到两个系统巧妙的对接。这块石板上刻有楼阁画像，楼阁的檐下刻六博、博箸（图12）[1]。在这个例子中的博局图似乎延续了巨野㴲山墓的做法，也出现于侧板上，但是，更为重要的一个变化产生了：它已经成为"画"的一部分，而不再是独立的"图"。"画"中的博局仍显示为侧立的正方形，在很大程度上保留了原"图"的身架，但是它毕竟"人在

---

[1] 济南市文化局、平阴县博物馆筹建处：《山东平阴新屯汉画像石墓》，第968页；焦德森主编、杨爱国副主编：《中国画像石全集》第3卷，济南、郑州：山东美术出版社、河南美术出版社，2000年，第168页，图188。

图12 山东平阴新屯石椁侧板画像（采自《中国画像石全集》第3卷，第168页，图188）

图13 江苏铜山台上出土的东汉六博画像石（《中国画像石全集》第4卷，济南、郑州：山东美术出版社、河南美术出版社、2000年，第43页）

屋檐下"，与石椁的结构性关联已经被改变，可以进一步附加上新的意义（如求仙等观念）。那些简单的图形没有沿着庆云山和小山墓所开创的路子向"图"的方向走下去，而是日益发展为生动的"画"（图13）。经过数代人的接力，工匠们最终成长为一些擅长以斧凿锤錾作画的专家，在东汉画像石的题记中，他们被尊称为"师"、"良匠"或"名工"。

二

以上讨论主要是在图像媒材的平面上展开的。实际上，在石椁墓中，平面性的画像与三维的空间密切联系在一起。值得注意的是，当石椁墓流行时，汉代的墓葬制度和习俗正在经历着剧烈的变化，因此，我们有必要将平面性的图像与墓葬整体的变化联系起来考察。

大约30年前，俞伟超的一篇文章从宏观上概括了中国古代墓葬发展的规律，他注意到，在西汉武帝前后墓葬制度和习俗有一个明显的转型，即从此前的以棺椁制度为核心的竖穴墓（"周制"）转向模拟地上建筑形制的横穴墓（"汉制"）[1]。前者将墓室构筑为一个放置死者遗体的密闭盒子，由层层相套的葬具组成，并深埋在地下，这种传统实际上可以一直追溯到新石器时代。汉代以后新型的横穴墓除了与地上世界隔绝外，更倾向将地下的墓室营建为一个内部各部分彼此联通的空间，总体上模仿了地上房屋的形式。有学者进一步将汉代的横穴墓描述为"第宅化"[2]。这种转变在现象上体现于墓葬结构、葬具和随葬品的变化，其深层则是生死观念以及相关礼仪的变化。

墓葬的核心是对于死者遗体的安葬。在高等级的"周制"墓葬中，死者的遗体被层层密封，除以衣物布帛包裹遗体外，葬具也重重相套。葬具由棺和椁两部分组成。一般说来，棺的概念比较容易界定，即直接用以装殓死者遗体的用具。《说文》曰："棺，关也，所以掩尸。"[3]椁则是在墓穴中以石材或木材搭建的用以容纳棺的结构。《说文》曰："椁，葬有木椁也。"段玉裁注："木椁者，以木为之，周于棺，如城之有郭也。"[4]从联系上看，棺和椁都是对死者遗体的"包装"，其结构上彼此照应，外形相似，大小相套。从区别上看，它们的制作程序和使用场合都有所不同。棺作为一种构合严密的容器可以出现在丧礼上，也出现在送葬的队列中，最后才和遗体作为一个整体被安置于墓穴中。在两周时期，等级较高的棺外还有褚、帷荒、墙柳、齐、翣、池、贝、鱼等各种复杂的装饰，这些饰件往往模仿居室的帷幕[5]，将棺转化为死者在另一个世界的宅室。与之不同，椁的内外一般没有图画。

在湖南长沙马王堆1号西汉墓中，可以清楚地看到棺与椁的联系与区别（图14）。在墓穴内以方木搭建的椁分割为多个部分，中间的椁室安置四重棺，周边的椁室放置各种随葬品。马王堆的棺椁还反映出先秦时期的一个重要传统，即棺椁的数量

---

[1] 俞伟超：《汉代诸侯王与列侯墓葬形制分析——兼论"周制"、"汉制"与"晋制"的三阶段性》，《中国考古学会第一次年会论文集》，北京：文物出版社，1979年，第332—337页。
[2] 吴曾德、肖亢达：《就大型汉代画像石墓的形制论"汉制"》，《中原文物》1985年第3期，第55—62页。
[3] 段玉裁：《说文解字注》，上海：上海古籍出版社，1981年，第270页。
[4] 同上。
[5] 乔卓俊：《两周时期中原地区的棺饰研究》，山东大学东方考古研究中心编：《东方考古》第7集，北京：科学出版社，2010年，第136—213页。

与死者的身份密切相关[1]。

马王堆西汉墓的棺椁基本沿袭了先秦旧制。在"汉制"墓葬中，先秦以来的竖穴墓开始向横穴墓转变，传统的棺椁制度随着墓室形制的变化而土崩瓦解。死者的遗体虽然仍需要仔细加以处理，但其身份主要不再体现于葬具的层数上，而是体现于墓室规模、结构等方面。这一切暗示着人们对于死者肉体和灵魂的理解已经发

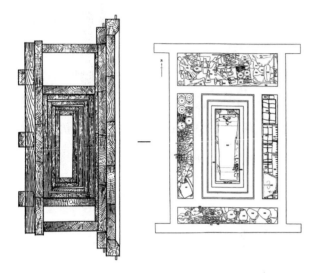

图14　湖南长沙马王堆西汉1号墓棺椁平、剖面图（采自《长沙马王堆一号汉墓》，图6、36）

生了根本性转变，虽然目前要全面阐述这种新观念的具体内容还十分困难。

从西汉开始，不仅传统棺椁制度逐步崩溃，就连棺和椁的概念也发生了微妙的变化。例如，马王堆3号墓的棺室东、西壁张挂了描绘车马仪仗和墓主行乐图等内容的帛画[2]，1号墓北边箱四周也挂有帷幔[3]，邢义田认为这可能是受到了汉代居室以锦绣挂墙为饰的影响[4]。值得注意的是，这种绘画不再像棺画那样面向外部，而是面向内部。这种变化在石椁墓中也出现了。

学者们将这些西汉墓中的葬具称作椁是有一定根据的。首先，在几座墓葬中，石板以内发现有木棺的朽痕[5]。其次，这种由石板扣合而成的结构难以作为一个整体搬

---

[1] 俞伟超：《马王堆一号汉墓棺制的推定》，《湖南考古辑刊》第1集，长沙：岳麓书社，1982年，第111—115页。

[2] 湖南省博物馆、湖南省文物考古研究所何介钧主编：《长沙马王堆二、三号汉墓》第一卷《田野考古发掘报告》，第109—115页。

[3] 湖南省博物馆、中国科学院考古研究所：《长沙马王堆一号汉墓》上册，北京：文物出版社，1973年，第73—75页；下册，第10页，图版12、13。

[4] 邢义田：《汉代壁画的发展和壁画墓》（修订本），氏著：《画为心声：画像石、画像砖与壁画》，北京：中华书局，2011年，第27页。

[5] 这些木棺大多只有痕迹保存下来，如平阴新屯2号墓（济南市文化局、平阴县博物馆筹建处：《山东平阴新屯汉画像石墓》）、临沭曹庄西南岭墓（刘福俊、齐克荣：《临沭县西南岭西汉画像石墓》）等，都曾在石椁内发现木棺的朽灰。

运[1],也不像棺那样有可能在葬礼中被人们观看。但是,由于墓葬的保存情况大都比较差,加上发掘报告叙述简略,我们难以判定所有的石椁内都曾有过木棺,也许有些规模较小的石椁可以直接放置死者的遗体。东周以来见于棺外部的绘画开始出现于这些石椁上。这样,这些"椁"的意义,就越来越接近于"棺"。

  这些椁板上的图画所在位置并不确定。有的出现于内部,有的出现于外部。那些外部的图画很可能遵循了棺的传统做法,即注重从外部而来的观者的目光。而向内的图画又服从了另外一个事实,即这些椁板以外是草草挖出的土坑,其壁面未经过加工,除了有的开辟有专门容纳随葬品的小龛以外,并没有多余的空间[2],因此那些面向内部的画像,就像出现于河南永城柿园墓中的壁画,可能暗示着内部的空间更有价值。

  从这个意义上讲,再将这样的结构称作"椁"已经不够确切,它实际贯通了棺、椁和墓室三个概念。正是在这个时期,高等级的墓葬经历了由竖穴墓向横穴墓的转变。也正是在石椁墓的基础上,发展出了内部更为宽敞、完全模仿第宅形式的石室墓。

  在这个过程中,平面性的图像也经历了一个转变过程。石椁墓上的画像虽然没有直接使用漆木棺画的画稿,但是这种以画像装饰葬具的方式应来源于先秦的漆木棺。画像从传统的漆木棺转移到石椁上,再随着石椁墓向石室墓的发展,转移到墓室的墙壁上,这个转移的过程与墓葬结构以及一系列概念的变化一致。

  重要的是,画像在这个过程中并不是处于被动的地位,它们在某种程度上重新界定了葬具的意义。不管"图"和"画"的线条如何简单,它们一旦出现,石椁就不再只是一个简单的盒子,而转变为一个具有宗教意义的空间。从画像的题材和位置来看,当时人们对于石椁象征意义的理解十分复杂,目前看到的有以下几种情况:

  一、庆云山和小山墓底部的图形取自式的地盘,说明人们将椁的底部进一步理

---

[1] 枣庄小山1号石椁墓的打破关系显示出时代的前后关系,而三具石椁之间的连接处,又显示出彼此的联系,使得这些在不同时期内形成的石椁最后形成一个整体,其结构和时间上"拼合"的过程引人注目(枣庄市文物管理委员会、枣庄市博物馆:《山东枣庄小山西汉画像石墓》,第35页,图2)。
[2] 也发现过个别例外的墓葬,如在滕州封山6号墓中有彩绘的痕迹。这座单椁室的墓葬规模极小,墓圹长2.86米,宽1.72米,深4.94米,仅能容下石椁(长2.4米,宽1.06米,高1.12米)。距椁室顶板10厘米以下的墓壁经过了加工,涂抹上10厘米厚的泥浆,又施加彩绘,颜色有红白两色,明显可以看到用红彩勾画的矩形框。石椁上以平行的阴线雕刻出方形框。根据发掘者的分期,该墓属于西汉早期。在整个墓地百余座汉代墓葬中,这种带彩绘的墓葬仅此一例(山东省文物考古研究所:《鲁中南汉墓》上册,第80页)。

解为"地"。这个由图像构成的"地"与现实的地既相关,又有差别,它是在实际的、自然的大地之下,以图像创造出的一个"地"的概念。在年代略晚的曲阜韩家铺安汉里石椁中,还出现了象征着四方的四神[1]。在这些例子中,石椁实际的结构与中国古人关于空间的一系列概念整合在一起,如从商代以来,甚至新石器时代中晚期以来就存在的关于"四方"的概念。在这样的概念下,椁的四壁一方面是实际存在的"墙",使其内部与外界分离开来,另一方面,它们又代表着不同的"方向",可以向外无限延伸出去。

二、 一些年代略晚的例子趋向于将石椁表现为死者的"第宅",如曲阜韩家铺安汉里石椁的前端外部的画像为带有铺首衔环的门,从而将石椁转化为一处宅院。另一个例子是西汉晚期的邹城卧虎山 2 号墓石椁,其东端的外侧也刻一对铺首衔环,铺首的上部有象征辟除不祥的虎,下部各有一只守门犬[2]。最有意思的是,有一人从门缝中露出半身,暗示着其内部世界与外部世界的关联(图 15)[3]。在济宁师专 4 号墓中,石椁南端外侧刻画阙门,这个南向的门与地上建筑常见的大门方向相合(图 16)。这类

图 15　山东邹城卧虎山 2 号墓石椁东端椁板外侧画像
(采自《邹城汉画像石》,第 14 页,图 19)

图 16　山东济宁师专 4 号墓石椁南端椁板外侧画像(郑岩绘图)

---

[1] 蒋英炬:《略论曲阜"东安汉里画象"石》。
[2] 胡新立:《邹城汉画像石》,第 14 页,图 19。
[3] 这种半启门扉的形式,在东汉成为表现空间关系的一种手法。在后来中国的墓葬艺术和宗教艺术中,也常可以见到,是一种广受学者们关注的独特的艺术样式。关于这个问题的讨论,详本书《论"半启门"》一文。

图像所反映的观念,与汉代墓葬形制"第宅化"的倾向一致。

三、与石椁南端外侧的阙门方式不同,济宁师专4号墓石椁东、西两个侧壁外面的画像却包括了大量建筑、车马、乐舞、渔猎等复杂的画面(图17),这些画面总体上可以解释为一个理想化的包罗万象的庄园。但是,它们与石椁结构的联系变得较为松散。在西汉晚期到东汉早期的石椁中,出现了更为复杂的图像,既有人们许多室外的活动,又有各种神仙、祥禽瑞兽等现实世界无法见到的景象,甚至包括历史故事,其时间和空间扩展到了无限广大的范围。在微山南沟村石椁中,甚至出现了对于葬礼的描绘(图18)[1]。在这类情况下,石匠眼里的石板,就像画家笔下的一张纸,他们既要意识到纸的存在,依赖纸张来创作,又要突破纸的局限。例如,石匠们可以根据画面构图的需要,将长条形的石椁侧板分为左中右三格,以表现更为丰富的内容,而这样划分,与石椁的结构和意义并没有多少关联。

图17　山东济宁师专4号墓石椁东西椁板外侧画像(采自《中国画像石全集》第2卷,第1页,图1、2)

---

[1] 关于这个例子的研究,见 Wu Hung, "Where Are They Going? Where Did They Come From? —Hearse and ' Soul-carriage' in Han Dynasty Tomb Art," *Orientations*, vol. 29, no. 6 (June 1998), p. 22. 中译本见《从哪里来? 到哪里去? ——汉代丧葬艺术中的"柩车"与"魂车"》,郑岩译,载郑岩、王睿编:《礼仪中的美术——巫鸿中国古代美术史文编》上册,第263—264页。

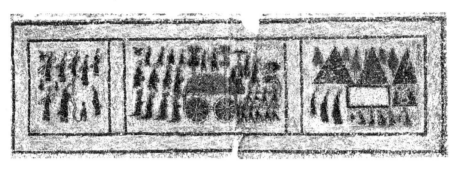

图18 山东微山南沟村墓石椁画像（采自《中国画像石全集》第2卷，第46—47页，图55）

上述多种情况，在苏鲁豫皖地区的石椁墓中纷然杂陈、并行不悖，来源于各个地区、不同社会层面的新旧因素交织在一起，使得处在中国墓葬制度和习俗转型期的这些石椁墓表现出多元、动态的特征。

在汉代人的头脑中，死后的另一个世界与现实世界相似，它可以通过各种艺术手段复制出来。这种认识，为中国艺术的发展提出了新的命题，而越来越具有空间性的墓葬又成了人们发挥其艺术创造力的新天地。这个密封在地下的图像体系是虚拟的，墓门之外即是无情的坚硬的土石。但是，这种虚拟性却又在另一方面拓展了思想和艺术的维度，人们随时可以将许多超越时空的概念加入进来。到东汉时期，当石椁的形制彻底扩展为前堂后室、梁柱齐备的石室墓后，中国墓葬画像艺术便达到它的第一个高峰，成为以后中国两千年墓葬绘画发展的重要根基，而这个艺术高峰的前奏，便是这些结构简单、规模不大的石椁墓。

在本文写作过程中，我曾得到巫鸿、黄佩贤、李光雨、徐加军、贺西林、陈群等师友多方面的帮助，特申谢忱。本文英译本见"Sarcophagus Tombs in Eastern China and the Transformation of Han Funerary Art", translated by Marianne P Y Wong and Shi Jie, *RES: Journal of Anthropology and Aesthetics*, 61/62, 2012, pp.65-79；中文本有所增补，原刊山东大学东方考古研究中心编：《东方考古》第9集，北京：科学出版社，2012年，第367—385页。

第二编

画像主题与社会

山东临淄东汉王阿命刻石的形制及其他

山东临淄石刻艺术陈列馆藏有一件形制特殊的刻石，置于该馆院内西廊（图1）[1]，我于1995年6月13日在该馆参观时曾测得一草图。2000年，我委托当时在淄博市博物馆工作的老同学徐龙国先生代为搜集有关材料，徐君不仅提供了更加详细的尺寸和照片，还请临淄齐国故城博物馆（今齐国历史博物馆）朱玉德先生捶拓了刻石的画像和题记。今依据朱、徐二位朋友提供的材料，结合我参观的记录，对一些问题略加讨论。

一

这件刻石为一块整石，前低后高，平面呈前方后圆状，总长142厘米，高78厘米。其前部是一低矮的平台，阔92.5厘米，深46.5厘米，高21厘米。其后部拱起作馒头状的"圆包"。"圆包"与平台的连接处，则"削"出一立面，与平台的台面垂直。在这个立面下部中央，又浅浅雕出一内凹的方龛，龛阔38厘米，高40厘米。方龛外部向上相隔大约3厘米处，雕出三枚瓦当，其顶部则对应刻出三排长约20厘米的瓦垄，瓦垄顶部距离台面上皮53厘米。瓦垄后部连接"圆包"顶部。"圆包"顶部又有一个高起约2厘米，直径32厘米的圆形平台。

小龛正壁有阴线刻的画像，线条较为粗率。我将朱玉德先生提供的画像拓片（图2）扫描后，利用Photoshop软件作"反相"处理，再减去线条周围斑驳的纹理，便

---

[1] 临淄石刻艺术博物馆1985年建于西天寺遗址（即十六国后赵之兴国寺），在齐故城宫城内，今临淄西关小学北侧，由齐国历史博物馆管理。

获得一较清晰的"线图"（图3）。减去斑纹的过程，重要的是辨认物象的线条。我处理线条的原则如崔东壁所言"凡无从考证者，以不知置之，宁缺所疑，不敢妄言以惑世也"[1]，也就是说，似是而非的部分干脆舍弃，只求其可知者，这样得到的是一张比较慎重、保守的图片，因此不至于出现过多的蛇足之笔而误导读者。至于我未能辨认出的部分，则有待今后的研究者以慧眼剔出，加以补正。

图1　山东临淄石刻艺术陈列馆藏东汉王阿命刻石（徐龙国摄影）

从这一图片可以看到，画面左侧有一人坐于榻上[2]，为四分之三侧面，圆脸，似未戴冠，隐约可辨头两侧有两圆形发髻，疑是"总角"。此人着圆领衣，双手前伸，身前似有一几案。其背后有一具屏风，两曲。推测原本为三曲，为避免遮挡人物，位于画面前方的一曲略去。人物对面有一人亦为坐姿，圆脸，似正在与之交谈。画面右上角一人骑于马上。右下角有一人，不甚清晰。画面下部中央有一车，但不见牵引的牲畜。小龛外右侧的立面上有隶书题记两行，可释读为："齐郎王汉特（？）之男阿命四岁，光和六年三月廿四日物故，痛

图2　山东临淄东汉王阿命刻石小龛正壁画像拓片（朱玉德捶拓）

---

[1] 崔述：《考信录提要卷上》，《崔东壁遗书》第1册，台北·河洛图书出版社，1975年，第23页。
[2] 这种姿势在许多考古报告中常被描述为"跽坐"，实际上正是先秦至两汉时期标准的坐姿。李济：《跪坐蹲居与箕踞》，《中研院历史语言研究所集刊》第24本（1953年），第283—301页；杨泓：《说坐、跽和跂坐》，氏著：《逝去的风韵——杨泓谈文物》，北京：中华书局，2007年，第28—31页。

图3　山东临淄东汉王阿命刻石小龛正壁画像线图（郑岩制图）

哉！"（图4）光和是东汉灵帝刘宏的第三个年号，其六年即公元183年。

由于出土情况缺乏记录，刻石原来放置的方向及周围环境均无从推考。

该石长期以来没有完整的材料发表。1982年，李发林师曾著录其题记，释读为："齐郡王汉持之男阿合以光和六年三月廿四日物故哀哉"。李师附带提到"雕刻技法是阴线刻。画像内容是人物"，但未发表图片[1]。土居淑子也曾注意到这一刻石，盖取李师所提供的资料[2]。1986年，信立祥发表了该石画像的临摹稿，录其题记为"齐郡王汉特之男阿命以光和六年三月廿四日物故痛哉"[3]，与李师所录题记文字略有异。1990年出版的《临淄文物志》将该石命名为"东汉造像"，称其"取古刹殿宇式结构"，并发表了实测数据。另外，书中提到"殿顶刻'曹大夫和贾大夫'题

图4　山东临淄东汉王阿命刻石题记拓片（朱玉德捶拓）

记"[4]。遗憾的是《临淄文物志》也没有发表相关图片。

最近，我们终于在杨爱国的新著《幽明两界——纪年汉代画像石研究》一书中见到该石的照片和比较详细的文字介绍[5]。杨著根据朱玉德先生提供的信息，称该石是20世纪70年代当地农民在平整土地时于临淄齐国故城小城东北城外发现的。杨爱国将题记释读为"齐郎王汉特之男阿命□，光和六年三月廿四日物故痛哉"。杨著所

---

[1] 李发林：《山东汉画像石研究》，济南：齐鲁书社，1982年，第47页。
[2] 土居淑子：《古代中国の画象石》，京都：同朋社，1986年，第21页。
[3] 信立祥：《汉画像石的分区与分期研究》，俞伟超主编：《考古类型学的理论与实践》，北京：文物出版社，1986年，第269页，图十三之2。
[4] 临淄文物志编辑组：《临淄文物志》，北京：中国友谊出版公司，1990年，第98—99页。
[5] 杨爱国：《幽明两界——纪年汉代画像石研究》，西安：陕西人民美术出版社，2006年，第65页。

标注的尺寸与《临淄文物志》一致[1]。另外，他提到顶部刻有"贾夫人"和"曹夫人"的字样，应与《临淄文物志》所提到的"曹大夫和贾大夫"题记有关。我在参观时注意到的确存在"贾夫人"的题记，但不记得曾见到"曹夫人"的题记。我怀疑这几处文字均为后人的题刻，由于此次成稿未能到现场复核实物，姑且存而不论。

2007年，韩伟东、刘学连发表了该石的题记拓片和两幅照片，并将其定名为"东汉石龛造像"[2]。该文将题记释为"齐郡王汉□□男阿命□，光和六年三月廿四日物故□"。

二

临淄这一刻石小龛右侧的题记对于了解其性质十分重要。其第二字应从杨爱国之说，为"郎"字而不是"郡"。秦和西汉时期临淄设有齐郡，东汉建武十一年（35）封齐国，徙刘章为齐王，至建安十一年（206）国绝，可知光和六年时并无齐郡存在。郎是汉代无印绶、不治事的散官。中央的郎官可以入奉宿卫，出充车骑，侍从于皇帝左右[3]。王国也有郎官之属，包括郎、郎中、中郎、侍郎等，均侍从于王之左右。文献中多有王国之郎的记载，如《汉书·文三王传》记梁平王襄时有郎尹霸[4]。按照《后汉书·百官志五》的记载，东汉王国的郎中仅是二百石的官[5]。估计郎的地位也大致如此。

"王汉特"应为郎的姓名，其最后一字或为"特"，或为"持"，难以判定，暂从信、杨说。

"阿命"应是王汉特儿子的名字，第二字应以信、杨、韩、刘所释的"命"字为

---

[1] 杨爱国先生告知，其著作中的尺寸皆取自《临淄文物志》。
[2] 韩伟东、刘学连：《临淄石刻撷萃》，《书法丛刊》2007年第6期，第24—25页。此文承刘海宇先生提供，特此鸣谢。
[3] 安作璋、熊铁基：《秦汉官制史稿》，济南：齐鲁书社，1985年，第375页。
[4] 《汉书》，北京：中华书局，1962年，第2214页。关于王国中郎问题的讨论，见安作璋、熊铁基：《秦汉官制史稿》下册，第255页。
[5] 《后汉书》，北京：中华书局，1965年，第3629页。

是，而不像是"合"字。小儿名字前加"阿"字较常见，如《汉书·高惠高后文功臣表》记土军式侯宣义玄孙之子名阿武[1]，《后汉书·彭城靖王恭传》记彭城靖王刘恭子名阿奴[2]，河南南阳李相公庄出土的建宁三年（170）一位5岁小儿的祠堂画像石有题记曰"许阿瞿"[3]。

"命"下第一行末尾的字，李、信两位释为"以"，恐无根据。杨爱国、韩伟东、刘学连态度慎重，认为缺一字。细审拓片，可知应为"四岁"二字的合文。其中上部的"四"极分明。"岁"字在许阿瞿题记中作"崴"，临淄刻石中的"岁"字上部"山"子右侧微泐，下部"戊"内只有一点。四川广汉出土汉代墓砖"千万岁"题记中，"崴"下"戊"内也省作一点（图5）[4]，是同样的写法。汉代墓碑和祠堂题记提到死者时，多清楚地说明死者的年龄和去世时间，此石也不例外。

"物故"言死，在汉代文献和考古材料中例证极多，不备举。其后一字中"疒"边十分明显，释为"痛"较妥，其底部有一捺，推测有一"心"字底。四川郫县太平乡东汉杨耿伯墓墓门题记中的"痛"字下部即有一"心"字（图6）[5]，许阿瞿题记中"痛哉可哀"的"痛"字也是如此（图7）。

图5 四川广汉出土的汉代墓砖"千万岁"题记（采自龚廷万、龚玉、戴嘉陵：《巴蜀汉代画像集》，图版第467）

图6 四川郫县太平乡东汉杨耿伯墓墓门题记中的"痛"字（采自高文主编：《中国画像石全集》，第7卷，第47页，图56）

---

[1]《汉书》，第603页。
[2]《后汉书》，第1670页。
[3] 南阳市博物馆：《南阳发现东汉许阿瞿墓志画像石》，《文物》1974年第8期，第73—75页。该石被当作石材，用于一座魏晋时期的墓葬，其原有配置关系不存在。有学者认为这属于一座祠堂的构件，甚确。相关讨论见巫鸿：《"私爱"与"公义"——汉代画像中的儿童图像》，巫鸿：《礼仪中的美术——巫鸿中国古代美术史文编》上卷，郑岩等译，北京：生活·读书·新知三联书店，2005年，第225页；杨爱国《幽明两界——纪年汉代画像石研究》，第200—201页。另外，王建中认为许阿瞿画像石"亦不排除地上祠堂建筑物的可能性"，见氏著《汉代画像石通论》，北京：紫禁城出版社，2001年，第202页。
[4] 龚廷万、龚玉、戴嘉陵：《巴蜀汉代画像集》，北京：文物出版社，1998年，图版第467。
[5] 高文主编：《中国画像石全集》第7卷，济南、郑州：山东美术出版社、河南美术出版社，2000年，第47页，图56。

综上所考，可知这一刻石是为一位夭亡的儿童制作的，画像中的主角应为故去的小童王阿命。许阿瞿题记开头部分曰："惟汉建宁，号政三年，三月戊午，甲寅中旬。痛哉可哀，许阿瞿身。年甫五岁，去离世荣。"许阿瞿题记为韵文，王阿命题记则简单直白，但二者的基本内容并无本质差异。

我私下曾与杨爱国先生就该刻石有过讨论，彼此有一些共同的看法。杨先生在其著作中谈到两点：一、他称该石为"王阿命祠"，比起信立祥将其画像放在墓室画像的系统中讨论[1]，这种意见更为合理；二、他指出刻石属于一名亡故的儿童[2]，我也赞同。但杨著认为"该祠后圆部分经后人改造"，我则有不同的看法。

其一，从逻辑上讲，如后人欲对这件刻石再施斧凿，只能采取"减法"，即在原来形制的基础上除去一部分。但相对前面的平台、小龛和檐子来看，刻石后圆部分比例已较大，假如"后人改造"说成立，则很难设想逆向增加另外的部分，其后部会变成什么样子。

其二，刻石经过"后人改造"之后，必然要适应新的功用。但这种前方后圆的形制，实在难以想象出有什么其他特别的用途。设如是一柱础，前部方台和小龛部分保留完整，也不易解释。

其三，从我对实物的观察和徐龙国君所提供的照片来看（图8），这件刻石前部和后部的錾纹深浅和密度相当一致，很像是 次性完成的。

图7 河南南阳东关李相公庄东汉许阿瞿题记（采自王建中、闪修山：《南阳两汉画像石》，北京：文物出版社，1990年，图282）

---

[1] 信立祥：《汉画像石的分区与分期研究》，第268页。
[2] 杨爱国：《幽明两界——纪年汉代画像石研究》，第201页。

逝者的面具

图8 山东临淄东汉王阿命刻石侧面（徐龙国摄影）

其四，唯一有可能被怀疑的部分，是小龛两侧上部的两角，这部分看似被过分地加工过，檐部的瓦垄和瓦当只有三个，似乎不够完整。但是，仔细分析，即使是这一部分在结构上也是合理的，应未曾承受过后人的斧凿。用以刻画像的小龛是全石最重要的部分，它之所以退居到中央，被控制在有限的幅度内，目的就是要在两角留出足够的空间将整体削为圆形，以与后部的形制统一起来。右部两行题记行文完整，偏于内侧而不居中，显然也在"躲避"旁边的圆角。

其五，也是最重要的一点，那就是我认为放在当时（东汉）当地（山东地区）的语境来看，这件刻石看似奇特的形制是完全可以在功能上得到圆满解释的。在我看来，这件刻石以"具体而微"的方式，再现了汉代祠堂和墓葬一种常见的结合方式，即把祠堂的后半部分掩埋在墓葬的封土之中，只不过这里的封土部分也以石头的形式复制了出来。所以，严格地说，这件刻石所表现的是一座墓葬地上的部分，即封土和祠堂结合的状态，而不仅仅是一座祠堂。

就山东地区的材料来看，东汉石结构的祠堂与墓葬之间的位置关系大致有两种类型：一种类型是祠堂和墓葬之间有一定的距离，典型的例子是济南长清区孝里铺孝堂山石祠、嘉祥县武宅山武梁祠和金乡县里楼村石祠；另一种类型是祠堂后半部掩埋于墓葬的封土之中，典型的例子是嘉祥武氏祠的前石室、左石室和嘉祥宋山小祠堂。

长清孝堂山石祠的年代大约属东汉早期章帝时期（75—88 在位），至今仍完整地保存在原址，石祠坐北朝南（图 9)[1]。祠堂外壁，包括侧壁和后壁都加工打磨得相当平整，且装饰有几何花纹带（图 10）。其屋面经过后人修补，由 6 块石板构成，其中东间前后的石板是祠堂修建时的原物。就杨新寿先生从顶部拍摄的照片（图 11）来看，这部分前后屋面都刻有瓦垄。另外檐口还雕出椽头和瓦当。日本学者关野贞早年曾绘制祠堂与墓葬相对关系的平面图，从中可以看到祠堂位于一座墓冢的前方（图 12）[2]，墓冢高约 3.2 米 [3]。因为祠堂左右两壁外侧、正壁后面和屋顶前后坡都经过了精细的加工，所以，即使原有的墓葬封土比关野贞所见规模更大，也不至于将祠堂的后部掩埋起来，否则，其背面的加工就没有任何意义。

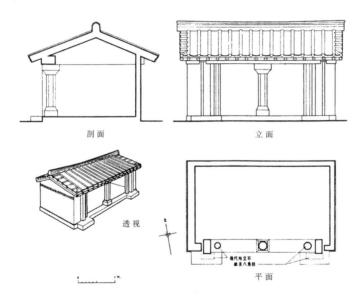

图 9 山东长清孝里铺孝堂山东汉石祠（采自刘敦桢主编:《中国古代建筑史》第二版，北京：中国建筑工业出版社，1984 年，第 56 页，图 36）

---

[1] 罗哲文:《孝堂山郭氏墓石祠》，《文物》1961 年第 4、5 期合刊，第 44—55 页；罗哲文:《孝堂山郭氏墓石祠补正》，《文物》1962 年第 10 期，第 23 页。该祠旧说为孝子郭巨墓祠，实际上可能是一位二千石的官员的墓祠，有关考证见蒋英炬：《孝堂山石祠管见》，南阳汉代画像石学术讨论会办公室编：《汉代画像石研究》，北京：文物出版社，1987 年，第 214—218 页。
[2] 关野贞:《支那の建筑与艺术》，转引自蒋英炬:《孝堂山石祠管见》，第 208 页。
[3] 蒋英炬:《孝堂山石祠管见》，第 204 页。

逝者的面具

图10 山东长清孝里铺孝堂山东汉石祠东侧面与背面（郑岩摄影）

图11 山东长清孝里铺孝堂山东汉石祠屋面（由东向西拍摄，杨新寿摄影）

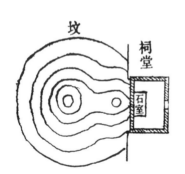

图12 关野贞绘山东长清孝里铺孝堂山东汉石祠与墓葬封土平面图（图中所标"石室"即孝堂山石祠，"祠堂"为后世为保护石祠所建房屋。采自南阳汉代画像石学术讨论会办公室编：《汉代画像石研究》，第208页）

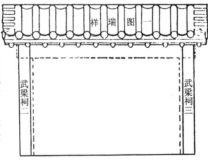

图13 山东嘉祥东汉武梁祠建筑配置图（采自蒋英炬、吴文祺：《汉代武氏墓群石刻研究》，第36页）

根据费慰梅和蒋英炬、吴文祺对于嘉祥元嘉元年（151）武梁祠的复原方案可知[1]，这座著名的祠堂和孝堂山石祠属于同一类型，其屋顶前后两个坡面上均刻有瓦垄，前后檐均刻有瓦当和椽头（图13），外壁装饰有花纹带[2]。据此可以肯定这座祠堂独立于地面上，与墓葬的封土之间保持一定的距离，观者可以在其四周绕行瞻仰。蒋英炬先生保存有后壁残石外面的拓片，此前未曾发表，承蒋先生慨允，刊布于此（图14）。从拓片看，这应是后壁东端上部一角，其中可以清晰地看到一组由卷云纹、菱形纹、垂帐纹组成的花纹带及一水平条带，其位置和形式与内壁相对应的部分基本相同。

图14　山东嘉祥东汉武梁祠后壁外面局部拓片（蒋英炬先生所赠资料）

图15　沙畹1907年拍摄的山东金乡县李楼村东汉"朱鲔祠堂"照片（采自 Édouard Chavannes, *Mission archéologique dans la Chine septentrionale*, fig. 911）

原位于金乡县李楼村旧传为"朱鲔祠堂"的一座东汉晚期祠堂也属于这一类型。在1907年沙畹（Édouard Chavannes）拍摄的照片中[3]，我们可以看到它在原位的情况，其屋顶前坡还有部分保留（图15）。1934年，费慰梅到金乡调查时，这座祠堂已被拆开保存到县学明伦堂

---

[1] Wilma Fairbank, "The Offering Shrines of 'Wu Liang Tz'ǔ'," in W. F. *Adventures in Retrieval*, Cambridge, Mass. : Harvard University Press, 1972, pp. 41-86；费慰梅：《汉"武梁祠"建筑原形考》，王世襄译，《中国营造学社汇刊》第7卷第2期，第1—40页；蒋英炬、吴文祺：《武氏祠画像石建筑配置考》，《考古学报》1981年第2期，第165—184页；蒋英炬、吴文祺：《汉代武氏墓群石刻研究》，济南：山东美术出版社，1995年。

[2] 蒋英炬、吴文祺：《汉代武氏墓群石刻研究》，第50页。

[3] Édouard Chavannes, *Mission archéologique dans la Chine septentrionale*, Paris, 1913, Pl. CCCX, figs. 911, 912, 913.

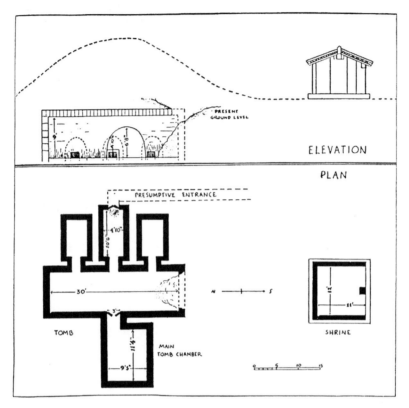

图 16　费慰梅绘制的山东金乡县李楼村东汉"朱鲔祠堂"与墓葬配置关系复原图（Wilma Fairbank, *Adventures in Retrieval*, p. 137, fig. 15）

中。难得的是，费氏调查了当时尚存的墓葬，并绘出了墓葬与祠堂配置关系的复原图（图16）。从复原图可见，墓葬和祠堂保持着一段距离[1]。这组石刻入藏山东石刻艺术博物馆后，限于种种条件，常年码放在文物库房中，未曾对外展出，我虽曾在山东文物部门工作过十多年，也未能一睹其庐山真面目。直至 2010 年，我们才在山东博物馆新馆陈列中见到其中三石，但也只能看到其内部的画像，外面的情况仍无法得知。据蒋英炬先生在 20 世纪 80 年代初拓得的该祠堂拓片可知，有一石外部也有内容复杂的画像，只是由于长期暴露在野外，已十分模糊，只能看出画像为剔地平面阴线刻，与武氏祠的雕刻技术接近，而与祠堂内部的阴线刻技法不同。

祠堂和封土的这种位置关系比较完整地保留了祠堂作为一种单体建筑独立的外

---

[1] Wilma Fairbank, "A Structural Key to Han Mural Art," in W. F. *Adventures in Retrieval*, pp. 87-140.

部形象。孝堂山和金乡两祠均为双开间单檐悬山顶结构,武梁祠为单开间单檐悬山顶结构。在汉代,人们总是首先看到完整的建筑,然后才能注意到其内部的画像。在另一种类型中,祠堂的建筑形象则没有完整地呈现出来,祠堂后半部很可能被掩埋于墓葬封土中。为了节省工时,祠堂被掩埋部分的外壁往往不作精细的打磨。

根据蒋英炬、吴文祺对武氏祠前石室和左石室的复原,这两座祠堂均为双开间单檐悬山顶的结构,与孝堂山石祠不同的是,其后壁向外开出一个小龛。蒋、吴指出:"前石室和左石室除正前面的石头刻花纹装饰外,它的两山墙和后壁的外面都是凹凸不平的石面及参差不齐的石块,由此推测,这种石祠的两侧和后面可能是用土封掩起来的。"[1] 由所附平面图可知,前石室和左石室山墙外壁前部有大约四分之一的部分被加工为平面,而其后部则保留为糙面(图17)。根据他们的介绍,前石室前面的屋顶石(黄易编号为"后石室四"和"后石室五"的两石)朝上的一面刻有瓦垄,后坡

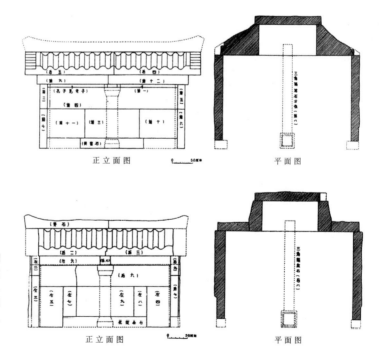

图17 山东嘉祥东汉武氏祠前石室、左石室建筑配置图(上,前石室;下,左石室。采自蒋英炬、吴文祺:《汉代武氏墓群石刻研究》,第39、44页)

---

[1] 蒋英炬、吴文祺:《汉代武氏墓群石刻研究》,第50页。

构件已失,情况不详。左石室结构与前石室相同,其前坡的上面也刻有瓦垄,后坡幸存东部一石(黄易编号为"后石室一"),"但此石背面(岩案:朝上的一面)未刻出瓦垄,保留了凸凹不平的糙面"。配置在左石室的一块残断的脊石也只在前面刻出花纹,后面却保留了糙面。由此可知,封土除了将这两座祠堂后壁小龛的全部以及左右两壁的大部埋起外,其顶部以屋脊为界限,后坡全部埋在土中,只有祠堂的正前面和前坡暴露在外。我据此画出武氏祠左石室与封土组合的示意图,可以更直观地说明这种关系(图18)。

图18 山东嘉祥东汉武氏祠左石室与封土组合示意图(郑岩绘图)

蒋英炬将1978年和1980年嘉祥宋山出土的两批零散画像石复原为4座形制、规模一致的小石祠[1]。这些祠堂均为单开间房屋式结构,

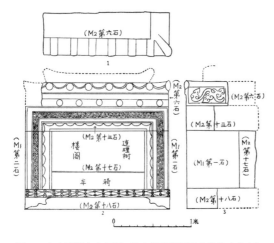

图19 山东嘉祥宋山东汉1号小祠堂配置图(采自《考古》1983年第8期,第743页)

内部刻满画像,此外,盖顶石和东西两壁前侧面刻有连贯的花纹带,基座石前面也刻有画像和花纹。在蒋文1号小祠堂的复原图(图19)中可以看到其顶部有一短的斜脊,可知模仿的是四阿式顶,只是因为规模较小,其内部简化为平顶。原报告和蒋文皆未介绍这些祠堂构件外壁的情况,我曾观察其中存于山东石刻艺术博物馆的一些原石,发现其背面均粗糙不平。另外,在蒋文所附图中,1号小祠堂盖顶石的东端刻有

---

[1] 蒋英炬:《汉代的小祠堂——嘉祥宋山汉画像石的建筑复原》,《考古》1983年第8期,第741—751页。

卷云纹。综合上述观察可知，这种小祠堂的大部很可能掩埋在封土中，只有前立面、檐口的两角或山墙的一小部分暴露在外（图20）。2010年，这座小祠堂的构件根据蒋英炬的复原方案组合后在山东博物馆新馆展出，结构完整的祠堂侧面和后面诸石更加全面地展现在观众面前（图21、22），

图20　山东嘉祥宋山东汉1号小祠堂与封土组合示意图（郑岩绘图）

原来暴露在地表的部分与可能埋藏在封土内的部分形成了鲜明的对比，这完全验证了我在本文初次发表时所作的推测。

如蒋英炬所言，这种小祠堂在山东地区数量较多。我还曾对曲阜孔庙所存微山县两城出土的几座小型祠堂的构件、山东博物馆所存肥城建初八年（83）祠堂构件和滕

图21　山东嘉祥宋山1号小祠堂的正面与左侧面（郑岩摄影）

图22　山东嘉祥宋山1号小祠堂的右侧面与背面（郑岩摄影）

州汉画馆所存当地出土的多组小型石祠构件的原石进行过复查,发现其背面均粗糙不平,未经过细致打磨,说明以前发现的许多小祠堂大多属于这类埋在封土中的形式,由此也可以进一步确定这种小型祠堂的性质只能是墓祠。

如上所述,后一种祠堂与封土的配置关系,是根据祠堂外壁加工情况推得的结论。在安徽宿县褚兰、江苏徐州白集曾发现过墓葬和祠堂组合在一起的例子[1],祠堂和墓葬的距离极近,但可惜这些祠堂已不完整,更难以见到封土的原状。在这种情况下,王阿命刻石的发现,可以说提供了一个重要的佐证。这件刻石模仿了封土和祠堂的形制,小龛和房檐象征祠堂,后部代表封土,表现出一座祠堂半埋于封土中的形态,这正是祠堂与封土原有配置关系形象的写照,殊为难得。

三

汉代的石祠堂以石材模仿当时的木构建筑[2],这种手法可以称之为"置换"。与木材相比,石头更能经受时间的考验。易于朽坏崩坍的土木建筑,通过材料的置换将形象遗留下来,而祠堂内部的画像也成为今人认识汉代画像艺术难得的标本。毫无疑问,发生在汉代的这种"置换",为今天的艺术史研究提供了丰富的实物资料。但是,我要讨论的不是这些祠堂在今天的意义,而是它在历史上原有的价值。

在汉代,石头坚硬的物理性能和由此所生发的观念,都十分符合丧葬建筑的需要[3]。以石头构筑的祠堂和墓葬象征着永恒,汉代人幻想这些石结构的建筑能够长久

---

[1] 王步毅:《安徽宿县褚兰汉画像石墓》,《考古学报》1993年第4期,第515—549页;南京博物院:《徐州青山泉白集东汉画像石墓》,《考古》1981年第2期,第137—150页。宿县褚兰的两座墓葬皆坐东面西,而与之相配的小祠堂皆南向,是一种比较特殊的配置形式。从褚兰2号墓的发现来看,祠堂东西外壁与墓垣相连,墓垣与墓室最近处不到1米,可知墓垣的作用在于拦堵封土,由此可以推测,祠堂的大部也应掩埋在封土中。根据我实地的观察,徐州白集祠堂两侧壁外面也与墓垣相连接,估计属于同样的情况。
[2] 信立祥认为汉代墓上祠堂源于惠帝所创始的高祖长陵寝庙制度,武帝以后普及于社会中下层。现存石祠年代从西汉晚期到东汉早期,画像内容及布局非常规格化和固定化,也说明是模仿早已定型化的土木结构祠堂壁画而来。信立祥:《论汉代的墓上祠堂及其画像》,南阳汉代画像石学术讨论会办公室编:《汉代画像石研究》,第180—184页。
[3] 巫鸿:《"玉人"或"玉衣"?——满城汉墓与汉代墓葬艺术中的质料象征意义》,郑岩译,《礼仪中的美术》上卷,2005年,第123—142页。

地保留在未来的岁月中，死者也就因此可以享用无尽的血食。武梁碑提到祠堂的修建时说道："竭家所有，选择名石，南山之阳，擢取妙好，色无斑黄。"[1] 这样的言辞准确地反映出人们对于石材质量的重视。

那些以石材建造祠堂的工匠并没有根据石材的特性设计出一种全新的形制，而是忠实地保留了土木祠堂的原型。在一座石祠堂中，瓦当的意义不再是保护易朽的椽头，而转化为一种视觉形象。对于汉代人来说，这种形象的意义并不在于审美，而主要是提示观者追忆其原型的价值。石雕瓦当所强调的是：这仍然是一座祠堂，但是比原来的土木更加坚固。它不仅慎重地沿袭着原有的宗教和礼仪价值，而且使这种价值变得永恒[2]。一旦偏离了原有的"祠堂"概念，纯粹的视觉形象也就变得毫无意义。一个反面的证据是，经过汉末和魏晋的战乱与王朝更替，出资建造祠堂的家族遭受离乱之苦，传统的丧葬观念随之土崩瓦解，大量祠堂被毁，那些精心雕刻的建筑构件和画像石又回归为一块块石头，只是因为经过了前人的加工，大小合适，所以可被用来砌筑一座新的墓室[3]，而祠堂原有的宗教意义和礼仪功能却荡然无存。

与其他祠堂不同，王阿命刻石的"置换"工程，也包括了祠堂后部的封土。另外，在这种置换的过程中还运用了其他两种手法，即"缩微"和"简化"。

实际上，几乎所有墓祠在以石头置换土木等材料的同时，其体量都不同程度地经过"缩微"处理。信立祥指出，现存石祠大多规模较小，檐部、横枋较低，人不能从容进出，祭祀是在祠堂外进行的[4]。而祠堂体量缩小的原因，应是受到材料、工艺和资金的限制。石材缺少柔韧性，跨度、出檐都不宜过大，即使可以建造大体量的、结构复杂的建筑，也需要更加复杂的建筑技术。一般来说，加工同样体量的石材比土木耗费的劳动力更大，民间有限的财力难以应付，所以丧家不得不将祠堂局限在有限

---

[1] 蒋英炬、吴文祺：《汉代武氏墓群石刻研究》，第17页。
[2] 山东微山永和四年（139）祠堂题记称"传后世子孙令知之"（山东省博物馆、山东省文物考古研究所：《山东汉画像石选集》，济南：齐鲁书社，1982年，第47页），显示出当时的人对于祠堂永恒性的期望。
[3] 关于再葬画像石墓的研究，见周保平：《徐州的几座再葬汉画像石墓研究——兼谈汉画像石墓中的再葬现象》，《文物》1996年第7期，第70—74页；周保平：《再葬画像石墓的发现与再研究》，《徐州师范大学学报（哲学社会科学版）》2002年第1期，第108—111页；钱国光、刘照建：《再葬画像石墓的发现与再研究》，《东南文化》2005年第1期，第19—23页。
[4] 信立祥：《论汉代的墓上祠堂及其画像》，第180—184、192—193页。

的尺度内。他们显然也意识到了这种石结构的祠堂过小，孝子们在刻于祠堂立柱的文字中申辩："堂虽小，经日甚久，取石南山，更逾二年……"[1] 但是，王阿命刻石与孝子们为父母所建造的石祠相比，又大相径庭。王阿命刻石"封土"的高度只有78厘米，"祠堂"高度只有53厘米。一般所见的石祠无论如何简陋，都还可以被称作"建筑"，而王阿命刻石却像是今天建筑工程、战争中使用的沙盘或数字三维模型。"缩微"的手法在这里被运用到极致。

我们可以根据王阿命刻石来想象其原型的结构，就像我们根据沙盘上缩小的山峰来想象真实的山峰一样；但另一方面，这件刻石又不同于沙盘和模型，沙盘和模型中的事物总是按照同样的比例缩小，而王阿命刻石并没有按照同一个比例进行"科学的"缩小。沙盘和模型只是保留或再现原型的视觉形象，人们不能在沙盘上施工或者攻守，而对王阿命的祭祀仍然通过这件刻石来进行，它不但没有失去或否定原型的功能，而且强化了原型的功能。

王阿命刻石缩微过程中出现了一种比例不协调的现象。刻石前部凸出的方台，应是摆放祭品的供案。供案石在山东有多处发现[2]，如武氏墓群石刻"其他画像石"一

---

[1] 这段文字出自1934年山东东阿县西铁头山出土的芗他君祠堂（罗福颐：《芗他君石祠堂题字解释》，《故宫博物院院刊》总第2期，1960年，第180页），更详细的引述见下文。

[2] 孝堂山祠堂后部有一高起的石台，也应是摆放祭品的地方。同类遗物在鲁西南地区发现多例。1986年山东枣庄市台儿庄区邳庄村出土的一例，除了刻有盛鱼的盘外，还有插有三炷香的壶，因为缺乏建筑配置的联系，原报道曾认为与礼佛有关（枣庄市文物管理站：《山东枣庄画像石调查记》，《考古与文物》1983年第3期，第28—30页；又见赖非主编：《中国画像石全集》第2卷，第141页，图150，济南、郑州：山东美术出版社、河南美术出版社，2000年）。李少南正确指出，该画像不属于"佛教图像"，它"反映的内容正好是东汉时期祭祀死者的设置"（李少南：《山东画像石中"佛教图像"商榷》，《考古与文物》1987年第3期，第108页）。1982年山东滕州市官桥镇后掌大出土的一石，刻有十字穿璧的纹样，边沿（面向祠堂外的一边？）处中央刻两个耳杯，可能表现陈列的酒，两侧是盛有鱼的盘，杯盘皆取俯视的角度。该石纵102厘米，横181厘米，从尺度来看，很像是一小祠堂的底板石，兼作供案（赖非主编：《中国画像石全集》第2卷，第170页，图178）。

这类雕刻有祭品的供案，在古埃及也有发现。1999年1月我曾在美国西雅图美术馆一个埃及艺术的展览中见过一例。展览说明牌文字中提供的一种解释说，古人之所以在石头上刻上祭品，是因为祭祀者不可能总在现场，祭祀者希望在他们缺席的时候，这些画像仍会满足死者饮食之需。

一些规模较小的祠堂，祭祀者无法进入祠堂内部，底部的铺地石便可兼作盛放祭品的供案。蒋英炬注意到，宋山小祠堂底部铺地石的前立面（如本文图19所标"M2第十八石"）两端"刻出弧形牙板形式，类似汉代榻、几座上装饰"，"表明它们在建筑物上也是作基座用的"（蒋英炬：《汉代的小祠堂——嘉祥宋山汉画像石的建筑复原》，第743页）。在我看来，这种设计更重要的意义，在于表明该石同时模仿了一件家具，即祭祀用的供案。

同样的线条还见于武氏祠前室后壁小龛下部铺地石的前立面，虽然人们无法从容出入这种规模有限的祠堂，但祭品很可能是摆放在深入封土内部的小龛中的。那么，这些埋入封土中的小龛或小祠堂，是否反映出祭祀仪式中，祭祀者希望祭品更接近墓室的愿望呢？这些不同形式的祠堂，是否与某些细节不同的仪式和观念相关呢？对于这些问题，尚有待新材料和新的研究来回答。

图 23　山东嘉祥武氏墓群石刻供案石（"其他第二石"，采自朱锡禄：《武氏祠汉画像石》，第 63 页，济南：山东美术出版社，1986 年）

类中，有所谓"耳杯盛鱼画像"，即是一供案（图 23）。该石中部有一圆孔，两侧雕有耳杯，杯内盛鱼，其下并列两盘，盘中各盛一鸡[1]，杯、盘均为俯视的角度[2]。王阿命刻石的方台上虽不见上述或简或繁的画像，但其功能应是相同的。与封土、祠堂的简化、缩微和图像化的方式不同，方台因为要实实在在地用来放置供品，所以仍要保持原来的尺度。按照汉代的尺度换算，方台恰好宽两尺，深一尺[3]，这样的尺度自然无法继续设置在祠堂内部，而只能向前部延长，以至于在这一细节上偏离了按照同一比例进行缩微处理的方向。

导致发生偏离的原因，是刻石的功能。决定供案的尺度的，不是整个刻石的比例关系，而是那些用来盛放祭品的杯、盘。在这一点上，视觉必须让位于实用。从视觉心理学的角度来说，相对于"缩微"的部分，供案石可以看作一种"放大"。供案石本来只是祠堂的一部分，现在其尺度却大大超过了祠堂本身，它再也无法遮蔽在那小小的檐子之下。通过相对放大，刻石在祭祀礼仪中的功能凸显了出来[4]。

王阿命刻石所蕴涵的另一种造型艺术手法是"简化"。刻石正面露出一座小祠堂的前立面，其檐部和房顶只刻出了三枚瓦当和瓦垄，建筑的形象被简化到了最低限

---

[1] 蒋、吴误认为盘中物是鳖。
[2] 这种俯视的角度，实际上是由祭祀者（观者）视线的角度决定的。由于供案较低矮，祠堂前的祭祀者总是俯视供案顶部的祭品。与之不同，出现在祠堂正壁的人物、建筑、家具和各种器物则取平视的角度，画像的作者显然认为，这些物象与观者是处在同一条地平线上的。
[3] 东汉一尺相当于 23.2—23.9 厘米。
[4] 信立祥认为东汉的石祠受规模限制，祭祀者不能从容出入祠堂，因此祭祀是在祠堂外部进行的。不过从武氏祠前石室和宋山小祠堂的供案设计来看，祭品是可以直接放在祠堂内部的。信氏还援引《武梁碑》"前设坛墠，后建祠堂"之语，推测武梁祠前建有石造的平台（信立祥：《论汉代的墓上祠堂及其画像》，第 189—190 页）。我认为，供案石即可理解为坛墠一类的构造。有趣的是，在王阿命刻石中，供案与祠堂的"前""后"空间关系相当明确，这种关系虽然与武梁祠的结构不能完全对应，却有助于我们了解汉代人对于供案和祠堂关系的认识，即供案总是处于（祠堂中）祠主画像的前面，供案上的祭品正是沟通生者和死者的中介。

度。因为祠堂已被简化,所以,与其说将一座祠堂制作完成后再埋入封土,倒不如连封土一并雕刻出来更为简便。可以说,不仅祠堂的建筑形象被简化,而且两个不同的施工阶段也被整合为一。与此同时,多样性材料(土、木、砖、石)也被简化为单一性材料(石)。

更重要的是,包含着大量信息的整个画像系统也被大大简化。在屋顶和檐子以下,祠堂的内部空间简化为一个浅龛,其左右壁和内顶因为进深有限,都无法加刻画像。那么,经过简化以后,祠堂画像剩下了什么?那就是正壁所刻的王阿命肖像[1]。这一肖像是死者灵魂的象征,是整个祭祀活动的核心,而祠堂说到底不过是为安置这幅肖像、为容纳围绕这幅肖像所发生的礼仪活动而设立的空间,如果没有这幅肖像,供案和祠堂也就全无意义。

王阿命像采用了当时流行的祠主肖像的基本格局,通过宾主会见的场景,来表现死者的尊贵。这种题材在山东地区极为流行,最典型的见于武氏祠(图24)和宋山祠堂[2]。略有不同的是,这幅画像的主角采取了四分之三的角度。这种角度既利于

图24 山东嘉祥东汉武氏祠左石室祠主画像(采自朱锡禄:《武氏祠汉画像石》,第60页)

---

[1] 我在他处讨论了中国古代丧葬建筑中墓主的"肖像"问题,特别指出要从丧葬礼仪角度来理解这种"肖像"的风格特征和礼仪功能,而不能简单套用西方文艺复兴以后肖像画的概念。见本书《墓主画像研究》、《北齐徐显秀墓墓主画像有关问题》两文,以及《古人的标准像》,《文物天地》2001年第6期,第55—57页。
[2] 对于这类画像的讨论较多,比较重要的有信立祥:《论汉代的墓上祠堂及其画像》,第194—195页;巫鸿:《武梁祠——中国古代画像艺术的思想性》,柳扬、岑河译,北京:生活·读书·新知三联书店,2006年,第208—226页;蒋英炬:《汉代画像"楼阁拜谒图"中的大树方位与诸图意义》,广州中山大学艺术史研究中心编:《艺术史研究》第6辑,广州:中山大学出版社,2004年,第149—172页;杨爱国:《"祠主受祭图"再检讨》,《文艺研究》2007年第2期,第130—137页。

表现画面内部人物之间的关系,同时又照顾到画像外部的观者。越过摆放着祭品的一尺石台,当年面对这幅画像的应当就是悲叹"痛哉"的王汉特夫妇[1]。

四

与王阿命刻石形成对比的是,东汉晚期山东地区的祠堂画像正处在一个最为丰富复杂的阶段。以嘉祥武梁祠为例,在这座单开间的祠堂中,顶部是表现天命的祥瑞图,东西山墙的尖楣上是以东王公和西王母为中心的神仙世界,三面墙壁从西向东、自上而下描绘了自三皇五帝以来的中国历史,而祠主的画像则被淹没在这个时间和空间极为广大的图像系统之中。巫鸿甚至认为,这座祠堂的画像中还包含了祠主武梁对于历史、政治和道德观念极为独特的思想和声音[2]。在更多的祠堂中,出钱建造祠堂的孝子们甚至全然不关心祠堂的内容,在那些孝子们撰稿的题记中充满了对于其"孝行"夸张的描述和渲染,这些题记偶尔提到祠堂画像的内容,也只是一大堆浮光掠影、不着边际的套话[3]。

东汉晚期墓葬和祠堂画像的泛滥,并不是一次纯粹的艺术运动,甚至不是纯粹的思想史变化的结果。尽管我们可以依据这些建筑和画像来讨论公元2世纪中国人的生死观,但是,不可忽视的是,政治和社会风气的变化是东汉晚期画像泛滥一个推波助澜的关键因素。在山东地区的祠堂题记中,孝子们述说的重点不是已故亲人的道德文章,不是他们关于宗教礼仪和生死观的理解,也不是祠堂内画像的具体内容,而是他们在修建祠堂墓葬整个过程中的辛劳。如东阿芗他君祠堂题记中说:

---

[1] 文献不见汉代人祭祀亡故儿童的记载,因此,到底谁来祭祀这些早夭的儿童,这样的祭祀对于家族有什么意义,随着更年长的家人的谢世,这类祭祀能够维持多久,这些都还是有待研究的问题。但从许阿瞿祠堂题记的语气来看,这类祠堂的修建,所传达的确是他们父母的声音。
[2] 关于东汉祠堂画像与意识形态的关系的讨论,见信立祥:《论汉代的墓上祠堂及其画像》,第196—201页;巫鸿:《武梁祠——中国古代画像艺术的思想性》,柳扬、岑河译。
[3] 我曾讨论山东嘉祥安国祠堂中这类文字的特征,见本书《关于汉代丧葬画像观者问题的思考》一文。

> 无患、奉宗,克念父母之恩,思念忉怛悲楚之情,兄弟暴露在冢,不辟晨昏,负土成墓,列种松柏,起立石祠堂,冀二亲魂零(灵),有所依止。岁腊拜贺,子孙欢喜。堂虽小,经日甚久,取石南山,更逾二年,迄今成已。使师操义,山阳瑕丘荣保,画师高平代盛、邵强生等十余人。价钱二万五千。[1]

这些浮夸的语言,使得祠堂和墓葬不只是死者灵魂的栖息之所,同时也成为死者的儿子们展现自己孝行的舞台,成为他们被举为"孝廉",在仕途上迈出第一步的资本。王符《潜夫论·浮侈》对此有细致的描述:"今京师贵戚,郡县豪家,生不极养,死乃崇丧。或至刻金镂玉,檽梓梗柟,良田造茔,黄壤致藏,多埋珍宝偶人车马,造起大冢,广种松柏,庐舍祠堂,崇侈上僭。"[2]

独有这位4岁小童王阿命的墓葬建立在这种污秽的风气之外。这件刻石见证了一场白发人送黑发人的悲剧,它与孝的观念毫不相干,也不会像其他贵戚豪室的墓祠那样"崇侈上僭",刻石中的祠堂画像看不到常见的歌舞百戏、豪宅良田、孝子节妇、东王公西王母、奇禽异兽,剩下的只有王阿命线条简单的肖像。它从东汉晚期包罗万象的图像密林中,一下子又回归到祠堂最朴素的形式,回归到祠堂原初的意义。画像和题记简单明了,却足以寄托阿命家人真切的哀思[3]。

然而,如果认为王阿命刻石是另外一个完全独立的丧葬系统,则未免失之简单。刻石所采用的艺术语言,仍然可以从社会史的角度来理解。

在东汉晚期的墓地祠堂中,"置换"是一种被普遍运用的手法,特别是在以今山东西南部和江苏西北的徐州为中心,包括皖北、豫东在内的广大地区(两汉时期属兖

---

[1] 罗福颐:《芗他君石祠堂题字解释》,第180页。
[2] 汪继培笺:《潜夫论笺校正》,北京:中华书局,1985年,第137页。
[3] 与王阿命刻石相比,许阿瞿祠堂题记中对死者父母的哀痛之情有更为淋漓尽致的表现,文中详细描述了父母对于儿子死后"生活"的想象:"遂就长夜,不见日星。神灵独处,下归窈冥。永与家绝,岂复望颜?谒见先祖,念子营营。三增伏火,皆往吊亲。瞿不识之,啼泣东西。久乃随逐(逝),当时复讠。"那些宏大的墓室、绚烂的壁画和奢华的随葬品所构成的墓葬像一个甜蜜温暖的家,与之相反,许阿瞿夫妇的想象是另一种想象。正是由于这种恐惧感的存在,墓葬的营建才向着相反的方向发展,以期改变死后世界的状况。

州、青州、徐州、豫州辖区），用石材建造祠堂的现象十分常见。可以说，"置换"并不是王阿命刻石所独有的，但"缩微"、"简化"的做法在这件刻石上却表现得十分典型，正是这些手法的使用，使得这件刻石令人印象深刻。那么，为什么这些独特的手法会集中出现于这座墓葬中呢？答案可能很简单，因为其主人是一名儿童。

杨庆堃指出，中国古代丧礼和祭祀的目的，是为了强化和维持血缘组织。他注意到，"没有结婚的，或12岁以下不幸夭折的人，只有简单的仪式或根本没有仪式就被草草地埋掉了，家里甚至不为未成年者设灵位。对这样安排的惟一解释是没有结婚的年幼的死者在家庭组织中的地位卑微"[1]。这里说的是中国古代和传统社会的一种普遍现象，在考古学资料中，也可以找出很多类似的例子。如新石器时代的儿童瓮棺葬多出现于居住区的房屋内部或近旁，而不是公共墓地中。有一种通行的解释是，这些儿童太年幼，未行"成丁礼"，还不被看作一个完整的人，没有具备进入氏族社会的资格[2]。以往所发现的汉代儿童墓规模也十分有限，如洛阳中州路（西工段）出土的专门用于安葬儿童的瓮棺和瓦棺墓，瓮棺由一个大瓮和一个盆形的盖组成，无随葬品，瓦棺墓则由上下若干块板瓦构成，墓没有一定的扩形，随葬品更是少见。最像样的712号砖棺墓，棺长1.15米，宽0.2米，大小只能容身[3]。甘肃酒泉发现的7座汉代儿童墓规模也很有限，如比较完整的3号墓为青砖平砌，其墓室底部长0.95米，宽0.27米，但出土有铁刀、项饰等；7号墓为券顶单室砖墓，这种墓室面积一般较为开阔，但该墓墓室长度也只有2.16米，最宽处0.73米[4]。同样，王阿命刻石中的"缩微"和"简化"并不是因为王家财力不足，而与其年龄密切相关。

巫鸿敏锐地注意到，许阿瞿肖像的造型来源于汉画中成年男主人接受拜见、欣赏乐舞表演的标准形式，一名"真正"的孩子被转化成一种理想化的"公共"图像。"似乎对孩子的怀念只能寄托于约定俗成的公共艺术的公式才能得到表达，似乎赞文中显

---

[1] 杨庆堃：《中国社会中的宗教——宗教的现代社会功能与其历史因素之研究》，范丽珠等译，上海：上海人民出版社，2007年，第57页。
[2] 许宏：《略论我国史前时期瓮棺葬》，《考古》1989年第4期，第336—337页。
[3] 中国科学院考古研究所：《洛阳中州路（西工段）》，北京：科学出版社，1959年，第131—132页。
[4] 甘肃省博物馆：《甘肃酒泉汉代小孩墓清理》，《考古》1960年第6期，第16—17页。

露的父母对于儿子强烈的爱只能通过丧葬艺术的通行语言才能得到陈述。"[1]其实,王阿命的画像同样采取了一种"公共"的图像,与这幅画像相似的例子很多,如辽阳棒台子1号墓壁画中的墓主画像(图25),就有与之十分相似的构图[2],王阿命肖像所改变的,只是在一个成年人的位置换上了孩童的形象,其圆浑的脸庞、头上的总角,都是一位小童的标志。

不仅画像如此,王阿命的祠堂和封土也采取了成年人的形式。如上所述,这种形式曾普遍地存在于东汉晚期的山东地区。王阿命使用的实际上只是一个缩小的成年人墓葬,就如同画像中的他在使用着成年人的家具,摆着成年人的姿态,身处在成年人特有的宾主关系之中。

这处刻石暴露在面向公众开放的墓地中,是王阿命的纪念碑,除了表达家人的

图25　辽宁辽阳棒台子东汉1号墓壁画中的墓主画像(采自《文物参考资料》1955年第5期,第17、18页)

---

[1] 巫鸿:《"私爱"与"公义"——汉代画像中的儿童图像》,第242页。
[2] 李文信:《辽阳发现的三座壁画古墓》,《文物参考资料》1955年第5期,第17、18页。

哀思，它同时也利用了建筑、雕刻和绘画的语言塑造出了王阿命永恒的形象。无论画像的格局还是建筑的形式，似乎都在向公众表明，这是一位值得尊敬的"小大人"。这样的形象，正是汉代上层社会对一个孩子的期望。

王子今专门研究了汉代的"神童"故事，他注意到，正是在汉代前后出现了"神童"的概念[1]。所谓"神童"并不是说他们真正获得了某种超自然的神性，而是早熟、早慧，他们具备了成年人才能达到的知识与道德水平，甚至在某些方面超过了成年人。在山东画像石中流行的项橐形象，据说7岁便可为孔子之师（图26）[2]。作为榜样出现于武梁祠中的孝孙原榖（图27）[3]，其道德水平和智慧均超过了他的父亲。《华阳国志·后贤志》附《益梁宁三州先汉以来士女目录》所列9岁而卒的神童杨乌，是文学家杨雄的第二子，幼而明慧，对杨雄《太玄》一书的写作多有帮助[4]。

王子今文中引《说郛》卷五十七上陶潜《群辅录》所谓"济北五龙"："胶东令

图26 山东嘉祥齐山东汉孔子见老子画像局部（中间小童为项橐，采自山东省博物馆、山东省文物考古研究所：《山东汉画像石选集》，图版79，图179）

图27 山东嘉祥东汉武梁祠孝孙原榖画像（采自容庚：《汉武梁祠画像录》，北平：北平考古学社，1936年，第24页）

---

[1] 王子今：《汉代神童故事》，http://www.studytimes.com.cn/txt/2007-06/26/content_8443009.htm，最后检索时间2008年9月12日10：15。
[2] 对于项橐故事最详细的铺叙，见于敦煌藏经洞出土的变文《孔子项託相问书》。项楚：《敦煌变文选注》（增订本）上册，北京：中华书局，2006年，第473—487页。
[3] 原榖故事见《太平御览》中引用的无名氏《孝子传》。李昉编：《太平御览》，北京：中华书局，1960年，第2360页。
[4] 常璩撰，任乃强校注：《华阳国志校补图注》，上海：上海古籍出版社，1987年，第667页。

卢氾昭字兴先，乐城令刚载祈字子陵，颍阴令刚徐晏字孟平，泾令卢夏隐字叔世，州别驾蛇邱刘彬字文曜，一云世州。右济北五龙，少并有异才，皆称'神童'。当桓灵之世，时人号为'五龙'。见《济北英贤传》"[1]。王文指出："在陶潜笔下，此'五龙'和'八俊'、'八顾'、'八及'并说，应当也是'桓灵之世'社会舆论人物品评的记录。"既然在成年世界流行的人物品评之风可以侵染到儿童的身上，那么将儿童的墓葬营建为成年人的样式，从而将死去的王阿命塑造为"小大人"的形象，也就合情合理了。特别值得注意的是，王阿命所在的齐国，正在"五龙"并出的"济北"范围内，而身为郎官的王汉特，不会不受到流俗的影响。

杨爱国在其著作中还提到《隶释》卷十所著录的光和四年（181）《童子逢盛碑》（图28）。该碑的碑文从"胎怀正气"开始，煞费苦心地遭词造句，将本来没什么事迹可述的12岁童子逢盛描写为一位才智过人、闻一知十，可与项橐相提并论的神童。

图28 《童子逢盛碑》碑文（采自洪适：《隶释 隶续》[洪氏晦木斋刻本影印]，北京：中华书局，1985年，第114页）

---

[1] 陶宗仪等编：《说郛三种》，上海：上海古籍出版社，1988年，第2623页。

碑文最后称:"于是门生东武孙理、下密王升等,感激三成,一列同义,故共刊石,叙述才美,以铭不朽。"蒙思明云:"十二岁童子,何能有门生,这门生一定是他的父亲的了。"[1]《隶释》称该碑原在山东昌邑,今已佚。我们不知道该碑的形制与成年人的碑是否一样,但可以确定的是,其行文方式与成年人的碑文如出一辙,对逢盛的阿谀虚辞,不过是那些依附于权贵而规图仕进的门生们巴结主子的花招。碑文文采飞扬、辞章绚烂,但字里行间却找不到丝毫真正的情感,逢盛的死竟然成了这些成人之间经营人际关系的机会。"孩子碰到的不是一个为他们方便而设下的世界,而是一个为成人们方便所布置下的园地。"[2]

与《童子逢盛碑》相似的还有蔡邕撰文的《童幼胡根碑》和《袁满来碑》[3]。前者的主人公是建宁二年(169)遭疾夭逝的7岁小童胡根,碑文说他"聪明敏惠,好问早识,言语所及,智思所生,虽成人之德,无以加焉"。为之树碑者,是"亲属李陶等",但碑文中所提到的那些真正伤心的人,却是慈母昆姊。至于这些与胡根不同姓的"亲属"到底是什么人,并不太清楚。后一通碑的碑文也充溢着大同小异的文辞,死者是15岁的袁满来。为什么要为这些对社会并没有什么实际贡献的孩子们树起一通通丰碑?为什么这些丰碑的碑文要请一位赫赫有名的文学家来撰稿?与逢盛的背景一样,他们不是一般人家的孩子,胡根的父亲是陈留太守胡硕,祖父是太尉胡广[4],而袁满来是"太尉公之孙,司徒公之子"。

前文曾提到的南阳李相公庄建宁三年(170)5岁小儿许阿瞿祠堂画像石题记是一篇长达140字左右(个别文字剥泐)的韵文,通篇以父母的口吻写出。尽管文中找不到死者父母的官职,但措辞讲究的文字,却很难使人相信出自正在经受着丧子之痛的父母的手笔,我怀疑它像《童幼胡根碑》和《袁满来碑》一样,也是由某位文学家捉刀,只不过作者没有蔡邕那样的名气。与之相比,王阿命刻石的题记"除

---

[1] 蒙思明:《魏晋南北朝的社会》,上海:上海人民出版社,2006年,第20页,注122。
[2] 费孝通《生育制度》语,见氏著《乡土中国·生育制度》,北京:北京大学出版社,1998年,第190页。
[3] 严可均校辑:《全上古三代秦汉三国六朝文》卷七十六、七十九,北京:中华书局,1958年,第884、896页。
[4] 蔡邕曾奉诏作《胡广黄琼颂》、《太傅胡广碑》。蔡邕曾事太尉胡广,与胡氏一家关系密切。除了胡广碑、胡根碑外,蔡还作有《陈留太守胡硕碑》、《交趾都尉府君夫人黄氏神诰》、《太傅安乐侯胡公夫人灵表》、《议郎胡公夫人赵氏哀赞》等碑铭。有关讨论见黄金明:《汉魏晋南北朝诔碑文研究》,北京:人民文学出版社,2005年,第62—67页。

了写明姓名、年龄、呜咽声之外,却什么都没有说"[1],但这简短的文字却掩饰不了王阿命家人的哀痛。尽管如此,王阿命刻石依然模仿了通行的墓葬与祠堂的形制,画像也跳不出常见的格套,人们已经找不到一种独特的艺术形式来表达他们内心无法复制的情感。

回首童年,汉代学者王充也把自己说成是一位守规矩、好读书的小大人:"为小儿,与侪伦遨戏,不好狎侮。侪伦好掩雀、捕蝉、戏钱、林熙,充独不肯。"[2]而王充后来的成就,又成为人们在神童身上寄托的梦想。与王充文字中的"自画像"相似的,或许是项橐的画像(见图27)。除了手中所持的玩具小车,这位7岁小童的服饰、身体比例和动态,都看不出任何孩子的特征,他煞有介事平起平坐地与孔夫子对谈,说到底,无非是一个成年人形象的"缩微版"。

但是,如王充所言,多数孩子们的童年与他并不一样。这类儿童的形象可以在江苏邳县东汉缪宇墓画像石中见到:一群沉浸在捕蝉游戏中的孩子衣饰斑斓,体态活泼,他们呼朋唤友,甚为顽皮可爱(图29)。[3]身在另一个世界的王阿命如果

图29 江苏邳县东汉缪宇墓儿童捕蝉画像(郑岩绘图)

---

[1] 这句话引自法国学者让-皮埃尔·内罗杜(Jean-Pierre Néraudau)的著作《古罗马的儿童》(张鸿、向征译,桂林:广西师范大学出版社,2005年),书中所分析的罗马儿童墓志文字(第339—340页)可以与汉代儿童祠堂中的题记进行对比。
[2] 王充撰,黄晖校释:《论衡校释》(附刘盼遂集解),北京:中华书局,1990年,第1188页。
[3]《徐州汉画像石》,南京:江苏美术出版社,1985年,图153。

灵魂有知，他也许既不喜欢项橐的样子，也不喜欢自己墓前那正襟危坐的姿态，而是会羡慕那些正在捕蝉的伙伴们的快乐与自在。

本文写作过程中，得到蒋英炬、朱玉德、杨爱国、徐龙国、杨新寿、刘海宇等师友的帮助，特此申谢。本文原刊于中山大学艺术史研究中心编《艺术史研究》第10辑（广州：中山大学出版社，2008年，第275—297页），此次重刊，有所修订。

汉代艺术中的胡人形象

图1 山东青州瀑水涧出土的东汉胡人像（采自刘振清主编：《齐鲁文化——东方思想的摇篮》，第195页）

1980年，在山东青州市瀑水涧一条古河道中出土了一尊高达3.05米的圆雕石人，现存于山东省石刻艺术博物馆[1]。石人头戴尖帽，脸瘦长，双目深凹，身躯呈方柱状，双手相握于腹前，坐于一方座上。其尖帽下缘有一周菱形穿环纹和水波纹，腹部也饰有一周菱形穿环纹（图1）。这种纹样在汉代画像中常可见到，而其线条突起，接近于东汉晚期的特征。综合其他雕刻风格，可以推断这尊雕像为公元2世纪的作品。石人所穿戴的尖帽、紧身衣裤，与中原传统的服饰不同，加之其深目高鼻（略残），正符合汉代艺术中胡人的形象特征。

所谓胡人，在汉代指活跃在北方地区游牧的匈奴族和今天巴尔喀什湖以东、以南的新疆等地的民族，甚至包括更远的中亚地区的民族，汉代以后则泛指所有与汉族不同的异族人，是一个十分宽泛的概念。

山东是汉代石刻艺术最发达的地区，保存至今的资料十分丰富，而艺术品中胡人的形象也以山东所见为最多。文献典籍很少记载艺术品中的此类题材，难得的例子是东汉人王延寿描述的西汉鲁恭王刘余在曲

---

[1] 刘振清主编：《齐鲁文化——东方思想的摇篮》，简体字版，济南：山东美术出版社、香港商务印书馆，1997年，第195页。

阜所建灵光殿中的装饰。其中有这样一段文字：

> 胡人遥集于上楹，俨雅跽而相对。仡欺猥以雕𥉸，䫜顤顟而睽睢，状若悲愁于危处，憯嚬蹙而含悴。[1]

1972 年在山东临沂白庄（又称吴白庄）出土的一座东汉晚期的画像石墓中，几个相连的拱门的柱子上有许多高浮雕装饰，其中两根立柱的上端各刻有一胡人像，均作负载承托状，正是“胡人遥集于上楹”的形象（图 2.1、2.2）[2]。

阮荣春认为白庄墓墓主可能是琅琊国第五代安王据（140—187 年在位）或第六代顺王容（187—195 年在位），进而认为其中的胡人形象是受南方传来的佛教因素影响而产生的“胡僧”[3]。我认为，白庄墓既不可能是诸侯王陵，其中的胡人形象也不具备佛教造像的特征，认定为“胡僧”尚缺乏直接的证据。这类胡人形象尽管有一副异族人的面孔，但所表现的内容，仍是中原传统的神仙思想。

王延寿的《鲁灵光殿赋》并未在行文中明确谈到柱上装饰胡人像的含义，但从其上下文中却可找到一些线索。在铺叙了奔虎、蛟龙、朱鸟、腾蛇、白虎、蟠螭、狡兔、玄熊等飞禽走兽的形象以后，王延寿又接着写道：

> 神仙岳岳于栋间，玉女窥窗而下视，忽瞟眇以响像，若鬼神之仿佛。[4]

其上文提到的各种动物多是西汉以来盛行的祥瑞题材，下文的仙人、玉女则与

---

[1] 萧统编，李善注：《文选》第 2 册，上海：上海古籍出版社，1986 年，第 514—515 页。

[2] 白庄墓迄今没有完整的报告发表，部分材料见于山东省博物馆、山东省文物考古研究所编：《山东汉画像石选集》，济南：齐鲁书社，1982 年，图版 161—171，图 360—386；管恩洁、霍启明、尹世娟：《山东临沂吴白庄汉画像石墓》，《东南文化》1999 年第 6 期，第 45—55 页；焦德森主编、杨爱国副主编：《中国画像石全集》第 3 卷，济南、郑州：山东美术出版社、河南美术出版社，2000 年，第 1—31 页，图 1—35；临沂市博物馆：《临沂汉画像石》，济南：山东美术出版社，2002 年，第 1—26 页，图 1—39。但上述报道均未涉及本文介绍的立柱。这些立柱的照片，首次发表于阮荣春：《“佛教南方之路”北渗山东南部——论临沂、沂南画像石中的外来影响》，《故宫文物月刊》总 166 期（1997 年 1 月），第 78—89 页。

[3] 阮荣春：《“佛教南方之路”北渗山东南部——论临沂、沂南画像石中的外来影响》，第 78、87 页。

[4] 萧统编，李善注：《文选》第 2 册，第 515 页。

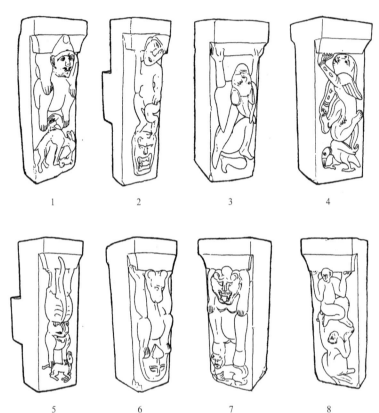

图 2　山东临沂白庄东汉墓立柱雕刻（郑岩速写）

神仙的观念相关。与上述胡人题材一样，这些内容大都可在临沂白庄墓中见到。与刻有胡人的石柱相并列的其他几根石柱上，还见有仙人、熊、虎、兔、鸟、猿等图像（图2.3—2.8）。王延寿的这段文字，几乎是对白庄墓石柱雕刻的描述。[1]

文学作品中上下文的描述、墓葬中图像的共存关系，都可以说明胡人主题只是整个表现祥瑞、神仙内容的图像系统的一个组成部分。从白庄墓来看，胡人所处的位

---

[1] 灵光殿是公元前2世纪的建筑，而白庄墓的年代约在公元2世纪末，西汉宫殿壁画的实物材料缺乏，我们无法确定王延寿的赋在多大程度上可以反映西汉壁画的实际情况。王延寿对殿内图像的描写与白庄墓雕刻的一致性或可作两种解释：其一，这种图像组合关系在西汉时期就已经出现于宫殿建筑中，到东汉时期仍在墓葬艺术的系统中延续；其二，王延寿很有可能在写作时将他所在时代的艺术题材无意中移植到了描述西汉建筑装饰的文字中。赋作为一种形式感极强的文学体裁，其语言遵循某种既有的程式，并不奇怪，我在他处曾指出，《鲁灵光殿赋》的行文结构甚至有可能受到《楚辞·天问》的影响。见本书《压在"画框"上的笔尖——试论墓葬壁画与传统绘画史的关联》一文。

128

置、雕刻技法、造型风格都没有游离于其他图像之外，因而其含义必然也从属于这一图像组合。

在白庄墓一处拱楣上的线刻中，我们还可以看到一位胡人在云气中飞腾，其灵巧的姿态几乎与常见的仙人无异。此外，画面中还刻有龙、仙人拉雷车等内容，足以说明画面表现的是天上的各种神灵（图3）[1]。

同样内容的组合还可以举出数例：

其一，在著名的沂南北寨东汉画像石墓前室的八角立柱上刻有四位胡人（图4、5）[2]，也是"胡人遥集于上楣"式的作品，胡人尖帽和衣服上或饰以鳞纹，像传说中龙的神圣特征；或全身生毛，类似仙人的样子，借以表现胡人非凡的神性。这四位胡人均为扛顶托举的姿态。在柱身四面与之同处的有手持芝草的仙人、带翼的鹿、人首虎身的怪物、人面鸟、三个人头的兽、奔跑的龙，以及其他许多无法命名的奇禽异兽。

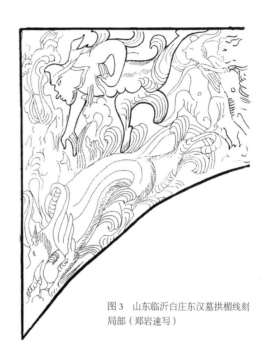

图3 山东临沂白庄东汉墓拱楣线刻局部（郑岩速写）

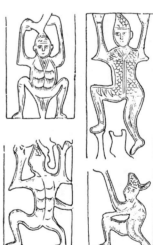

图4 山东沂南北寨东汉墓前室立柱（郑岩摄影）

图5 山东沂南北寨东汉墓前室立柱上的胡人形象（郑岩绘图）

---

[1] 拓片见临沂市博物馆：《临沂汉画像石》，第26页，图37。
[2] 曾昭燏、蒋宝庚、黎忠义：《沂南古画像石墓发掘报告》，北京：文化部文物管理局，1956年，图版42、43。

其二，在沂南县小西独树村新发现的一块画像石上，也有一位胡人与翼龙、鸟首兽身怪物等杂处的图像[1]。

其三，临沂市兰山区傅屯出土一通汉代"画像碑"（图6）[2]，这种刻有画像的碑形立石，在沂南、莒县和徐州等地也有发现，往往成对出现，疑是墓地神道两侧的立石。该"碑"一面刻凤鸟与西王母像，另一面刻各种瑞兽，其侧面的高浮雕人物面目可辨者，均为胡人的形象（图7、8）。这些刻在西王母偶像两侧的胡人，应属于以西王母为中心的神仙系统。

图6（左） 山东临沂市博物馆东汉"画像碑"（郑岩摄影）

图7、8 山东临沂市博物馆东汉"画像碑"侧面胡人形象（郑岩摄影）

---

[1] 赵文俊、于秋伟：《山东沂南县近年来发现的汉画像石》，《考古》1998年第4期，第53页，图25。
[2] 该石两侧画像的拓片见临沂市博物馆：《临沂汉画像石》，第62页，图108、109。

上述几例均为胡人与各种祥瑞、神祇组合而成的群像，这些装饰在墓室与墓地中的图像，都反映了人们升仙的愿望。那么，胡人图像是如何结合到这类神仙、祥瑞的主题中去的？汉代人为何将胡人视作神祇？

神仙之说在战国时代兴起于齐、燕一带，秦至西汉前期，皇帝的求仙活动多发生在山东地区，他们幻想从传说的海中仙山上找到不死之药。汉武帝在东方求仙失败后，便转而向西方内陆寻找长生不老之药，希望找到西王母所在的神仙世界。巫鸿曾对向西方求仙与西王母图像的关系做过较详细的研究[1]。胡人是西方与北方的民族，求仙活动转向西方，很可能是东汉艺术中胡人图像与神仙观念一体化的背景之一。

值得注意的是，以西王母为中心的神仙图像系统并没有完整的严格的宗教规范，战国以来关于神仙的传说纷纭庞杂，名称多种多样。王充在《论衡》一书中曾指摘这类图像与口头传说之间所存在的矛盾，例如他指出"图雷之家"与"说雷之家"对雷描述的差异[2]，还谈到对于仙人的形象的口头描述与画像图绘也相抵牾[3]。从图像资料来看，对于同一神祇的刻画也存在着很大的不确定性。因此，在许多神仙图像中，具有异族外貌特征的胡人形象加入进来，是很有可能的。

王延寿写到各种鸟兽及仙人、玉女，都是一笔带过，而说到胡人则不惜笔墨加以详细描述，表现出对于其面目特征浓厚的兴趣，其中"状若悲愁"，是王氏作为一个观者的主观印象。从中我们可以了解，王氏是以一种异样的目光来审视这些异族人的，这种目光在繁钦的《三胡赋》中也可以见到：

> 莎车之胡，黄目深精，员耳狭颐。康居之胡，焦头折頞，高辅陷无，眼无黑眸，颊无余肉。罽宾之胡，面象炙蝟，顶如持囊。隈目赤眥，洞頞卬鼻。

---

[1] Wu Hung, *The Wu Liang Shrine: The Ideology of Early Chinese Pictorial Art*, Stanford: Stanford University Press, 1989, pp. 108-141. 中译本见《武梁祠——中国古代画像艺术的思想性》，柳扬、岑河译，北京：生活·读书·新知三联书店，2006年，第128—158页。
[2]《论衡·雷虚篇》："且说雷之家，谓雷天怒呴吁也；图雷之家，谓之雷公怒引连鼓也。审如说雷之家，则图雷之家非；审如图雷之家，则说雷之家误。"王充撰，黄晖校释：《论衡校释》（附刘盼遂集解），北京：中华书局，1990年，第305页。
[3]《论衡·雷虚篇》："飞者皆有翼，物无翼而飞谓仙人，画仙人之形，为之作翼。"出处同上。

颔似貙皮,色象萎橘。[1]

汉代艺术中的仙人造型,一般是身体削瘦,两耳大而长,肩生双翼,膝有垂羽,面目异于常人。有两件青铜羽人器座形象尤为具体,其一1964年出土于陕西西安市南玉丰村(图9)[2],另一件1987年出土于河南洛阳市东郊(图10)[3]。《淮南子·道应训》记秦始皇时方士卢敖所见神仙"深目而玄鬓,泪注而鸢肩,丰上而杀下"[4],也是面目奇特。在白庄墓立柱上,胡人与仙人并列,前者是高鼻深目(图11、12,又见

图9 陕西西安市南玉丰村出土的东汉鎏金铜羽人器座(采自西安市文物保护研究所编著:《西安文物精华·青铜器》,图版267)

图10 河南洛阳东郊出土的东汉鎏金铜羽人器座(Jessica Rawson ed., *Mysteries of Ancient China: New Discoveries from the Early Dynasties*, London: British Museum Press, 1996, p. 176)

---

[1] 李昉等:《太平御览》卷三八二、九六六,北京:中华书局,1960年,第1764、4287页。
[2] 西安市文物保护研究所编著:《西安文物精华·青铜器》,北京:世界图书出版公司,2005年,图版267。
[3] 赵春青:《洛阳汉冢青铜羽人》,《文物天地》1993年第5期,第23页、封面。
[4] 刘文典:《淮南鸿烈集解》,北京:中华书局,1989年,第406页。

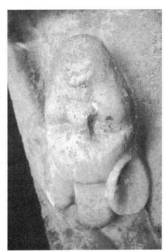

图 11、12（左、中） 山东临沂白庄东汉墓立柱上的胡人形象（郑岩摄影）　图 13（右） 山东临沂白庄东汉墓立柱上的仙人形象（郑岩摄影）

图 2.1、2.2），后者则长耳垂发（图 13，又见图 2.3、2.4），二者都是相貌怪异、不同于凡人的神明。对于长期稳定在故土的内地汉人来说，面目奇异又擅长各种幻术杂技的胡人，与当地那些擅于机变，能以道术惑众的方士很容易划归在一起，那么，方士们口中的神仙家族便不难收留这些高鼻深目的异族神明。

汉通西域以后，佛教逐渐传入中土，在沂南汉墓画像等材料中，出现了少部分有佛像特征的偶像，与西方神仙观念相关的胡人图像也不免带有佛教的特征，虽然这些特征在白庄墓中并未出现，但在距离不远的江苏连云港孔望山摩崖雕刻中，却可以见到多处胡人的形象（图 14）[1]。这些胡人图像的内容有多种，或盘腿而坐，右手举至胸前，或手持莲花，都明显具有佛教艺术的一些特征。而有的像是百戏表演，有的似是供养人或礼拜者。关于孔望山造像的年代有多种意见，比较可信的观点是东汉晚期。关于其图像的性质，也众说纷纭：有人认为是我国最早的佛教造像，有人认为是一处佛道杂糅，而以道教为尊的礼拜场所，还有人认为是受到佛教造像影响，以表现世俗

---

[1] 连云港市博物馆：《连云港市孔望山摩崖造像调查报告》，《文物》1981 年第 7 期，第 1—7 页；中国国家博物馆田野考古研究中心等：《连云港孔望山》，北京：文物出版社，2010 年。

图 14　江苏连云港孔望山摩崖造像中的胡人形象（采自《文物》1981 年第 7 期，第 4 页）

内容为主的雕刻。但不管哪一种观点，都不否认图像中所包含的佛教造像因素。而其中上述胡人形象，就是这些佛教因素的重要内容之一。

但是，即使孔望山的胡人像具备某些佛教造像的特征，它们所表现的内容也并不能确认为佛教的有关教义。杨泓师曾指出汉代墓葬中与佛教有关的图像，"都是作为中国本土的神仙思想和早期道教的附庸状态出现的"，在孔望山造像中，也"不能认为胡人的出现必然与佛教有直接的联系"[1]。巫鸿对此也作过讨论，认为从整体上看，孔望山的佛像与其他传统的神祇同属于道教造像的滥觞[2]。这类观点之所以有说服力，在于它们没有对这些形象孤立地研究，而是充分考虑图像的组合关系及文化背景。

与上述临沂、沂南等地的胡人图像不同，本文开篇介绍的青州石人姿势平正，明显具有偶像的特征。特别是其高大的体量，予人以强烈的视觉冲击力。青州石人旧说为俑，但如此的高度难以置于墓葬中。有人推测为墓前神道两侧的墓仪石刻，也缺少证据。由于缺少相关的出土材料，其性质的确难以遽定。以下只能根据间接材料，约略进行一些推测。

---

[1] 杨泓：《四川早期佛教造像》，杨泓、孙机：《寻常的精致》，沈阳：辽宁教育出版社，1996 年，第 230—236 页。
[2] Wu Hung, "Buddhist Elements in Early Chinese Art (2nd and 3rd Century AD)," *Artibus Asiae*, vol. 47, no. 3/4, 1986, pp. 263-347. 中译本见《早期中国艺术中的佛教因素（2—3 世纪）》，王睿、李清泉译，巫鸿：《礼仪中的美术》下册，北京：生活·读书·新知三联书店，2005 年，第 289—345 页。

汉代艺术中的胡人形象

山东莒南大店出土的一件画像石的上层有一大一小两个人物，其大者为一胡人，如果可以对照下层的楼阁将较小的人物视作正常人的高度的话，那么右侧胡人就是一位巨人，其坐姿和身下的坐榻，都与青州石人十分相似，而左侧的小人则正在弯腰礼拜（图15）[1]。或许青州石人在当时也曾如此受人祭拜。

由这件石人或可联想到文献中的"大人"。中国古代有关"大人"的传说，最初与周民族的始祖神话相关。汉代的"大人"，则指仙人，司马相如（公元前179—前117）曾作《大人赋》，通篇所述，均为求仙的内容[2]。汉武帝求仙时，传说曾见"大人迹"[3]。最耐人寻味的是，秦始皇铸作金人的故事在汉代的演变也与"大人"相关。秦统一后，始皇收天下之兵聚之咸阳，销铸为金人十二。这本来是秦始皇重新制礼作乐的政治措施，但汉代以后，则传说秦始皇于临洮见"大人"，皆夷狄服，始皇喜以为瑞，铸铜而像之[4]。这就把"大人"与异族人联系在了一起。可见汉代的"大人"即是神仙，有时又可能是胡人的形象。

佛教最初传入中国时，在民众心目中只是一种外来的神仙方术，佛则被视为"胡神"。佛经中称佛身长一丈六尺，正与中国传说的"大人"形象相合。汉代尚存几躯秦代铜人，立于甘泉宫[5]，而汉武帝时所获休屠王祭天金人也存于该宫。尽管后者未必是佛造像，但《魏书·释老志》

图15 山东莒南大店东汉画像石（采自山东省博物馆、山东省文物考古研究所：《山东汉画像石选集》，图版190，图440）

---

[1] 山东省博物馆、山东省文物考古研究所：《山东汉画像石选集》，图版190，图440。
[2] 《史记·司马相如列传》，北京：中华书局，1959年，第3056—3062页。
[3] 《史记·封禅书》，第1397页。
[4] 《汉书·五行志》，北京：中华书局，1964年，第1472页。
[5] 扬雄《甘泉赋》"金人仡仡其承钟虡兮，嵌巖巖其龙鳞"即指秦代铜人。《汉书·扬雄传》，北京：中华书局，1964年，第3526页。

135

将其附会为"长丈余"的"大神",并认为是佛教流通之始[1],仍与佛即"大人"的观念相关。那么,石人像或可视作当时民间仅凭道听途说而雕刻的一尊"胡神"之像。那种特殊的相貌说明这是一位来自西方的神明。它可能是一尊受到有关佛教传说的影响而被当地民间所尊崇的偶像,实质上仍超不出神仙信仰的范畴。

值得注意的是青州石人出土于河道边,至于河道的历史则没有相关材料来探讨。如果这是一条汉代的河道,则另外一些材料也值得注意。1993年,在山东兖州市泗河金口坝的沙中发现石人三躯,其中两尊无头的石人背部有题记,可知为北魏延昌三年(514)兖州当地官员主持疏浚水道修筑桥堰功成后所造,题记称:"此石人令守桥堰,人蛟不得毁坏;有辄毁坏,殃及万世。"另一尊石人高1.35米,有首,是头戴尖帽的胡人形象[2],从风格看,应为汉代作品。这三躯石人出土于同一地点,说明当地有以石人镇水守桥的传统。兖州石人的造型风格和出土状况与青州石人相似,或者可以证明青州石人也是用于镇水、守桥、护堰的偶像。20世纪70年代,四川灌县出土的建宁元年(168)李冰石像和另一尊持锸石人[3],也用于镇水,说明以石人镇水是汉代普遍的做法。李冰是公元前3世纪在当地治水的英雄,传说曾战胜水怪,化害为利。在中国古代民间,历史上的英雄人物被奉为神明是常见的现象;与之不同,青州胡人像则是汉代出现的新题材。

判断青川石人用途的线索尚感缺乏,以上所论暂备于此。1996年秋,在山东淄博市临淄区人民路中段北侧300米处又出土一尊胡人石雕(图16)[4]。石人高2.9米,发现时离地面1.7米,横置于土中,其造型、体量均与1980年青州出土的胡人像相近,但保存更为完好。临淄与青州相邻,或可说明该地区在东汉时期雕造这类石人是一种较普遍的习俗。但临淄石人也不是科学的考古发掘所得,缺少相关的其他遗存来判定其性质。

---

[1]《魏书》,北京:中华书局,1974年,第3025页。
[2] 樊英民:《山东兖州金口坝出土南北朝石人》,《文物》1995年第9期,第48—49页。
[3] 四川省灌县文教局:《都江堰出土东汉李冰石像》,《文物》1974年第7期,第27—28页;四川省博物馆、灌县工农兵文化站:《都江堰又出土一躯汉代石像》,《文物》1975年第8期,第89—90页。
[4] 王新良:《山东临淄出土一件汉代人物圆雕石像》,《文物》2005年第7期,第91转96页。

图 16　山东临淄人民路出土的东汉胡人像（Lukas Nickel 摄影）

图 17　江苏东海昌梨水库东汉 1 号墓侧室壁龛立柱（采自《文物参考资料》1957 年第 12 期，图版 2 之 9）

图 18　山东济宁东汉抱子石人像（王书德摄影）

此外，汉代的胡人有时可能还是求子之神。上文述及的临沂"画像碑"侧面高浮雕的下部刻一位抱小孩的胡人（见图 7）。江苏东海县昌梨水库 1 号墓侧室壁龛的立柱（图 17）[1]，也是胡人抱子的主题。同样的题材还见于芝加哥美术馆（Art Institute of Chicago）收藏的一件陶俑。这类胡人抱子图像反复出现，必然有特定的寓意。这种形式很像是 20 世纪 50 年代从山东济宁征集的一件石雕像，石雕像高 30.1 厘米，表现了一位男子左手抱小儿，右手持簿籍（图 18）[2]，孙作云认为此像是司掌人类子孙的司命神形象[3]。抱子的胡人可能也有类似的含义。

我曾讨论过山东安丘董家庄东汉画像石墓人物立柱的主题，认为其人像群雕与

---

[1] 南京博物院：《昌梨水库汉墓群发掘简报》，《文物参考资料》1957 年第 12 期，第 39 页，图版 2 之 9。
[2] 刘振清主编：《齐鲁文化——东方思想的摇篮》，简体字版，第 185 页。
[3] 孙作云：《汉代司命神像的发现》，《光明日报》1963 年 12 月 4 日，第 4 版。

汉代生殖崇拜的习俗相关[1]。现在看来，或许还与早期道教的某些观念有联系，应当重新予以研究。还应当补充的是，其中有些高鼻深目的人物，虽未戴尖帽，但可能也是胡人的形象，如后室北壁中央立柱上部西南转角处的人物，双目深凹，具有胡人的形象特征，其下部有一蹲踞的熊，这种正面的蹲熊在临沂"画像碑"抱子胡人的上端也有一例。《诗·小雅·斯干》："维熊维罴，男子之祥。"[2]认为梦熊是生男的吉兆。胡人像或与之有相关的含义。更为明确的是在山东平阴县孟庄的一座画像石墓的立柱上也发现有胡人的画像，与众多舞蹈、拥抱、甚至交合的男女杂处（图19），先师刘敦愿先生认为这些立柱上的画像表现了民间节日期间与祭祀有关的狂欢景象，与生殖崇拜、祈子求孙的观念密不可分[3]。那么其中的胡人像也应从属于这一主题。

　　西域的少数民族有一些与中原生活方式不相同的风俗，古代中原人往往以"他者的眼光"视之，如《北史·西域传》记龟兹国"俗性多淫"[4]。《西京杂记》卷三记宫廷乐事："至七月七日，临百子池，作于阗乐。乐毕，以五色缕相羁，谓之相连爱。"[5]唐代崔令钦所著《教坊记》记诸女淫乱，自称"学突厥法"[6]，都反映了中原汉

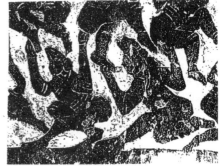

图19　山东平阴孟庄东汉墓立柱画像局部（刘善沂拓片）

---

[1] 郑岩：《安丘董家庄汉墓立柱雕刻图像考》，山东大学历史系考古教研室编：《纪念山东大学考古专业创建20周年文集》，济南：山东大学出版社，1992年，第397—413页。
[2]《毛诗正义》，《十三经注疏》，北京：中华书局，1980年，第437页。
[3] 刘敦愿：《汉画像石上的"饮食男女"——平阴孟庄汉墓立柱祭祀歌舞图像分析》，《故宫文物月刊》总141期（1994年12月），第122—135页。
[4]《北史》，北京：中华书局，1974年，第3218页。
[5] 向新阳、刘克任：《西京杂记校注》，上海：上海古籍出版社，1991年，第138页。
[6] 本社编：《唐五代笔记小说大观》上卷，《教坊记》，上海：上海古籍出版社，2000年，第125页。

族人对于西域少数民族男女关系的看法。很可能与这些看法相关,人们迷信他们善于生儿育女。这种观念加以神化,胡人就被视为司掌人间子孙繁衍之事的神明。

汉代艺术中的胡人还有其他的内容。许多画像中的胡人并不像上述画像那样具有浓厚的神异色彩。山东曲阜孔庙存有一件画像石,刻有一位拥彗的胡人(图20、21)。拥彗是汉代迎宾的礼节,汉画像石中所见拥彗者多是门吏的形象。该石也应是门旁的立石。河南方城杨集出土的一件守门画像石,所刻画的人物虽然面目衣饰与汉人无异,但署有"胡奴门"三字,所以也是同类题材(图22)[1]。这一人物拥彗肩钺,其中肩钺有护卫的性质。此类持钺守门的胡人在河南南阳画像砖中也有所见[2]。汉代画像中的守门者多为低等官吏或武士,还有传说中的神荼、郁垒。胡人守门的画像虽不排除避除不祥、保证墓主安全的象征意义,但"胡奴"二字却表明这里的胡人并不

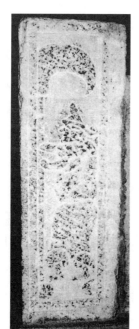

图20(左) 山东曲阜孔庙所存东汉画像石上的拥彗胡人(郑岩摄影)

图21(中) 山东曲阜孔庙所存东汉画像石上的拥彗胡人(郑岩绘图)

图22(右) 河南方城东汉"胡奴门"画像石(郑岩绘图)

---

[1] 刘玉生:《浅谈"胡奴门"汉画像石》,南阳汉代画像石学术讨论会办公室编:《汉代画像石研究》,北京:文物出版社,1987年,第286—288页。最近王子今也讨论了汉地"胡汉"的问题,见氏著:《秦汉边疆与民族问题》,北京:中国人民大学出版社,2011年,第381—387页。
[2] 刘玉生:《浅谈"胡奴门"汉画像石》,第287—288页。

是以神祇的身份出现的，而是地位低下。特别是方城所见胡人，其面部的圆形应是施行黥刑的印记。汉代文献有以胡人作守门亭长的记载，范晔《后汉书·应奉传》注引谢承《后汉书》云："亭长胡奴名禄，以饮浆来。"[1] 这些胡奴的来源，多是战争中的俘虏。河南方城出土的画像石见有胡人阉牛的图像[2]，山东还多见牵骆驼或大象的胡人[3]，说明当时这些异族人所从事的职业是十分低下的。

西域开通之后，除了使者、商人之外，中亚一带的艺术也随之东来。各地汉代墓葬出土的乐俑也常可见到胡人形象，如四川彭山550号崖墓曾出土一件胡人吹笛俑[4]，徐州汉画像石博物馆近年来征集的墓室立柱上也有此类题材（图23）[5]。据文献记载，当时西域的杂技艺术在中原极为流行，河南嵩山启母阙画像石就有表演吐火的胡人，十分传神[6]。山东枣庄市小山汉墓新出土的画像石中，在建鼓两侧，刻两倒立的胡人，应是百戏之类的表演（图24）[7]。与混同在各种仙人奇兽中的胡人相比，这类守门、

图23　江苏徐州汉画像石博物馆藏东汉墓立柱上的胡人形象（郑岩摄影）

图24　山东枣庄市小山东汉墓画像石局部（郑岩速写）

---

[1]《后汉书》，北京：中华书局，1965年，第1607页。
[2] 刘玉生：《浅谈"胡奴门"汉画像石》，第287—288页。
[3] 山东省博物馆、山东省文物考古研究所：《山东汉画像石选集》，图版30，图62；图版46，图101。
[4] 南京博物院：《四川彭山汉代崖墓》，北京：文物出版社，1991年，图版23。
[5] 感谢徐州汉画像石博物馆馆长武利华先生慨允我使用这一材料。
[6] 吕品：《中岳汉三阙》，北京：文物出版社，1996年，图版94。
[7] 石存枣庄市博物馆。

阉牛、奏乐、吐火的胡人，才是那些生活在汉族人民之中的异族人的真实形象。

在那些形形色色的西方神仙和令人眼花缭乱的西域杂技到来之前，各民族之间已付出了战争的代价，汉与匈奴之间的战斗同样是汉代艺术的主题。陕西兴平县西汉骠骑将军霍去病墓上著名的马踏匈奴石雕，是最早表现这一题材的作品。石雕表现了一匹昂首挺立的战马压服一名匈奴人的形象。匈奴人手执弓箭，仰面倒地，面目丑陋[1]。这尊纪念碑式的作品象征意义十分明显，人们不难由此联想到墓主人的赫赫战功。

东汉以后表现胡汉战争的画像大量出现，以山东的资料最为丰富，在河南新野樊集37号汉墓也有所见[2]。与马踏匈奴石雕的象征手法不同，这些画像都是对于战争场面的直接描绘。画面中汉兵与胡兵两军对垒，汉兵或骑马，或驾战车，胡人则藏匿山中，或从山中骑马冲出，两军短兵相接，胡兵人仰马翻，首级落地，汉兵明显占据上风。许多战斗则在一座桥上展开。有的画像还描绘了汉兵押解战俘、凯旋报功的场面，胡人首级或悬于门上，或成排地陈列于端坐的汉朝官员面前。在济南长清区孝堂山东汉石祠西壁的此类图像中有"胡王"的题记[3]，微山县两城画像中，则刻"胡将军"的题记[4]，可以证明这些画像的主题。

许多学者习惯于将墓葬中一些情节性较强的画像与墓主生前的经历联系在一起，例如早年的研究者谈到长清孝堂山石祠中的胡汉交兵、献俘画像时指出：

……而斩馘献俘，覆车坠河二段，亦非无谓而作。意者，即为墓中人实录未可知也。此说奇而确。[5]

沂南北寨墓门楣上一幅以车马过桥为中心的胡汉交兵图像（图25、26、27），发掘者认为"其主题思想是写出墓主生前最最重要、最值得'景仰纪念'的事迹——曾

---

[1] 王子云：《陕西古代石雕刻Ⅰ》，西安：陕西人民美术出版社，1985年，图3、4。
[2] 赵成甫主编：《南阳汉代画像砖》，北京：文物出版社，1990年，图版61，拓片144—147。
[3] 罗哲文：《孝堂山郭氏墓石祠》，《文物》1961年第4、5期合刊，第49页。
[4] 山东省博物馆、山东省文物考古研究所：《山东汉画像石选集》，图版7，图13。
[5] 叶昌炽撰，柯昌泗评：《语石／语石异同评》，北京：中华书局，1994年，第330页。

图25　山东沂南北寨东汉墓墓门（郑岩摄影）　　图26　山东沂南北寨东汉墓门楣上的胡汉交兵画像局部（郑岩摄影）

图27　山东沂南北寨东汉墓门楣上的胡汉交兵画像（采自曾昭燏、蒋宝庚、黎忠义：《沂南古画像石墓发掘报告》，第30页，拓片1）

率领军队打败异族的人，于是用攻战图来表现"[1]。此说至今仍不乏赞同者。

随着近几十年来考古资料的增加，此类画像仅发表的已达二十余例，在鲁中、鲁南、鲁西南都已有所见，估计在汉代实有的数量必然相当多。在这些发现中，肥城栾镇祠堂画像有建初八年（83）的纪年[2]，较晚的可到东汉晚期，时代延续长达一个多世纪。如果这种数量大、分布广、时代延续长的画像可以用传统观点来解释的话，那么就意味着山东的中小地主曾大批参与对匈奴的战争，但这一点在文献中并无足够的证据，在年代上也与史实不符。与山东的情况相反，近于北方边地的陕北画像石中此类题材却较少见。

再者，这类图像如果描述的是死者生前的真实经历，应当情节独特，富于个性。而众多的胡汉交兵画像，画面雷同，陈陈相因，那些血腥的场面，反而像是一台缺乏

---

[1] 曾昭燏、蒋宝庚、黎忠义：《沂南古画像石墓发掘报告》，第30页，拓片1。
[2] 山东省博物馆、山东省文物考古研究所：《山东汉画像石选集》，图版199，图472。

感情色彩的木偶戏，显然已成了一种通行的格套，完全不具备马踏匈奴石雕的那种独创性和艺术感染力。

有学者认为孝堂山石祠中的胡汉交兵是"历史题材"，是对汉朝功业的歌颂[1]。但是中央政府远离乡野，如果是一种表现政府政治理想的题材，那么它与一般富裕农民或中下层官吏有何直接的关系？何以大量出现在属于个人的墓葬中？

要解决这一问题，文献典籍中并没有直接的证据，林巳奈夫提醒我们注意汉代铜镜中一种常见的铭文[2]，其基本格式是：

×× 作竟（镜）四夷服，多贺国家人民息，胡虏殄灭天下复，风雨时节五谷熟，长保二亲得天力，传告后世乐无极。

这类铭文的铜镜在江苏邗江、苏州，河南孟津，湖北鄂城，浙江绍兴，广西贵县，四川资阳等地东汉至西晋的墓葬中都有出土[3]。山东博物馆收藏的一件东汉盘龙镜有"青羊作竟四夷服……"的铭文。1972年在山东枣庄台儿庄区涛沟桥村也出土一例，年代定为东汉中期，铭文为"王氏作竟四夷服……"[4]。1998年山东滕州东小宫108号墓出土的同类铭文的西汉方格规矩四神镜也是王氏所作[5]。孟津所见有永元五年（93）的纪年，日本五岛美术馆收藏的元康三年（282）镜则是较晚的一例。所见工匠姓名有王、李、张、吕、田、周、宋、柏、驺、朱、公戚、青盖、青羊等。其所铸图像并不固定，也未见有胡汉交战图像与之对应。

此类铭文的铜镜工名繁多，显然多为民间私铸，而且分布广远，所以铭文反映的正是当时民间普遍流行的思想。林巳奈夫提到大英博物馆收藏的一面汉镜上铸有胡汉

---

[1] 夏超雄：《孝堂山石祠画像年代及主人试探》，《文物》1984年第8期，第31—38页。
[2] 林巳奈夫：《石に刻まれた世界》，东京：东方书店，1992年，第84页。中译本见《刻在石头上的世界》，唐利国译，北京：商务印书馆，2010年，第93页。
[3] 孔祥星：《中国铜镜图典》，北京：文物出版社，1992年，第271、341、342、422、436、438、439、445、452、453、479、480、481页。
[4] 石敬东、苏昭秀：《山东枣庄市博物馆收藏的战国汉代铜镜》，《考古》2001年第7期，第95—96页。
[5] 秋山進午、佟佩華等：《鏡の中の宇宙》，山口：山口県立萩美術館、浦上紀念館，2005年，第54页。

交兵图像（图28）[1]，虽然与上述铭文并不共存于同一镜上，但反映的观念应是相同的，这使我们更有信心将此铭文与墓葬、祠堂中的胡汉交兵图像联系起来考虑。

铭文的叙述可分为三个层次：一、汉兵战胜胡人的事实；二、胜利为国家和人民带来了和平；三、百姓生活富足，父母和子孙在和平的环境下得到上天的佑护。与之相比，图像只能表现两军交兵的情况，这与铭文的第一个层次是一致的，但不能进一步阐明图像的寓义。墓葬是一个私有的空间，祠堂虽在一定程度上涉及教化的功用，但最终目的仍是为死者服务，因而墓葬和祠堂的画像必然要涉及到死者或其亲属个人的利益。铭文第三个层次正

图28　英国大英博物馆藏汉镜上的胡汉交兵图像（采自林巳奈夫：《漢代の神神》，第117页）

说明了胡汉战争与个人的关系，可以看作是对胡汉交兵图像的解读。画像所见指挥汉兵的乘车官员、在庙堂之上接受献俘的长者，与其说是皇帝或将军，倒不如说是"长保二亲得天力"所指的墓主人。铭文的第一个层次与图像的表象，只是一种外壳，"胡虏"所指并不一定限于"胡人"，而可能泛指一切给人们带来苦难的敌人与种种恶势力，那么，墓葬祠堂中的胡汉交兵画像也就可以负载更多的象征意义。

信立祥指出，桥上胡汉交战反映了幽明两界的观念，桥是由人间到鬼魂世界的象征物，与后世传说的阴阳界间的"奈何桥"含义相同。而幽冥与北方相关，胡人正位于北方，所以胡人是幽冥世界的守护者，死者的车骑战胜胡人，意味着死者可以

---

[1] 林巳奈夫：《漢代の神神》，京都：临川书店，1989年，第117页。

自由往来于地下世界与祠堂之间，随时享受子孙的祭祀[1]。唐琪（Lydia Thompson）在关于沂南墓的研究中对门楣上的胡汉交兵图像也提出了象征主义的解释，认为画面中央的车马过桥标志着死者由生者的世界到死后世界的过渡，左侧的山峦可能与以昆仑山为代表的西方仙境相关，而胡人是地下各种妖魔的代表，死者的灵魂正在汉兵的保护下走向理想中的乐土[2]。这类看法虽缺乏直接的证据，但不失为一种值得重视的思路。

尽管在汉代胡人所指的民族十分复杂，这些民族与中原政权的关系也不相同，但那些头戴尖帽、高鼻深目的形象只能表明一个概念：他们是有别于汉民族的人。在千人一面的汉代人物画像中，胡人的相貌被刻画得异于常人，说明那些普通的画师、石工，那些处于乡野的中小地主，是用一种与看待自己的亲朋乡邻不同的目光来审视这些异族人的，这种目光中充满了神秘、好奇、仰慕、敬畏，同时还有文化差异造成的自我优越感，以及战争带来的憎恶与敌意。在各种艺术品中，胡人有时是神祇，有时是奴仆，有时是恶魔。沂南北寨墓中，作为神仙的胡人与胡汉战争两种图像并行不悖，说明人们对胡人的看法是复杂多变、含混不清的，人们一时还难以用一种理性的、平等的态度来看待这些异族人。四夷宾服、远方贡物是中国古代统治者崇高的政治理想。异域贡献的奇异之物，往往被奉为上苍降下的祥瑞。而装饰在墓室祠堂内的胡人，也正是被当作"奇物"或"异人"来看待，作为一种新的时尚，来寄托人们各种复杂的期望。

本文英译稿见"Barbarian Images in Han Period Art", translated by Valerie C. Doran, *Orientations*, 1998, No.6, pp.50-59；中文稿略作修改后，以《汉代艺术中的胡人图像》

---

[1] 信立祥：《中国汉代画像石の研究》，东京：同成社，1996年，第248—251页。
[2] Lydia Thompson, *The Yi'nan Tomb: Narrative and Ritual in Pictorial Art of the Eastern Han (25-220 C.E.)*, Ph.D. dissertation, New York: New York University, 1998, pp. 323-332. 西方学者的此类观点还可以追溯到A. Bulling, 见氏著"Three Popular Motives in the Art of the Eastern Han Period: The Lifting of the Tripod, the Crossing of a Bridge, Divinities", *Archives of Asian Arts*, 20(1966-1967), pp. 25-53.

为题发表于中山大学艺术学研究中心编《艺术史研究》第1辑（广州：中山大学出版社，1999年，第133—150页）。文章的写作曾得到姜伯勤、杨爱国、李清泉等师友的鼓励和帮助，特此致谢！此次刊出，补充了少量新材料，题目和正文文字也略有修改。英文稿刊发时，还同时刊出唐琪所写评论，有兴趣的读者可以参考。近年来，对于本文所讨论的一些问题，又有许多学者发表了新的成果，如邢义田《古代中国及欧亚文献、图像与考古资料中的"胡人"外貌》、《汉代画像胡汉战争图的构成、类型与意义》（见氏著《画为心声——画像石、画像砖与壁画》，北京：中华书局，2011年，第197—314、315—397页），刘文锁《汉代"胡人"图像补说》（《汉代考古与汉文化国际学术研讨会论文集》，济南：齐鲁书社，2006年，第487—493页）、《巴蜀"胡人"图像札记》（《四川文物》2005年第4期，第51—56页）等，都值得研读。本稿修改时，为基本保留原文面貌，未参考和吸收上述新成果。

关于汉代丧葬画像观者问题的思考

与中国青铜时代相比较，金石学、考古学所揭示的汉代艺术重要特征之一是平面性画像艺术的兴盛。近年来围绕着汉代丧葬建筑中画像石、画像砖和彩绘壁画的研究，包含了对于题记的释读、画像图像志的探索、建筑结构的复原，以及图像象征意义和历史背景的讨论等等。正如许多学者所论，当我们试图探索这些图像的文化史意义时，就必然要超越对图像自身的研究，考察它们与人类行为的种种关系。例如，巫鸿就曾从四类不同的人群入手，来讨论东汉丧葬建筑的社会功能，这些人包括死者家庭的成员、死者生前友好和同事、死者本人，以及墓葬的建造者[1]。我试图沿着这一思路，对所涉及的人群略加扩展，将观者与画像的关系也考虑进来。尽管巫鸿所提到的几个方面有的也可以包含在观者之内，但他的着眼点主要是建造墓葬、祠堂和创作画像的内部因素，而总的说来，观者是与创作主体和作品相对的一种外部因素。

早期文献对于画像艺术的记载，如战国时期屈原《天问》对楚先王庙及公卿祠堂内壁画的描写[2]、东汉王延寿对鲁恭王灵光殿壁画的描述[3]，无不是观者留下的记录。我们围绕汉代丧葬画像艺术的写作和演讲，也是"观看"后的结果。观者可以大致分为两类：一是丧家和创作者[4]所预设的观者，全部的画像都是为了这类观者的观看而制作，只有依靠这些观者的参与，画像的宗教、礼仪与社会功能才得以实现；二是丧家和制作者未曾预设的观者，这类观者往往与画像的制作时间有较大的距离，他们存

---

[1] Wu Hung, *Monumentality in Early Chinese Art and Architecture*, Stanford: Stanford University Press, 1995, pp.189-250；中译本见李清泉、郑岩等译：《中国古代艺术与建筑中的"纪念碑性"》，上海：上海人民出版社，2009年，第247—323页。
[2] 洪兴祖：《楚辞补注》，重印修订本，北京：中华书局，2002年，第85—119页。
[3] 萧统编，李善注：《文选》第2册，上海：上海古籍出版社，1986年，第508—522页。
[4] 创作者可以包括设计者和施工者，设计和施工有时是分开的，如赞助人对图像进行命题，由石工具体实施；二者有时又可合于一体，如赞助人只负责出资，只是对规模等有一个大致的要求，而具体的建筑与画像细节由石工按照惯例来确定。

在于画像所属的礼仪系统之外,因此他们对画像的理解与画像的原始意义有离有合。在某种意义上说,后者的存在,可以构成一部"话语"(discourse)的历史,同样值得研究[1],但本文主要目的是对前一种观者加以探索,而不涉及其他的情况。

一 祠堂画像的观者

保存至今的汉代石祠堂装饰有丰富的画像,作为一种视觉艺术的作品,这些画像需要通过与观者的联系来实现其价值。祠堂首要的功能是"鬼神所在,祭祀之处"[2],这种功能规定了祠堂画像有两种观者:

一、祠主。祠主是整套图像的所有者。人们相信死去的亲人们灵魂有知,自然也具有"看"的能力(详下文)。他们可以像接受供案上的祭品一样,看到并拥有诸如庖厨、歌舞等图像。子孙们向祠主奉献了各种物质、精神的财富,但说到底,这些东西只是一种图像,这些图像对于生者来说,是"备物而不可用"[3],或者像中国俗语所言——画饼充饥;但对于死者来说,这些图画和埋葬在墓中的明器一样,都具有实际的意义。

二、前来祭祀的人,既包括出资雇用工匠建造祠堂的兄弟、孝子,又包括其后世的子孙。如山东嘉祥东汉武氏墓地中武梁碑的碑文在叙述了建造祠堂的经过时,有"垂示后嗣,万世不亡(忘)"一语[4]。这类言辞使我们很容易联想到商周青铜铭文中

---

[1] 汪悦进(Eugene Y. Wang)与我曾对针对山东安丘清道光九年(1829)庵上坊在后来观者中所衍生的各种形式的话语(包括口头传说、文字写作和图像表现等不同形式)作过讨论,是这方面的一个实例。见 Eugene Y. Wang and Zheng Yan, "Romancing the Stone: An Archway in Shandong," *Orientations*, vol. 35, no. 2, March 2004, pp. 90-97;郑岩、汪悦进:《庵上坊——口述、文字和图像》,北京:生活·读书·新知三联书店,2008年。

[2] 王充《论衡·四讳篇》:"墓者,鬼神所在,祭祀之处。"但其上文又称"古礼庙祭,今俗墓祀"。可知此处"墓"字并非仅指墓室,而是指整个丧葬建筑的系统,应包括祠堂在内,故前贤多引此言以论证祠堂的功能。见《诸子集成》第7册,《论衡》,上海:上海书店,1986年,第228页;信立祥:《论汉代的墓上祠堂及其图像》,北京:文物出版社,2000年,第185页;蒋英炬、吴文祺:《汉代武氏墓群石刻研究》,济南:山东美术出版社,1995年,第97页。

[3] 《礼记·檀弓下》:"孔子谓为明器者,知丧道矣。备物而不可用也,哀哉。"《十三经注疏》,北京:中华书局,1980年,第1303页。《盐铁论·散不足》:"古者,明器有形无实,示民不可用也。"王利器校注:《盐铁论校注》,北京:中华书局,1992年,第353页。

[4] 洪适:《隶释 隶续》,北京:中华书局,1985年,《隶续》卷七,第75页。

"子子孙孙永宝用享"之类的吉语。（祠堂之所以用坚硬的石材建成，正说明雇主希望祠堂的命运与石头的性能一样，即所谓"寿如金石"。）对于这类观者来说，祠堂中央的祠主画像最为关键，前来献祭的兄弟子孙正是通过祠主画像，来与已故亲人的灵魂沟通，既表达他们对先人的思念，又乞求先人保佑自己。

除此以外，与画像并行的题记又揭示出第三类观者的存在。山东的几座东汉祠堂的题记中有涉及观者的字眼，其年代最早的一例是《滕县金石志》中著录的"汉永元残石"，台北"中研院"史语所收藏有清晰的拓片，最近已发表。该石疑为祠堂构件，题记全文为：

> 永元三年（91）四月……□成，传于后世，敬白士大夫，愿毋毁伤，愿毋毁伤。[1]（图1）

1934年发现的永兴二年（154）芗无患、芗奉宗兄弟为已故父母芗他君夫妇所建祠堂的门柱，其题记的后部明确提到观者：

> 观者诸君，愿勿贩（攀）伤，寿得万年，家富昌。[2]（图2）

1980年嘉祥宋山出土的永寿三年（158）十二月安国祠堂有长达461字的题记，其后

图1　山东滕州东汉永元三年（91）祠堂题记（采自《中研院历史语言研究所藏汉代石刻画像拓本精选集》，第62页）

---

[1] 生克昭：《滕县金石志》，北京：法源寺刊本，1944年，第29页。史语所所藏拓本编号为28111，见文物图像研究室汉代拓片整理小组：《中研院历史语言研究所藏汉代石刻画像拓本精选集》，台北：中研院历史语言研究所，2004年，第62、63、168页。
[2] 罗福颐：《芗他君石祠堂题字解释》，《故宫博物院院刊》总第2期（1960年），第180页。

部的文字也提到观者：

> 唯诸观者，深加哀怜，寿如金石，子孙万年。牧马牛羊诸僮，皆良家子，来入堂宅，但观耳，无得琢画，令人寿。无为贼祸，乱及子孙。明语贤仁四海士，唯省此书，无忽矣。[1]

（图3）

"汉永元残石"和芗他君祠堂涉及观者的题记，在内容上与安国祠堂题记颇为一致；安国祠堂画像的风格与芗他君祠堂以及著名的武氏祠画像的风格也相当接近。因此，安国祠堂的发现可以进一步证明这几批早年发现的材料是可靠的。

此外，2000年发现于嘉祥的永和六年（141）祠堂题记，也提及观者。但因为正式的考古报告未见出版，我也未见到实物或拓片，暂存此待考。题记中的相关文字为：

图2　山东东阿东汉芗他君祠堂门柱及题记（采自《故宫博物院院刊》总第2期，第180页）

---

[1] 李发林：《山东汉画像石研究》，济南：齐鲁书社，1982年，第102页。

图3 山东嘉祥东汉安国祠堂画像及题记（采自朱锡禄:《嘉祥汉画像石》，济南：山东美术出版社，1992年，第59页）

诸君往来观者，下至□重□，勿败易，寿得千年，长乐未央。顿首，长累诸乡。[1]

巫鸿指出，安国题记的"讲述者"应是祠堂的赞助人，即死者的后人[2]。因此这类题记是我们了解赞助人意图最直接的材料。赞助人希望观者爱惜其花费了大量血汗和钱财所建造的祠堂。无论是"愿毋毁伤，愿毋毁伤"这种重叠的句式，还是其中"牧马牛羊诸僮，皆良家子"之类的奉承，都浮现出他们诚惶诚恐的态度。

---

[1] 江继甚：《汉画题榜艺术》，朱青生主编：《中国汉画学会第九届年会论文集》，北京：中国社会出版社，2004年，第535页。
[2] Wu Hung, *Monumentality in Early Chinese Art and Architecture*, p. 195；巫鸿：《中国古代艺术与建筑中的"纪念碑性"》，第255页。

在山东长清孝堂山祠堂中,有大量观者刻写的题记,如在其三角隔梁石西侧面的一则曰:

> 平原湿阴郡邵善君以永建四年(129)四月廿四日来过此堂,叩头谢贤明。[1]

图4 山东肥城东汉祠堂画像(采自《山东汉画像石选集》,图472)

信立祥根据文中的"谢"字,认为这则题记可能出自祠主的门生故吏之手,距离修建祠堂的时间不远[2]。从另一个角度看,它正可证明当时赞助人所担心的观者题刻于祠堂现象的存在。祠堂题记中"愿毋毁伤"、"无得琢画"的祈愿可以追溯到肥城建初八年(83)祠堂题记中:

> 建初八年八月成。孝子张文思哭父而礼。石值三千,王次作。勿败□[3]。(图4)

虽然此处未明确提到观者,但"勿败□"三字显然是写给观者的。

这些文字所提到的"观者诸君"包括了"贤仁四海士"、"士大夫"等社会各色人等,甚至"牧马牛羊诸僮"也在其中。这说明建造祠堂的赞助人清楚地意识到,这些祠堂虽然是家庭祭祀的中心,但因为暴露在乡野,无疑具有一种公共性。赞助者仅仅祈求观者爱惜祠堂的建筑和画像是不够的,他们显然还希望公众通过观看,从祠堂获得

---

[1] 蒋英炬:《孝堂山石祠管见》,南阳汉代画像石学术讨论会办公室编:《汉代画像石研究》,北京:文物出版社,1987年,第213页。
[2] 信立祥:《汉代画像石综合研究》,北京:文物出版社,2000年,第82页。
[3] 山东省博物馆、山东省文物考古研究所:《山东汉画像石选集》,济南:齐鲁书社,1982年,图472。

更多的信息。

巫鸿在梳理东汉祠堂的题记时，注意到这些题记叙事重点的变化，即从早期对于祠堂功能的标记、对死者事迹的简要记述，转移到后期对祠堂建造过程的详细描写。巫鸿将这种变化解释为2世纪民间对孝的狂热宣示[1]。这种狂热，可以从当时许多知识分子的批评中得到反证，如"耿介不同于俗"的王符说："今多违志俭养，约生以待终。终没之后，乃崇饰丧纪以言孝，盛飨宾旅以求名，诬善之徒，从而称之，此乱孝悌之真行，而误后生之痛者也。"[2] 这种恶习的出现，应与当时"举孝廉"的制度有关。许多期望入仕的人首先要在社会上获得孝的名声，"生不极养，死乃崇丧"[3]的做法十分普遍。其在丧葬上的具体表现，如王符所说，就是"造起大冢，广种松柏，庐舍祠堂，崇侈上僭"[4]。

造成祠堂功能发生微妙变化的原因，在一定意义上可以理解为观者的改变。祠堂本来只是祭祀死者的场所，但是由于暴露在地上更便于观瞻，也就成了向公众展示赞助人孝行的道具。题记的行为清楚地显示出赞助人的企图。这些题记常常喋喋不休地夸耀所选石材如何精良、所聘工匠如何高明、所用的时间如何漫长。如芗他君的题记中说：

> 无患、奉宗，克念父母之恩，思念忉怛悲楚之情，兄弟暴露在冢，不辟晨昏，负土成墓，列种松柏，起立石祠堂，冀二亲魂零（灵），有所依止。岁腊拜贺，子孙欢喜。堂虽小，经日甚久，取石南山，更逾二年，迄今成已。使师操义，山阳瑕丘荣保，画师高平代盛、邵强生等十余人。价钱二万五千。[5]

---

[1] Wu Hung, *Monumentality in Early Chinese Art and Architecture*, pp. 193-200；巫鸿：《中国古代艺术与建筑中的"纪念碑性"》，第252—264页。
[2] 《潜夫论·务本篇》，王符撰，汪继培笺，彭铎点校：《潜夫论笺校正》，北京：中华书局，1985年，第20页。
[3] 《潜夫论·浮侈篇》，同上书，第137页。
[4] 同上。
[5] 罗福颐：《芗他君石祠堂题字解释》，第180页。

逝者的面具

安国祠堂的题记最后也提到"作治连月,工夫无极,价钱二万七千"[1]。加藤直子比较了祠堂题记中所记的花费金钱数目和这些金钱实际的购买力,发现这些数字多属于虚夸[2]。而祠堂漫长的制作过程,在乡里也有可能成为一种孝行的"表演"[3]。

那么,作为观者的公众,又从祠堂中看到了什么?或者说,祠堂内的画像与观者之间是一种什么样的关系?我们可否站在观者的角度去理解祠堂内的画像?是否祠堂内所装饰的画像都是要向他们展现赞助人的孝行?

要回答这些问题,一个最大的困难是,上述永元三年祠堂、芗他君祠堂、安国祠堂均已不完整,我们无法全面地考察其画像内容。但在安国祠堂的题记中,有一小部分对其画像进行了描述:

> 调(雕)文刻画,交龙委蛇,猛虎延视,玄蝯登高,䛄熊嘑戏,众禽群聚,万狩(兽)云布,台阁参差,大兴舆驾,上有云气与仙人,下有孝及贤仁。遵者俨然,从者肃侍,煌煌濡濡,其色若倩。[4]

如上所述,巫鸿认为这段文字的作者是祠堂的赞助人,我赞同此说。但是,赞助人与画像内容的关系是个复杂的问题,有的祠堂或墓葬内的画像可能要在他们严格的监督下,按照他们的意图进行设计;有的只是提出一个大致的要求,如祠堂规模的大小、雕刻的精致程度等,画像的具体内容则由工匠们按照惯常的做法来确定。安国祠堂显然属于后者,在这段题记中,我们不难发现,其华丽的辞藻主要是对画像艺术效果的渲染,并不涉及画像的象征意义,更难以反映出明确的思想。赞助人在撰写这

---

[1] 李发林:《山东汉画像石研究》,第102页。
[2] 加藤直子:《ひらかれた汉墓—孝廉と'孝子'たちの战略》,《美术史研究》第35册,东京:二玄社,1997年,第67—86页。
[3] 邢义田教授审阅本文初稿后指出:"我们似乎还可以设想当时的一个居住生态,即汉代的墓葬往往即在聚落的附近,田地也在附近。乡里居民之间,(即使)非亲非故,谁家有人过世,谁在造墓,如何造法,消息在当地必然会传开。石刻墓的石材在墓穴内组装之前,往往即在葬墓旁的地面上打造,雇请名工,造作连月,在造作的过程里即会吸引乡里之士前来观看,这似乎就是一个'作秀'的机会,以博名声。'观看者'应是多重的,既为死者,也为生者。"(2002年9月29日邢义田先生致本人的电子邮件。)
[4] 李发林:《山东汉画像石研究》,第101—102页。

些文字时，似乎只是大致浏览了一下画像的总体内容，并没有对其含义仔细推敲。我们对比一下东汉王延寿的《鲁灵光殿赋》中的一段文字：

> 飞禽走兽，因木生姿。奔虎攫挐以梁倚，仡奋鬐而轩鬐。虬龙腾骧以蜿蟺，颔若动而躨跜。朱鸟舒翼以峙衡，腾蛇蟉虬而绕榱。白鹿孑蜺于欂栌，蟠螭宛转而承楣。狡兔跧伏于柎侧，猿狖攀椽而相追。玄熊舚舕以龂龂，却负载而蹲跠。齐首目以瞪眄，徒眽眽而狋狋。胡人遥集于上楹，俨雅跽而相对。仡欺猲以雕胡，鹬颡颦而睽睢，状若悲愁于危处，憯嚬蹙而含悴。神仙岳岳于栋间，玉女窥窗而下视。忽瞟眇以响像，若鬼神之仿佛。[1]

我们不难发现二者的相似性，如安国祠堂出现的"众禽群聚，万狩（兽）云布"可以对应王赋中的"飞禽走兽"；前者的"交龙委蛇"对应后者"虬龙腾骧以蜿蟺"；前者的"玄猨登高"对应后者"猿狖攀椽"；前者的"阩熊"对应后者"玄熊"；前者的"仙人"对应后者"神仙"；此外，二者均使用了"上……下……"的视角和句式来描述画像。总之，安国祠堂题记骈丽对偶的句式，与东汉赋辞的风格十分一致。作者似乎更注重模仿当时流行的文风，而不是如实地描述祠堂内画像的内容[2]。尽管这些题记错字连篇，孝子们还是试图借以展现他们在文学上的修养。

这些对画像浮光掠影的叙述和华而不实的文辞，更重要的是向观者夸耀祠堂内装饰的华丽，而不是要引导观者耐心地去理解画像的含义。题记的执笔者明确提醒观者要仔细阅读自己所撰写的文字——"明语贤仁四海士，唯省此书，无忽矣。"因为，画像主要出自工匠之手[3]，而题记中所涵盖的内容才是赞助人的创造。这些内容不仅

---

[1] 萧统编，李善注：《文选》第2册，第514—515页。
[2] 这篇题记充满了华丽的辞藻，似乎在故意向人们炫耀其文采，而文学修养也是汉代官员所必备的基本素质。参见邢义田《允文允武：汉代官吏的典型——"郡县时代的封建余韵"考论之一》，《中研院历史语言研究所集刊》第75本第2分，2004年，第223—282页；修订本见《允文允武：汉代官吏的一种典型》，氏著：《天下一家——皇帝、官僚与社会》，北京：中华书局，2011年，第224—284页。
[3] 与安国祠堂题记同时出土的嘉祥宋山其他画像石已被蒋英炬成功地复原为4座较完整的小祠堂。（蒋英炬：《汉代的小祠堂——嘉祥宋山汉画像石的建筑复原》，《考古》1983年第8期，第741—751页）这些祠堂中画像的风格很像是出自同一批工匠之手，画像彼此雷同，甚至可以看出不同的祠堂使用了同样的粉本。最值得注意的是，安国一石的画像风格也与这些小祠堂的画像接近。因此，安国祠堂可能与其他4座小祠堂一样，是由工匠根据粉本来确定画像的内容。

包括画像和建筑这些有形的"物证",还包括他们历尽甘苦建造祠堂的整个过程。赞助人希望人们不仅要看到("观")画像和建筑,还要领会("省")题记中提到的赞助人的种种行为。这种展示的最后指向,是这样一个结论:赞助人是"竭孝、行殊、义笃"的人[1]。在赞助人的心目中,有形的画像和建筑只是观者的"引导物",而对赞助人之道德的表彰,才是其最后的指向。

山东长清孝堂山石祠中有一条永康二年(301 或 397)的题记,云:"申上龙以永康二年二月来此堂,感斯人孝至。"[2](图 5.1)这条题记的年代虽然比祠堂的建造年代大约要晚二到三个世纪,但作为观者的申上龙看到祠堂的感受仍与赞助人的愿望基本相符合。北魏太和三年(479)和景明二年(501)的题记则直接称之为"孝堂"或"孝子堂"[3](图 5.2、5.3)。《水经注》卷八"济水"条也提到该祠堂"世谓之孝子堂"[4]。这样的名称在当时事出有因,蒋英炬指出:"将这种孝子所建祠堂或孝祭之堂泛称为孝子堂,似也恰如其分。"他还认为这一名称可能早在汉魏时期就已使用。至于将这座"孝子堂"错误理解成为纪念孝子郭巨而建造的祠堂,则是后来的事情[5]。

但是,如果说汉代祠堂纯粹是为赞助人自我宣传而建,则未免简单化。与题记不同,祠堂内的画像有着自身的传统,从年代较早的肥城建初八年(83)祠堂,到与安国祠堂同时期的嘉祥宋山其他小祠堂(图 6),尽管画像的题材越来越丰富,但是这些画像都是以其正壁的祠主画像为中心而展开的,在 2 世纪祠堂日益泛滥的过程中,这种基本的图像格局并没有因为题记叙事焦点的转变而发生根本性的改变。信立祥将祠主的画像称作祠堂画像的"不变性内容"[6]。杨爱国也说:"不论祠堂画像石的其它

---

[1] 出自安国祠堂题记。
[2] 蒋英炬:《孝堂山石祠管见》,第 205 页。
[3] 同上。
[4] 陈桥驿:《水经注校正》,北京:中华书局,2007 年,第 208 页。
[5] 蒋英炬根据北齐武平元年(570)陇东王胡长仁《陇东王感孝颂》,认为将孝堂山祠堂视为郭巨的墓祠的说法始于胡长仁(蒋英炬:《孝堂山石祠管见》,第 206 页)。但林圣智则根据其中"访询耆旧"一语,认为胡长仁只是记录了流传于当地民间乡里的传说。林圣智还指出:"在南北朝建造祠堂也被视为孝子的表征。南北朝时代对于祠堂的看法基本上继承汉代,这也正是北齐将孝堂山祠视为郭巨之墓(祠)的思想基础。北朝孝堂山郭巨祠堂传说的形成,可以说是将汉代以营建祠堂视为孝子行孝的看法进一步发展的结果。"(林圣智:《北魏宁懋石室的图像与功能》,台湾大学美术史研究集刊编辑委员会编:《美术史研究集刊》第十八期,台北:台湾大学艺术史研究所,2005 年,第 48—49 页。)
[6] 信立祥:《汉代画像石综合研究》,第 118 页。

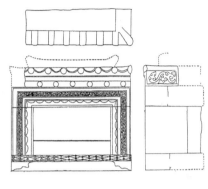
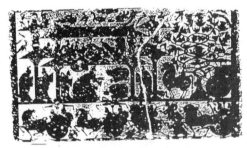

图 5（左） 山东长清孝堂山石祠后人题记摹本（采自南阳汉代画像石学术讨论会办公室：《汉代画像石研究》，第 206 页，图二）

图 6（右） 山东嘉祥宋山东汉 1 号小祠堂复原图和画像（采自蒋英炬：《汉代的小祠堂——嘉祥宋山汉画像石的建筑复原》，图 2、3）

题材内容如何增减、换位，象征祠主夫妇像的楼阁拜谒图的位置始终未变，这表明祠堂最基本的功能始终未变。"[1]

画像主题所表现出的这种稳定性背后的原因可能是多方面的。如工匠在制作中可能长期沿用旧有的题材。由于画像石生产专业性的日益增强，那些经验丰富的名工良匠可能在确定装饰内容的时候，有相当大的决定权。更重要的是，祠堂一旦完全抛

---

[1] 杨爱国：《东汉石祠画像布局反映的问题》，稿本。

弃了"鬼神所在,祭祀之处"的功能,也就不成其为祠堂,无从体现赞助人的孝心了。所以,芗他君的两个儿子芗无患、芗奉宗在题记中说到建立祠堂的目的时,声称是为了"冀二亲魂零(灵),有所依止"。

尽管我们考虑到了祠堂画像这几种可能存在的观者身份有所不同,他们"观看"的角度也彼此不同,但是,这并不意味着这些不同的目光将祠堂的画像完全割裂成不同的部分。相反,多数祠堂画像仍然是一个完整的统一体,不同内容、不同功能的画像不露痕迹地组织在一起。厚葬的泛滥和画像艺术的兴盛,固然有举孝廉制度下种种沽名钓誉的行为在推波助澜,但这些欺世盗名的行为和由此导致的画像功能的变化,只是加载在相对稳定的传统观念和习俗上的附属物。

二 墓葬画像的观者

与祠堂相比,墓葬是一个封闭的空间。但是,墓葬内的画像同样存在着与观者的关系。近年发现的陕西绥德辛店呜咽泉东汉画像石墓后室门洞左右有这样的题记:

览樊姬观列女崇礼让遵大雅贵组绶富支子,
帷居上宽和贵齐殷勤同恩爱述神道熹苗裔。[1](图7)

题记首行有"览"和"观"两个动词,但遗憾的是题记中省略了主语,未能提供最直接的答案。

在汉代人的心目中,墓葬不仅仅用来安放死者的遗体,而且是供死者灵魂继续"生存"的空间。在这个空间里,人们为死者准备了他生前曾经拥有过的和未曾

---

[1] 吴兰、志安、春宁:《绥德辛店发现的两座画像石墓》,《考古与文物》1993年第1期,第17—22页。题记释读据张俐:《论陕北东汉铭文刻石》,朱青生主编:《中国汉画研究》第二卷,桂林:广西师范大学出版社,2006年,第215—216页。关于樊姬的事迹,见张涛:《列女传译注》,济南:山东大学出版社,1990年,第63页。

拥有过的一切,包括膏粱琼浆、庄园衙署、宝马华车、男童女仆、乐舞百戏,等等;死者还幻想从这里出发,去往神仙爱居的乐土……这些内容,有的以随葬品体现,有的则诉诸彩绘壁画、画像石或画像砖等艺术形式。这个世界一方面充满了家的温馨,另一方面,它的另外半张脸却十分可怕。《楚辞·招魂》就认为地下有各种怪物:"魂兮归来!君无下此幽都些。土伯九约,其角觺觺些。敦脄血拇,逐人駓駓些。三目虎首,其身若牛些。此皆甘人,归来!恐自遗灾些。"[1] 墓葬埋入地下,总不免受到种种威胁。这种观念对汉代人的思想有很深的影响,使他们不得不采取一些

图 7 陕西绥德辛店呜咽泉东汉画像石墓题记(采自李贵龙、王建勤主编:《绥德汉代画像石》,西安:陕西人民美术出版社,2001年,第154页)

措施。例如在诸侯王、列侯等人的"大丧"中,要有"掌蒙熊皮,黄金四目,玄衣朱裳,执戈扬盾"的方相氏进入墓圹中,以戈击四隅,殴方良等怪物[2]。在普通的墓葬中也要设置形象凶恶的镇墓兽和类似题材的画像,以毒攻毒,辟邪祛灾。保证了死者在地下的安宁,也就能使活着的人们心安。

尽管人们对死后的世界充满了各种美好的想象,但说到底,这些无法得到证实的想象并不能使人们远离对死亡的恐惧。在古人眼中,即使最亲近的人,死后也会变成另一个世界的成员。王充《论衡·订鬼》一开头就说:"凡天地之间有鬼,非人死精神为之也,皆人思念存想之所致也。"[3] 正说明凡夫俗子普遍认为人死精神可以为

---

[1] 洪兴祖撰,白化文等点校:《楚辞补注》,北京:中华书局,1983年,第201—202页。
[2] 《周礼·夏官司马》,《十三经注疏》本,第213页。
[3] 王充撰,黄晖校释:《论衡校释》(附刘盼遂集解),北京:中华书局,1990年,第931页。

鬼,而这些鬼会时时对生者构成威胁。东汉至魏晋时期具有道教色彩的镇墓文的作用便是要解除这种威胁,这些文字中往往一再强调生死异路,互不相干[1]。汉墓中写有"长就幽冥则决绝,闭圹之后不复发"[2] 等文辞,也与这类观念有关。

墓葬中随葬金银珠玉,也会引来盗贼的觊觎。所以如果有条件,墓葬总是被封闭得固若金汤,有严密的防盗设置[3]。目前还没有足够的证据来证明古人有经常到墓中设祭的风习,墓内即使有成套的祭器,也可能是封墓之前一次性的祭典所用。在历代的笔记小说中,常可读到墓俑在人间作祟的离奇故事。出土于墓葬中的物品,生者往往避之唯恐不及。

重重物质和观念的屏障,将墓葬与地上的世界隔绝开来,因此从一般意义上说,墓葬不是一个公共场所,而是死者个人独自拥有的一个私密的空间。各种形式的壁画是丧葬礼仪的一部分,是生者对死者的奉献,只有死者"看"得见。

那么,在古人的心目中,已经瞑目的死者果真具有"看"的能力吗?这也是上文讨论祠堂画像时所遗留的一个问题。

从陶渊明《挽歌诗三首》之二中,我们读到:

> 在昔无酒饮,
> 今但湛空觞。
> 春醪生浮蚁,
> 何时更能尝?
> 肴案盈我前,
> 亲旧哭我傍。

---

[1] 如1972年陕西户县朱家堡汉墓出土的阳嘉二年(133)解除罐上的朱书镇墓文曰:"谨为曹伯鲁之家移央去咎,远之千里。咎□大桃不得留。□□至之鬼所,徐□□。生人得九,死人得五,生死异路,相去万里。从今以长保子孙,寿如金石,终无凶。何以为信? 神葬厌坟,封黄神地章之印。如律令!"(陕西省考古研究所襆振西:《陕西户县的两座汉墓》,《考古与文物》1980年第1期,第46—47页) 1993年山西临猗县街西村出土的东汉延熹九年(166)解除瓶镇墓文曰:"延熹九年十月丁巳朔五日辛佑直开,移五部中都二千石丘丞墓伯冢侯司马。地下羝羊令韩衬兴冢中□安千秋万岁,物复相求,动伯□,生人自有宅舍,死人自有棺椁,生死异处,无与生人相索,填冢雄黄,四时五行,可除。若吉央富贵毋极,如律令!"(王泽庆:《东汉延熹九年朱书魂瓶》,《中国文物报》1993年11月7日,第3版)
[2] 山东苍山东汉元嘉元年(151)墓题记,山东省博物馆、山东省文物考古研究所:《山东汉画像石选集》,第42页。
[3] 杨爱国:《先秦两汉时期陵墓防盗设施略论》,《考古》1995年第5期,第436—444页。

> 欲语口无音，
> 欲视眼无光。
> 昔在高堂寝，
> 今宿荒草乡。[1]

陶渊明是一位知识分子，非常清楚死亡的含义，他感慨"欲语口无音，欲视眼无光"，但是诗中的文字又是矛盾的，毕竟他还在以死者的口吻说话，他的双眼虽然"无光"，但仍"欲视"。

有的墓葬中绘有墓主的形象，这种画像中的死者不再是一具"欲视眼无光"的枯骨，而是色彩鲜艳的生者形象。这些人形可以享用墓葬中的各种美食，欣赏眼前的乐舞，代表墓主延续着在另一个世界的"生活"。对墓主来说，墓葬中的画像并不只是一种影像，而是象征着实实在在的财富。

唐琪做过一个有趣的实验，她以计算机制作了山东沂南东汉墓的三维模型，利用这一模型，她试图站在死者的位置，从放置棺椁的后室向前室"望"去，结果发现石梁上画像的方向、布局、题材，都与这种假定的"目光"相一致[2]。

这一问题还可以在西晋文学家陆机《挽歌诗三首》中找到肯定的回答。诗中有这样的句子：

> 重阜何崔嵬，
> 玄庐窜其间。
> 旁薄立四极，
> 穹隆放苍天。
> 侧听阴沟涌，
> 卧观天井悬，

---

[1] 王叔岷：《陶渊明诗笺证稿》，北京：中华书局，2007年，第499—500页。
[2] Lydia Thompson, *The Yi'nan Tomb: Narrative and Ritual in Pictorial Art of the Eastern Han (25-220 C. E.)*, Ph.D. dissertation, New York: Institute of Fine Arts of New York University, 1998, pp. 207-211.

逝者的面具

圹宵何寥廓,

大暮安可晨?[1]

作者模仿一位死者的口吻,对墓葬中的景象进行了铺叙。在这里,死者可以"听",也可以"观"。这类字句让我们相信,在古人的心目中,故去的人在地下有知,他们的一部分器官仍像生前一样发挥着作用。

当然,我们也不能无视古人一些相反的看法,如魏文帝曹丕认为"骨无痛痒之知,冢非栖神之宅","为棺椁足以朽骨,衣衾足以朽肉而已"[2],因此他主张实行薄葬。然而,这也从反面证明了装饰画像的厚葬之风是与相信死人有知的观念相联系的。

在阅读陆机的诗时,熟悉考古材料的读者会发现,诗中的描述与这一时期的墓葬结构竟然有许多相合之处,如穹隆形的墓顶、倒悬的天井、排水的阴沟等,都可以在六朝墓葬中见到[3]。作者陆机是一位活着的人,那么他如何能对墓葬中的一切了如指掌呢?我们或许可以推论,尽管陆机不是一位亲手造墓的工匠,而是一位文人,但他很可能经常有机会见到这样的墓葬。

《后汉书·赵岐传》记有赵岐在自己的"寿藏"中绘画的事迹[4],但是赵岐这种纯属"个人行为"的事迹如何能流传于世?一种可能是赵岐自己的叙述;更大的一种可能是,有其他的人在墓葬被封闭之前看到了这些画像。因此,除了墓主以外,我们可以假设墓葬壁画还有另外的观者。

这一假设可以为新的考古发现所证实,陕西旬邑县百子村东汉壁画墓为思考这一问题提供了新的线索。该墓为长斜坡单天井墓道砖室墓,壁画内容十分丰富,据题记可知为某一"邠王"之墓。"邠"即"豳"字,《后汉书·郡国志》记"栒邑有豳乡"[5],是周人祖先公刘的故地。该墓甬道两壁各绘一守门力士,力士外侧各有一条朱书题记:

---

[1] 萧统编,李善注:《文选》第3册,第1334—1335页。
[2] 《三国志·魏书·文帝纪》,北京:中华书局,1959年,第81页。
[3] 关于东晋南朝墓葬的综述,见中国社会科学院考古研究所编:《新中国的考古发现和研究》,北京:文物出版社,1984年,第527—536页;罗宗真:《六朝考古》,南京:南京大学出版社,1994年,第54—98、106—239页。
[4] 《后汉书》,北京:中华书局,1965年,第2124页。
[5] 同上书,第3406页。

图8 陕西旬邑县百子村东汉壁画墓甬道东壁壁画(采自陕西省文物局、上海博物馆:《周秦汉唐文明》,上海:上海书画出版社,2004年,第99页)

图9 陕西旬邑县百子村东汉壁画墓甬道东壁壁画题记(照片反差加强后的效果)

诸观者皆解履乃得入。(图8、9)

诸欲观者皆当解履乃得入观此。[1]

在先秦乃至汉魏时期,解履是拜见尊者的礼貌,也是这一时期人们在室内席地起居的限制。如《礼记·曲礼》:"侍坐于长者,履不上于堂。"[2] 解履还引申为出仕之意,《北齐书·文苑》:"未成冠而登仕,财解履以从军。"[3] 百子村墓题记中的"解履"当为其原意,墓葬犹如死者的室宅,观者解履进墓表达了对于死者的尊敬。这两条题记虽然写在守门力士的旁边,但却不是对这一画像的解说,因为在更靠近力士画像的地

---

[1] 2001年10月,我曾在陕西省考古研究所见到从该墓揭取的部分壁画,其中包括有题记的守门力士画像。简单的报导见陕西省考古研究所:《陕西旬邑发现东汉壁画墓》,《考古与文物》2002年第3期,第76页;另外该墓画像的图录已在德国出版,见 Susanne Greiff, Yin Shenping, *Das Grab des Bin Wang: Wandmalereien der Östlichen Han-zeit in China*, Verlag des Römisch-Germanischen Zentralmuseums in Kommission bei Harrassowitz Verlag · Wiesbaden, Mainz, 2002. 我对该书的评论,见中山大学艺术史研究中心编:《艺术史研究》第5辑,广州:中山大学出版社,2003年,第510—518页。
[2]《礼记正义》,《十三经注疏》本,第12页。
[3]《北齐书》,北京:中华书局,1972年,第620页。

方,还有"邹王力士"的题记。所谓的"诸观者"或"诸欲观者",是复数形式,显然不是指墓主一个人,而是指从外面进入墓室的生者。由此可知,至少在东汉时期,墓葬不仅是一个纯粹的私人空间,在壁画完成之后和下葬之前,有的墓室还将对公众开放,以供参观。

东汉时期向公众开放墓葬的做法,可能也与当时"举孝廉"的制度有关。杨树达曾详尽搜集研究有关汉代丧葬的文献,他发现在汉代不仅天子生前预作寿陵,臣民生时也往往自营茔地,如大臣霍光、张禹,文人冯衍、赵岐、孔耽,宦官侯览、赵忠等,皆有此举。而人死之后,也不是马上入葬,葬期从七日到四百多日不等[1]。这种营作寿藏及停丧不葬的风气,为生者进入墓室观看壁画提供了时间条件。此外,在送葬时有死者的朋友、故吏、门生等许多客人参加,如王符所言:"宠臣贵戚,州郡世家,每有丧葬,都官属县,各当遣吏赍奉,车马帷帐,贷假待客之具,竞为华观。"[2]硕儒郑玄的葬礼,送葬者多至千余人[3]。在封闭墓门之前,这些人物都有可能成为墓葬艺术的观者。

《后汉书·陈蕃传》记乡民赵宣葬亲而不闭埏隧,居墓室中行服二十余年[4]。此举在乡邑间为赵宣博得了虚名,而他展示孝行的特殊场所也是地下的墓室。

值得注意的是,在陕北所发现的画像石墓大部分画像分布在墓门以及门框、门楣等处,这些部位多面向外,而与墓主的"目光"相背,这种方向似乎更便于让进入墓室的人们看到那些精心刻画的图像。

综上所述,从赞助人的主观意愿来说,墓葬壁画一方面是为死者的灵魂而设,另一方面也为当时的一部分生者而设。与祠堂相比,在题记中明确提及观者的墓葬并不多,这也许说明墓葬和祠堂在开放程度上有显著差别。由于百子村墓题记较简略,观者的身份、墓室开放的时间等细节,还不得而知。这些问题都有待于更多的资料来解答。

此外,新的考古发现还展现了更为复杂的现象。

---

[1] 杨树达:《汉代婚丧礼俗考》,上海:上海古籍出版社,2000年,第87—99页。
[2]《潜夫论·浮侈篇》,王符撰,汪继培笺,彭铎点校:《潜夫论笺校正》,第137页。
[3]《后汉书·郑玄传》,第1211页。
[4]《后汉书》,第2159—2160页。

河南永城柿园西汉梁王陵主墓室顶部有一幅保存完好的巨大的壁画[1]，但主室四壁顶部四边有一周凹槽，槽内有腐朽的木灰，说明原来可能搭建有木结构的顶棚，而这个顶棚正好将顶部的壁画遮挡起来。因此，即使参加葬礼的人们有可能进入墓室，恐怕也看不到这些壁画。如果只有那位已经死去的梁王才能感受到这些图像的存在，那么这或许说明死者"看"的方式与生者有所不同。一种更大的可能是，这些壁画只对某些神明有意义。可以间接地支持这种推测的是，在同一个时期，汉代宫廷中出现了一种新的艺术活动。许多来自东方的方士建议热衷于求仙的汉武帝以方术"致物"，他们蛊惑皇帝，声称"宫室被服非象神，神物不至"。在这种理论的指导下，武帝制作了装饰华美的云气车，"又作甘泉宫，中为台室，画天、地、太一诸鬼神，而置祭具以致天神"[2]，绘画因此成为宗教活动的工具[3]。

余 论

观者问题涉及对丧葬艺术功能和主题的理解，是汉代画像研究的一个基础问题。在同一个礼仪过程中，观者和图像相辅相成，有一种互动关系，一方面图像可以影响到观者的思想，如绥德呜咽泉墓题记就突出了图像在被观看过程中所具有的教化作用；另一方面受众的不同又会影响到图像内容的选择和形式的变化。例如，北魏郦道元对于赵岐墓中的壁画有这样的解读："（鄩）城中有赵台卿冢，岐平生自所营也，冢图宾主之容，用存情好，叙其宿尚矣。"[4] 赵岐墓中的壁画如果有被他人观看的功能，那么其题材的选择就有了"言志"的意义。在祠堂中偶有对墓主生前经历的描写。如山东嘉祥武梁祠东壁下层所见"县功曹"延请"处士"一图，可以和武梁碑中"州郡请召，辞疾不就"的记载对读；武氏祠前石室内贯通东西侧壁、后壁上部刻有大型车

---

[1] 阎根齐主编：《芒砀山西汉梁王墓地》，北京：文物出版社，2001年，第81—247页。
[2] 《史记·封禅书》，北京：中华书局，1959年，第1387—1388页。
[3] 关于永城柿园墓讨论，见本书《关于墓葬壁画起源问题的思考——以河南永城柿园汉墓为中心》一文。
[4] 施蛰存：《水经注碑录》，天津：天津古籍出版社，1987年，第405页。

马出行图,前壁承檐枋内面和三角隔梁两侧也刻车马出行图,这些出行图上的题记,皆与碑刻对武荣事迹相符[1]。信立祥据武氏祠前石室的这类画像进一步认为,长清孝堂山祠堂上部的车马出行图与祠堂主人生前曾以"大王"(诸侯王)随从人员的身份参加"大王"的出行行列有关,并将这一最为荣耀的事迹刻画在祠堂中。他还指出:"表现祠主生前最荣耀经历的车马出行图,它与'祠主受祭图'在图像学意义上没有必然的联系,属于祠堂画像中的可变性的内容。"[2]这些内容存在的意义,也许可以从观者的角度来理解。同样,如果内蒙古和林格尔新店子小板申汉墓[3]可以为他人所看到,那么表现墓主生前事迹的图像就容易理解——这类图像的意义很可能在于向公众宣扬死者本人的功绩,而这些功绩往往又是子孙们取得社会地位的重要资本。总之,将汉代祠堂和墓葬放置于当时的社会语境中,从观者的角度来理解画像的制作动机及其内容,是一个值得进一步重视的角度。

至于观者如何观看,则又是另外的问题,并非本文讨论的重点。对于像王符这样的观者来说,死者后人处心积虑的经营,却招致了反向的批评;而后人错将孝堂山祠堂当作了孝子郭巨的纪念堂[4],一错就是千余年。这些情况,岂是丧家所能预知?

本文的写作曾得到杨泓、邢义田、许湘苓、倪克鲁(Lukas Nickel)、杨爱国、施杰、邱忠鸣、刘婕等师友的帮助,特此申谢! 本文原刊于朱青生主编《中国汉画研究》第二卷,桂林:广西师范大学出版社,2006年,第39—55页。英译本见"Concerning the Viewers of Han Mortuary Art", translated by Eileen Hsiang-ling Hsu, *Rethinking Recarving: Ideals, Practices, and Problems of the "Wu Family Shrines" and Han China*, Yale University Press, 2008, pp.92-109。日译本见《漢代喪葬画像における観者の問題》,加藤直子译,《美術研究》395号(东京:2008年8月),第1—19页。此次重刊,文字略有修改。我对丧葬画像观者问题后续的研究,见《北朝葬具孝子图的形式与意义》,《美术学报》2012年第3期,第42-54页。

---

[1] 蒋英炬、吴文祺:《汉代武氏墓群石刻研究》,第107—108页。
[2] 信立祥:《汉代画像石综合研究》,第107—118页。
[3] 内蒙古自治区博物馆文物工作队:《和林格尔汉墓壁画》,北京:文物出版社,1978年。
[4] 金文明:《金石录校证》,上海:上海书画出版社,1985年,第44页。

第三编

墓主形象及其意义

墓主画像研究

中国古代墓葬中的墓主画像是人物画的重要组成部分，涉及多方面的问题。目前考古发现的实物已较为丰富，本文以这些图像资料为依据，选取有关的几个侧面加以讨论。唐代以后的人物画传世作品渐多，相比而言，早期材料前人用力较少，更有待重视，故本文重点在于对唐代之前资料的研究。

一　概　述

迄今所知年代最早的墓主画像为战国时期的遗存。南方楚地风俗特殊，"信巫鬼，重淫祀"[1]，到战国时期开始在丧葬仪式中使用死者的画像。《楚辞·招魂》："像设君室，静闲安些。"汉人王逸《楚辞章句》注云："言乃为君造设第室，法象旧庐，所在之处，清静宽闲而安乐也。"[2]这种设有画像的第室虽未发现过，但墓葬中的死者画像却有所见。分别于1949年出土于陈家大山战国楚墓、1973年出土于长沙子弹库战国楚墓的两幅帛画（图1、2）中的侧面人像[3]，研究者普遍认为是墓主的肖像[4]。

由此上溯，在史前与商周墓葬中偶然见有各种质地的小型人面像，但多属于原始宗教与巫术的产物，性质复杂，其中少数或有可能为远祖的形象，但却难以认定为

---

[1]《汉书·地理志下》，北京：中华书局，1964年，第1666页。
[2] 白化文等点校：《楚辞补注》，北京：中华书局，1983年，第202页。
[3] 湖南省博物馆：《新发现的长沙战国楚墓帛画》，《文物》1973年第7期，第3—4页；湖南省博物馆：《长沙子弹库战国木椁墓》，《文物》1974年第2期，第36—43页；熊传新：《对照新旧摹本谈楚国人物龙凤帛画》，《江汉论坛》1981年第1期，第90—94页。此外，江陵马山1号墓也出土了一幅战国中期偏晚或战国晚期偏早的帛画，可能性质与上述二例相同，但折损严重，图像不清。湖北省荆州地区博物馆：《江陵马山一号楚墓》，北京：文物出版社，1985年，第9页。
[4] 中央美术学院美术史系中国美术教研室编著：《中国美术简史（新修订本）》，北京：中国青年出版社，2010年，第29页。

图 1 湖南陈家大山出土的战国帛画（采自中国古代书画鉴定组：《中国绘画全集》第 1 卷，北京、杭州：文物出版社、浙江人民美术出版社，1997 年，第 1 页，图版 1）

图 2 湖南长沙子弹库出土的战国帛画（采自《中国绘画全集》第 1 卷，第 2 页，图版 2）

墓主像。

长沙马王堆西汉 1 号墓帛画（图 3）[1]和 3 号墓帛画中的墓主像[2]，很明显地承袭了当地战国以来的传统。山东临沂金雀山西汉墓出土的帛画（图 4）[3]，也受到了楚俗的影响。在中原地区的西汉壁画墓，如洛阳卜千秋墓中男女墓主御龙及凤鸟拜见西王母的形象（图 5）[4]，仍在很大程度上保留了战国的传统。但目前所发现的西汉壁画墓数量较少，墓主画像的发现更是有限。同时期中原地区大量的模印砖画像中，也不见墓主的形象。

---

[1] 文物出版社编：《西汉帛画》，北京：文物出版社，1972 年；湖南省博物馆、中国科学院考古研究所：《长沙马王堆一号汉墓》上册，北京：文物出版社，1973 年，第 40 页，图 38。
[2] 金维诺：《谈长沙马王堆三号汉墓帛画》，《文物》1974 年第 11 期，第 40 页；湖南省博物馆、湖南省文物考古研究所：《长沙马王堆二、三号汉墓》第一卷《田野考古发掘报告》，北京：文物出版社，2004 年，第 103 页。
[3] 临沂文化馆：《山东临沂金雀山九号汉墓发掘简报》，《文物》1977 年第 11 期，第 25—26 页、封二、图版壹。
[4] 洛阳市博物馆：《洛阳西汉卜千秋墓发掘简报》，《文物》1977 年第 6 期，第 1—12 页。

图4（右上） 山东临沂金雀山西汉墓出土的帛画（采自《文物》1977年第11期，封二）

图5（右下） 河南洛阳西汉卜千秋墓壁画中的墓主形象（采自《文物》1977年第6期，第10页）

图3（左） 湖南长沙马王堆1号西汉墓出土的帛画（采自《长沙马王堆一号汉墓》上册，第40页，图38）

东汉时期壁画墓与画像石墓流行,描绘墓主形象的图像随之大量出现,或见于地下的墓室[1],或见于地上的祠堂[2]。这些发现大致可以分为两大类,一类是相对独立的墓主像,墓主或侧面,或正面,或半侧面,多形体高大,刻画在祠堂的正壁或墓室内显要的位置,有的处在楼阁之类的建筑画像中,有的还在接受来访客人的叩拜,或者享用坐榻前的盛宴,但形象仍十分突出。另一类则出现于车马行列的主车中,或作为乐舞百戏表演的观众,墓主个人的形象并不特别突出。这两类画像的含义和形式都有所交叉,并无十分严格的界限,但前者逐渐独立发展,最终成为一种偶像式的"肖像",而后者则重在叙事,并不特别突出墓主的形象。本文研究重点在于前者,后者则应另加讨论。

东汉晚期至魏晋十六国时期,东北地区壁画墓流行,多见有正面墓主像。高句丽壁画墓在很大程度上继承了北方汉代墓葬的传统,也流行大幅的正面墓主像,值得重视。如发现于朝鲜安岳,曾任前燕司马,后亡命高句丽的冬寿之墓(357)[3]和发现于朝鲜德兴里,曾任幽州刺史、国小大兄等职的□□镇之墓(409)[4]的壁画中,都见有正面的墓主像。在北朝墓中绘正面的墓主像也成为固定的做法,有关材料较为丰富。直至隋代,山东嘉祥徐敏行墓仍有发现[5]。

唐代壁画的题材再次转变,墓主画像不多见,西安天宝十五年(756)高元珪墓墓主像是较罕见的一例[6]。成都五代前蜀王建墓出现了十分写实的墓主雕像[7],是个特例。宋、辽、金、元壁画墓则流行墓主夫妇"开芳宴"的题材[8]。这些晚期的资料不

---

[1] 山东苍山东汉元嘉元年(151)画像石墓的题记中所谓"其中画,像家亲",即是指墓主像,正与墓内画像相应。释读据赵超:《汉代画像石墓中的画像布局及其意义》,《中原文物》1991年第3期,第18—24页。
[2] 汉代石祠的正壁大都刻有墓主(亦即祠主)的像。嘉祥焦城村石祠后壁画像主要人物身后立柱上的榜题旧释为"此齐王也",新释为"此斋主也",可从。见信立祥:《论汉代的墓上祠堂及其画像》,南阳汉代画像石学术讨论会办公室编:《汉代画像石研究》,北京:文物出版社,1987年,第180—203页。
[3] 宿白:《朝鲜安岳所发现的冬寿墓》,《文物参考资料》1952年第1期,第101—104页;洪晴玉:《关于冬寿墓的发现和研究》,《考古》1959年第1期,第27—35页。
[4] 朝鲜民主主义人民共和国社会科学院、朝鲜画报社:《德兴里高句丽壁画古坟》,东京:讲谈社,1986年;云铎、铭学:《朝鲜德兴里高句丽壁画墓》,东北历史与考古编辑委员会:《东北历史与考古》第1辑,北京:文物出版社,1982年,第228—230页。
[5] 山东省博物馆:《山东嘉祥英山一号隋墓清理简报——隋代墓室壁画的首次发现》,《文物》1981年第4期,第28—33页。
[6] 贺梓成:《唐墓壁画》,《文物》1959年第8期,第31页。
[7] 冯汉骥:《前蜀王建墓发掘报告》,北京:文物出版社,1964年,第38页。
[8] 中国社会科学院考古研究所:《新中国的考古发现和研究》,北京:文物出版社,1984年,第597—609页。

逝者的面具

在本文讨论范围之内。

二 墓主画像的功能

马王堆1号汉墓帛画出土后，曾是学术界讨论的热点。关于其性质基本上有两种观点，一种认为是招魂用的非衣，另一种认为是铭旌[1]。1992年，巫鸿发表文章重新肯定铭旌之说，认为铭旌在人死后埋葬之前举行的仪式中，用做尸体的替代物而受吊丧者的祭拜，在吊丧之后，与死者尸体一同埋葬，成为"柩"的组成部分。他指出："实际上死者在铭旌上有两种形象，一个代表了她的尸体，另一个描绘了她在阴宅的生活。"前一种"形象"的意义在于在吊丧仪式中象征着死者的灵魂受人祭拜，后一种"形象"的意义在于代表死者在"上具天文、下具地理"的宇宙背景中"生活"于墓葬这个"幸福之家"（happy home）或"永远的家"（permanent home）中[2]。因而，对于帛画中软侯夫人的"肖像"，"必须仔细地与我们惯常理解的这类艺术形式表现一个活生生的人的形象的概念区别开来"[3]。

巫鸿的观点对于墓主画像的研究是极有意义的。铭旌在吊丧仪式中的功能，是作为死者灵魂的寄托。正如有的学者所指出的，其原始的形式如《仪礼·士丧礼》所言，只写明"某氏某之柩"。而死者的尸体，这时候则无法与生者沟通，即郑玄所说："以死者为不可别，故以其旗识识之爱之。"[4]在战国时期文字性的铭旌发展为长沙帛画中御龙或手持龙凤的墓主画像，但诸如马王堆帛画上层和下层所描绘的天上地下的种种图景，在丧礼中是没有实用意义的。所以当铭旌在西汉后期走向衰落之际，又恢复了只书写文字的形式[5]，而天上地下的图景便转移到墙壁或墓顶上去了。

---

[1] 见《文物》1972年第9期、《考古》1973年第2期上的有关文章。
[2] 本文第一部分将墓主画像分为两类，也与此"两种形象"说基本一致。
[3] Wu Hung, "Art in Its Ritual Context: Rethinking Mawangdui," *Early China*, 17 (1992), pp. 111-145；中译本见巫鸿：《礼仪中的美术——马王堆再思》，陈星灿译，氏著：《礼仪中的美术——巫鸿中国古代美术史文编》上卷，北京：生活·读书·新知三联书店，2005年，第101—122页。
[4] 《仪礼》，《十三经注疏》本，北京：中华书局，1980年，第1130页。
[5] 如甘肃武威磨嘴子汉墓所见铭旌，见甘肃省博物馆：《甘肃磨嘴子三座汉墓发掘简报》，《文物》1972年第12期，第9页。

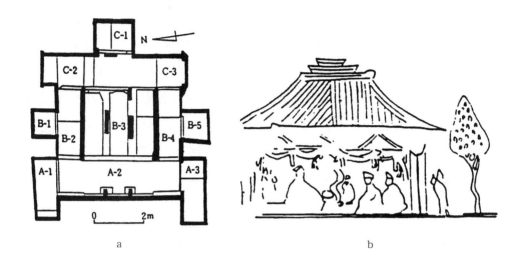

图 6a　辽宁辽阳北园东汉墓平面图（Wilma Fairbank, *Adventures in Retrieval*, p. 149, fig. 1）
　　6b　后壁小龛（C-1）内的墓主像（郑岩绘图）

《白虎通·崩薨》："尸之为言陈也，失气亡神，形体独陈。"[1] 严格地说，死者的尸体既不能作为吊丧中灵魂的象征，又不能作为死后"生活"的主体，这就需要画像或书写姓名来代替。这一点在一些比较讲究的大中型墓有所反映，如河北满城西汉中山王刘胜墓中室设置帷帐[2]，应是可供祭祀的象征物；辽宁辽阳北园东汉墓则在回廊后壁专门辟小龛绘墓主像（图6）[3]；河北安平逯家庄东汉墓墓主像也单独在一小室进行供奉[4]。当然也有很多墓葬中并不见死者的画像。

目前看来，东汉墓葬与祠堂内的画像内容似乎没有本质的差别，二者的关系仍有待于深入研究。墓葬与祠堂内的墓主像在形式上有许多共性，但相关的礼仪可能有些微妙的差异。一般说来，墓室是私人性的空间，目前还没有足够的证据来证明古人

---

[1] 陈立撰，吴则虞点校：《白虎通疏证》下册，北京：中华书局，1994年，第556页。
[2] 中国社会科学院考古研究所、河北省文物管理处：《满城汉墓发掘报告》，北京：文物出版社，1980年，第10—37页。
[3] Wilma Fairbank and Kitano Masao（北野正男），"Han Mural Paintings in the Pei-yuan Tomb at Liao-yang, South Manchuria," *Artibus Asiae*, 17, no. 3/4 (1954), pp. 238-264; reprinted in Wilma Fairbank, *Adventure in Retrieval*, Cambridge, Massachusetts: Harvard University Press, 1972, pp. 143-180.
[4] 河北省文物研究所：《安平东汉壁画墓》，北京：文物出版社，1990年，第25—26页，图6、图版40。

有经常开启墓门到墓中设祭的风习[1]，墓内即使有成套的祭器，也可能是封墓之前一次性的祭典所用，或者仅仅是所谓的"永远的家"的组成部分。那些一般说来并不公开的、为死人而作的图像相对来说有更大的不确定性，因而在许多墓葬中并无死者画像，随葬品和墓壁上的画像只是围绕棺椁而设置。但祠堂则是一个对外展示的建筑，是公共性的空间，在祠堂的榜题中，也常常表现出对观者的关心[2]。祠堂的首要功能是为了设祭与纪念，许多祠堂都保存有祭案，因为与地下的死者隔离开来，所以墓主像必不可少。而祠堂内墓主像影响所及，可能就是后来庙堂之中常见的"影"像，除了偶像的功用以外，更突出了一种纪念性。

三 画像的禁忌

早期墓主画像见于文献记载的只有《后汉书·赵岐传》一例：

> （岐）建安六年卒。先自为寿藏，图季札、子产、晏婴、叔向四像居宾位，又自画其像，居主位，皆为赞颂。[3]

秦汉以来，生者营造寿藏并不罕见，但这段行文在时间上"倒装"，先叙述赵岐之死，又以一个"先"字转折，追记建墓画像之事，耐人寻味。其中似有两层意义，

---

[1]《后汉书·陈王列传》记"民有赵宣葬亲而不闭埏隧，因居其中行服二十余年，乡邑称孝"（北京：中华书局，1965年，第2159—2160页），则是一沽名钓誉之举。很多画像榜题反复出现"长就幽冥则决绝，闭圹（圹）之后不复发"（山东省博物馆、苍山县文化馆：《山东苍山元嘉元年画象石墓》，《考古》1975年第2期，第127页）、"千岁不发"（南阳地区文物队、南阳博物馆：《唐河汉郁平大尹冯君孺人画象石墓》，《考古学报》1980年第2期，第248页，图14，右）等文辞，有的还有严密的防盗措施，更是不易经常开启（杨爱国：《先秦两汉时期陵墓防盗设施略论》，《考古》1995年第5期，第436—444页）。
[2] 如东阿芗他君祠堂题记："观者诸君，愿勿贩（攀）伤，寿得万年。"（罗福颐：《芗他君石祠堂题字解释》，《故宫博物院院刊》总第2期，1960年，第180页）嘉祥永寿三年（158）石祠题记："唯诸观者，深加哀怜，寿如金石，子孙万年。牧马牛羊诸僮，皆良家子，来入堂宅，但观耳，无得琢画，令人寿。无为贼祸，乱及子孙。明语贤仁四海士，唯省此书，无忽矣。"（李发林：《山东汉画像石研究》，济南：齐鲁书社，1982年，第102页）
[3]《后汉书·吴延史卢赵列传》，第2124页。

其一，赵是受过党锢迫害的硕儒，他以自己的画像与古代名士并列，借古人以喻其志，表现他与俗流不合；其二，在墓中为自己画像，在当时可能是一种非常之举。因为与众不同，所以才会载入史册。所以说，这条被后世学者们（如张彦远）广泛引用的文献，可能在当时并不代表一种普遍的习俗。

文献所记有关汉代人物画的资料，以宫室之中画名臣列女诸事最为重要。武帝在甘泉宫绘受其宠爱却少卒的李夫人像[1]。教子有方的金日磾之母死后，武帝诏令图画其像于甘泉宫[2]。西汉甘露三年（公元前51），宣帝在长安未央宫麒麟阁召令画霍光、苏武等已故将帅之臣11人像，"法其形貌，署其官爵姓名"，与周宣王之名臣方叔、召虎、仲山甫3人画像相并列，表而扬之，明著中兴辅佐[3]。东汉明帝永平年间（58—75）又在洛阳南宫云台绘前世功臣28将及王常、李通、窦融、卓茂共32人[4]。熹平六年（177）灵帝思感旧德，图胡广、黄琼之像于省内[5]，又诏东观画高彪像"以劝学者"[6]。又为鸿都文学乐松、江览等32人画像立赞[7]。上述画像的目的，在于追功纪德，名著后世，以利教化。

皇帝下诏画像，对于地方官吏有很大影响，这类资料极多，仅《华阳国志》所记蜀地之事就有十余例，多是地方郡县府廷、学官或东观为忠臣孝子、贞女烈士画像[8]。这种风气甚至流被乡野，如延笃卒后，"乡里图其形于屈原之庙"[9]，蔡邕死于狱中后，"兖州、陈留间皆画像而颂焉"[10]。

值得注意的是，上述画像皆是在人死后所为。画像如树碑立传一样，成为纪功表扬的方式，是人死之后的"盖棺定论"，故《论衡·须颂篇》云："宣帝之时，画

---

[1]《汉书·外戚传》，第3935页。
[2]《汉书·霍光金日磾传》，第2960页。
[3]《汉书·李广苏建传》，第2468—2469页；《赵充国辛庆忌传》，第2994—2995页。
[4]《后汉书·朱景王杜马刘傅坚马列传》，第789—791页。
[5]《后汉书·邓张徐张胡列传》，第1511页。
[6]《后汉书·文苑列传》，第2652页。
[7]《后汉书·酷吏列传》，第2499页。
[8] 邢义田《汉代壁画的发展和壁画墓》一文摘录其史料极详备，见氏著：《秦汉史论稿》，台北：东大图书公司，1987年，第449—489页；修订本见氏著：《画为心声——画像石、画像砖与壁画》，北京：中华书局，2011年，第1—46页。
[9]《后汉书·吴延史卢赵列传》，第2108页。
[10]《后汉书·蔡邕列传》，第2006页。

图汉列士。或不在于画上者，子孙耻之。"[1]如赵岐那样在生前画像的做法虽非绝无仅有，但也十分少见。《后汉书·姜肱传》："桓帝乃下彭城，使画工图其形状。肱卧于幽暗，以被韬面，言患眩疾，不欲出风。工竟不得见之。"[2]又《朱穆传》注引谢承《后汉书》云："冀州从事欲为画像置听事上，穆留板书曰：'勿画吾形，以为重负。忠义之未显，何形象之足纪也！'"[3]有功之臣拒绝画像，除了自谦之外，或有更深层次的文化背景。

如前文所述，死者的画像在丧葬仪式中是灵魂的象征。与之相似，自古以来，人们对画像便存在一种禁忌，基于交感巫术原则的原始"咒杀术"曾在许多民族普遍流行，甚至在文明社会仍有其残余。如《战国策·燕二》："今宋王射天笞地，铸诸侯之象，使侍屏匽，展其臂，弹其鼻，此天下之无道不义。"《汉书·武五子传》："（江）充典治巫蛊……充遂至太子宫掘蛊，得桐木人。"[5]《后汉书·齐武王縯传》："王莽素闻其名，大震惧……使长安中官署及天下乡亭皆画伯升像于堑，旦起射之。"[6]又《历代名画记》卷五："（顾长康）又尝悦一邻女，乃画女于壁，当心钉之。女患心痛，告于长康，拔去钉，乃愈。"[7]此类故事虽近于荒诞，其观念背景却同属此端。又如《太平御览》卷三九六引《魏略》："(时)苗以初至任，欲谒（蒋）济。济素好酒，适会其醉，不能见苗，苗怨恨，还刻木为人，署曰：'酒徒蒋济'。立之于坛，旦夕射之。"[8]这种观念一直影响至近代，摄影术初传中国时，有人即认为摄影"非目睛之水，即人心之血"[9]，因而不敢照相。

生人的形象一旦以绘画或雕塑加以模拟，便有被人利用加以诅咒攻击的危险。而死后的地下世界更是可怕，《楚辞·招魂》云："魂兮归来！君无下此幽都些。土伯九约，

---

[1] 王充撰，黄晖集释：《论衡集释》（附刘盼遂集解），北京：中华书局，1990年，第851页。
[2] 《后汉书·周黄徐姜申屠列传》，第1750页。
[3] 《后汉书·朱乐何列传》，第1471页。
[4] 刘向集录，范祥雍笺证：《战国策笺证》，上海：上海古籍出版社，2011年，第1764页。
[5] 《汉书·武五子传》，第2742页。
[6] 《后汉书·宗室四王三侯列传》，第550页。
[7] 张彦远撰，秦仲文、黄苗子点校：《历代名画记》，北京：人民美术出版社，1963年，第112页。
[8] 李昉等：《太平御览》，北京：中华书局，1960年，第1831页。
[9] 陈申、胡志川等：《中国摄影史（1840—1937）》，台北：摄影家出版社，1990年，第66页。

其角觺觺些。敦脄血拇，逐人駓駓些。参目虎首，其身若牛些。此皆甘人，归来！恐自遗灾些。"[1] 这就使得生人的形象不能随意刻画在丧葬建筑之中，因而如赵岐所为，确乎惊世骇俗。这种死亡的禁忌，正可以解释几项考古发现中的特殊现象。

其一，前文提到的朝鲜德兴里墓分前后两室，其前室有墨书的墓志，由此可知死者为东晋所封幽州刺史、高句丽国小大兄□□镇，葬于公元409年。该墓后室为棺室[2]，其正壁绘一双人帷帐，帐中左半部绘墓主□□镇正面坐像，帐下右部仅绘一横长的榻，其上空白，未绘人物（图7）。从墓主像与右部空位的并列关系、帷帐两侧

图7a 朝鲜德兴里409年□□镇墓后室墓主像（采自朝鲜民主主义人民共和国社会科学院、朝鲜画报社：《德兴里高句丽壁画古坟》，第37页，图46）

图7b 朝鲜德兴里409年□□镇墓后室墓主像线图（郑岩绘图）

---

[1] 白化文等点校：《楚辞补注》，第201—202页。
[2] 该墓被盗，随葬品情况不明。

所绘鞍马与牛车,以及两室之间甬道左右壁所绘鞍马出行与牛车出行等线索分析,帐内的空位属于□□镇夫人。据中原地区的习俗,夫妇合葬一般要在墓志中记明二人去世或入葬的时间,而该墓墓志却只字未提其夫人的情况。因此可以认为,该墓男主人入葬时,夫人尚未亡故,因而不宜将其画像绘于墓中。

其二,1971年河北安平逯家庄发现的东汉熹平五年(176)壁画墓也有一值得注意的现象,据发掘者推断,此墓曾在入葬后不久经过有意识的公开毁坏,可能有一定的政治背景。在中室描绘墓主人出行场面的壁画中,"北壁下部主车及其前后的地方,明显地看出在毁墓时经过人为的破坏,好像主车遭到铁锤的几下猛击"。中室右侧室主像"眼部似受到捶击而剥落"(图8)[1],同时墓中的尸体也被肢解。这种现象说明毁墓者对死者怀有深刻的敌意,而破坏墓主画像仍是"咒杀术"的遗风,与"发墓剖棺,陈尸出之"[2]具有相同目的。

其三,反观早年存于山东金乡县的一座东汉晚期石祠(旧说为"朱鲔石室"),其内壁画像分为上下两列,均刻有宏大的宴饮场面,上部多头饰华美的女性,下部为男子,与武氏诸祠后壁画像所见楼阁上下男女主人的排列方式一致。以正壁为例,其上列人物为宾主杂坐、侍者进酒奉食的场面,而下部只刻画忙碌的侍者,主要的席位上却有大片空白(图9)。两侧壁上也有这种空白现象。费慰梅早年曾对该祠堂及其墓葬作过调查,并绘有墓葬的实测图(图10)[3]。这种形制的墓室,很可能是为同时安置数人(或是夫妇,或是几代人)而设计的,因而不妨推测祠堂内画像的空位是为当时的生者预留的。祠堂内的画像是"拟绘画"[4]的线刻,即使有后来的合葬,也可能以绘画的简便方式补加祠堂内画像,由于长年暴露于地上而漫失。当然,这种推测尚缺少直接的证据,暂备一说而已。

其四,河南密县打虎亭1号墓画像中所有的马车均不刻画辐与轮,即使鞍马齐

---

[1] 河北省文物研究所:《安平东汉壁画墓》,第14页。
[2] 《后汉书·朱乐何列传》,第1470页。
[3] Wilma Fairbank, "A Structural Key to Han Mural Art," *Harvard Journal of Asiatic Studies*, 7, no. 1(April 1942), pp. 52-88; reprinted in Wilma Fairbank, *Adventures in Retrieval*, pp. 87-140.
[4] 滕固:《南阳汉画像石刻之历史的及其风格的考察》,《张菊生先生七十生日纪念论文集》,上海:上海印书馆,1937年;转引自沈宁编:《滕固艺术文集》,上海:上海美术出版社,2003年,第280—292页。

墓主画像研究

图 8a（上） 河北安平逯家庄东汉壁画墓墓主像（采自河北省文物研究所：《安平东汉壁画墓》，图版 40）

图 8b（下） 河北安平逯家庄东汉壁画墓墓主像线图（采自河北省文物研究所：《安平东汉壁画墓》，第 25—26 页，图 6）

图 9　山东金乡东汉石祠正壁画像（Wilma Fairbank, *Adventures in Retrieval*, p. 119, fig. 9）

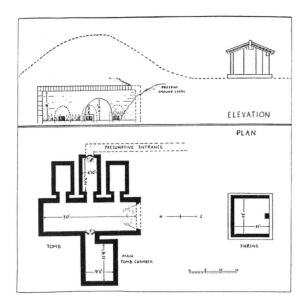

图 10　山东金乡东汉墓葬及石祠测绘图（Wilma Fairbank, *Adventures in Retrieval*, p. 137, fig. 15）

图 11　河南密县打虎亭 1 号东汉墓南耳室甬道西壁车马画像（采自河南省文物研究所：《密县打虎亭汉墓》，第 98 页，图 74）

备的车，也是腾空而起（图11）[1]。发掘者认为其中涉及某种禁忌，我猜测或许与某位尚未去世的亲属的姓名相关。

四　墓主画像与宗教偶像

本节拟从墓主画像的形式特征入手来观察其发展演化过程中一些相关的问题。

墓主画像在产生之初，多作侧面像，早期铭旌上的墓主像无一例外，均是侧面的形式（见图1—4），这种形式一直影响到东汉晚期（见图6b、18、19）。大约从两汉之际开始，特别是东汉晚期，出现了越来越多的正面像（见图8、12），至魏晋北

图12　山东诸城凉台东汉墓墓主画像（采自山东省博物馆、山东省文物考古研究所：《山东汉画像石选集》，济南：齐鲁书社，1982年，图版230，图547）

---

[1] 河南省文物研究所：《密县打虎亭汉墓》，北京：文物出版社，1993年，图73、74、77、78、80—83。

逝者的面具

朝时期的壁画中，大多数墓主画像演变为正面的形式。

金维诺曾谈到墓主侧面像的问题，认为："正侧面像，人物特点易于掌握，特别是处理群像的时候，都作正侧面像，可以平列，互相关系易于照应。"[1]巫鸿在武梁祠的研究中对于这两种构图形式有系统的分析，他认为传统的侧面的、不对称的构图为"情节式"，武梁祠中的孝子、列女、忠臣等故事性题材都属此类，"这种构图中的角色都是互相直接联系的，他们的姿势和运动，意在表现彼此的行为与反应。画面中人物的相互作用表现了一种叙事性，因而这种构图是闭合式的，它所表达的意义包含在画面本身的结构关系中……看画的人只是一位旁观者，而不是参与者"。而正面的、对称的西王母、东王公等画面则是"偶像式"，这两位正面的尊神"庄严肃穆，毫不理会两侧的侍从，其目光超越画面，直视观看者。而观看者的目光也被这一中心偶像直接引导到画面正中"。"中心人物不仅仅存在于整体画面中，它所表达的意义，同时又依靠外在的观看者来实现。实际上，这种开放式的构图的设计，即建立在有一位观者，并且他与偶像之间有着直接联系的假设上。"[2]

我们不妨将巫鸿的这种分类应用到墓主画像的研究上。略有不同的是巫鸿所划分的两类构图表现的是不同的主题，而本文中所说的侧面与正面的画面所表现的都是同一题材。然而如前文所述，墓主画像亦可分两类，一类偏重于叙事，一类发展为偶像式的"肖像"。在战国至西汉铭旌所见，则兼有两种功能。这两种功能的分流，最后导致了画面构图形式的转变[3]。武氏诸祠的墓主像是侧面的，而画像之前又设祭台，已突出地显露出叙事性格套与偶像性功能之间的矛盾。开放式的正面像强调画像与观者的交流，显然更适合于祭祀的礼仪。简言之，两汉以来，先秦宗法观念崩溃，祭祀重点由远祖转向近亲，加之孝的思想及有关制度流行，使得祭祀中越来越强调与死者的"交流"，因而新的正面形式占据上风也就成了大势所趋。

---

[1] 金维诺：《谈长沙马王堆三号汉墓帛画》，第43页。
[2] Wu Hung, *The Wu Liang Shrine: The Ideology of Early Chinese Pictorial Art*, Stanford: Stanford University Press, 1989, pp. 132-134.
[3] 我们在讨论早期花鸟画时，已初步涉及绘画构图形式与功能的关系问题，认为唐与五代花鸟画对称式的构图即与"装堂"、"铺殿"的功用有关。郑岩、李清泉：《看时人步涩，展处蝶争来——谈新发现的北京八里庄唐墓花鸟壁画》，(台北)《故宫文物月刊》总158号（1995年5月），第126—133页。

除了功能上的原因之外，在此我们更关心的是，这种正面的、反传统的形式本身从何而来？

正面的墓主像是偶像式的，然而中国上古时期素来缺乏对于偶像的崇拜。先师刘敦愿先生对此问题曾有过论述[1]，徐良高也持类似观点[2]。而张光直解释卜辞"商"字，则认为其上部"辛"字代表了祖先正面的主像[3]。凌纯声也认为："不可完全否定在中国文献和考古及民族学上，尚有许多刻木像人之主。"[4]但是，如辽宁牛河梁红山文化女神像[5]这样的考古发现毕竟是极少的现象，更难以与发生在汉代的墓主像的方向转换有直接联系。

春秋末期开始出现的刻纹铜器有许多表现宗教与战争的画面，但图像中的庙堂之上，也不见偶像，当死者画像出现于楚地时，确乎是前无古人。直到秦汉以后，统一的帝国才开始了姗姗来迟的造神运动。出现在马王堆1号墓帛画上部中央人身蛇尾的尊神，或被认作女娲，或被认作烛龙，但仍不是正面像，而是方向感模糊的半侧面（见图3）。土生土长的伏羲、女娲像自始至终也未成为正面的偶像。

值得注意的是西王母形象。西王母的传说虽在先秦即见于文献，但直至西汉晚期，才成为独尊的神明，受到广泛崇祀。西王母是司掌不死之药的女神，是各种神仙的主宰。东汉中晚期，与西王母相匹，又出现了东王公（或称东王父）的形象，前人多注意到这对神明是夫妇，其实如其名字所见，最为首要的是他们以慈祥的父母的身份出现于人们的宗教生活中。

早期的西王母像见于西汉卜千秋墓，尚是半侧面（见图5），后来大量的西王母都以正面端坐的形象出现于画面中（图13）。有的学者已意识到西王母的构图形式与墓主像的共同之处，如陈履生指出：

---

[1] 刘敦愿：《中国早期的雕刻艺术及其特点》，氏著：《美术考古与古代文明》，台北：允晨文化公司，1994年，第261—276页。
[2] 徐良高：《从商周人像艺术看中国古代无偶像崇拜》，中国社会科学院考古研究所：《考古求知集——'96考古研究所中青年学术讨论会文集》，北京：中国社会科学出版社，1997年，第334—352页。
[3] 张光直：《商城与商王朝的起源及其早期文化》，氏著：《中国考古学论文集》，台北：联经出版事业公司，1995年，第287—288页。
[4] 凌纯声：《中国古代神主与阴阳性器崇拜》，《中研院民族研究所集刊》1959年第8期，第23页。
[5] 辽宁省文物考古研究所：《辽宁牛河梁红山文化"女神庙"与积石冢群发掘简报》，《文物》1986年第8期，第1—17页。

图13 山东嘉祥宋山东汉西王母画像（采自《文物》1979年第9期，第3页）

  汉代神画中两对主神（指东王公、西王母与伏羲、女娲——引者注）的形象单元和神画中的其他形象以及现实生活中的有些形象存在着某些相似之处。……而东王公、西王母的形象单元更与汉画中众多的墓主人形象难以分辨，如山东邹县独山和滕县西户口画像石中的墓主人像和东王公、西王母一样拱手、梯几而坐，有的还戴胜杖。[1]

可以认为，正面墓主画像的流行，正是受到了西王母画像的影响。

正面的西王母像当然也不是凭空而降的。巫鸿认为这种对称的偶像式西王母像，在汉代人打通西域、幻想从西方求仙的背景下，极大地受到了来自印度的佛教造像的影响，因而与中国传统人物画的构图有着根本的差别[2]。

需加以说明的是，墓主像由侧面向正面的转化并非朝夕即成，东汉晚期，大量的墓主像仍顽强地延续着传统的侧面形式。直至北朝时期，这一转变才基本完成。而促成这一结果的外力，可能仍与宗教艺术相关。

---

[1] 陈履生：《神话主神研究》，北京：紫禁城出版社，1987年，第29页。
[2] Wu Hung, *The Wu Liang Shrine: the Ideology of Early Chinese Pictorial Art*, pp. 108-141.

如果说墓主画像是通过西王母像间接地受到了佛教艺术的影响，那么南北朝以后大量佛教造像的出现，则对作为世俗艺术的墓主像产生了更为直接的影响。人们在为父母亡灵起塔开窟、刻经造像的同时，许多佛教艺术的符号也会运用到墓主画像中来。墓主像坐于楼阁或帷帐之中，佛像则居于华盖之下，北朝敦煌的佛像有的也在阙门之下，二者都处于闭合的礼仪空间中；正面墓主像均为坐式，与佛像的跌坐也十分类似；墓主两侧僮仆恭立，恰与佛像

图 14　朝鲜德兴里 409 年□□镇墓前室墓主像（郑岩绘图）

两侧侍立的菩萨、弟子相似。这些形式方面的共性，既是二者沟通的前提，也会在沟通中进一步强化。具有说服力的是，德兴里墓的墓主像双耳下垂，异于常人，正是佛的相貌特征（见图7、14）[1]

东晋以后，墓主画像还有一些引人注目的变化，如朝鲜安岳发现的曾任前燕司马，后亡命高句丽的冬寿墓（357）（图15）和云南昭通东晋霍承嗣墓[2]中的墓主像，均是手执麈尾、怀抱隐几的形象。安岳与昭通相隔悬远，说明这些"道具"在当时普遍流行。魏正始以降，名士多执麈尾清谈，相沿成俗，麈尾成为名流雅器[3]；而三足的隐几，当时也被视为有"古风"的家具[4]。画面中墓主凭几执麈尾，正合当时风气。值得注意的是，北朝开始出现的道教天尊像除了总体特征抄袭佛造像外，也是手执麈尾、

---

[1]《佛说观佛三昧海经·观相品》："佛耳普垂埵，旋生七毛，轮郭众相。"见《大正藏》第 15 册，经集部二。
[2] 云南省文物工作队：《云南省昭通后海子东晋壁画墓清理简报》，《文物》1963 年第 12 期，第 1—6 页。
[3] 孙机：《诸葛亮拿的是"羽扇"吗？》，孙机、杨泓：《文物丛谈》，北京：文物出版社，1991 年，第 171—178 页。
[4] 杨泓：《隐机》，孙机、杨泓：《文物丛谈》，第 263—266 页。

图 15 朝鲜安岳 375 年冬寿墓墓主像（Kim Lena, *Koguryo Tomb Murals*, Seoul: ICOMOS-Korea, Culture Properties Administration, 2004, p.8）

图 16 北周李要贵造天尊像（郑岩绘图）

怀拥隐几的形象（图16）[1]。据此可以推测，在当时的家庙祠堂中，不难见到许多亡故的先人画像，形象即如今天所能见到的墓内画像一般，当时的工匠往往也兼长宗教艺术与世俗艺术的多种题材，那么，天尊像的造型除了取自生活中的道长法师形象外，直接受到这些现成的艺术品的影响，也是不无可能的事情。

---

[1] 图 16 为李要贵等供养天尊像，北周天和二年（567）造，日本东京艺术大学藏。照片见金申：《中国历代纪年佛像图典》，北京：文物出版社，1994年，第294页。

五　墓主画像的写实问题

　　墓主画像指向的是特定的人物，因而应具备了肖像画的某些特征[1]。美术史家已注意到对中国古代肖像画写实问题的研究，针对汉代的资料，就有两种截然不同的观点。如长广敏雄对汉代肖像画的写实水平有较高的估计[2]。而邢义田则认为：

> 基本上来说，汉代画像有大量须要显示身份的人物。可是当时的石匠似乎无意就人物作惟妙惟肖的个性刻画，使人一望即知所刻画的是某一特定人物。他们通常借助榜题、衣饰特征（如子路）或其他布局上格套化的安排（如二桃杀三士）。秦汉的造型艺术中有相当写实的作品，但没有真正刻或画的肖像。秦始皇陵的陶俑和阳陵的陶俑，面目不同，但仍不脱若干模式人像的重复出现。《西京杂记》说长安的画工图写人形，可以"好丑老少，必得其真"，但是以目前可考的汉画来说，还没有见到这样的作品。[3]

　　长广敏雄所依据的主要是文献资料，而邢义田的结论则是从对图像资料的分析得出，虽然邢文中对"写实"、"肖像"等概念的表述与本文有些差别，但我认为邢说是接近事实的。

　　所谓写实或肖似，应以画像与所描绘的对象相对比而言，简单地说即画像应与被画的人具有相同的相貌或体态特征。具体到早期墓葬中的墓主画像，因为图像资料丰富，这个问题就能在一定程度上得到验证了。

---

[1] 西方绘画中的 portrait 和 portraiture，中文一般译作"肖像"或"肖像画"。但"肖像"或"肖象"在中国古代文献中最初并非指画像。《淮南子·氾论训》："嫌疑肖象者，众人之所以眩耀。"高诱注："肖象，似也。"（刘文典：《淮南鸿烈集解》，北京：中华书局，1989年，第451页）现代学者一般借用"肖像画"的概念来研究中国古代的"传神"、"写真"、"写照"等人物绘画。关于中国艺术中"肖像画"定义的讨论，见 Audrey Spiro, *Contemplating the Ancients*, University of California Press, 1990, pp. 1-11. 在单国强《肖像画历史概述》（《故宫博物院院刊》1997年第2期，第59—72页）一文中，这一概念也较为宽泛。本文所使用的"肖像画"一词意义更为严格，仅指真实存在的特定人物的画像，不包括虚构的、文学性人物或历史人物（如列女、孝子、竹林七贤等）。肖像画的目的在于表现人物，而非情节和事件。墓主画像描绘了真实存在过的人物，虽然在表现个性特征方面缺乏建树（详下文），但仍可在肖像画的范围内进行研究。
[2] 长广敏雄：《漢代肖像化の精神史背景》，氏著：《中国美術論集》，东京：平凡社，1984年，第183—197页。
[3] 邢义田：《汉代画像内容与榜题的关系》，（台北）《故宫文物月刊》总161号（1996年8月），第71—83页；修订本见氏著：《画为心声——画像石、画像砖与壁画》，第67—91页。这段文字据修订本第82页。

我们不妨观察两组汉代画像。一组是山东临沂金雀山9号墓和近年来出土的金雀山民安工地4号墓两座西汉墓中铭旌上的墓主像（图17），二者风格十分一致，很像是出自同一批画工之手。另一组是嘉祥武氏祠和宋山祠堂、南武山祠堂正壁的墓主像（图18、19）[1]，简·詹姆斯（Jean M. James）认为武氏祠和宋山祠堂是出自同一作坊的作品[2]。很显然，这两组画像分别有同样的画稿[3]，因而落入了千人一面的格套。

成书于东汉后期的早期道教理论著作《太平经》卷三十六"事死不得过生法"在谈及墓中画像时，就已明确指出："生者，其本也；死者，其伪也。何故名为伪乎？实不见睹其人可欲，而生人为作，知妄图画形容过其生时也，守虚不实核事。"[4]可知这种过分夸张、虚妄不实的做法是当时一般常见的现象。

邢义田还指出："即使曾有画工有写真的本事，并不表示一般的画工都有此能力，也不意味着当时的风尚真的在乎惟妙惟肖。"[5]邢文重点不在于论述

图17a　山东临沂金雀山西汉9号墓帛画中的墓主像（采自《文物》1977年第11期，封二）
17b　山东临沂金雀山民安4号墓帛画中的墓主像（郑岩绘图）

---

[1] 蒋英炬、吴文祺：《汉代武氏墓群石刻研究》，济南：山东美术出版社，1995年，图版22—24；济宁地区文物组等：《山东嘉祥宋山1980年出土的汉画像石》，《文物》1982年第5期，第67页；朱锡禄：《嘉祥汉画像石》，济南：山东美术出版社，1992年，第61页，图78。

[2] Jean M. James, *An Iconographic Study of Two Late Han Funerary Monuments: The Offering Shrine of the Wu Family and the Multichamber Tomb at Holinger*, Ph.D. dissertation, the University of Iowa, 1983, pp. 268-286.

[3] 学者们普遍承认汉代存在画稿。《汉书·艺文志》提及"《孔子徒人图法》二卷"。最早注意这一文献的为包华石（Martin Powers），见 Martin Powers, "Pictorial Art and its Public in Early Imperial China," *Art History*, vol. 7, no. 2, (1984) p. 141。邢义田也指出："这是文献所载汉代图谱最明确和几乎唯一的例证。"见氏著《汉代壁画的发展和壁画墓》，《画为心声——画像石、画像砖与壁画》，第38页。

[4] 王明：《太平经合校》上册，北京：中华书局，1960年，第53页。

[5] 邢义田：《画为心声——画像石、画像砖与壁画》，第82页。

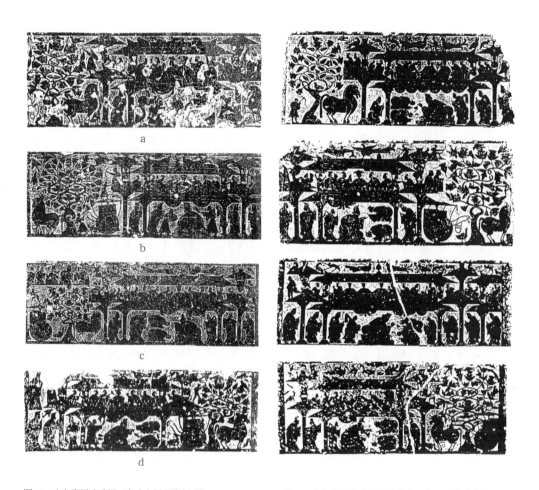

图 18 山东嘉祥武氏祠、南武山祠堂墓主画像
a. 武梁祠（采自朱锡禄：《武氏祠汉画像石》，济南：山东美术出版社，1986 年，第 17 页，图 7）
b. 武氏祠前石室（采自《武氏祠汉画像石》，第 20 页，图 11）
c. 武氏祠左石室（采自《武氏祠汉画像石》，第 61 页，图 60）
d. 南武山祠堂（采自朱锡禄：《嘉祥汉画像石》，第 61 页，图 78）

图 19 山东嘉祥宋山小祠堂墓主画像（采自《嘉祥汉画像石》，第 50—53 页，图 62—65）

"当时的风尚"如何，而对其文化背景的研究正是解决问题的关键之所在。就墓主画像而言，是否肖似逼真，关键不在于画家的能力能否企及，而在于当时人们的观念中有无写实的要求；而这种要求的有无，又会作用于写实技法的发展。

逝者的面具

通过本文前几部分的论述，我们至少可以从三个方面来阐明墓主画像中古人的观念与写实风格的关系。其一，墓主画像作为死者灵魂的象征，并不要求对人物的面形、五官作细致入微的刻画，只要粗具其形，即能满足祭奠礼拜的需要。其二，普遍存在的画像禁忌，使画家的创作与所描绘的对象分离开来，使得写生（古人称作"实对"）不可能成为普遍采用的绘画方式。其三，受宗教造像的影响，墓主画像也必然如神像一般，有程式化的倾向。在这种背景下，订画者对画像并没有写实的要求，因而画家精审入微的观察力就成了屠龙之术。

长广敏雄曾认为，汉代相马术与相人术都十分流行，画家由此可以对不同的人作细致的观察，因而也可以创作出十分写实的肖像画。这一论断也难以成立。相人术将人的面形、五官人为地划分成不同的类型，并附会以种种贵贱祸福命运的臆断，如果这一理论为画家接受[1]，其结果必然是力图把人物画得尽善尽美，满面富贵之相。

许多学者曾引征西汉宫廷画家为王嫱等宫女画像之事来说明汉代人物画的写实水平。这一故事流传广远，甚至也被《历代名画记》等画史援引。其最初则见于《西京杂记》卷二，谓昭君出塞是因画工丑画其形，元帝误选[2]。《西京杂记》传为汉人刘向所作，而后人更倾向于认为是晋人葛洪所为。该书多记宫廷轶闻、高文奇技等事，搜神猎奇，不可全部据以为信史。关于王嫱出塞一事，《汉书·元帝纪》谓元帝赐嫁[3]，《后汉书·南匈奴列传》称王嫱在宫中不得宠幸而自请出行[4]。而《西京杂记》所言，当时的人物画像几近于摄影术，恐不足信。

然而，这一故事在汉代或稍后被编造出来，即使是一个幻想，也反映了一个事实，即当时人们在某种意义上也有了画像求其逼真的愿望。这种愿望在魏晋之后，经

---

[1] 相术的理论很可能会影响到画家的观察与训练方式。可以举一个年代较晚的例子来说明这一点，如清人丁皋所著《写真秘诀》中谈及创作过程，常常以地理形貌与人的生理结构对比，大量借用相面术的词汇。法国学者德罗绘（Hubert Delahaye）首先注意到这一问题，见氏著《肖像画》一文，龙巴尔、李学勤主编：《法国汉学》第1辑，北京：清华大学出版社，1996年，第116—130页。
[2] 向新阳、刘克任校注：《西京杂记校注》，上海：上海古籍出版社，1991年，第67页。
[3] 《汉书》，第297页。
[4] 《后汉书》，第2940页。

顾恺之等一批画家的努力，使得肖像画发展到了成熟的阶段[1]。关于这种审美趣味转换的原因，不是本文讨论的内容。在魏晋南北朝，由于画家写实技巧的提高，墓主像也有趋于精细的倾向，如冬寿墓墓主像，用笔设色均十分精到，连毛发都根根绘出（见图15），与时代相近的嘉峪关曹魏段清墓进食图[2]、昭通霍承嗣墓主人像的那种简约拙朴的风格大异其趣。有的学者认为冬寿墓画像很可以代表当时肖像画的水平，但是这类风格精细的作品是否为墓主本人形象的真实图写，仍是值得认真思考的。

为说明问题，不妨再次援引风格与冬寿墓画像相近的朝鲜德兴里墓内墓主像加以讨论。该墓只葬有□□镇一人，但除了上文所举的后室墓主画像外（见图7），在前室还有另一幅墓主坐像（见图14）。对照相关的其他画像分析，这两幅画像所描绘的为同一人，但二者的面目特征却有明显的差异，连脸形的方与长、胡须的疏与密这样最表层的指标都不一致。我们无法根据这两幅不同的画像去复原同一人的形貌。

其实，冬寿画像的风格，早在东汉晚期的安平逯家庄墓主画像已见端倪。如果将安平墓、冬寿墓、德兴里墓的四幅墓主像进行比较，则不难看出这些出自不同画家之手的作品均大同小异，画中人物无不面容方正、神情端庄肃穆，明显地具有程式化的特征（见图7、8、14、15）。直至河北磁县东魏武定八年（550）茹茹邻和公主间叱地连墓的墓主像（图20）[3]，其面目特征仍很难与众侍女分别开来。

图20　河北磁县东魏茹茹邻和公主间叱地连墓墓主像（采自《文物》1984年第4期，第15页）

---

[1] 据上引单国强文对中国肖像画历史的分期。
[2] 甘肃省文物工作队、甘肃省博物馆、嘉峪关文物管理所：《嘉峪关壁画墓发掘报告》，北京：文物出版社，1985年，图版五八，1。
[3] 汤池：《东魏茹茹公主墓壁画试探》，《文物》1984年第4期，第15页。

在社会普遍奉循的价值观的影响下，墓主画像中被夸大的形体、华美的衣冠、楼阁、帷帐、屏风、凭几、麈尾，成为画工们热衷刻画的一些通用的符号，以表现出死者的尊贵、生活富华及其尚玄好古的精神追求。这些为了迎合死者亲朋故交的口味而加以美化的肖像，与充斥着漫天溢美之辞的墓志封存于死者的墓室中，它们如同汉代以来墓葬内大量所谓"现实生活"题材画像一样，仅仅是事实的折射，而不是事实本身。

可见，传统的观念与格套自始至终控制着墓主画像的发展，不仅战国与两汉画像有着千篇一律的标准形式，即使魏晋以后有不少画像风格趋于精细，也仍与顾恺之等人提倡的写真传神有着较大的距离，试图以考古发现的这类民间艺术资料来直接验证文献记述的专业画家的种种绘画理论的简单做法，也是难以有说服力的。

附　记

本文原刊于山东大学考古学系编《刘敦愿先生纪念文集》（济南：山东大学出版社，1998年，第450—468页），是我1997年初在芝加哥大学美术史系进行访问研究时的一篇习作。文章初稿得到巫鸿教授和汪悦进教授的指教。

十多年过去了，现在重读旧作，颇感粗陋。但该文发表后，屡为其他研究者所引用，木已成舟，难以推倒重来。此次重刊，只在文字和注释体例上进行了订正，在此将有关问题附带作些说明。这个题目是我在阅读朝鲜德兴里高句丽壁画墓报告时偶然联想到的，一动笔就发现问题很复杂，但是限于当时的学力，还是将问题简单化了。如果说这篇文章还有些意义的话，或者可以说它提出了一些问题，引起了学者们对于这个问题普遍的关注，但距离问题的解决还很远。

文章谈到了墓主画像的演变和功能、正面像的形成过程和文化背景、汉代生者不画像的禁忌，以及这类绘画的非写实性等。到目前为止，我还没有改变这些基本的看法，但必须说明的是，新的考古发现已对其中的某些解释提出了挑战。例如2000

年清理的陕西旬邑县百子村东汉墓[1]题记说明，东汉晚期的个别墓葬在建成之后和下葬之前，很可能曾有一段时间对公众开放。这样，对墓葬壁画的观者、功能和题材，就要在一定意义上做出新的解释[2]。该墓另一个特别的现象是在后室出现了"画师工"和"画师工夫人"的形象。画师工很有可能就是壁画的作者，那么，这就与我以前所说的汉代人生前不画像的结论相矛盾。"画师工"的像可以理解为自画像，也可以理解为死者手下的一类匠师。尽管这是个很特别的例子，但是它却提醒我们注意类似问题的复杂性。此外，与这个问题相关，姜伯勤还专题研究了唐代寺院的"影堂"，列举了很多唐人生前画像的实例[3]。雷闻汇集了大量隋唐时期寺观中供奉当朝皇帝像的材料[4]。实际上，直到宋代，乃至很晚近的时代，生前可否画像，在民间一直有不同的看法。关于这一点，我后来在一本通俗性小册子中略有涉及[5]。

这次一并收入本书的关于北齐徐显秀墓和北周康业墓墓主画像的有关研究是后来沿着这篇文章的问题发展出的习作。近年来，柴生芳[6]、田立坤[7]、刘未[8]、游秋玫[9]、李零[10]、巫鸿[11]、张鹏[12]、李清泉[13]和古田真一[14]等学者也相继对这一问

---

[1] 有关报道见陕西省考古研究所：《陕西旬邑发现东汉壁画墓》，《考古与文物》2002年第3期，第76页；Susanne Greiff, Yin Shenping, *Das Grab des Bin Wang: Wandmalereien der Östlichen Han-zeit in China*, Verlag des Römisch-Germanischen Zentralmuseums in Kommission bei Harrassowitz Verlag · Wiesbaden, Mainz, 2002.
[2] 关于这一材料的讨论，见本书《关于汉代丧葬画像观者问题的思考》一文。
[3] 姜伯勤：《敦煌艺术宗教与礼乐文明》，北京：中国社会科学出版社，1996年，第77—86页。
[4] 雷闻：《郊庙之外——隋唐国家祭祀与宗教》，北京：生活·读书·新知三联书店，2009年，第115—133页。
[5] 郑岩：《中国表情——文物所见古代中国人的风貌》，成都：四川人民出版社，2004年，第146—155页。
[6] 柴生芳：《東魏北齊壁畫墓の研究——正面向き墓主像を中心として》，《美術史論集》第2号，神户大学美术史研究会，2002年2月，第11—25页。
[7] 田立坤：《袁台子壁画墓的再认识》，《文物》2002年第9期，第41—48页。
[8] 刘未：《辽阳汉魏晋壁画墓研究》，吉林大学边疆考古研究中心编：《边疆考古研究》第2辑，北京：科学出版社，2003年；刘未：郑岩《魏晋南北朝壁画墓研究》书评，广州：中山大学艺术史研究中心编：《艺术史研究》第5辑，广州：中山大学出版社，2003年，第518—520页。
[9] 游秋玫：《汉代墓主画像的图像模式、功能与表现特色》，台北：台湾大学艺术史研究所硕士论文，2007年。
[10] 李零：《中国古代的墓主画像——考古艺术史笔记》，《中国历史文物》2009年第2期，第12—20页。
[11] Wu Hung, *The Art of the Yellow Springs: Understanding Chinese Tombs*, Honolulu: University of Hawai'i Press, 2009, pp. 68-84.
[12] 张鹏：《勉世与娱情——宋金墓葬壁画中的一桌二椅到夫妇共坐》，巫鸿、郑岩主编：《古代墓葬美术研究》，北京：文物出版社，2011年，第313—328页。
[13] 李清泉：《墓主夫妇"开芳宴"与唐宋墓葬风气之变——以宋金时期的墓主夫妇对坐像为中心》，第二届古代墓葬美术研究国际学术会议论文，北京，2011年9月。
[14] 古田真一：〈中国壁画墓における墓主人の表現をめぐつて—昇仙から墓主宴飲図へ—〉，徐光冀総監修，古田真一監修、翻訳：《中国出土壁画全集》别卷，东京：科学出版社东京株式会社，2012年，第7—23页。

逝者的面具

题发表了自己的见解,都值得重视。

本文基本上局限于墓主正面像的问题,但还没有真正说明这些作品及相关的文化现象在中国美术史上的意义。要解决这个问题,有必要将视野放得更宽。从文献来看,可能在东周时期就出现了题材丰富的殿堂壁画,但是画像大量出现于墓葬中,应是从汉代开始的。与先秦墓葬中的艺术品进行比较,汉代丧葬建筑中画像艺术最引人注目的变化是,大量人物题材取代了青铜时代的动物形象,图像神秘的色彩逐渐褪去,人物越来越成为艺术的主题。这一变化的原因是多方面的,一个不可忽视的因素是社会关系和结构的变化。正是在这一时期,西周以来以血缘为基础的宗法制被破坏,小农经济的建立使得社会的基本单位成为小的核心家庭。商周时期对于远祖的尊崇转化为对于近亲的祭祀,孝的观念深入人心。因此比起以前,这时期的墓葬更突出了个人化的特征。墓葬内的画像所强调的重点不再是死者与祖先或家族的关系,而是死者个人的形象。死者是墓葬的主角,是各种艺术题材中最核心的内容。从某种意义上说,几乎一切内容都围绕着塑造墓主的形象来展开。其图像的设计在服从于社会通行的丧葬观念的同时,更与死者个人需求相关。

汉代人显然在这个艺术课题上有过种种的试验,因此除了正面像,我们还应注意到其他形式的墓主形象。如内蒙古和林格尔小板申墓壁画以车马行列和城池、官府来表现墓主的经历,如河北望都所药村墓壁画以属吏表现墓主的地位与威仪,或者以其他更丰富的题材来表现墓主和赞助人心中的种种天理与人欲,所有这些形式,无不是对墓主形象的塑造。这些墓葬都不是皇室或高级贵族墓,而更具有民间色彩,彼此之间缺乏制度的约束,直到壁画和画像石鼎盛的东汉晚期,也未见统一的规制出现,往往表现出很大的自由度,画工和赞助人有着较大的发挥余地。魏晋以后,汉代墓葬画像中塑造墓主形象的种种方案或被继承,或被淘汰,同时新的文化因素又加入进来。至东魏北齐时期,出现于京都邺城一带的许多大墓逐渐形成了官方系统的规制,但壁画中正面的墓主像、或简或繁的出行题材仍是不可或缺的内容。如此说来,以墓主形象为核心的汉代丧葬美术的确在很大程度上可以反映出两汉前后中国美术史的一些关键性的变化,对于这个问题,或有必要作进一步的讨论。

墓主画像的传承与转变

——以北齐徐显秀墓为中心

我曾以汉代材料为中心,初步讨论了中国古代墓葬中墓主画像的相关问题[1]。近年来,又有不少新的考古材料陆续公布,例如,2000—2002年发掘的山西太原王家峰北齐武平二年(571)司空武安王徐显秀墓壁画即是其中重要的一项[2]。根据这类新材料,我们可以将以前提出的一些问题加以深化和延伸。

徐显秀墓坐北朝南,是一座带长斜坡墓道的单室墓(图1)。墓室四壁略内弧,正壁绘墓主夫妇像和男女侍从,左右两壁绘牛车、鞍马,穹隆状的墓顶绘天象、神

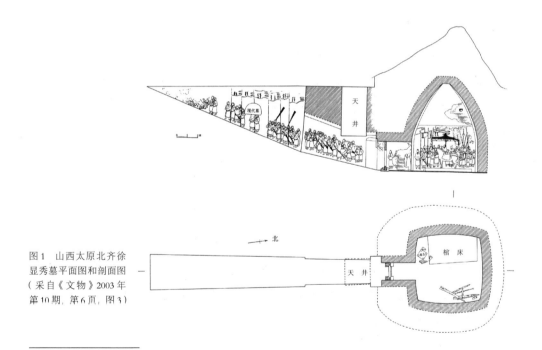

图1 山西太原北齐徐显秀墓平面图和剖面图(采自《文物》2003年第10期,第6页,图3)

---

[1] 参见本书《墓主画像研究》一文。
[2] 山西省考古研究所、太原市文物考古研究所:《太原北齐徐显秀墓发掘简报》,《文物》2003年第10期,第4—40页、封面、封二、封底;太原市文物考古研究所:《北齐徐显秀墓》,北京:文物出版社,2005年。

图 2　山西太原北齐徐显秀墓墓室壁画展开示意图（采自《文物》2003 年第 10 期，第 16 页，图 20）

兽，墓门两侧和甬道绘门吏，长斜坡墓道的北壁绘门楼，两壁为仪仗鼓吹和神兽（图 2）。本文试图从两个层面来观察该墓中的墓主画像。其一，墓室、甬道和墓道的壁画依赖于墓葬建筑结构，形成一个完整有机的图像系统，其中心是墓主画像，因此，我们可以在整体观察这个系统内各部分壁画之间关联的基础上思考墓主画像的意义；其二，墓室内的墙面开阔平整，对于画工来说，这些长方形的壁面如同巨幅绢帛，我们有理由相信每一面墙上的壁画是单独绘制的[1]，因此，也可以将描绘墓主形象的正壁当作一个相对独立的单元来讨论。除了观察这两个层面的图像特征，我同时也将注意讨论与这些特征相关的历史与文化背景。

一

徐显秀墓墓室北壁壁画中的人物多达 26 人，中央绘墓主夫妇手执漆杯正面端坐于帷帐中，目光直视前方，分列两侧的众多男女侍从或手捧饮食器皿，或演奏乐器，或奉持扇盖等仪仗，场面宏大（图 3）。

---

[1] 该墓正壁与左右两壁的画面虽然在题材上关联，但转角处的人物形象彼此并没有严密的衔接或过渡。牛车、鞍马位置左右颠倒，与正壁的墓主夫妇像不对应，或是受到现成画稿的局限。

图 3　山西太原北齐徐显秀墓墓室北壁壁画（采自《文物》2003 年第 10 期，第 21 页，图 29）

这是墓葬壁画中一种传统的题材和构图，北齐墓中与之类似的画像已有多例发现，如太原王郭村武平元年（570）东安王娄睿墓墓室正壁绘墓主夫妇肖像[1]；济南马家庄武平二年（571）祝阿县令□道贵墓北壁绘墓主正面端坐于屏风前[2]；河北磁县东槐树村武平七年（576）左丞相文昭王高润墓正壁绘墓主坐于帷帐中的正面像[3]；太原第一热电厂北齐墓正壁绘三位女子正面端坐于帷帐中（图 4）[4]，最近报道的山西朔州水泉梁北齐墓正壁也绘有墓主夫妇帐下的坐像[5]。

由此上溯，年代略早的磁县大冢营村东魏武定八年（550）茹茹公主闾叱地连墓

---

[1] 山西省考古研究所、太原市文物考古研究所：《北齐东安王娄睿墓》，北京：文物出版社，2006 年，图 57。
[2] 济南市博物馆：《济南市马家庄北齐墓》，《文物》1985 年第 10 期，第 42—48 转 66 页。
[3] 磁县文化馆：《河北磁县北齐高润墓》，《考古》1979 年第 3 期，第 235—243 转 234 页。
[4] 山西省考古研究所、太原市文物管理委员会：《太原南郊北齐壁画墓》，《文物》1990 年第 12 期，第 1—10 页。
[5] 山西省考古研究所、山西省博物馆、朔州市文物局、崇福寺文物管理所：《山西朔州水泉梁北齐壁画墓发掘简报》，《文物》2010 年第 12 期，第 26—42 页。

图4 山西太原第一热电厂北齐墓墓室北壁壁画（采自《文物》1990年第12期，第9页，图4）

正壁绘墓主及侍女立像[1]，但墓主形象不甚明确。北魏墓中正面墓主像较为常见，在迁洛之前的墓葬中，山西大同沙岭太延元年（435）任侍中、平西大将军等职的破多罗氏父母合葬墓正壁绘墓主夫妇像，所出土的漆棺残片中也可见同样格局的墓主像（图5）[2]。大同马辛庄和平二年（461）散骑常侍选部尚书安乐子梁拔胡夫妇墓的正壁也绘有类似形式的墓主像[3]。宁夏固原雷祖庙北魏墓漆棺[4]、大同智家堡北魏石椁[5]和山西榆社河洼村北魏神龟年间（518—520）方兴墓石棺[6]上的墓主像也值得注意。在河南洛阳地区北魏晚期墓葬中，孟津北陈村太昌元年（532）安东将军王温墓左壁绘一房屋内墓主夫妇在帷帐中的坐像[7]，沁阳西向粮管所石棺床围屏上也刻有墓主夫妇在屏风前的正面坐像[8]。

这类正面墓主像还有更早的渊源，如云南昭通后海子东晋霍承嗣墓（图6）[9]和北京石景山区八角村魏晋墓石椁（图7）[10]都有墓主手持麈尾、怀拥凭几的画像。在辽阳地区，这种画像可以追溯到东汉，最初只绘男墓主像，曹魏以后又增加了女主人

---

[1] 磁县文化馆：《河北磁县东魏茹茹公主墓发掘简报》，《文物》1984年第4期，第1—15页。
[2] 大同市考古研究所：《山西大同沙岭北魏壁画墓》，《文物》2006年第10期，第4—24页。
[3] 国家文物局主编：《2009中国重要考古发现》，北京：文物出版社，2010年，第106—111页。
[4] 宁夏固原博物馆：《固原北魏墓漆棺画》，银川：宁夏人民出版社，1988年，图版1。
[5] 王银田、刘俊喜：《大同智家堡北魏墓石椁壁画》，《文物》2001年第7期，第40—51页。
[6] 王太明：《榆社县发现一批石棺》，山西省考古学会等编：《山西省考古学会论文集（三）》，太原：山西古籍出版社，2000年，第119—122页。
[7] 洛阳市文物工作队：《洛阳孟津北陈村北魏壁画墓》，《文物》1995年第8期，第26—35页。
[8] 周到主编：《中国画像石全集》第8卷，郑州、济南：河南美术出版社、山东美术出版社，2000年，图79—85。
[9] 云南省文物工作队：《云南省昭通后海子东晋壁画墓清理简报》，《文物》1963年第12期，第1—6页。
[10] 石景山区文物管理所：《北京市石景山区八角村魏晋墓》，《文物》2001年第4期，第54—59页。有学者认为八角墓的年代可晚到北魏（田立坤：《袁台子壁画墓的再认识》，《文物》2002年第9期，第45—46页），也有人认为在西晋晚期至十六国初期（倪润安：《北京石景山八角村魏晋墓的年代及墓主问题》，《故宫博物院院刊》2012年第3期，第37—61页）。

墓主画像的传承与转变

图 5 山西大同沙岭北魏破多罗氏夫妇合葬墓漆棺画像（采自《文物》2006 年第 10 期，第 13 页，图 19）

图 6 云南昭通东晋霍承嗣墓北壁壁画（采自《文物》1963 年第 12 期，图版 1）

图7　北京市石景山区八角村魏晋墓石椁正壁壁画（采自《文物》2001年第4期，封二）

像，多绘在耳室侧壁，地位次于男主人。在多人合葬墓中往往有多套墓主夫妇画像。这种题材还影响到辽宁朝阳地区的三燕墓、吉林集安和朝鲜境内的高句丽墓[1]。发现于朝鲜安岳，曾任前燕司马，后亡命高句丽的冬寿墓（357）的墓主像风格细腻[2]，曾为许多研究者所注意。早到东汉晚期的例子比较重要的还有河北安平逯家庄东汉熹平五年（176）墓[3]、山西夏县王村墓[4] 所见墓主像等。

然而，以徐显秀墓为代表的北齐墓并不是被动地延续了墓主正面像的传统，其间的变化更值得注意。在上述时代早于北齐的墓葬中，墓主正面像或有或无，在墓中的位置也不十分固定。似可推断，在墓室正壁绘墓主正面像是北齐时期才最后形成的

---

[1] 东北地区及朝鲜所发现墓主像的综合讨论，见田立坤：《袁台子壁画墓的再认识》，第44—45页。
[2] 宿白：《朝鲜安岳所发现的冬寿墓》，《文物参考资料》1952年第1期，第101—104页；洪晴玉：《关于冬寿墓的发现和研究》，《考古》1959年第1期，第27—35页。
[3] 河北省文物研究所：《安平东汉壁画墓》，北京：文物出版社，1990年，第25—26页。
[4] 山西省考古研究所、运城地区文化局、夏县文化局博物馆：《山西夏县王村东汉壁画墓》，《文物》1994年第8期，第39页。

图 8 河北安平逯家庄东汉墓中室壁画（采自河北省文物研究所:《安平东汉壁画墓》,图版 2）

定制。我们可以通过几个例子观察不同时代墓主画像在墓葬中位置和意义的差别。

安平逯家庄东汉墓的墓主像绘制在中室右侧室南壁上，旁边绘男女侍者，东壁和通往前室右侧门道南壁的西部绘有四位前来谒见的属吏，西壁绘伎乐，北壁东侧绘门卒，与墓主像相对的北壁西侧绘庄园建筑。值得注意的是，位于该墓中轴线上的中室四壁自上而下绘有四组场面浩大的车马行列（图 8），这是表现墓主身份地位的另一种形式。如果细心分辨，可以在每一组的行列中找到墓主所乘坐的主车[1]。也就是说，墓主的形象在壁画中出现了多次，至少包括了两种不同的形式。他们彼此的关系还值得进一步研究，可以肯定的是，绘有墓主帐下正面像的侧室，是独立于墓葬中轴线以外的一个相对封闭、自成系统的空间，其中的墓主像并没有在整座墓葬的壁画中占据主导地位。

---

[1] 在内蒙古和林格尔小板申墓，可以看到多幅规模不等的出行图，表现墓主生前职官升迁的经历。但逯家庄墓四层车马出行图的级别差别不大，发掘报告认为"这可能是只描写墓主人在一生中最值得纪念的事迹"。河北省文物研究所:《安平东汉壁画墓》，第 24 页。

图9 山西夏县王村东汉墓前室正壁画像（采自《文物》1994年第8期，第39页，图12）

夏县王村墓所见正面墓主像也绘于帷帐中，旁边还有"安定太守裴将军"的题记（图9）。与逯家庄墓不同的是，这幅画像与其上部的车马出行图并列绘制在正对甬道的前室正壁中部。这一位置基本处于墓室中轴线上，从而使得横长的前室转换为一个以祭祀为中心的仪式性的"堂"；而安置死者夫妇尸骨的后室未发现壁画，则是更为隐秘的"寝"。这种格局在河北满城西汉中山王刘胜墓中也可以见到，其面积最大的前室设置了两具帷帐以及众多的祭品，而封闭的后室安放着死者的棺椁[1]。

与安平逯家庄墓类似，辽阳地区东汉晚期到魏晋时期的墓主像也出现于侧室。这一地区流行数代人合葬的习俗，因此墓葬中多套墓主像共存，并分别安置在不同侧室中的现象就不难理解。一个大家庭是由多个以夫妻为单位的小单元构成的，这种社会关系在墓葬建筑和壁画中表现了出来。这些相对独立的墓主像及其所在侧室，构成了一个个单独的礼仪空间，暗示出与死者遗体保持一定距离的祭祀活动的存在。这种祭祀活动有可能是在下葬时一次性地实施过的，也可能是人们想象中的一场永远不散的筵席。在上述例子中，墓主像的位置并不固定，反映出不同地域、不同阶层在丧葬礼仪中明显的差别以及对墓葬建筑各部分象征意义的不同理解，而以墓主像为主导的祭

---

[1] 中国社会科学院考古研究所、河北省文物管理处：《满城汉墓发掘报告》，北京：文物出版社，1980年。

墓主画像的传承与转变

图10　甘肃敦煌佛爷庙湾133号西晋墓北壁壁龛及帷帐壁画（采自戴春阳主编：《敦煌佛爷庙湾西晋画像砖墓》，图版12）

祀或宴乐，在这个时期并不是整个墓葬礼仪系统的中心。在敦煌佛爷庙湾37号西晋墓墓室正壁（东壁）和133号晋墓前室北壁（右壁）西端壁龛皆彩绘一帷帐，但帷帐下空白而无人像（图10），显示出问题的复杂性[1]。

随着墓葬由多室墓向单室墓转变，大约从北魏开始，墓主画像逐渐转移到墓室正壁，大同沙岭破多罗氏父母墓是这种转变过程中一个代表性的例子。沙岭墓为单室墓，正壁绘墓主夫妇正面端坐于屋宇内，周围绘大树、车马、人物等（图11），左壁绘庖厨、宴饮，右壁绘牛车出行（图12），前壁左右两侧各绘一高举盾牌、手执长刀的武士。墓室顶部已毁，只有右壁上部残留有绘在红色框格内的神兽和瑞禽。甬道两侧各绘一守门武士和人面兽身的神怪，顶部绘伏羲、女娲等。该墓墓室正壁的墓主像与前壁和甬道中的武士、镇墓神怪构成了一种中轴对称的布局。对比汉代墓葬壁画来

---

[1] 戴春阳主编：《敦煌佛爷庙湾西晋画像砖墓》，北京：文物出版社，1998年，第17、34页。

看，墓中各壁面的画像在内容和形式上的关联更为紧密。但是，这种关联尚有不尽圆满之处。例如，正壁墓主夫人像与北侧树木之间有一组鞍马与牛车，它们与墓主像并列在同一个平面上，这是为墓主夫妇出行安排的骑乘，而大规模的出行图同时又出现在墓室右壁，二者在主题上是重复的。此外，当鞍马和牛车相并列的时候，可以判定鞍马属于男主人，牛车属于女主人；但在右壁的出行图中，男主人却乘坐在牛车中，

图11（上） 山西大同沙岭北魏破多罗氏夫妇合葬墓墓室正壁壁画（采自《文物》2006年第10期，第19页，图40）

图12（下） 山西大同沙岭北魏破多罗氏夫妇合葬墓墓室右壁壁画（采自《文物》2006年第10期，第16页，图30）

也不见女主人的形象。出现这种现象的一个原因，可能是正壁和侧壁的画像分别来源于不同的画稿。正面墓主像和牛车出行图在357年的冬寿墓中都已经出现，沙岭墓的变化只是把这两种画稿安排在了相邻的墙面上，但二者之间并没有取得很好的协调。左壁的庖厨、宴饮等传统题材，也没有建立起与正壁墓主像之间有机的关联。

在徐显秀墓中，墓主夫妇像外部的屋宇不见了，而代之以华美的帷帐，更加突出了室内的特征，墓主夫妇两侧排列的伎乐人数大致相等，画面对称式的布局更为严整，而鞍马（图13）和牛车（图14）转移到了左右两壁，由于面积扩大，画面的内容也更为复杂。正壁（北壁）和左右两壁后排的侍者皆手持伞、扇和旗帜，正壁的两把伞是合拢的，而左右两壁的伞则完全张开，似乎暗示着时间上的连续性，这样，左右两壁的壁画就成为正壁壁画内容扩展的结果。鞍马牛车背后手持旗帜的行列继续延伸到墓室南壁墓门的左右，穿过甬道，一直延伸到墓门以外的墓道两侧（图15）。众

图13　山西太原北齐徐显秀墓墓室右壁壁画（采自太原市文物考古研究所：《北齐徐显秀墓》，第46—47页，图31）

图14 山西太原北齐徐显秀墓墓室左壁壁画（采自太原市文物考古研究所：《北齐徐显秀墓》，第36—37页，图22）

图15 山西太原北齐徐显秀墓墓道右壁壁画（采自太原市文物考古研究所：《北齐徐显秀墓》，第15页，图2）

多的乐工、侍从和仪卫的身高均与真人相差无几，他们从内而外地排列在一起，使得整座墓葬的壁画成为一个从墓主像逐级扩展出去的完整有序的统一体。墓室的顶部绘有传统的天象图，而在天象图和四壁人物之间，还点缀着许多莲花，同样的莲花也出现在墓门和甬道外壁。在南壁墓门上部两侧，则是两只向下俯冲的怪兽。这种怪兽也出现于甬道外壁以及墓道最前端的两壁，莲花与怪兽等母题内外呼应，进一步强化了墓葬内整套壁画的统一性。我们可以把这组壁画想象为一个由中心向"两端"展开的长卷；但是由于它附属于中轴对称格局的墓葬建筑，便使得"两端"指向了一个方向，从而形成了一种由内而外、单向开放的结构。

图16 山西太原北齐徐显秀墓墓道（采自太原市文物考古研究所：《北齐徐显秀墓》，第14页，图1）

当我们从内而外地叙述这组壁画时，实际上是借着墓室正壁墓主的目光向外看。考虑到这种构图所建立的画面形象与观者的对话关系，我们还可以由外而内地观察该墓的壁画（图16）。按照后一种程序，我们实际上将自己设想成了参与徐显秀葬礼的人[1]。

---

[1] 文献对于北朝丧礼的记载并不系统，根据一些零散的材料可知，许多丧礼的规模甚为宏大。如《魏书·任城王澄传》记神龟二年（519）任城王元澄死后，诏赐"赙布一千二百匹、钱六十万、蜡四百斤，给东园温明秘器、朝服一具、衣一袭；大鸿胪监护丧事，诏百僚会丧；……澄之葬也，凶饰甚盛。"（《魏书》，北京：中华书局，第480页）《恩倖·赵修传》记赵修为父治丧，"百僚自王公以下无不吊祭，酒犊祭奠之具，填塞门街。于京师为制碑铭，石兽、石柱皆发民车牛，传致本县。财用之费，悉自公家。凶吉车乘将百两，道路供给，亦皆出官。"（同前，第1998页）

逝者的面具

从外部来看，墓道两侧的仪仗行列应是地上丧礼设施和仪式的延续[1]。墓道将现实世界的"地面"与地下墓室的"地面"连接在一起，其漫长的距离和恰当的角度，正是为方便送葬队伍的行进而设立的。我在他处曾谈过，在墓室封闭之后，墓道就被回填，我们看到的其实是经过发掘，恢复了墓道封闭之前的空间结构和视觉效果的墓葬，因此，墓道两壁和地面（如湾漳墓所见）上的绘画必须回归到墓道使用的时间点——丧礼进行的时候，才能被理解[2]。可以设想，当人们护拥着死者的棺木缓缓行进时，墓道两侧与真人等高的仪仗正处在队伍的两侧。长长的墓道，使得仪式十分威严，随着队伍的推进，深度逐步增加，也使得墓葬愈加神秘。送葬行列最后指向的，便是墓室正壁肃穆的墓主像，它是这首进行曲的高潮和终点。

二

我曾将东魏北齐邺城地区壁画墓制度化的特征概括为"邺城规制"[3]。如上所述，在这种制度中，墓主画像是整个壁画体系的核心。徐显秀墓虽地处北齐时期的并州晋阳，但很明显也属于这种制度系统。邺城规制形成的背景，很可能与壁画墓的传统逐步为上层社会所接受有关。如果具体到这个图像系统的内部结构，则应进一步注意考察它与同时期其他结构类似的视觉艺术系统的关系。

正面墓主像是一种偶像性的绘画。如巫鸿所言，这种形式的"意义不但在于其自身，而且还依赖于画外观者的存在。事实上，这种'开放性'的构图以一个假设的画外观者或膜拜者为前提，以神像与这个观者或膜拜者的直接交流为目的"[4]。巫鸿的

---

[1] 在河北磁县湾漳北齐墓的地面上，曾发现石人（中国社会科学院考古研究所、河北省文物研究所：《磁县湾漳北朝壁画墓》，北京：科学出版社，2003年，彩版1.2）。至于徐显秀墓这一级别是否会有神道石刻，尚无法判定。徐显秀墓墓道两侧的仪仗壁画虽然规模不大，但却与湾漳等大墓的墓道壁画一样，也可以看作制度化的内容。
[2] 参见本书《论"邺城规制"——汉唐之间墓葬壁画的一个接点》一文。
[3] 同上。
[4] Wu Hung, *The Wu Liang Shrine: The Ideology of Early Chinese Pictorial Art*, Stanford: Stanford University Press, 1989, p.133. 中译本见巫鸿：《武梁祠——中国古代画像艺术的思想性》，柳扬、岑河译，北京：生活·读书·新知三联书店，2006年，第149页。

这段话，针对的是山东嘉祥东汉武梁祠东王公、西王母画像。东王公、西王母画像位于武梁祠东西侧壁的尖楣上，这是一个不易于被外部的观者所看到的位置。祠堂作为祭祀死者的建筑设施，其基本的礼仪依靠祭祀者与正壁祠主画像的交流来完成，也就是说，整套祠堂画像的中心是正壁的祠主像，而山墙上的东王公、西王母并不在"祭祀与被祭祀"的关系中。但是，这组画像正面的形式，决定了它们有一个外在的观者。由此推断，在汉代应存在许多以西王母信仰祭祀为中心的宗教场所，而那些场所的视觉核心，便是正面的西王母像（有时可能也包括东王公）；而众多墓室和墓祠中的东王公、西王母画像，只不过是一种次生的"复制品"。

如我以前所论，正面墓主像很可能受到西王母像形式的影响，但是，他们在墓葬中并没有完全占据核心的地位。而在徐显秀墓中，墓主像偶像性、开放性的特征得到了最大限度的体现。如果我们将视野扩大到墓葬艺术以外，就会发现当时最为常见的偶像是佛殿、石窟中大量的佛造像。尽管墓葬和石窟体现的生死观不同，但这并不妨碍二者之间产生关联。徐显秀墓所见的中轴对称的布局、墓主端坐于帷帐中侍卫环列的威仪，都不难在佛教艺术中找到相似的例子。

傅熹年对中国早期佛寺布局的变化过程作了简要的概括，指出从南北朝开始，到隋和唐前期，"大约是先把外来形式的天竺窣堵坡变为中国楼阁形塔，再由寺庙以塔为中心过渡到塔、殿并重，最后变到以殿为主体，采取中国宫殿式布局"[1]。傅氏注意到，北朝末年的北齐和北周，出现了内外都作中国木构佛殿形式的洞窟，他把这些洞窟看作复原当时佛殿的重要依据。在傅熹年根据甘肃天水麦积山北周004窟结构与装饰所绘制出的北朝佛殿想象图中，佛殿中心便是一具佛帐（图17）[2]。这种佛帐在太原天龙山（图18）[3]、南北响堂山、巩县（图19）等北朝石窟中，也都十分常见。

在这种佛殿中，佛帐以及其中的佛像成了整个寺院的中心。佛殿中常见一铺三身

---

[1] 傅熹年：《中国早期佛教建筑布局演变及殿内像设的布置》，氏著：《傅熹年建筑史论文集》，北京：文物出版社，1998年，第137页。
[2] 傅熹年：《麦积山石窟中所反映出的北朝建筑》，氏著：《傅熹年建筑史论文集》，第126页。
[3] 李裕群、李钢：《天龙山石窟》，北京：科学出版社，2003年，第17—23页。

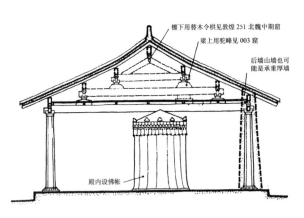

图17 甘肃天水麦积山石窟004窟所表现的佛殿构造想象图（采自傅熹年：《傅熹年建筑史论文集》，第126页，图29）

图18 山西太原天龙山第2窟正壁北朝造像（采自李裕群、李钢：《天龙山石窟》，北京：科学出版社，2003年，第20页）

图19 河南巩义市巩县石窟北朝第3窟中心柱南面（采自河南省文物研究所编：《中国石窟·巩县石窟寺》，北京、东京：文物出版社、平凡社，1989年，图117）

或一铺五身的造像，这种以佛像为中心的多身造像的组合不见于印度和中亚，而是佛教艺术中国化的结果。这种格局与墓主画像中所反映的主仆关系也很一致，二者的渊源可能都与社会生活中贵胄官员的政治形象有关。在佛寺中国化的过程中，"舍宅为寺"之风起了很大的推动作用[1]。在南朝建康、北朝洛阳和邺城，都有大批王公贵族、

---

[1] 傅熹年：《中国早期佛教建筑布局演变及殿内像设的布置》，第136—137页。

富商大贾将室宅捐舍为佛寺。这样，寺院建筑就很难继续维持天竺以塔为中心的旧格局，而逐渐与中国传统居室建筑合流。杨衒之记北魏洛阳建中寺中舍宅而成的寺院保留了原有宅院的布局，只是"以前厅为佛殿，后堂为讲室"[1]。徐显秀夫妇画像也安置在帷帐之中，我们步入该墓所获得的视觉感受，与进入寺院山门，最后到达佛像前的礼拜者所见多有相似之处。

既然佛殿的建筑形式与造像布局均是与中国传统建筑和礼俗相结合的结果，那么，我们为什么不像许多研究者那样将徐显秀墓的壁画简单地看作"对现实生活的反映"呢？因为如果没有一种思想观念的推动，现实生活并不能自然地转化为艺术中的图像。假如没有佛教的传入和流行，没有人们基于狂热的信仰而舍宅为寺的热情，那么就不会出现那些中国化的石窟。同样，如果没有佛教艺术的兴盛，也无法将日常生活中的建筑、室内设置以及朝堂之上贵胄们的威仪转移到地下墓葬之中。因此，当我们考察墓葬壁画这种传统艺术形式在北朝晚期的变化时，也就不能不将这一时期视觉艺术的整体变化考虑进来。

基于这种认识，北朝晚期壁画墓的另一个特征，即墓主像所面对的墓葬以外的长斜坡墓道，则可以联系当时城市空间的变化来思考。在曹魏十六国邺北城[2]、北魏洛阳城（图20）[3]和东魏北齐邺南城[4]，都发现了正对宫城正殿贯穿南北的中轴线。河北临漳县曹魏至十六国时期的邺北城贯穿南北的大道从南墙正中的中阳门直达宫城内的正殿文昌殿。这种新的做法为北魏洛阳城所继承，洛阳城中央宫城正面阊阖门至宣阳门南北向的铜驼街，为全城的中轴线。这条轴线向北正对宫城的太极殿，在宣阳门外向南延伸，穿出外郭城，渡过洛水，则抵达皇帝祭天的圜丘[5]。东魏北齐时期的邺南城宫城居于北侧中央，穿过南墙正中朱明门的大道正对宫城的各主要宫殿，同样

---

[1] 杨衒之撰，周祖谟校释：《洛阳伽蓝记校释》，北京：中华书局，2010年第2版，第35页。
[2] 中国社会科学院考古研究所、河北省文物研究所邺城考古工作队：《河北临漳邺北城遗址勘探发掘简报》，《考古》1990年第7期，第595—600页。
[3] 洛阳市文物局、洛阳白马寺汉魏洛阳故城保管所编：《汉魏洛阳城研究》，北京：科学出版社，2000年。
[4] 中国社会科学院考古研究所、河北省文物研究所邺城考古工作队：《河北临漳县邺南城遗址勘探与发掘》，《考古》1997年第3期，第27—32页。
[5] 杨衒之撰，周祖谟校释：《洛阳伽蓝记校释》，第112—115页；有关考证见傅熹年主编：《中国古代建筑史》第2卷，北京：中国建筑工业出版社，2001年，第83页、第89页注释。

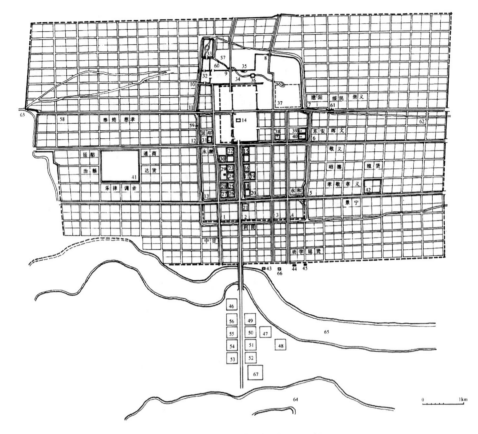

图 20 北魏洛阳城平面复原图（采自傅熹年主编:《中国古代建筑史》第 2 卷，第 85 页）

是全城南北中轴线。这种新的城市空间布局，无不突出了皇权的威严，这样我们也就不难理解被推定为北齐帝陵的磁县湾漳墓的格局了。从长斜坡墓道步入一座北齐壁画墓，与从南面中央城门北行谒见帝王的人的视觉和心理感受应是非常类似的。

如果说汉代的墓葬被壁画装扮为一个温情脉脉的私人家园，那么，北朝晚期的壁画墓则转变为一个政治性场所，盛大的葬礼成为一场制度与权力的表演，墓主夫妇像中那一脸不苟言笑的庄重，也与这种表演的性质完全一致。

在徐显秀墓中，安放死者遗体的棺床靠近西壁，与墓主画像并不匹配，这也许延续了更为古老的一个传统。当墓门关闭之后，那些仪式将失去意义，墓主画像与棺床之间将如何协调？造墓者把这样的难题留给了孤独的死者。

三

如果说徐显秀墓室正壁的壁画是丧葬礼仪的视觉中心,那么其中央的帷帐则是"中心的中心"。帷帐占据了墓室正壁约 1/3 的面积,在左、右、后三面屏蔽了帐中人物与外部的关联,迫使人物只能面对观者,同时也使观者的目光落实在了一个结构性的框架中。帷帐左右的人物安排得十分拥挤,而帷帐内却空间宽裕,一紧一松,更加突出了墓主的地位。乐工中虽不难见到一些正面的形象,但由于其他人物的面向并不确定,这种正面的形象就不特别明显,乐工散乱的面向也进一步使得墓主正面的目光更为引人注目。墓主夫妇像用笔设色之精细,也远高于周围的乐工。

汉代人物画像多粗朴放达,在壁画中少见对于人物五官精细的描绘,相对说来,画工对于墓主形象的刻画则较为用心。如洛阳朱村东汉晚期墓半侧面的墓主像以健利清俊的线条刻画出人物清癯精历的神态(图 21),十分难得。安平逯家庄墓墓主像被盗墓者破坏,五官不清,但人物毛发历历可辨。冬寿墓画像保存完整,从发表的图片看,五官的刻画流于概念化,如上下眼睑用笔并无区别。东晋以来的人物画日益精妙,追求"传神"、"气韵生动",形似更是基本的要求。徐显秀夫妇的画像比以前的几个例子显然更胜一筹。徐氏夫妇的脸形均为长圆的蛋形,眼眉高平,双目小而细长,鼻梁呈棱状,以双竖线画出人中,窄嘴丰唇,富有层次感(图 22、23)。徐显秀的上眼睑用墨重于下眼睑,反映出光线的差别,也使其双目更具神气。可能由于墓室内特殊的环境所致,画像起草的

图 21 河南洛阳朱村东汉墓壁画中的墓主像(采自黄明兰、郭引强:《洛阳汉墓壁画》,北京:文物出版社,1996 年,第 191 页,图 4)

图22　山西太原北齐徐显秀墓中的徐显秀头像（杨泓摄影）　　图23　山西太原北齐徐显秀墓中的徐显秀夫人头像（杨泓摄影）　　图24　山西太原北齐徐显秀墓中的乐工头像（杨泓摄影）

线条也清晰可辨，如徐夫人画像的一只眼睛在草稿中偏低，定稿时则得到纠正，由此可以看到画工在绘制时反复推敲的过程。值得注意的是，徐显秀夫妇这种长圆脸的形象在娄睿墓、湾漳墓壁画中皆可见到。唐人阎立本评北齐"画圣"杨子华的人物画，谓之"自像人以来，曲尽其妙，简易标美，多不可减，少不可逾"[1]，对比壁画中仪态端庄的人物形象，这些词句更近乎对一种时代风格的概括，而不像阎氏所云"其唯子华乎"。

墓主画像表现特定人物，本来最应突出人物相貌的个性，但实际的情况却较为复杂。杨泓师曾以娄睿墓右侧门吏与湾漳大墓西壁武士头像相比较，发现二者面相十分一致，进而判断邺城或晋阳的画师皆遵循一套固定的绘画程式[2]。这种程式化特征在徐显秀夫妇画像中仍可见到。如果以徐显秀头像与东侧一弹琵琶的男子头像（图24）相比较，二者地位身份虽然不同，但脸形、眉目的线条几乎完全可以重合在一起，只是前者用笔较为工细，甚至徐显秀与其夫人的脸形和五官画法也大同小异。这说明该画像所描绘的是当时流行的理想化面孔，而不一定是墓主真实的容貌。

除了面相，人物的服饰也值得注意，其中徐显秀身上的毛皮外衣描绘精细，应

---

[1] 张彦远撰，秦仲文、黄苗子点校：《历代名画记》卷八，北京：人民美术出版社，1963年，第156页。
[2] 杨泓：《美术考古半世纪——中国美术考古发现史》，北京：文物出版社，1997年，第231页。

是一皮裘（图25）。裘宜于御寒，当时各阶层的人皆可穿裘。裘甚至流行于南方，传唐阎立本所绘《历代帝王图》中的陈文帝即身披一裘。用名贵皮毛制作的裘是士大夫形仪俊美风雅的标志，如东晋简文帝召见谢万，"万著白纶巾、鹤氅裘，履版而前"[1]。王恭"尝被鹤氅裘，涉雪而行，孟昶窥见之，叹曰：'此真神仙中人也！'"[2] 文献中还见有孔雀裘、雉头裘等，御寒的功能已在其次。貂裘则是地位尊贵的象征，如曹丕《艳歌何尝行》："长兄为二千石，中兄被貂裘。小弟虽无官爵，鞍马驱驰，往来王侯长者游。"[3] 北齐文宣帝高洋以青鼠皮裘赏赐晋阳唐邕[4]。刘宋时琅邪人王弘之屡召不就，左仆射王敬弘

图25 山西太原北齐徐显秀墓中的徐显秀像（采自太原市文物考古研究所：《北齐徐显秀墓》，第30页，图16）

"尝解貂裘与之，即着以采药"，以示隐逸之心[5]。南齐萧昭业宠信宦官徐龙驹，"昭业为龙驹置美女伎乐，常住含章殿，著黄纶帽，被貂裘，南面向案，代昭业画敕，左右侍直，与昭业不异"[6]。徐显秀画像几可与这种排场相比。魏晋墓主画像的人物常手执麈尾，怀拥隐几，麈尾为清谈者把持的雅器，隐几被认为是有古风的家具，皆体现了死者的思想倾向。而徐显秀画像则采用了诸如貂裘之类的道具来表现人物特殊的身份与地位，反映了时代风尚的变化。

---

[1]《晋书》，北京：中华书局，1974年，第2086页。
[2] 同上书，第2186—2187页。
[3]《宋书·乐志》称此诗为古词，后人多认定其作者为曹丕。《宋书》，北京：中华书局，1974年，第619—620页；逯钦立辑校：《先秦汉魏晋南北朝诗》，北京：中华书局，1983年，第397页。
[4]《北齐书》，北京：中华书局，1972年，第531页。
[5]《宋书》，第2282页。
[6]《魏书》，第2167页。

梁普通元年（520），滑国"又遣使献黄师子、白貂裘、波斯锦等物"[1]。滑国即中亚细亚的游牧部族嚈哒。徐显秀所披裘基调为白色，黑色斑点当为拼缀而成，或有可能就是所谓"白貂裘"。画像中多处服饰上还出现联珠纹锦，当属"波斯锦"之类[2]。此外墓主夫妇手持漆杯，皆小指翘起，用其余手指捏住杯足，这种姿势与固原雷祖庙漆棺画像中墓主持杯姿势基本相同，而后者据考与嚈哒人的风习相近[3]。诚如此端，则这一画像又包含了中亚、西亚与中国内地交流的信息。并州在魏晋北朝时是少数民族进入中原的通道，匈奴、鲜卑和羯皆从并州发迹或进入中原，氐、羌二族也部分进入该地区。有学者指出，并州在隋唐时存有信仰祆教的粟特人聚落[4]。据墓志可知，卒于隋大业十一年（615）的太原人翟突娑之父娑摩诃曾任胡人聚落的政教首领大萨宝[5]，故这一聚落的时代至少可上溯到北齐。此外，北齐时期上层社会还出现了胡化的回转，在这些背景下，徐显秀墓壁画中出现一些中亚与西亚的文化因素就可以理解了。

东晋南朝士族讲究仪容气度之美，如东晋王濛"美姿容"，尝览镜自照，称其父字曰："王文开生如此儿邪！"[6]王恭"美姿仪，人多爱悦，或目之云：'濯濯如春月柳。'"[7]温峤"风仪秀整，美于谈论，见者皆爱悦之"[8]。南风北渐，北齐的审美观受到一定程度的影响，这些观念也会反映在墓主画像上。反过来，"存形莫善于画"，有了这些壁画的发现，时人理想的"美姿容"便披图可鉴。

回到这幅画像的构图上，我们会发现北齐并州墓主画像图式的流传跨越了不同的文化。太原晋源区王郭村隋开皇十二年（592）虞弘墓石棺画像中有一幅画像可能为墓主像[9]。徐显秀是祖籍恒州忠义郡的汉人，而虞弘墓雕刻被认定为入华西域人美

---

[1]《梁书》，北京：中华书局，1973年，第812页。
[2] 荣新江：《略谈徐显秀墓壁画的菩萨联珠纹》，《文物》2003年第10期，第66—68页。
[3] 孙机：《固原北魏漆棺画》，《文物》1989年第9期，第41页，又见孙机：《中国圣火——中国古文物与东西文化交流中的若干问题》，沈阳：辽宁教育出版社，1996年，第127—128页。
[4] 荣新江：《隋及初唐并州的萨保府与粟特聚落》，《文物》2001年第4期，第84—88页。
[5] 荣新江：《北朝隋唐粟特人之迁徙及其聚落》，北京大学中国传统文化研究中心编：《国学研究》第6卷，北京：北京大学出版社，1999年，第62—63页。
[6]《晋书》，第2418页。
[7] 同上书，第2186页。
[8] 同上书，第1785页。
[9] 山西省考古研究所、太原市文物考古研究所、太原市晋源区文物旅游局：《太原隋虞弘墓》，北京：文物出版社，2005年，第106—111页。

图 26　山东嘉祥英山隋徐敏行墓正壁壁画（山东博物馆提供）

术的代表，但是我们不难看出两幅画像的共同点。如二者中心均为夫妇双像，人物坐在帷帐内的榻上对饮，其面前放置食品，帷帐两侧或前方有侍者和乐人。所不同的是虞弘墓画像更多地保留了外来文化的色彩。

这种构图还见于山东嘉祥英山隋开皇四年（584）驾部侍郎徐敏行墓（图 26）[1]。杨泓师已谈到该墓墓主画像总体布局与北齐壁画墓的联系[2]，罗丰还注意到画像中男墓主所持透明杯子是萨珊朝的制品，墓主面前舞人的舞姿与西域舞蹈有关[3]。此外，

---

[1] 山东省博物馆：《山东嘉祥英山一号隋墓清理简报——隋代墓室壁画的首次发现》，《文物》1981 年第 4 期，第 28—33 页。
[2] 杨泓：《隋唐造型艺术渊源简论》，氏著：《汉唐美术考古和佛教艺术》，北京：科学出版社，2000 年，第 157—158 页。
[3] 罗丰：《固原漆棺画に见えるペルシャの风格》，《古代文化》第 44 卷第 8 号，京都，1992 年，第 45—46 页；中文本见罗丰：《北魏漆棺画中的波斯风格》，氏著：《胡汉之间——"丝绸之路"与西北历史考古》，北京：文物出版社，2004 年，第 61—64 页。

夫妇并坐宴饮并观赏乐舞的场面也与虞弘墓画像接近。据徐敏行墓简报介绍可知，原画像左侧还有奏乐者，人物左右绘树木，树上有鸟，这些细节均可在虞弘墓画像中找到对应的图像。徐敏行夫人的画像为半侧面，不再是标准的正面像，可能也与虞弘墓风格相关。而徐敏行墓壁画人物鸭蛋状的长圆脸形，男主人正面的姿态，依然保留着徐显秀墓壁画的形式，特别是最靠近主人的一位端食品的侍女的姿态，竟与徐显秀墓壁画同样位置的人物如出一辙。这种相似性说明当时可能存在某种壁画粉本，为不同的地区所采用，而在粉本被反复使用的过程中，细节也发生着变化，流露出不同的文化趣味。

本文部分内容曾以《北齐徐显秀墓墓主画像有关问题》为题，刊于《文物》2003年第10期，第58—62页。

逝者的"面具"

——论北周康业墓石棺床画像

2004年在陕西西安北郊上林苑住宅小区基建工地发掘的北周天和六年（571）康业墓是近年来一项重要的考古发现[1]。墓志称墓主康业为康居国王后裔，曾任魏大天主等职。墓内发现一具带有围屏的石床，围屏上有阴线刻的画像，局部残留贴金彩绘痕迹。

同样形制的石床此前在洛阳北魏墓中就有所见，研究者习称之为"石棺床"[2]。在埋藏地点和年代上与康业墓石棺床最接近的是西安北郊炕底寨北周大象元年（579）同州萨保安伽墓石床。但安伽石床上空无一物，因此发掘者慎重地将这种结构称为"围屏石榻"[3]。与安伽墓的情况不同，康业的遗体即安置在床上，据此可知康业墓石床的性质确实为葬具，故本文仍沿用"石棺床"一名[4]。

考古材料的发现往往是偶然的，但是我们应当将这些材料置于学术史的背景下来观察，唯有如此，新材料才有可能和既有的知识形成一种对话，从而激发出新的认识。大致说来，与康业墓相关的学术课题主要有两个：其一是长期以来关于丧葬画像

---

[1] 西安市文物保护考古所：《西安北周康业墓发掘简报》，《文物》2008年第6期，第14—35页。
[2] 有关研究见林圣智：《北朝时代における葬具の图像と机能—石棺床围屏の墓主肖像と孝子传图を例として》，《美术史》第154册，2003年，第224页注3；山本忠尚：《圍屏石牀の研究》，《中國考古學》第6号，2006年，第45—67页。
[3] 陕西省考古研究所：《西安北周安伽墓》，北京：文物出版社，2003年，第87页。
[4] 徐坚《初学记》卷二十五引服虔《通俗文》论汉代床榻尺度："床三尺五曰榻板，独坐曰枰（枰），八尺曰床。"（徐坚：《初学记》下册，北京：中华书局，1962年，第602页）折合今制，则榻长84厘米，床约长192厘米（孙机：《汉代物质文化资料图说》增订本，上海：上海古籍出版社，2008年，第251页）。据此，这种兼供卧、坐的家具，仍以称作床为宜（杨泓：《考古学所见魏晋南北朝家具》，扬之水、孙机、杨泓、林莉娜：《燕衎之暇——中国古代家具论丛》，香港：香港中文大学文物馆，2007年，第66—68页）。张广达据唐姚汝能《安禄山事迹》卷上记载的"禄山胡服坐重床"认为这种形制的葬具与粟特王座有关，"现今世界各大博物馆所藏中国出土的所谓'石棺床'，应当也是'重床'"（张广达：《再读晚唐苏谅妻马氏双语墓志》，袁行霈主编：《国学研究》第10卷，北京：北京大学出版社，2002年；此据氏著《文本、图像与文化流传》，桂林：广西师范大学出版社，2008年，第269页）。但目前难以肯定各地出土的石棺床都与粟特人有关。进一步考虑到墓葬的特殊环境，作为一种葬具，这种构造仍以沿用原"石棺床"一名为宜。关于这个问题最近的讨论，参见滕磊：《一件海外回流石棺床之我见》，《故宫博物院院刊》2009年第4期，第29—32页。

（包括彩绘壁画、画像石和画像砖等各种形式）的研究；其二是最近十余年来关于入华西域人丧葬美术的讨论[1]。

学者们之所以持续关注墓葬内的画像，一个很重要的原因是壁画、画像石、画像砖等材料最接近传统美术史的核心——绘画史。然而，一座较为完整的墓葬与便于移动的卷轴画不同，它使得美术史视野中的"绘画"在一个功能性场所中获得了内在的结构性联系。这样，我们在研究作品内容与形式等内部元素的同时，也有机会思考作品与这个特定场所之间的关系，还有可能进一步将作品与具体的人物甚至事件联系在一起。

那么，如何解释墓葬中的画像，如何证明、寻找和建立画像与墓主之间可能存在的关联呢？按照已有的习惯做法，我们可以按图索骥，根据墓葬画像来探讨墓主的身份，或者根据墓志反映的死者身份与生平来解释画像。在以往关于入华西域人墓葬的研究中，学者们也常常以图像与文字相对照，利用图像材料补充和构建文化交流的历史。此类讨论大大突破了原有的学术视野，使得历史学与图像研究联系在一起，也使得考古材料得到了多层面、多学科的解释。然而，这些研究思路和方法也必须时时经受新材料的检验，并在这一过程中逐步得到完善和发展。康业墓的价值不仅在于为研究上述课题提供了新材料，更在于它向既有的阐释方法和理论提出了新挑战。

发掘简报对于康业墓石棺床画像提出了一个重要的解释，即认为每一扇屏风画像中的主要人物是墓葬的男女主人。作者没有提供直接的论据，画像本身也没有题记可资利用，所以这个解释目前仍停留在假说的层面。但在我看来，考虑到这些画像所

---

[1] 这些材料主要包括发现于陕西西安北郊北周大象元年（579）同州萨保安伽墓、大象二年（580）凉州萨保史君墓（西安市文物保护考古所：《西安市北周史君石椁墓》，《考古》2004年第7期，第38—49页，图版柒、捌、玖；西安市文物保护考古所：《西安北周凉州萨保史君墓发掘简报》，《文物》2005年第3期，第4—33页），发现于山西太原晋源区王郭村的隋代开皇十二年（592）虞弘墓（山西省考古研究所、太原市文物考古研究所、太原市晋源区文物旅游局：《太原隋虞弘墓》，北京：文物出版社，2005年）和缺少纪年的甘肃天水石马坪文山顶墓（天水市博物馆：《天水市发现隋唐屏风石棺床墓》，《考古》1992年第1期，第46—54页）等。历年来流散于海外博物馆和私人手中还有不少此类材料，形制比较完整的有约1922年河南安阳近郊出土的一具石棺床（Gustina Scaglia, "Central Asians on a Northern Ch'i Gate Shrine," *Artibus Asiae*, vol. XXI, 1, 1958, pp. 9-28；姜伯勤：《安阳北齐石棺床的图像考察与入华粟特人的祆教美术》，中山大学艺术学研究中心编：《艺术史研究》第1辑，广州：中山大学出版社，1999年，第151—186页）、近年日本Miho博物馆新购进11件汉白玉浮雕加彩贴金石壁板和一对门阙（《Miho Museum. Southwin/ 南館図録》，Miho Museum，滋賀県，1997年，第247—257页），以及曾在巴黎吉美博物馆展出的另一套比较完整的汉白玉浮雕加彩贴金石棺床（Guimet, Musée éd., *Lit de pierre, sommeil barbar, Présentation, après restauration et remontage, d'une banquette funéraire ayant appartenu à un aristocrate d'Asie centrale venu s'établir en Chine au VIe siècle*, Paris, Musée Guimet, 2004）等。

在的环境——墓葬，将画像中的主要人物认定为墓主是目前最具有说服力的判断。反过来，如果我们试图探索另外的解释，例如，证明这些人物是佛教、道教、祆教等宗教中的尊像，或者是民间信仰的其他神明，或者是历史人物，那么我们就会发现相关的论据更难以寻找。

简报中的这种看法是本文的一个重要前提，遗憾的是，这种看法并没有文献或题记的佐证。这种"遗憾"的存在源于长期以来一种惯有的思路，即图像的解释必须得到文字材料的支持。但是，有多少文献直接记载了地下出土的考古材料？没有题记的佐证，我们就束手无策了吗？[1] 在我看来，正是这种"遗憾"反过来可以激发我们进一步观察图像的内部特征以及图像之间的逻辑关系，激发我们思考图像本身以主体"史料"的身份呈现于研究过程中的可能性。在本文中，图像不再是附属于文字的、可有可无的"插图"；文字的意义在于让站到前台来的图像发出其特有的声音，如果删去本文的图片，这篇文章的文字也将变得无法阅读。

基于以上的认识，本文的重点不在于考证这些画像的主题，或通过画像主题来研究康业的生平，也不在于详细研究其中车马、仪仗、服饰、家具、建筑的名物和形制等物质文化的问题，文章试图在另外两个层面上展开：第一，尝试性地讨论图像形式内在的逻辑关系；第二，将第一个层面的研究进一步与对历史问题的讨论联系起来。前一个层面的入手点不是"画什么"，而是"怎样画"，目的是观察6世纪绘画艺术中一些具有普遍性的特征；在后一个层面上，我试图探索由图像形式分析进入历史研究的可能性。另外，在此基础上，本文还将从特殊性和一般性两个方面来思考墓葬画像的功能。

一

康业石棺床上立四块石板，内面均刻有屏风画像。与此前发现的安伽、史君、虞

---

[1] 实际上，如果一个画面的主题可以被当时的人轻易辨认出来，是没有必要添加那些标注性题记的。

弘以及流散海外的多套西域人葬具上的画像相比，这套画像具有明显的特点：其一，画像中所有人物、动物、景物均以流畅细密的阴线表现，而不是入华西域人墓葬中常见的富有立体感的浮雕，其技术更接近于洛阳北魏晚期葬具画像；其二，画像题材较为单一，不见其他几套葬具上狩猎、会盟、节庆、丧葬等复杂的题材，明显与祆教信仰和习俗相关的内容并不多见。

为了便于叙述，本文自西壁南侧第一幅起，经正壁（北壁），到东壁南侧第一幅为止，将这套画像依次编号为"画1"至"画10"（图1）。根据形式的差别，这套画像大致可分为三组，第一组包括画6、7、8三幅，第二组包括画4、5两幅，第三组包括画1、2、3、9、10五幅。因为简报对画像有较详细的描述，本文又配有图片，故在此不对画像作重复描述。

初步看来，这套画像的排列有一定的规律，但并不十分严整。第一组中的画7描绘了墓主正面端坐于屋宇内，前面和左右有众多侍者，两侧的画6、8分别描绘牛车与鞍马。按照北魏、北齐墓室壁画常见的布局，画7应当居于正壁中央，但由于石棺床正壁用两块同样大小的石板构成，画幅不宜设计为奇数，故不存在居于正中央的画幅，所以只在正壁东部石板上构成以墓主正面像为中心、两侧辅以牛车鞍马画像的布局。第二组画4、5是一种形式特别的出行图，画4刻画墓主骑马出行，后有持伞、扇的侍从。画5为墓主夫人在众多侍女的陪伴下缓步前行。两幅画像中的人物行进方向相同，或可看作男前女后的一个行列。在第一组画像的位置确定后，第二组画像列

图1　陕西西安上林苑住宅小区北周康业墓石棺床画像编号示意图（刘婕制图）

于正壁的西部，让出侧板，以便使第三组画像中的1、2两幅与9、10两幅左右大致对应。画3可能是在设计时最后添加进去，以求结构完整。第三组画像皆为宾主在树下谒见对谈之类，画像中主要人物为男性者有两幅，为女性者有三幅，如果加上前述两组中的男女主人像，则男女主人出现的次数恰好相等。这种情况是巧合还是有意为之，尚无从推考。

研究者习惯于将墓葬中表现人物宴乐、出行、社交活动的画像称作"现实生活题材"，认为这类叙事性画像与墓主生前具体的经历有关[1]。研究者对康业石棺床画像的性质曾提出一种解释，如曾布川宽认为这些画像表现了墓主夫妇生前的经历[2]；乐仲迪（Judith A. Lerner）认为石棺床正壁的六幅画（画3—8）可能联系在一起，表现了墓主的旅程[3]。但是，近年越来越多的考古发现和相关讨论却显示出墓葬画像与死者的关系要比我们想象的更为复杂。一方面，我们可以找到一些例子来证明墓主与墓内画像关系密切，如《后汉书》记载了赵岐在墓中画像的事迹[4]，巫鸿认为东汉的儒生武梁生前参与了自己墓祠的设计[5]，曾蓝莹也曾论证洛阳北向阳村北魏孝昌二年（526）元乂墓星象图与死者本人的联系[6]。另一方面，我们也不能排除相反的例子。例如，邢义田和曾蓝莹等都讨论过作坊和绘画格套在汉代画像石生产中的作用[7]；从《洛阳伽蓝记》的记载来看，北魏许多葬具是在城内奉终里的作坊里制作

---

[1] 认为墓葬画像是墓主生前事迹的反映，这种思路至少可以追溯到清《金石索》。实际上，有必要对于这种思路进行检讨。详郑岩：《"客使图"溯源——关于墓葬壁画研究方法的一点反思》，陕西历史博物馆编：《唐墓壁画国际学术研讨会论文集》，西安：三秦出版社，2006年，第165—180页。
[2] 曾布川宽：《中國出土のソグド石刻畫像試論》，曾布川宽编：《中國美術の圖像學》，京都：京都大学人文科学研究所，2006年，第157—158页。
[3] Judith A. Lerner, "Aspects of Assimilation: The Funerary Practices and Furnishings of Central Asians in China," *Sino-Platonic Papers*, 168 (2005), pp. 22-23.
[4] 《后汉书·赵岐传》，北京：中华书局，1965年，第2124页。
[5] Wu Hung, *The Wu Liang Shrine: The Ideology of Early Chinese Pictorial Art*, Stanford: Stanford University Press, 1989; 巫鸿著，柳扬、岑河译：《武梁祠——中国古代画像艺术的思想性》，北京：生活·读书·新知三联书店，2006年。
[6] Lillian Lan-ying Tseng, "Visual Replication on Political Persuasion: The Celestial Image in Yuan Yi's Tomb"，巫鸿主编：《汉唐之间的视觉文化与物质文化》，北京：文物出版社，2003年，第377—424页。
[7] 邢义田：《汉碑、汉画和石工的关系》，台北《故宫文物月刊》第14卷第4期（1996年），第44—59页；修订本见氏著：《画为心声——画像石、画像砖与壁画》，北京：中华书局，2011年，第47—68页。曾蓝莹：《作坊、格套与地域子传统——从山东安丘董家汉墓的制作痕迹谈起》，台北《美术史研究集刊》第8集，2000年，第33—86页；邢义田：《格套、榜题、文献与画像解释——以失传的"七女为父报仇"汉画故事为例》，邢义田主编：《中世纪以前的地域文化、宗教与艺术》（中研院第三届国际汉学会议论文集历史组），2002年，第183—234页，修订本见氏著：《画为心声——画像石、画像砖与壁画》，第92—137页。

的[1];贺西林和邹清泉还认为北魏画像葬具中的一部分属于朝廷诏赐的"东园秘器"之一[2]。因此,一套画像既可能在死者生前或其家庭严格的控制下来制作,也可能由工匠比较自主地进行生产。在更多的情况下,工匠往往是根据现成的画稿来制作画像,而丧家不一定对画像的内容提出过于具体的要求。概括地说,这些画像首先属于一个大的图像系统,这个系统的"著作权"和使用权不是某个具体的人,而是一个时代特定的社会阶层或团体;在这样的前提下,一个属于这个特定时代和阶层、团体的人可以利用这个系统中的资源来表达独特的思想。这两个层面彼此并不矛盾,但应分别加以讨论。康业墓石棺床画像即可视为这方面的一个例证。

图2 陕西西安上林苑住宅小区北周康业墓石棺床第一组画像(画6、7、8,采自《文物》2008年第6期,第31页)

---

[1] 见《洛阳伽蓝记》卷三所记汉代人崔涵复活的故事。范祥雍:《洛阳伽蓝记校注》,上海:上海古籍出版社,1978年,第174—175页。
[2] 贺西林:《北朝画像石葬具的发现与研究》,巫鸿主编:《汉唐之间的视觉文化与物质文化》,北京:文物出版社,2003年,第341—376页;邹清泉:《北魏孝子画像研究》,北京:文化艺术出版社,2007年,第33—52页。

我们先讨论第一组画像（图2）。

画7中央为墓主正面像，是这组画像的核心。图中康业坐于一屋宇内，两侧各有两位侍者，屋宇前又有四位侍者，侍者以及建筑与景物的刻画，使得主要人物成为画面的焦点。这里我们必须慎重地使用"肖像"一词，这一画像并不是要着意表现墓主的五官特征。我观察过原石，发现画像中康业的左眼和左耳的线条刻画不清，尽管这种缺陷有可能通过彩绘来弥补，但这至少说明当时的工匠并没有特别留意其面部的雕刻。正像在年代相同的太原王家峰北齐武平二年（571）太尉、武安王徐显秀墓壁画所见到的那样，这些画像大都千人一面，创作者的兴趣在于通过墓主的姿势、角度、服饰、家具、器物、建筑，乃至侍者和自然环境，来表现墓主非凡的地位与仪态。画像中的人物虽实有其人，但画家却并不是着意去表现其独特的相貌，而是要依据人们共同认可的一种审美标准来表现心目中最理想的形象[1]。

值得注意的是，画7中的康业右手上举，左手似置于腰间，这种奇特的姿势应是图式旧制的"遗型"[2]。朝鲜平壤安岳发现的曾任前燕司马，后亡命高句丽的冬寿墓（357）的墓主像右手执麈尾，左手拥隐几（图3）[3]。

图3　朝鲜平壤安岳357年冬寿墓墓主像（Kim Lena, *Koguryo Tomb Murals*, Seoul: ICOMOS-Korea, Culture Properties Administration, 2004, p. 8）

---

[1] 参见本书《墓主画像的传承与转变——以北齐徐显秀墓为中心》一文。
[2] "遗型"是考古类型学中所讲的器物中形式尚存却失去了功用的部分。
[3] 宿白：《朝鲜安岳所发现的冬寿墓》，《文物参考资料》1952年第1期，第101—104页。

到了6世纪，麈尾与隐几已不再时髦，因而也就从这种传统的画像中退场，但人物的姿势却保留了下来。

这种正面的墓主像可以上溯到汉代[1]。东汉末年到魏晋时期，在辽宁辽阳地区的石板墓中常见在墓室中辟出单独耳室对死者画像进行供奉。在辽阳上王家村西晋墓右耳室所绘墓主像正面端坐于榻上，手执麈尾，旁有"书佐"等使吏，曲屏环列，上张带莲花和流苏的覆斗帐[2]。5世纪初平城地区的北魏墓葬继承了这种正面像的传统。墓主一般是坐在帷帐下、屏风前，衣服华丽，相貌端庄，山西大同沙岭发现的太延元年（435）任侍中、平西大将军等职的破多罗氏父母合葬墓正壁画像，以及该墓漆棺上发现的同样格局的墓主像，都是典型的例子[3]。所不同的是，这种正面的墓主像随着多室墓的消失和单室墓的流行，逐步转移并固定到墓室的正壁上，这在6世纪北齐墓壁画中成为一种定制。北齐徐显秀画像还采用了诸如貂裘之类的服饰和周围众多的侍者，以及鞍马牛车来表现人物特殊的身份与地位，反映了时代风尚的变化。

画7两侧的画6、8分别描绘牛车与鞍马。牛车、鞍马是两晋南北朝艺术中相当常见的题材，较早的例子见于洛阳西晋墓，其中的出行仪仗俑群即以牛车和鞍马为中心[4]。陕西耀县隋开皇八年（588）徐景辉造像背面中层刻男子骑马，女子乘牛车，分别有"父徐默"、"母毛罗束"的题记，是已故父母的形象[5]。据此可知，鞍马、牛车分别为男女主人的出行所用。但是，这种对应关系有时并不严格，康业墓画7中只有男性墓主一人，而牛车、鞍马齐备，这与济南马家庄北齐武平二年（571）祝阿县令□道贵墓的情况完全相同[6]；而在北齐徐显秀墓壁画中，牛车、鞍马与男女主人

---

[1] 河北省文物研究所：《安平东汉壁画墓》，北京：文物出版社，1990年，第25—26页。
[2] 李庆发：《辽阳上王家村晋代壁画墓清理简报》，《文物》1959年第7期，第60—62页。
[3] 大同市考古研究所：《山西大同沙岭北魏壁画墓》，《文物》2006年第10期，第4—24页。
[4] 河南省文化局文物工作队第二队：《洛阳晋墓的发掘》，《考古学报》1957年第1期，第169—185页。详细的论述见杨泓：《谈中国汉唐之间葬俗的演变》、《北朝陶俑的源流、演变及其影响》两文，氏著：《汉唐美术考古和佛教艺术》，北京：科学出版社，2000年，第1—10、126—139页。
[5] 周到主编：《中国画像石全集》第8卷，济南、郑州：山东美术出版社、河南美术出版社，2000年，图版130。
[6] 济南市博物馆：《济南市马家庄北齐墓》，《文物》1985年第10期，第42—48转66页。

的位置相反，可见工匠在创作时随意性较大。

像许多例子中所见的那样，这组画像的车马上也无乘者和骑者，虚位以待画7中的墓主。画6中的牛从辕轭下卸出，卧于车旁吃草，两位胡人车夫在一侧饮酒，表现出一派闲适的气象[1]。最引人注目的是其中的车和画8中央的马皆作背面。车与马的侧面较长，正面与背面较窄，所以侧面的角度最适宜表现其外形特征，而正面和背面则需要根据透视对深度进行"压缩"（foreshortening），在刻画时难度较大。这些细节看似新奇，却不是康业墓画像作者别出心裁的创造。正面或背面的马与车在汉代画像中即有所见，形象大都比较简单[2]。6世纪的作品也可见到一些精彩的例子，在济南马家庄北齐□道贵墓西壁有一牛车，似是正面，其表现难度与背面相同（图4），甘肃文山顶天水石马坪墓石棺床正面最左端围屏上的一乘牛车应是背面（图5）[3]。背

图4 济南马家庄北齐□道贵墓西壁画像局部（采自《文物》1985年第10期，第45页）

图5 甘肃天水石马坪北周至隋石棺床画像局部（采自《考古》1992年第1期，第47页）

---

[1] 卸套的车和牛曾见于山东沂南北寨东汉墓画像石、甘肃酒泉西沟魏晋墓和敦煌佛爷庙湾37号西晋墓画像砖。见曾昭燏、蒋宝庚、黎忠义：《沂南古画像石墓发掘报告》，北京：文化部文物事业管理局，1956年，拓片35；马建华主编：《甘肃酒泉西沟魏晋墓》，重庆：重庆出版社，2000年，第17页；甘肃省文物考古研究所戴春阳主编：《敦煌佛爷庙湾西晋画像砖墓》，北京：文物出版社，1998年，第86页。
[2] 郑岩：《正面的马，背面的马》，《文物天地》2003年第9期，第52—55页；缪哲：《汉代的正面骑与背面骑》，黄惇主编：《艺术学研究》第1卷，南京：南京大学出版社，2007年，第110—128页。
[3] 天水市博物馆：《天水市发现隋唐屏风石棺床墓》，第47页。

227

面的马见于美国纳尔逊-阿特金斯美术馆（The Nelson-Atkins Museum of Art）所藏北魏晚期孝子石棺（图6）[1]。这具石棺早年出土于洛阳邙山，其中用两段画像表现孝子王琳的故事，第一段为赤眉军俘获并要吃掉王琳的弟弟，王琳跪在地上请求替代其弟。在这一段中，一位赤眉军将领从山林中骑马迎面走来。在画面第二段中，被感化的赤眉军释放了王琳兄弟，转向山中走去，其中的马为背面而略作侧转。康业墓画8中的马则完全是背面的，难以完整地传达出马的形象特征。但有趣的是，其右侧又有一匹侧面马的前半身，一背一侧，像机械制图中两个角度的正投影图，互为"注脚"；而侧面的马不完整，避免了喧宾夺主。这两幅画面皆作俯视的角度，由近到远的山林增加了画面的景深，再加上车马角度的独特处理，使得画面呈现出相当复杂的结构。

图6　美国纳尔逊-阿特金斯美术馆所藏洛阳北魏石棺孝子王琳画像（采自黄明兰：《洛阳北魏世俗石刻线画集》，第5页）

---

[1] 黄明兰：《洛阳北魏世俗石刻线画集》，北京：人民美术出版社，1987年，第5页。

接下来讨论第二组画像（图7）[1]。

与第一组画像静态的场景不同，第二组画像是动态的。画4中墓主骑马的形象缺少创意，无须过多讨论。画5刻画了女主人在众多侍女的簇拥下缓步出行的场面，其基本人物关系与龙门、巩县石窟帝后礼佛像相似，也与山东临朐冶源北齐天保二年（551）东魏威烈将军、南讨大行台督军长史崔芬墓的画像比较一致（图8）[2]。画5的处理相当成功，人物衣带飘飞的画法与纳尔

图7　陕西西安上林苑住宅小区北周康业墓石棺床第二组画像（画4、5，采自《文物》2008年第6期，第29页）

逊孝子棺上舜之二妃和董永故事中的女仙形象如出一辙[3]。同样的形象也见于山西大同石家寨北魏延兴四年至太和八年（474—484）入葬的琅琊康王司马金龙墓出土的漆木屏风和传世的《女史箴图》、《洛神赋图》[4]。人物身后飘扬的衣带、伞扇向前上方聚

---

[1] 林圣智对康业石棺床围屏的分组有不同的意见，他根据石棺床围屏画像"三幅成组"的规律，将画3归入第二组。认为画3、4、5是"以男主人骑马出行为中心"，两侧分别为"女主人会见女宾"和"女主人出行"，这样，"若将中央两块石板相比较，骑马出行与墓主宴饮所在的位置一右一左，正好相互对称"。见林圣智：《北朝晚期汉地粟特人葬具与北魏墓葬文化——以北魏石棺床围屏与北齐安阳粟特石棺床为主的考察》，《中研院历史语言研究所集刊》第81本第3分，2010年9月，第544页。在我看来，这套画像似未严格遵循"三幅成组"的规律，其两侧板的画像均为两幅。画幅3虽然比第三组的画1、2、9、10略窄，但基本构图和内容却较为接近，所以我将该图归入第三组；其画幅缩窄的原因可能与其位置有关，即必须保持石棺床正面画像大小的统一。
[2] 对崔芬墓壁画的讨论见本书《崔芬墓壁画初探》一文。
[3] 黄明兰：《洛阳北魏世俗石刻线画集》，第3、8页。
[4] 中国古代书画鉴定组编：《中国绘画全集》第1卷，图23、24、35—37，北京、杭州：文物出版社、浙江人民美术出版社，1997年。

图 8　山东临朐海浮山北齐崔芬墓墓主画像（采自临朐县博物馆：《北齐崔芬壁画墓》，彩图 9）

拢的线条产生出明显的动势；人物重复的姿势又使画面充满韵律感；人物前后透视关系的处理，以及最后一位侍女拉开一步、倒数第二位年轻侍女略微转身等细节，使得画面更为丰富。

画 4 和画 5 中男女主人行进的方向一致，可以看作前后连属的关系，北齐崔芬墓墓主像就是这种男前女后的格局，只不过后者男女墓主皆徒步行走。画 4 男主人骑马，女主人步行，这种男女不一致的现象，在《女史箴图》和司马金龙墓屏风所见的班婕妤故事中即可见到（图 9）。班婕妤图所表现的虽是一个特定的故事情节，但其中所反映的男女尊卑观念在古代却具有普遍性。

这组画像可以看作卤簿图的一种简化版本。周一良对南北朝卤簿图的流行曾有过专门讨论，指出这类绘画作品在当时是一些人炫耀自己身份的工具[1]。这种表现出行的画面可以追溯到汉代画像中的车马行列，余脉则一直延续到晚期《乾隆南巡图》之类的画作。自汉代的车马行列画像，以迄大同沙岭北魏墓壁画中的牛车仪仗，这类绘画多是通过浩大的出行场面来表现人物显赫的身份[2]。与汉代传统不同的是，康业墓

---

[1] 周一良：《魏晋南北朝史札记》，北京：中华书局，1985 年，第 165 页。
[2] 许多研究者习惯通过对照文献记载的车舆制度来判定汉代出行图中主要人物的身份。但也有学者注意到，墓葬中有些车马行列的规格超出了死者官爵的等级，可能并不是现实生活的如实写照，而反映了当时人们的愿望（林巳奈夫：《后汉时代の车马行列》，《东方学报》第 37 册，京都：1966 年，第 191—212 页）。然而，正是因为有着制度的存在，僭越才有其意义。

图9　山西大同石家寨北魏司马金龙墓漆木屏风班婕妤画像（大同市博物馆提供）

画4、5所见的不再是无限铺张的场面，而更加重视对于人物仪态的刻画，往昔积极精进的追求，已经被内敛细腻、从容优雅所取代。

我用较大的篇幅来讨论第三组画像（图10—14）。

与前两组画像内部彼此关联的情况不同，这组画像彼此独立，散布在整套围屏不同的部位，但各个画面的构图有一些共性，可以概括为几点：一、均为群像组合，画中一男子或女子坐于小榻上，作半侧面，似可认定为墓主夫妇，男女主人周围有众多侍从或宾客，这些人物或坐或立，有的似乎在聆听主人的谈话，其位置姿态虽略有主次，但地位显然都低于墓主夫妇；二、所有人物都身处山林中；三、所有人物皆集中在大树下。

在以前发现的材料中不难找到具有类似特征的画面。第一个例子是1930年洛阳城西出土的北魏正光五年（524）赵郡贞景王元谧石棺两侧的孝子、孝孙画像[1]。根据题记，画像中有丁兰、韩伯俞、郭巨（图15）、闵子骞、眉间亦、伯奇、董笃父、

---

[1] 该石棺现存美国明尼阿波利斯美术馆（The Minneapolis Institute of Arts）。黄明兰：《洛阳北魏世俗石刻线画集》，第30—39页。

图10 陕西西安上林苑住宅小区北周康业石棺床画1（采自《文物》2008年第6期，第27页）

图11 陕西西安上林苑住宅小区北周康业石棺床画2（采自《文物》2008年第6期，第27页）

图12 陕西西安上林苑住宅小区北周康业石棺床画3（采自《文物》2008年第6期，第29页）

图13（左） 陕西西安上林苑住宅小区北周康业石棺床画9（采自《文物》2008年第6期，第33页）

图14（右） 陕西西安上林苑住宅小区北周康业石棺床画10（采自《文物》2008年第6期，第33页）

董永、老来（莱）子、舜、孝孙（原榖）等人物。从画面上看，这些画像的着重点似乎不是要表现故事情节，而只选取了一个个静态的场景[1]。对于原有的故事而言，这些场景并不典型，但彼此却有一定的共性，如所有的人物皆为坐姿，地位较高的父或母半侧面坐于小榻上，似乎在向孝子们进行训示，有的甚至带有手势，使人可以明显地感受到对话的存在。所有

图15　河南洛阳北魏元谧石棺郭巨画像（郑岩绘图）

的故事都安排在山林中，有的人物恰好坐在树下。在这些画像中，人物半侧面的坐姿、人物的主次关系、茂盛的林木等，都与康业石棺床画像类似。

第二个例子是1977年洛阳北邙山出土的一具北魏石棺床上的画像（图16）[2]。

图16　河南洛阳北魏石棺床画像局部（郑岩绘图）

---

[1] 我认为这种形式上的调整，目的是利用这些画面来表达与丧葬观念相关的其他思想，详见郑岩：《魏晋南北朝壁画墓研究》，北京：文物出版社，2002年，第230—231页。
[2] 洛阳古代艺术馆所藏，见黄明兰：《洛阳北魏世俗线刻画集》，图版81—84。

图17 山东临朐海浮山北齐崔芬墓高士屏风壁画（采自临朐县博物馆：《北齐崔芬壁画墓》，彩图15）

画像中也有许多坐在树下的人物，其中一幅因为有一腾起的蛇，被认定为孝子伯奇的故事[1]。但这些画像皆有榜无题，大多缺少指标性的细节，故事情节被淡化甚至忽略掉，难以一一指认其母题。画面皆作竖长方形，并有边框，实际上模仿了屏风的形式，这一点和康业石棺床画像更为一致。

沿着第二个例子屏风式的构图，我们可以找到第三、四个例子，即上文提到的崔芬墓（图17）以及山东济南东八里洼北齐墓中的高士屏风壁画[2]。虽然这些画像中的人物很少，但与康业石棺床画像中人物坐在树下的特征是相同的。有学者指出，山东北齐高士画像的源头是南朝的竹林七贤画像[3]，这就将我们的视野引向南朝。在南京西善桥宫山墓竹林七贤与荣启期模印砖画这个著名的例子中（图18）[4]，人物均为树下坐像，其构图明显可以划分为八个面积相等的单元，每个单元由一人一树组成，这样的格局或许就是屏风画去掉中间边框的结果。这是第五个例子。

在以上五个例子中，我们可以看到与康业石棺床画像接近的一些构图形式。与"内容决定形式"这一传统理论所不同的是，这些形式与故事的内容并没有直接的关

---

[1] 赵超：《关于伯奇的古代孝子图画》，《考古与文物》2004年第3期，第69页。
[2] 临朐县博物馆：《北齐崔芬壁画墓》，北京：文物出版社，2002年；山东省文物考古研究所：《济南市东八里洼北朝壁画墓》，《文物》1989年4期，第67—78页。
[3] 杨泓：《北朝"七贤"屏风壁画》，杨泓、孙机：《寻常的精致》，沈阳：辽宁教育出版社，1996年，第118—122页。
[4] 南京博物院、南京市文物保管委员会：《南京西善桥南朝大墓及其砖刻壁画》，《文物》1960年8、9期合刊，第37—42页。

图 18（左两图） 江苏南京西善桥宫山南朝墓竹林七贤与荣启期模印拼镶砖壁画（采自姚迁、古兵：《六朝艺术》，北京：文物出版社，1981 年，图 162、163）

图 19（右两图） 丁兰故事画面比较：上，山东嘉祥东汉武梁祠（采自蒋英炬主编：《中国画像石全集》第 1 卷，济南、郑州：山东美术出版社、河南美术出版社，2000 年，第 29 页）；下，河南洛阳北魏元谧石棺（郑岩绘图）

系，即使同一个故事，也会采用不同的形式。比较一下山东嘉祥东汉武梁祠和元谧石棺的丁兰故事，我们不难看出二者的差别（图 19），后者所见的树木山林，并不是故事文学性文本原有的，而是在特定时代出现的新元素。

第六个例子将我们的视野扩大到佛教艺术的领域。金镇顺曾经以芝加哥美术馆（The Art Institute of Chicago）所藏石棺床围屏上男女主人半侧面坐像与纽约大都会美术馆（The Metropolitan Museum of Art）所藏东魏武定元年（543）造像碑上的维摩变浮雕（图 20）进行对照，指出彼此所用帐幕的相似性，进而谈及佛教美术和墓葬美术之关联[1]。其实，二者的关联不止于此。如果略去图中维摩诘和文殊师利的帐幕，我们还会看到维摩变中更多的因素与康业石棺床画像相近。如维摩诘和

---

[1] 金镇顺：《南北朝时期墓葬美术研究——以绘画题材为中心》，北京：中国社会科学院研究生院博士学位论文，2005 年，第 77—78 页。大都会美术馆藏东魏武定元年（543）造像碑见 Laurence Sickman & Alexander Soper, *The Art and Architecture of China*, Penguin Books Ltd, 1956, pl. 44.

图 20　美国纽约大都会美术馆藏东魏造像碑维摩变浮雕（Laurence Sickman & Alexander Soper, *The Art and Architecture of China*, pl. 44）

文殊师利身后都有一棵大树，更重要的是，二人均为半侧面的坐姿，且均在讲话，每个人周围都聚集了众多的听众。

甘肃永靖炳灵寺石窟第 169 窟西秦壁画中有两处维摩诘像[1]，是目前所见时代较早的例子。这一题材在云冈、龙门、敦煌的北朝石窟中都有发现。根据经文，维摩诘和文殊师利是同处一室的，但在造像的发展中，比较成熟固定的是维摩诘与文殊师利相对立的二元形式。在这种形式中，二人坐于不同的房屋或帐下，均为半侧面，这个角度既适合表现二人辩谈的关系，又不像全侧面的人像那样无视画面外观者的存在。经文中提到文殊师利前往维摩诘的住处，云："即时八千菩萨五百弟子百千天人，同意欲行。于是文殊师利，与诸菩萨大弟子及诸天人眷属围绕，俱入维耶离大城。"[2] 但在维摩变二元对立的结构中，随行的众菩萨、弟子、天人划分为两个阵营，分列于维摩诘和文殊师利周围，而不是集中在文殊师利一边。如果将画面从中央分开，那么在每一半的画面中，主角宣讲的姿态依旧，但维摩诘与文殊师利的对等结构不复存在，主

---

[1] 甘肃省文物工作队、炳灵寺文物保管所：《中国石窟·永靖炳灵寺》，北京、东京：文物出版社、平凡社，1989 年，图版 37、41。
[2] 《大正藏》第 14 册，第 525 页。

角与周围人物变成了一种训讲和聆听的关系。这种格局也是我们在康业墓画面中所见到的。需要说明的是，如此将一整幅画面划分为二，并不是我为了与康业石棺床画像比较而采取的主观做法。以敦煌为例，正是在 6 世纪，由于石窟内中心佛龛的存在，维摩诘和文殊师利及其统属的听众分别被绘制在龛外的两侧，如敦煌隋代的 206、276、314（见图 27）、380、417、419、420 窟都属于这种格局，这样的格局一直延续到后世[1]。

在经文中并不见维摩诘住处有大树的记载，但是在北朝晚期到隋代，树成了维摩变最常见的内容，如敦煌隋代 420 窟维摩变壁画所见就十分典型[2]。这应与 6 世纪树木纹样的流行有关。6 世纪以前的树木形象主要见于半跏思维像，6 世纪以后则扩大到诸佛和菩萨[3]。研究佛教造像树木图像的学者常常以南北朝墓葬画像中的材料与之对比研究，都注意到了二者在形态上的关联[4]。例如，苏铉淑曾指出河南龙门路洞南北两壁以双树相间安置佛和菩萨三尊像的做法在形式上与竹林七贤和荣启期壁画十分相似[5]。再如成都万佛寺南朝造像碑 WSZ48 背面的西方净土变、WSZ49 背面的弥勒变等图中对于说法场景的描绘[6]，都不难看到有许多因素与康业石棺床画像相近。

另外，康业石棺床画 2 中有一细节，描绘了一位女子右手攀树枝、左手叉腰而立（图 21）。这个细节的具体含义难以推考，仅就形式而言，与之最为接近的是佛本行故事中对于释迦牟尼诞生情节的描绘。后汉竺大力与康孟详译《修行本起经》卷上《菩萨降身品》云："明星出时，夫人攀树枝，（太子）便从右胁生。"[7] 南朝宋求那跋陀罗译《过去现在因果经》卷一云："尔时夫人，既入园已，诸根寂静。十月满足，于二月八日，日初出时。夫人见彼园中，有一大树，名曰无忧，花色香鲜，

---

[1] 有关这一变化过程的讨论，详巫鸿：《何为变相？——兼论敦煌艺术与敦煌文学的关系》，郑岩、王睿编：《礼仪中的美术——巫鸿中国古代美术史文编》下册，郑岩等译，北京：生活·读书·新知三联书店，2005 年，第 375 页。
[2] 敦煌文物研究所：《中国石窟·敦煌莫高窟》第二卷，北京、东京：文物出版社、平凡社，1984 年，图 61、68、69。
[3] 苏铉淑：《东魏北齐庄严纹样研究——以佛教石造像及墓葬壁画为中心》，北京：文物出版社，2008 年，第 181—183 页。
[4] 赵声良：《敦煌壁画风景研究》，北京：中华书局，2005 年，第 70—77 页；苏铉淑：《东魏北齐庄严纹样研究》，第 180—214 页。
[5] 苏铉淑：《东魏北齐庄严纹样研究》，第 194—195 页。
[6] 袁曙光：《四川省博物馆藏万佛寺石刻造像整理简报》，《文物》2001 年第 10 期，第 32—33 页。
[7]《大正藏》第 3 册，第 463 页。

枝叶分布，极为茂盛。即举右手，欲牵摘之，菩萨渐渐从右胁出。"[1] 图像中对这一情节的描绘多与经文所述吻合。在芝加哥美术馆所藏公元2世纪末到3世纪初的犍陀罗浮雕中，可见到摩耶夫人右手抓树枝，双腿交叉的姿势（图22）[2]。

据宫治昭的看法，这一姿势来源于印度古代象征丰饶的树女神形象，而太子从母亲右胁诞生，颇符合印度人"右清净，左不净"的观念[3]。这种树女神最著名的是公元前2世纪印

图21 陕西西安上林苑住宅小区北周康业石棺床画2局部（采自《文物》2008年第6期，第26页）

图22 美国芝加哥美术馆藏公元2世纪末、3世纪初犍陀罗浮雕（Sherman E. Lee, *A History of Far Eastern Art*, p. 106, fig. 140）

---

[1]《大正藏》第3册，第624页。
[2] Sherman E. Lee, *A History of Far Eastern Art*, New York: Prentice Hall, Inc. and Harry N. Abram, Inc., p. 106, fig. 140；与之相似的另外一例为西克里（Sikri）出土，巴基斯坦拉哈尔博物馆（Lahore Central Museum）藏，见宫治昭：《犍陀罗美术寻踪》，李萍译，北京：人民美术出版社，2006年，第228页。
[3] 宫治昭：《犍陀罗美术寻踪》，第94—95页。

度巴尔胡特（Bharhut，Madhya Pradesh）佛塔围栏上的药叉女（Shalabhanjika）浮雕，以及公元前1世纪印度桑奇（Sanchi，Madhya Pradesh）大塔东门北侧立柱和第三道横梁末端交角处的药叉女雕像，这两处雕刻均被看作印度最美的女性雕像[1]。巴尔胡特的一些药叉女雕像还带有树名的铭文，如"丘拉科卡"（Chulakoka），可以证明这种形象与树的关系。在中国北朝佛教雕刻中也常见释迦牟尼诞生的题材，如云冈石窟第6窟中心塔柱下层西面佛龛左侧浮雕中摩耶夫人即以右手攀树枝，左臂内曲，有侍者扶持，已不见双脚交叉的姿势（图23）[2]。年代略晚的麦积山第133窟第10号北魏造像碑中对摩耶夫人姿势的描绘略有异，似为双手攀树枝，但太子仍从右胁出[3]。台湾震旦文教基金会藏北齐河清二年（563）造像碑的侧面所见该题材为摩耶夫人左手攀树杈，释迦牟尼从其左胁出，论者认为这是根据画像所处位置进行的调

图23　山西大同云冈石窟第6窟中心塔柱下层西面佛龛左侧浮雕（采自云冈石窟研究院编：《云冈石窟》，北京：文物出版社，2008年，第43页）

---

[1] Sherman E. Lee, *A History of Far Eastern Art*, p. 89, fig. 115; p. 92, fig. 119.
[2] 云冈石窟文物保管所：《中国石窟·云冈石窟》第一卷，北京、东京：文物出版社、平凡社，1991年，图版73。
[3] 天水麦积山石窟艺术研究所：《中国石窟·天水麦积山》，北京、东京：文物出版社、平凡社，1998年，图版95。

整[1]。在敦煌北周第290窟人字披顶东披佛传故事中[2],摩耶夫人的画像如省去左胁下扶持的侍者,则与康业墓所见的这位女子的姿态如出一辙。尽管康业石棺床画像中的人物完全换上了汉式服装,也不见印度"三屈式"体态,但女子一手叉腰、一手扶树的姿态仍颇为婀娜优雅。

最后要讨论的是画面中的山林。山林与道教、佛教信仰及习俗都有关系,也与南朝园林文化的发展密切相关,这已是常识,无须赘论。单就图像特征而言,与康业石棺床画像相似的例子可以举两个,一是前面提到的元谧石棺,二是前面提到的纳尔逊-阿特金斯美术馆藏北魏孝子画像棺(图24)[3]。在这两个例子中,所有的故事都被转移到山林之中。第三个例子则来源于文献。传为东晋画家顾恺之所作《画云台山记》一文谈到山水的画法,有一些描述性的文字颇值得注意,如:

图24 美国纳尔逊-阿特金斯美术馆藏北魏石棺画像局部 (William Watson, The Arts of China to AD 900, Yale University Press, 1995, p. 158)

---

[1] 李玉珉:《佛陀形影》,见郑安芬主编:《佛教文物选粹1》,台北:震旦文教基金会,2003年,第16页。
[2] 贺世哲:《敦煌图像研究·十六国北朝卷》,兰州:甘肃教育出版社,2006年,图版41右上。
[3] 黄明兰:《洛阳北魏世俗石刻线画集》,第1—10页。

> 西去山，别详其远近，发迹东基，转上未半，作紫石如坚云者五六枚。夹冈乘其间而上，使势蜿蟺如龙，因抱峰直顿而上。下作积冈，使望之蓬蓬然凝而上。[1]
>
> 画丹崖临涧上，当使赫巘隆崇，画险绝之势。[2]
>
> 其西，石泉又见，乃因绝际作通冈，伏流潜降，小复东出。下碉为石濑，沦没于渊。所以一西一东而下者，欲使自然为图。[3]

这些文字几乎可以与康业石棺床画像对读。假如读者对于绘画语言与文学语言对比的有效性持怀疑态度，我们仍可从更为具体的细节中找到二者的关联，如《画云台山记》谈到"对云台西凤所临壁以成碉，碉下有清流。其侧壁外面作一白虎，匍石饮水"[4]。饮水之虎在康业石棺床画 9、10 两幅中彰彰在目（图 25）。值得注意的是，《画云台山记》所记述的画作并不是纯粹的山水画，而是张道陵在云台山测试赵升等弟子的故事。山水只是这个道教故事的背景，而画面的主体是众多的人物，这一点与康业石棺床画像也是一致的。关于这篇画论的时代和作者问题，目前尚有争论。即使《画云台山记》这篇文章的年代较晚，其中所提到的上述元素或许仍可以追溯到 6 世纪前后。

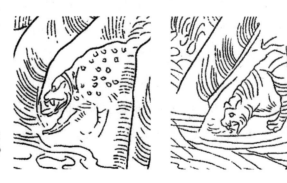

图 25　陕西西安上林苑住宅小区北周康业石棺床画 9、10 局部（采自《文物》2008 年第 6 期，第 33 页）

---

[1] 张彦远撰，俞剑华注释：《历代名画记》，上海：上海人民美术出版社，1964 年，第 112 页。
[2] 同上书，第 113 页。
[3] 同上书，第 115 页。
[4] 同上书，第 116 页。

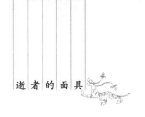

逝者的面具

在以前的研究中,以上的例子往往被划归于不同的门类,如"佛教艺术"、"道教艺术"、"墓葬艺术",其形式也常常被限定在特定的内容和意义下来讨论,而在本文中,世俗与宗教的界限,佛教与道教、儒学乃至玄学的界限均被打破,我们所强调的是这些艺术作品形式上的共性。那么这种共性是不是单纯依靠图像材料进行的虚构?在形式背后有没有观念上的联系?我想尽量简单地回答这些复杂的问题。

鲁迅有言:"晋以来的名流,每一个人总有三种小玩意,一是《论语》和《孝经》,二是《老子》,三是《维摩诘经》。"[1] 也就是说,这些性质不同的经典,在实际生活中是混杂在一起的。如南齐张融遗令,"三千买棺,无制新衾。左手执《孝经》、《老子》,右手执《小品》、《法华经》"[2]。不同的经典既然可以放在同一个人的棺中,而与经典还有很大距离的图像便有更多的机会彼此交织在一起。图像的形式特征和彼此的关联也可能会带来作品意义和功能的变化,或者说,形式本身也是作品的重要内容。我以前讨论过竹林七贤画像的功能和意义[3],就涉及这方面的问题。再举文献中的例子:"王公(王导)目太尉(王衍):'岩岩清峙,壁立千仞。'"[4] 文学中以山水比喻人物容貌,此类例子很多。同样的手法也见于绘画中:"(顾恺之)又画谢幼舆于一岩里。人问所以,顾云:'一丘一壑,自谓过之,此子宜置岩壑中。'"[5] 在这里,岩石丘壑成了塑造人物形象重要的手段,就像我们在康业石棺床画像中所见的山水一样。在这组画像中,原属于佛陀、天尊、高士、孝子的座席上,泰然而坐的是已故的墓主,因此,与其说将这些画面看作对经典的图解,倒不如把它们看作身处世俗社会的人们为自己在死后世界所建构的一种理想化、格式化的肖像。

南北朝时代是一个分裂的时代,我们有什么理由把上述处于不同区域的作品拿来作比较?在此,我们以文献中谈到的两件事作为对这一问题的回答:

一、北魏建设都城平城的太庙、太极殿等建筑时,皇帝曾派将作大匠蒋少游到

---

[1] 鲁迅:《吃教》,见《鲁迅全集》第五卷《准风月谈》,北京:人民文学出版社,2005年,第328页。
[2] 《南齐书·张融传》,北京:中华书局,1972年,第729页。
[3] 郑岩:《魏晋南北朝壁画墓研究》,第209—235页。
[4] 刘义庆撰,刘孝标注,杨勇校笺:《世说新语校笺》北京:中华书局,2006年,第392页。
[5] 张彦远撰,俞剑华注释:《历代名画记》,第113页。

洛阳"量准魏晋基趾"[1]。二、在孝文帝营建洛阳城的过程中，又曾派蒋少游随同使节出使齐都建康，"密令观京师宫殿楷式"，"房宫室制度，皆从其出"。[2] 一种特定的艺术形式既是文化交流的媒介和载体，又是文化价值观的体现。北魏对于敌方建筑形式的取用，实际上是拓跋鲜卑汉化过程中的政治策略和文化取向。

除了共时性材料的比较研究，这里还有必要简要讨论一下第三组画像题材的渊源。从内容上讲，这些画像明显的特征是"借客形主"，即借助一些地位相对较低的人物来衬托主人的尊贵。"借客形主"一词出自明人王嗣奭《杜臆》[3]。不过，我在借用该词时更偏向其字面的意义，图像中的"主"和"客"均表现为具体的形象。就图像材料而言，借客形主的做法至少可以上溯到西汉时期，如著名的湖南长沙马王堆1、3号西汉墓帛画中即以仆从来衬托主人的形象[4]。到东汉时期，大量流行的宾主会见画像也以地位较低的人物来衬托主人的尊贵。在山东，我们可以看到这种宾主会见题材已有固定的格套，频频出现于祠堂正壁（图26）[5]，甚至一位夭亡儿童的墓葬也借用了这种构图[6]。这一题材从东汉开始的另一种变化，是利用外族人的形象来衬托主人的地位，我在以前的文章中将这种传统解释为"四夷宾服，万方来朝"观念的一种民间图像版本，其在6世纪的一个典型例子是山东青州傅家村北齐武平四年（573）墓石刻中的墓主像[7]。康业墓第三组的五幅画像是这类题材中人物最多的一例，画像中的"客"发展为"众"。我已经指出其构图与维摩变以及《画云台山记》所反映的

---

[1]《魏书·术艺传·蒋少游》，北京：中华书局，1974年，第1971页。
[2]《南齐书·魏虏传》，第985页。
[3] 王嗣奭在研究杜甫《丹青引》一诗时说："韩幹亦凡手，'早入室''穷殊相'已极形容矣，而借以形曹，非抑韩也。如孟子借古圣人百世师，而形容孔子之生民未有。此借客形主之法。"王嗣奭：《杜臆》卷六，上海：上海古籍出版社，1983年，第199—200页。
[4] 湖南省博物馆、中国社会科学院考古研究所：《长沙马王堆一号汉墓》，北京：文物出版社，1973年，图38；湖南省博物馆、湖南省文物考古研究所：《长沙马王堆二、三号汉墓》第一卷《田野考古发掘报告》，北京：文物出版社，2004年，图31。
[5] 最典型的一批材料是山东嘉祥武氏祠三座祠堂以及嘉祥宋山、南武山出土的祠堂正壁的祠主像。蒋英炬、吴文祺：《汉代武氏墓群石刻研究》，济南：山东美术出版社，1995年，图版22—24；济宁地区文物组、嘉祥县文管所：《山东嘉祥宋山1980年出土的汉画像石》，《文物》1982年第5期，第66—67页；朱锡禄：《嘉祥汉画像石》，济南：山东美术出版社，1992年，图78。
[6] 参见本书《山东临淄东汉王阿命刻石的形制及其他》一文。
[7] 郑岩：《魏晋南北朝壁画墓研究》，第236—284页。

逝者的面具

图26　山东嘉祥东汉武氏祠左石室第九石局部（采自朱锡禄：《武氏祠汉画像石》，济南：山东美术出版社，1986年，第60页）

张道陵测试弟子故事之间的联系，说明这种变化可能受到了宗教绘画中论道说法题材的影响。画面中的人物作四分之三侧面，这种角度既强调了宾主之间的呼应，又半开放地面向观者，从而成功地将观者转化为听众的一员。

二

康业墓石棺床的三组画像代表了6世纪墓主像的三种类型。借助于这些材料，我们可以进一步观察这个时期人物画的一些特征。

我十多年前初次涉及墓主画像的课题时，比较慎重地将材料控制在"偶像型"画像的范围内[1]。这个概念来源于巫鸿对于山东嘉祥东汉武梁祠的研究，巫鸿根据武梁祠画像中人物的角度与构图形式，将正面的东王公和西王母划归为"偶像型"画像，将人物以侧面出现的各种历史故事题材划归为"情节型"画像。前者中心人物正面的角度建立在与观者存在着直接联系的假设上，画中人物无视侍从的存在，其目光超越画面，直视观者，画面的意义不但依赖其自身，同时依靠外在的观看者来实现，因此

---

[1] 参见本书《墓主画像研究》一文。

是一种开放式构图；而后者则强调表现画面内部人物彼此的行为与反应，它所表达的意义包含在画面本身的结构关系中，因而其构图是闭合式的[1]。

康业墓石棺床第一组画像非常接近巫鸿所说的前一种类型，其中人物正面的角度可以启发我们考虑这类墓主像与宗教偶像之间的关联。康业墓第二、三两组画像均注重画面内人物关系的表现，接近于巫鸿所说的"情节型"画像。但是，这些画像虽然强调画面内部人物之间的关系，却没有明确表现起承转合的故事情节，并不同于文学性叙事，如第二组中人物出行的起止地点均不明确，第三组中人物彼此对话的内容也不重要，因此，这些画面不是要刻意讲述某种故事，而是一种精心构建的舞台化场景，主角只是借着这些场景以特殊的身段"亮相"。在这一点上，南朝墓葬中的竹林七贤与荣启期画像的情况和康业第二、三组画像有些类似[2]。

与第三组画像构图有关的维摩变、孝子故事等题材都有明确的文学背景，但出于功能的需要，这种构图的叙事性也会不同程度地降低。无论二元对立结构的维摩变相，还是北魏元谧石棺上的孝子画像，都不再特意突出故事的情节[3]，在康业墓画像中，这种构图则演变为人物形象的一种框架和背景。

将第一组和另外两组画像硬性地划分为两个类型，也有其局限性。实际上，在第一组画像中，我们同样可以看到对于环境和人物关系的表现。有趣的是，这种构图可以随着对于画面内部人物关系的改变而随时调整其角度。邹清泉注意到康业石棺床画 7 与莫高窟 314 窟维摩变图中维摩诘部分（图 27）相似[4]，但是我们还应看到，维摩诘画像中的主角并不是画 7 所见的正面角度，而是四分之三的侧面。这种变化可能源于题材的要求。314 窟中的这部分画像并不是独立存在的，而是与文殊菩萨的画像对称分布在中央佛龛的两侧，这种四分之三的侧面正可以彼此呼应。如果将维摩诘和

---

[1] Wu Hung, *The Wu Liang Shrine: The Ideology of Early Chinese Pictorial Art*, pp. 132-134；巫鸿：《武梁祠——中国古代画像艺术的思想性》，柳扬、岑河译，第 149—150 页。
[2] 我在他处曾谈到，竹林七贤与荣启期画像"一人一树相间的画面格局中，人物互不相干，很难建立起人物之间叙事性的联系。实际上，这些画像既非叙事性的，也与正襟危坐的宗教偶像不同，它们就像现代社会流行的明星照片，人物只需随便摆一个姿势，观众并不十分在乎他们在干什么"。郑岩：《魏晋南北朝壁画墓研究》，第 214 页。
[3] 关于元谧石棺叙事性弱化的讨论，见郑岩：《魏晋南北朝壁画墓研究》，第 230—231 页。
[4] 邹清泉：《维摩诘变相研究——中古〈维摩诘经〉的图像演绎》，北京：中央美术学院人文学院博士论文，2009 年，第 103—104 页。

图 27　甘肃敦煌莫高窟 314 窟隋代维摩变局部（采自敦煌文物研究所：《中国石窟·敦煌莫高窟》第二卷，图 136）

文殊菩萨联系起来看，这组画像就不再是偶像性的了。从这一点上，我们可以观察到画像形式与题材之间一种微妙而复杂的联动关系。

康业墓第一、二组画像的构图在同时期墓葬壁画和葬具画像中十分常见，所不同的是，其他墓葬中所见到的往往只是其中一幅或一类，而在康业墓画像中，不同类型的画像汇集在一起，男女墓主一次次重复出场。

在美国波士顿美术馆所藏洛阳出土的北魏孝昌三年（527）横野将军甄官住簿宁想石室的背面有一组画像，刻画了三位长者及其侍女，分别被四根立柱区格为三幅，其构图与屏风十分相似（图28）[1]。画像中人物形象、服饰均十分接近，但彼此角度不同。论者多认为其中的长者均为死者的肖像[2]，但尚缺少直接的证据。

20世纪70年代末在洛阳东关发现一件方形刻石，其背面刻画的四位长者左右顾盼，均有一至两位侍者扶持（图29）[3]。这件方形刻石的正面雕博山炉和狮子，两侧

图28　美国波士顿美术馆藏洛阳北魏宁想石室背面画像（郑岩绘图）

---

[1] 黄明兰：《洛阳北魏世俗石刻线画集》，第95—105页；郭建邦：《北魏宁懋石室线刻画》，北京：人民美术出版社，1987年。国内多种出版物在介绍该石室时，误认为该画像在祠堂正壁的内面，实际上应在正壁外侧。我多次到波士顿美术馆目验实物，该馆对该石室的拼合配置并无错误。此前的研究者多将与石室同出的墓志中死者的姓名读作"宁懋"，最近曹汛主张读为"宁想"，这样便可与其字"阿念"互训。见曹汛：《北魏宁想石室新考订》，王贵祥主编：《中国建筑史论汇刊》第4辑，北京：清华大学出版社，2011年，第77—125页。

[2] 黄明兰：《洛阳北魏世俗石刻线画集》，第121页；王树村主编：《中国美术全集·绘画编19·石刻线画》，上海：上海人民美术出版社，1988年，图版说明第2页黄明兰的说明词；Wu Hung, *Monumentality in Early Chinese Art and Architecture*, Stanford: Stanford University Press, 1995, pp. 262-264；巫鸿：《中国古代艺术与建筑中的"纪念碑性"》，李清泉、郑岩等译，上海：上海人民出版社，2009年，第342页。黄明兰和巫鸿进一步将这三组人物解释为死者一生不同的阶段，此说或求之过深，至少在画面形式上找不到有力的证据。宫大中也持墓主说，他还怀疑侍女为宁氏之妻。见宫大中：《洛都美术史迹》，武汉：湖北美术出版社，1991年，第306页。

[3] 黄明兰：《洛阳出土一件线刻碑座》，《考古与文物》1986年第4期，第108页、封二、封三；李献奇、黄明兰主编：《画像砖石刻墓志研究》，郑州：中州古籍出版社，1994年，第79—82页。上述两种报道皆称该石1979年出土于洛阳东关下园，文中插图排列皆有误，图三、图四颠倒。黄明兰在《洛阳北魏世俗石刻线画集》第109—115页的说明文字中，称该石1978年出土于洛阳东关旭升。周到主编《中国画像石全集》第8卷，图版说明第14—15页称该石1978年出土于洛阳东关。

图 29　河南洛阳东关北魏石碑座供养人画像（采自黄明兰：《洛阳北魏世俗石刻线画集》，第 112 页）

各有四身神王，据此推断这可能是一通与佛教相关的丰碑的底座，刻在背面的长者可以判定为供养人的形象，其形式与宁想石室后壁画像十分相似。对照这一发现，我对宁想石室后壁人物画像提出另一种可能成立的解释，即三组人物表现了出资建立石室的孝子的形象。正像曹汛所注意到的，"三组人像刻画在后墙外面，又正是和两山墙外面的孝子故事相照应，搭配成一套主题"[1]。

在敦煌莫高窟所见的供养人像，动辄十几身、数十身，乃至如 428 窟中所见一千二百身，多是按照人物的民族特征、身份加以分类，按照同一模式绘制，而标注职衔和籍贯的题榜往往根据人们捐助的功德而后加。与之相比，洛阳东关刻石则是一种富有艺术魅力的新形式。对比其他供养人画像的情况看，洛阳东关画像可能表现了四位不同的人物。这种形式在宁想石室又展现出另外的效果，不同的视角将同一个人物的姿容展现无遗，即使不是刻意表现其年龄的变化，也确实可以使人在感受空间转移的同时，联想到时间的存在。

洛阳东关画像和宁想石室画像在形式上有两个特征值得注意，一是整体的统一，二是细部的变化，画面内人物的面相、冠服、姿势、组合关系，极为一致，而人物角度的转换又使得画面富于趣味。与之可以对比的例子是南京西善桥南朝墓竹林七贤与

---

[1] 曹汛对这一主题解释为"也像董永丁兰孝子故事一样，表现一种祈愿……寓意高官又高寿的意思，中间一位手持莲花背过脸去，更像是功成名就得意满心态宁静的样子，手持莲花是表示皈依佛教。"这一解释，似乎又走得太远。曹汛：《北魏宁想石室新考订》，第 101 页。

荣启期模印拼镶砖壁画（见图18），和上述两个例子一样，其总体构图的一致性和人物、树木的细节变化完美地融合在了一起。

虽然没有直接的证据可以论定竹林七贤与荣启期画像的作者，但它在艺术上所表现出的成就之高，的确可以和当时文献记载的许多著名画家的追求联系在一起。在康业画像中，画工也努力选取不同的形式和仪态来表现人物，这一点很可能受到当时由大艺术家所引领的艺术风气的影响，但是，康业画像中不同类型画稿的拼合则显得较为生硬，各组画像之间看不到明显的逻辑关系，既没有从左到右或从右到左的线性次序，也没有严格的对称关系，显得比较杂乱。这种杂乱感还表现在第三组画像内部，这组画像中的5幅是同一种构图的重复，在视觉效果上大同小异。这样的重复似乎只是为了凑足屏风的扇数，以合乎石棺床结构的需要，此外难以看出其他特别的用意。然而，不管与宁想和竹林七贤画像有着怎样的差别，这套作品同样反映出这一时期的绘画语言正变得日益丰富，人们在内容之外醉心于形式的探索；反过来，形式又使得内容的表现更为深入和复杂。

我们应注意到，在绘画语言日益丰富细腻的同时，文学也在发生着相似的变化。对于后者，我只举一个例子。在南朝刘宋宗室刘义庆所著《世说新语》的"容止"节中，"容貌"的同义词一下子变得异常丰富——风姿、姿容、神情、美容、容姿、容仪、形貌、美形……而有关的比喻更是五光十色：

> 时人目"夏侯太初朗朗如日月之入怀，李安国颓唐如玉山之将崩"。[1]
>
> 嵇康……见者……或云："肃肃如松下风，高而徐引。"山公曰："嵇叔夜之为人也，岩岩若孤松之独立；其醉也，傀俄若玉山之将崩。"[2]
>
> 裴令公目"王安丰眼灿灿如岩下电"。[3]
>
> 有人语王戎曰："嵇延祖卓卓如野鹤之在鸡群。"[4]

---

[1] 刘义庆撰，刘孝标注，杨勇校笺：《世说新语校笺》，第553页。
[2] 同上。
[3] 同上书，第554页。
[4] 同上书，第556页。

唯会稽王来，轩轩如朝霞举。[1]

有人叹王恭形貌者，云："濯濯如春月柳。"[2]

此前从来没有任何一个时代，人们如此注重自己的容止，也没有任何一个时代使用如此精致的文字来描述人们的姿态与表情。绘画与文学的风格为什么会有如此相似的变化，值得今后作更为深入的研究。

三

上引《世说新语》的文字均使用了同样的句型："如"和"若"将一个个句子分成两部分，前半部分的朗朗、岩岩、轩轩等，是抽象的、无形的、内在的概念，是这些话语的核心，而后半部分的日月、孤松、朝霞等是具体的、视觉的、外在的形式。与文学不同，绘画只是图像的陈列，它所表达的观念隐藏在形象的背后。换言之，我们在绘画中看到的只是句子的后半部分，它的主旨则隐藏在线条和色彩背后，反过来，那些线条和色彩并不只是纯粹的形式，而是思想的索引。

有趣的是，除了"图像的康业"，这座墓葬中还发现了"文字的康业"，这使得我们有了更多的材料来研究这些图像和墓主的关系、能指和所指的关系。

墓志（图30）声称，康业先祖为康居国王族。其父于西魏大统十年（544）被举荐为大天主，北周保定三年（563）卒。此后康业继任大天主，卒于北周天和六年（571）。"大天主"一职文献失载，据考可能与隋唐时期的"祆主（祝）"有关[3]。那么，墓志文字所反映的康业与图像中的康业是什么关系？

从1999年山西太原晋源区王郭村隋开皇十二年（592）虞弘墓发掘以来，一系列考古新发现使得关于6世纪前后入华西域人墓葬及其美术的研究引起了海内外学术

---

[1] 刘义庆撰，刘孝标注，杨勇校笺：《世说新语校笺》，第568页。
[2] 同上书，第569页。
[3] 程林泉、张翔宇、山下将司：《北周康业墓志考略》，《文物》2008年第6期，第82—84页。

图30　陕西西安上林苑住宅小区北周康业墓志（采自《文物》2008年第6期，第25页）

界广泛的关注。对照新的考古发现，早年和近年来流散到海外的一批石葬具的时代和文化属性得到了重新认定。学者们注意到其中一些不同于汉地传统的图像，如高鼻深目的人物，具有中亚宗教特征的神祇，富有异域色彩的建筑、服饰与器用，甚至包括画面整体的构图、技法和风格等等。由这些图像材料入手，人们讨论了以粟特人为主的西域民族的历史及其与中原文化的交流。然而，与安伽、史君和虞弘等墓葬具上的画像不同的是，康业墓画像总体上显露出的是中原文化的基调。

逝者的面具

康业墓石棺床画像采用的是阴线刻技法。这种线条流畅、风格细密靡丽的阴线刻画像，首先发现于洛阳邙山北魏晚期墓葬。虽然也有少量东魏、北齐、北周的线刻画像发现，但是其总体风格的差别并不显著，显示出这类作品存在着较强的连续性[1]。康业墓的画像明显地继承了北魏以来的这种艺术传统，而与其他入华西域人墓葬中贴金彩绘的浅浮雕差异较大。

康业墓石棺床画像中的建筑、服饰、器用大多表现为中原体制，少有与祆教信仰相关的图像。画7置于中央建筑的慢道上有一件高足器物，其底部装饰覆莲，中有束腰，其上一小平台装饰垂挂的小珠，顶部有一钵形（图31.1）。同样形制的器具，还见于2005年发掘的西安北郊凤城一路南康村北周保定四年（564）李诞墓石棺前挡的假门下部（图31.2）[2]，后者被研究者认定为火坛[3]。葛承雍认为康业墓画7中所见的这件器物是香炉而非火坛[4]，我在本文初稿发表时曾赞同这一看法。2011年10月28日，在哈佛大学一次小型会议上，我就这个问题请教了研究琐罗亚斯德教艺术的乐仲迪（Judith Lerner）博士。她认为康业与李诞墓石棺画像所见的这种器物，均应是火坛，这类垂挂有饰物的火坛在中亚的图像中曾有发现。这个意见应予以重视。

然而，与安伽墓门楣的火坛图像（图32）对照，就会看到康业、李诞墓的火坛有所不同。康业石棺床火坛上部看不到上升的火焰，李诞石棺火坛只有升腾的云雾之类，二者周围也没有供奉的物品和戴口罩的穆护。更重要的是，前者画面的焦点是驮在驼背上的火坛，而后者画面的中心是正面的墓主像或隐藏在假门背后的死者。这些差别显示出与火坛相关的宗教仪式在康业和李诞墓中都被淡化。尤其值得注意的是，根据墓志可知，李诞为婆罗门种后裔，那么，其信仰更有可能是佛教而不是祆教。从其葬地来看，他与康业、安伽、史君等粟特人关系密切，或与他北魏正光年间

---

[1] 由于材料有限，目前对于北朝线刻画像还缺乏细致的年代学研究。如果康业墓不是经过科学发掘的材料，单凭其画像的风格和技法，就难以清楚地将这些画像与此前所见的北魏遗物区分开来。
[2] 程林泉、张小丽等：《西安北郊发现北周婆罗门后裔墓葬》，《中国文物报》2005年10月21日，第1版；程林泉、张翔宇、张小丽：《西安北周李诞墓初探》，中山大学艺术史研究中心编：《艺术史研究》第7辑，广州：中山大学出版社，2005年，第299—308页。
[3] 程林泉、张翔宇、张小丽：《西安北周李诞墓初探》，第300页。
[4] 葛承雍：《祆教圣火艺术的新发现——隋代安备墓文物初探》，《美术研究》2009年第3期，第18页，注24。

逝者的"面具"

图 31　陕西西安上林苑住宅小区北周康业墓石棺床与西安南康北周保定四年（564）李诞墓石棺所见火坛
（1. 采自《文物》2008 年第 6 期，第 31 页；2. 采自程林泉、张翔宇、张小丽：《西安北周李诞墓初探》，2005 年，第 300 页）

图 32　陕西西安炕底寨北周安伽墓门楣火坛画像（采自陕西省考古研究所：《西安北周安伽墓》，第 16—17 页）

（520—525）"自阘宾归阙"的经历有关。李诞石棺上最主要的是四神、伏羲、女娲等中原传统题材的画像，火坛可能只是作为一种与中亚文化相关的符号存在，以在一定意义上是墓主作为一位外来者的身份标志，而不一定能准确地反映他的信仰。

　　与李诞石棺的情况类似，康业石棺床的制作者可能也是一位熟悉中原艺术传统的人，而不是外来的工匠。他或许对于火坛之类的图像稿本十分陌生，更不了解相关的宗教礼仪，所以，很容易把火坛与中原的香炉混同起来，使之淹没在中原传统的图像密林之中。

253

发掘简报在谈及死者的族属和身份时，特别提到"围屏线刻中有3幅画面中表现胡人活动场景，即正面自左而右第4—6幅（即我编号之画6—8），人物多为剪发，身着圆领窄袖长衣，也有着对襟长袍者，另外榻板侧面的联珠纹等也具有异域风格"。其实，这三幅画像中身着胡服的人物恰恰不是墓主，而是手持饮食器具的仆从以及马夫车奴的形象。令人惊异的是，画7中的墓主服饰为褒衣博带式而不是胡服，甚至还有一张汉人的脸。虽然其左目看不太清，但从所见的部分可以判断，这张脸总体上比较扁平，不具备中亚人高鼻深目的特征。从保存更完好的画4来看，马背上的墓主完全是一位中原士大夫的形象（图33）。这些"汉式"的脸已经突破了最底线，不仅没有表现墓主个人的特征，就连其所属民族的特征都没有表现出来。

图33　陕西西安上林苑住宅小区北周康业墓石棺床画4局部（西安市文物保护考古所提供）

至迟从汉代以来，胡人形象就常常出现在中原地区的艺术作品中，其中一类便是侍从与门吏[1]。与其将这些画面解释为民族融合的写照，倒不如解释为中原人以外族异类来抬高自己身份的文化优越感。上文在谈第三组画像的"借客形主"手法时，已经涉及这一点。画7的这个细节，表现出与死者血统巨大的反差。至于由域外输入的联珠纹，在6世纪时已普遍存在于中原，并不是粟特人特有的身份标志[2]。这样，我们就不得不重新思考画像与墓主的关系以及原有的研究方法。例如我以前在讨论缺少墓志材料的山东青州傅家北齐画像石时，就曾根据墓主的形象判定其为汉人或鲜卑

---

[1] 参见本书《汉代艺术中的胡人图像》一文。
[2] 如北齐武平二年（571）徐显秀墓壁画中，就发现联珠纹用于丝绸的例子。见山西省考古研究所、太原市文物考古研究所：《太原北齐徐显秀墓发掘简报》，《文物》2003年第10期，图30—32。

人，而不是粟特人。现在看来，这样的结论需要进一步推敲[1]。

与入主中原的鲜卑人一样，康业所代表的西域人士进入汉地之后，虽然在宗教、习俗和艺术等方面不同程度地保留有本民族的传统，但同时他们也希望融入当地的文化之中。"棺殡椁葬，中夏之制；火焚水沉，西戎之俗"[2]，土葬和棺椁、棺床的使用本身就是汉化的表现[3]。同样，我们也可以从康业石棺床画像对于中原艺术图式的取用中，来思考入华粟特人的文化倾向，或许在这个层面上，我们又可以将墓葬画像与墓主的身份联系起来考虑。需要注意的是，从美术史的角度和方法来看，我们应当首先观察图像在传播、复制、借用、改造的过程中内在的逻辑关系，而不应急于借助这些画像来构筑一种情节生动的墓主传记或民族史，图像语言和文字语言之间可以沟通，但二者的差异也不可忽视[4]。

已经发现的几座西域人的墓葬所表现出的文化倾向十分复杂，不能一概而论。在北周史君墓石堂门楣发现的双语题记中，粟特文的书写显然比汉文更加流畅完整，孙福喜据此认为"匠人是依据一个不太熟悉汉语与汉文化的粟特文人题写的蓝本进行工作的"[5]。与史君墓的题铭不同，北周同州萨宝安伽的墓志汉文书写讲究，楷书中明显流露着隶意，而隶书正是汉代书法的传统。墓志中号称安伽祖先为"黄帝之苗裔分族"，故意淡化其胡人的血统。志文中还谈到安伽生前担任大都督，"董兹戎政，肃是军容，志效鸡鸣，身期马革"[6]。"鸡鸣"为立志北伐的东晋名将祖逖"闻鸡起舞"的典故[7]，"马革"出自汉代名将马援的豪言："男儿要当死于边野，以马革裹尸还葬耳，何能卧床上在儿女子手中邪？"[8]祖逖、马援均视胡人为敌，但在墓志行文中，他们

---

[1] 如果判定青州傅家墓的主人为西域人，则需要更多论据，所以当时我的看法仍不失为一个较为慎重的结论，尽管现在看来它并非最后的结论。
[2] 《南齐书》卷五十四《顾欢传》，第931页。
[3] 对于这个问题的讨论，见杨泓：《北朝至隋唐从西域来华人士墓葬概说》，氏著：《中国古兵与美术考古论集》，北京：文物出版社，2007年，第297—314页。
[4] 相关讨论见郑岩、汪悦进：《庵上坊——口述、文字和图像》，北京：生活·读书·新知三联书店，2008年，第141—143页。
[5] 孙福喜：《西安史君墓粟特文汉文双语题铭汉文考释》，荣新江、华澜、张志清主编：《粟特人在中国——历史、考古、语言的新探索》，北京：中华书局，2005年，第20页。
[6] 陕西省考古研究所：《西安北周安伽墓》，第61—62页。
[7] 《晋书·祖逖传》，北京：中华书局，1974年，第1694页。
[8] 《后汉书·马援传》，第841页。

竟然成了安伽的榜样。

目前尚没有足够的资料来复原入华粟特人葬具制作的具体过程。我们可以据史君墓题铭判定书丹者的族属，却无法由此判定题铭刻工的族属，更无法证明画像制作者的族属。即使史君石堂画像出自粟特聚落内部的人士，我们也不能据此推断康业墓石棺床的制作也是如此。康业墓画像的稿本大多属于中原绘画的系统，如上文所提及，其工匠很可能属于中原人士。与安伽墓志煞费苦心的措辞一样，康业石棺床画像的设计也有其特别的用意。石棺床上一幅幅墓主像组合配搭虽凌乱生硬，但"重复"的目的似乎正在于"强调"——用尽所有中原地区可以找到的画稿，通过沉静雍容的面孔、朗朗轩轩的姿态、前呼后拥的人物关系，塑造出一种理想化的"社会形象"，同时，也重新定义其"文化形象"，即掩盖掉康业本来的胡人血统，将他打扮成一位身份不容置疑的中原士大夫。

我们无从得知这些画像在多大程度上体现了康业本人的意愿。初步看来，工匠创作的自由度似乎较大，例如，该墓并不是夫妇合葬墓，而画像中却反复出现女主人的形象。造成这种矛盾的原因很可能是工匠使用了现成的画稿，这些来源不同的画稿彼此不能严密地呼应，如在第二组画像中男女主人同时出现，而第一组画像中只出现了男主人，第三组画像中男女主人又是分别单独出现。对于这些细节上的问题，丧家似乎并没有认真核实和追究。如果将这套画像认定为墓主生前或死后其家属与工匠协商的结果，那么，采用一张张汉式面孔以及种种汉式建筑、器用和服饰，本身就是一种有着明确指向的态度。当然也不排除另外的可能性，如购买、赏赐等，但即使这些情况，也需要丧家去选择和接受。

四

如果将眼光扩展到整个墓室，除了图像和文字中的康业，我们还会看到第三种形式的康业，即康业的肉身。

石棺床早年在洛阳北魏墓中有过多次发现，也有不少流散于海外。但是，这些材料大多是零散地出土，缺乏完整的发掘报告可资研究。1982年在甘肃石马坪文山顶墓的石棺床上发现有腐朽的棺木和人骨[1]。而从康业墓发掘简报刊布的照片中，我们首次看到死者完整的遗体安置于石棺床上（图34）。骨架头西脚东，仰身直肢，口含一枚罗马金币，右手握"布泉"铜钱，身着锦袍，腰束带，连衣服上的绣纹都清晰可辨。

墓志是对生前康业的追忆，而围绕着这具石棺床，展现出的是墓主另外两种不同的存在状态：一是死亡后真实的身体，一是图画中生动的形象，二者的对比如此强烈，又如此紧密地联结在一起。那么，什么是一座墓葬的核心？我们如何在墓葬这个特殊的环境中理解这套画像？这些活泼的形象与冰冷的遗体是什么关系？

图34 陕西西安上林苑住宅小区北周康业遗体及石棺床（西安市文物保护考古所提供）

---

[1] 天水市博物馆：《天水市发现隋唐屏风石棺床墓》，第46页。

逝者的面具

这些问题涉及对整个中国古代墓葬美术的理解，而不限于康业墓本身；但是，正是因为康业墓的发现，它们才如此鲜明地浮现了出来。要全面回答这些问题，几乎要考察整个中国古代墓葬发展的历史，丧礼和葬礼中的各种制度、习俗、行为和物质都会被牵涉进来，这绝非一两篇文章可以彻底解决。此处我只是将这个问题放置在有限的时代范围内，尝试性地提出一些思考的途径。

我们先从几首年代略早的诗谈起。

晋人潘岳在《悼亡诗三首》中描写安葬了亡妻回到家中的悲凉景象，他触目伤心，许多建筑和家具的形象一一呈现在诗中：

> 望庐思其人，
> 入室想所历。
> 帷屏无仿佛，
> 翰墨有余迹。[1]

庐室、帷帐、屏风是死者的遗物，如今已物是人非。家具、器物的主人身居何所？傅玄的《挽歌》对此作出了回答，诗人设想自己死后栖身于墓室之中：

> 灵坐飞尘起，
> 魂衣正委移。
> 芒芒丘墓间，
> 松柏郁参差。
> 明器无用时，
> 桐车不可驰。
> 平生坐玉殿，
> 没归都幽宫。

---

[1] 萧统编，李善注：《文选》，上海：上海古籍出版社，1986年，第1091页。

地下无刻漏，
安知夏与冬？[1]

陶渊明的《挽歌》也描述了相似的情景：

在昔无酒饮，
今但湛空觞。
春醪生浮蚁，
何时更能尝？
肴案盈我前，
亲旧哭我傍。
欲语口无音，
欲视眼无光。
昔在高堂寝，
今宿荒草乡。[2]

傅玄与陶渊明的诗都描写了令人绝望的死亡，明器不能用，桐木制作的车马无法驱使，人的肢体失去功能，在这个地下世界中，时间完全停滞了，留下的是永恒的孤独。

但这只是诗人理性的认识，按照传统的礼制与流行的习俗，这个死亡的舞台却是对于生者世界的模拟。《荀子·礼论》云："丧礼者，以生者饰死者也，大象其生以送其死也。故事死如生，事亡如存，始终一也。"[3] 地下的"幽宫"对应着生前的"玉殿"，随葬品中车马、酒食一应俱全，通过考古发掘我们还得知，庐室、帷帐、屏风也都出现于地下，或是模仿地上建筑结构的墓室，或是房屋形、床榻式的葬具，或是

---

[1] 虞世南撰，孔广陶校注：《北堂书钞》，北京：中国书店，1989年，第352页。
[2] 王叔岷：《陶渊明诗笺证稿》，北京：中华书局，2007年，第499—500页。
[3] 梁启雄：《荀子简释》，北京：中华书局，1983年，第267页。

逝者的面具

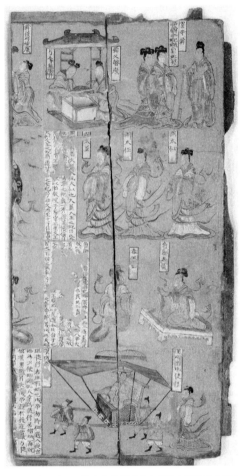

图35　山西大同石家寨北魏司马金龙墓漆木屏风（大同市博物馆提供）

壁画中的帷帐。建筑、家具、器物、酒食构成了一个与诗人理性完全相反的假设——死者可以在这个世界延续他们的"生活"。"明器无用时，桐车不可驰"，这句话除了传达死者的无奈，还与一古语相关："备物而不可用"[1]。诗中使用了虚拟语气，实际上正在写诗的人并没有死，"不可用"是站在生者立场而言的。对于死者而言，这一切都将在他们的世界发挥作用。

阴阳相隔，死者的世界与生者的世界在物质和视觉上既要相似——备物，又要有所不同——不可用。所以，地下世界的建筑和家具要经过一些变动，例如，墓室虽然模仿了地上建筑，但它主要呈现为一种内部空间形象[2]；葬具虽然模仿了日常的房屋或家具，却由土木等转化为石材。北朝石棺床周围的屏风上绘有内容丰富的画像，这种做法也来源于生活所用大床的定制，但是，围屏上的图画并不是直接从日常生活中搬用的，而往往是经过特别设计的。

---

[1]《礼记·檀弓下》："孔子谓为明器者，知丧道矣。备物而不可用也，哀哉。"《十三经注疏》，北京，中华书局，1980年，第1303页。《盐铁论·散不足》："古者明器有形无实，示民不用也。"《诸子集成》本，第34页。

[2] 辽宋金元时期的墓室建筑装饰常常表现为外立面的特征，如墙上砖雕的破子棂窗是室外的结构。有学者因此推断这是对于房舍中央庭院的模拟（Ellen Johnston Laing," Patterns and Problems in Later Chinese Tomb Decoration," *Journal of Oriental Studies*, 16, nos. 1, 2, 1978, pp. 3-20; "China 'Tartar' Dynasty (1115-1234) Material Culture," *Artibus Asiae*, no. 49, 1/2, 1988/ 89, pp. 73-126）。李清泉在研究河北宣化辽墓后室时，注意到了与仿木建筑构件并存的备茶、备经、备装、备食等人物活动壁画，提出后室"实际是供墓主人在地下起居活动的一个'堂'"。他进一步把这个"堂"解释为"天堂"（李清泉：《宣化辽墓：墓葬艺术与辽代社会》，北京：文物出版社，2008年，第246页）。

逝者的"面具"

　　我们先看一下日常生活中的大床围屏画的特征。考虑到北魏司马金龙墓漆画木屏风的材质，论者多认为它是司马金龙生前曾使用过的原物[1]，可以反映日常生活中屏风绘画的原貌（图35）。这套屏风彩绘列女孝子等故事，色彩如新。

　　在康业墓石棺床画7的中央，身处屋宇之中的墓主坐具同样是一具带围屏的大床。值得注意的是，其背后围屏中所绘制的是一组独立的山水画（图36），虽然线条简略，但这几乎是迄今所见最早的独立山水画的例子。另一个例子是山东济南马家庄武平二年（571）祝阿县令□道贵墓，其墓室正壁墓主像背后的屏风上草草绘出远山和云气（图37）[2]。在年代略晚的山东嘉祥杨楼英山隋开皇四年（584）徐敏行墓壁画

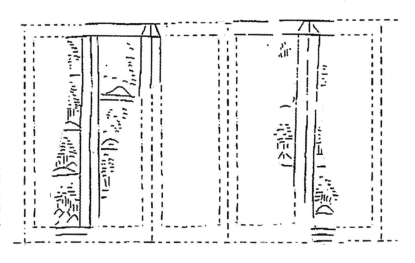

图36　陕西西安上林苑住宅小区北周康业墓石棺床画4墓主背后的屏风（郑岩据《文物》2008年第6期第31页图改绘）

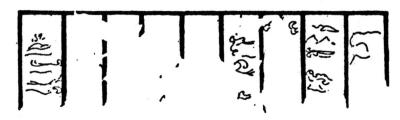

图37　山东济南马家庄北齐□道贵墓正壁墓主像背后的屏风（郑岩据《文物》1985年第10期第45页图改绘）

---

[1] 关于司马金龙墓屏风的复原，见杨泓：《漫话屏风——家具谈往之一》，《文物》1979年第11期，第76—77页；又见氏著：《逝去的风韵——杨泓谈文物》，北京：中华书局，2007年，第34—35页。这套屏风在墓中和一石平台组合在一起，实际上构成了一具带围屏的棺床。墓葬中直接采用了死者生前使用的原物，可能是个特例。
[2] 济南市博物馆：《济南市马家庄北齐墓》，第45页。

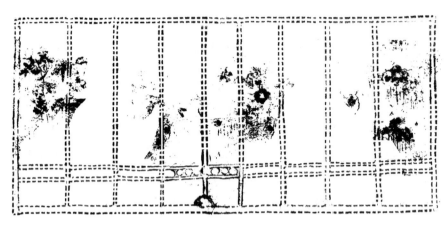

图 38　山东嘉祥英山隋徐敏行墓墓主夫妇像背后的屏风（郑岩绘图）

中，墓主夫妇坐像的背后有一具多扇的屏风，其上也绘有单独的山水（图 38）[1]。这些壁画中屏风图像处于主人生动的形象背后，都可以看作是生活中大床周围屏风绘画的写照。

这几个例子有一共同的特征，即每套屏风的画像在形式与题材上十分统一，或者是列女孝子，或者是山水，每套画像的构图也基本一致。但是，当我们的目光从康业画 7 的细节扩展到石棺床整套屏风画像时，我们会发现一个明显的差异，即后者的三组画像在构图形式上并不统一。这说明作为葬具的石棺床的形制虽然来源于日常生活中的家具，但是其屏风上的图像却与日常使用的家具有一定的距离，事实是，这些图像是基于墓葬特殊的功能而设计的。

至迟从战国晚期开始，绘画就在墓葬中扮演了越来越重要的角色。这些绘画的意义与随葬品一样，是为死者营造一个物质和视觉上"如生"的环境。从逻辑上讲，墓主像的出现应基于两种认识：其一，死者的遗体丧失了在另一世界继续"生活"的功能；其二，那些绘画可以"感神通灵"，具有替代作用。

关于第一点，陶诗中"欲语口无音，欲视眼无光"是一个绝好的注释。值得注意的是，魏晋时期，在统治者和知识阶层中似乎流行着这种理性主义的观念，如曹丕

---

[1] 山东省博物馆：《山东嘉祥英山一号隋墓清理简报——隋代墓室壁画的首次发现》，《文物》1981 年第 4 期，第 28—33 页。

认为"骨无痛痒之知,冢非栖神之宅","为棺椁足以朽骨,衣衾足以朽肉而已"[1]。虽然我们不难找出时代更早的此类话语,但不容忽视的是,的确是东汉末年的战乱使得这种观念在某种程度上占了上风,并深刻影响了当时的墓葬制度和习俗[2]。

关于中国早期绘画理论中"感灵"的问题,宗像清彦(Munakata Kiyohiko)和石守谦都有过重要的研究。根据他们的解释,"这所谓的'感通神灵'是一种超乎因逼真而使观者将画中物误为真物的写实功力之上的、具有类似巫术的神秘能力。中国古代的艺术家认为艺术作品一旦具有这样的生命力量,便会因为'同类相感'原理,与外在的天地自然产生互动,而有灵异的现象发生"[3]。

钱锺书引用中国古代和西方丰富的史料,对于妙画通灵的问题有过比较全面的论述[4]。石守谦的研究则集中于中国中古时期绘画史的材料,如《历代名画记》记载了众多与张僧繇有关的灵异故事,《世说新语》也记顾恺之的此类故事。他还认为北齐杨子华"尝画马于壁,夜听蹄啮长鸣,如索水草"的传说也属于灵异[5]。针对杜甫《丹青引》一诗中的"玉花却在御榻上,榻上庭前屹相向",石守谦指出,这两句"不仅是在比喻曹霸玉花骢的逼真而已,实则也在赞美画家笔下创造出一能来往传移于庭前真马与玉榻上画马之间的骨气生命"[6]。这里说的"玉花却在御榻上"应是在床榻周围屏风上画马的例子,这种屏风在吐鲁番唐墓有实物发现。

宋人郭若虚《图画见闻志》将此类通灵的画作归为"术画"一类,认为是"恶夫眩惑以沽名"之作。他说:

> 至于野人腾壁,美女下墙,映五彩于水中,起双龙于雾外,皆出方术

---

[1]《三国志·魏书·文帝纪》,北京:中华书局,1959年,第81页。
[2] 杨泓:《谈中国汉唐之间葬俗的演变》,《文物》1999年第10期,第60—68页。
[3] Munakata Kiyohiko, "Concepts of Lei and Kan-lei in Early Chinese Art Theory," in Susan Bush and Christian Murck eds., *Theories of the Arts in China*, Princeton: Princeton University Press, 1983, pp. 105-131;石守谦:《风格与世变——中国绘画十论》,北京:北京大学出版社,2008年,第66页。
[4] 钱锺书:《管锥编》第二册,北京:中华书局,1979年,第711—718页。
[5] 在我看来,这种观念并不限于中古时期,其根源应在上古,只是中古时期有关绘画的文献逐渐丰富,使得这个古老的观念表现得更为清晰而已。
[6] 石守谦:《风格与世变——中国绘画十论》,第69—70页。

逝者的面具

怪诞，推之画法阙如也，故不录。[1]

郭若虚的态度也许反映了宋以后士人艺术思想的转变，不过他将"术画"专列一类，也从另一个角度说明绘画通灵的观念曾在中古中国社会相当普遍。与郭若虚不同，唐人段成式《酉阳杂俎》就详细记载了一个"美人下墙"的故事，恰可以与"玉花却在御榻上，榻上庭前屹相向"的诗句对读：

> 元和初，有一士人失姓字，因醉卧厅中。及醒，见古屏上妇人等，悉于床前踏歌。歌曰："长安女儿踏春阳，无处春阳不断肠。无袖弓腰浑忘却，蛾眉空带九秋霜。"其中双鬟者问曰："如何是弓腰？"歌者笑曰："汝不见我作弓腰乎？"乃反首髻及地，腰势如规焉。士人惊惧，因叱之，忽然上屏，亦无其他。[2]

"失姓字"、"醉"、"醒"、"古屏"等字眼，都暗示着此类现象似有若无的特征，而接下来的故事情节则十分逼真。与这种文学的笔法类似，墓葬本身即是一个虚拟的世界，作为这个虚拟世界的一种元素，绘画中的形象变成真实的人物，就是顺理成章的事情了。

我们再回到康业墓。

死亡是既成事实，康业卧于石床上不可复生。也许在这个时代，并非所有的人都相信魂灵有知，但面对死亡，亲人旧朋们无能为力，只有认真地做着一切。石棺床以及康业的遗体被安放在墓室的后半部，前面是一大片空白，在墓葬被盗之前，这里曾摆放着大量美食与珍宝。在康业下葬之后，这里可能还曾举行过一次短暂的祭奠仪式。墓门一关，时光停滞，这场盛宴由瞬间的"过程"转变成永恒的"场景"。

---

[1] 郭若虚：《图画见闻志》卷六，北京：人民美术出版社，1963年，第158页。
[2] 段成式：《酉阳杂俎》前集卷十四，见上海古籍出版社编：《唐五代笔记小说大观》上册，上海：上海古籍出版社，2000年，第662页。

大同沙岭北魏墓出土的漆棺上残留有墓主夫妇的画像，同时幸存的还有一段隶书题记，其中有文曰"□慈颜之永住，□□□□无期"[1]。这句话与潘岳"帷屏无仿佛，翰墨有余迹"的诗句意义完全相反，诗人的遗憾已经被葬具上的绘画所弥补。对于康业来说，石棺床围屏上的图画也有着同样的作用。画像是平面的、虚拟的，它们呈一种半封闭的格局，围绕在康业遗骸的周围。康业的肉体与这套画像并不是观者与被观者的关系，画像仿佛是康业的一场美梦，梦境中的主角不是传奇中的美人，而是康业自己的影子，这些影子脱胎于他的肉体，又在梦境中映现出来。即使一切都腐朽了，石头仍能恒久。画像的风格写实，加上原来所施加的彩绘和贴金，套用一句被用滥了的成语，堪称"栩栩如生"；如果限于字面上理解这个成语，也许正中问题的要害——这些画像使得康业在另一个世界中永远"如生"地活下去，也使得他的家人多少得到安慰。

从这个意义上讲，这些画像便是康业的"面具"，它们不仅将这位来自外域的尊者转化为中原的士大夫，而且也使这位逝者得以永生。

一切都是生者的安排，所以，这并不只是一个关于死亡的故事。

本文是在此前发表的两篇文章的基础上合并修改而成的。第一篇文章《北周康业墓石榻画像札记》刊于《文物》2008年第11期，第67—76页；韩文稿（徐润庆译）刊于首尔《美術史論壇》总第28期（2009年6月），第241—262页；英文稿"Notes on the Stone Couch Pictures from the Tomb of Kang Ye in Northern Zhou"（Judy Chungwa Ho 译），刊于 *Chinese Archaeology*, vol.9, pp. 39—46。第二篇文章《逝者的"面具"——再论北周康业墓石棺床画像》刊于巫鸿、郑岩主编《古代墓葬美术研究》第一辑（北京：文物出版社，2011年），第217—242页。本稿基本沿用后者的题目。

---

[1] 赵瑞民、刘俊喜：《大同沙岭北魏壁画墓出土漆皮文字考》，《文物》2006年第10期，第78—81页；殷宪：《山西大同沙岭北魏壁画墓漆画题记研究》，张庆捷、李书吉、李钢主编：《4—6世纪的北中国与欧亚大陆》，北京：科学出版社，2006年，第346—360页。

青州北齐画像石与入华粟特人美术

——虞弘墓等考古新发现的启示

近年来随着考古资料日新月异的发现，入华粟特人美术引起了学术界的关注。1999 年 7 月在山西太原晋源区王郭村发现隋代开皇十二年（592）虞弘墓带有贴金加彩浮雕画像的汉白玉石棺[1]。据墓志所记，虞弘为鱼国人，曾奉茹茹国王之命出使波斯、吐谷浑等国，后出使北齐，在北齐、北周和隋为官，北周时曾任职检校萨保府。2000 年 5 月陕西西安北郊大明宫乡炕底寨又出土北周大象元年（579）安伽墓石棺床[2]，也装饰有祆教色彩的贴金加彩浮雕画像，该墓门额上还发现火坛等与祆教有关的图像。安伽曾任北周同州萨保，应为安国人的后裔，属于分布在中亚阿姆河和锡尔河流域的昭武九姓胡，即汉魏时代所谓的粟弋或粟特。

粟特人以"善贾"著称，主要信仰祆教，南北朝以后曾大批徙入中国新疆和内地。萨保又称萨宝或萨甫，是北朝及隋唐时设立的专门管理祆教和粟特人事务的官职。陈寅恪指出："我国历史上的民族，如魏晋南北朝时期的民族，往往以文化来划分，而非以血统来划分。少数民族汉化了，便被视为'杂汉'、'汉儿'、'汉人'。反之，如果有汉人接受某少数民族文化，与之同化，便被视为少数民族人。……在研究北朝民族问题的时候，不应过多地去考虑血统的问题，而应注意'化'的问题。"[3] 关于鱼国之所在尚待进一步研究，但学者们均认为虞弘石棺有明显的祆教色彩[4]。虞弘

---

[1] 山西省考古研究所、太原市考古研究所、太原市晋源区文物旅游局：《太原隋代虞弘墓清理简报》，《文物》2000 年第 1 期，第 27—52 页。

[2] 陕西省考古研究所：《西安北郊北周安伽墓发掘简报》，《考古与文物》2000 年第 6 期，第 28—35 页。

[3] 万绳楠整理：《陈寅恪魏晋南北朝史讲演录》，合肥：黄山书社，1987 年，第 292 页。

[4] 荣新江认为鱼国不可考，从虞弘祖父仕任于柔然来看，应属西北胡人系统。但虞弘显然与粟特人关系密切，所以才被任命为检校萨保府官员。林梅村认为鱼国属于北狄系统的稽胡，源于铁勒，深受粟特文化影响，信仰祆教。荣新江：《隋及唐初并州的萨宝府与粟特聚落》，《文物》2001 年第 4 期，第 84 页；该文又见氏著：《中古中国与外来文明》，北京：生活·读书·新知三联书店，2001 年，第 169—180 页；林梅村：《稽胡史迹考——太原新出虞弘墓志的几个问题》，《中国史研究》2002 年第 1 期，第 71—84 页。

未必是粟特血统，但他曾经曾任职检校萨保府，必然认同粟特文化，因此虞弘是被粟特"化"的人物，其石棺上的画像仍然可以被看作入华粟特人美术的作品。

反观1982年甘肃天水石马坪文山顶发现的一套石棺床，其风格也与安伽石棺床类似[1]。除了二者的形制基本相同以外，图像上也有密切的联系，如安伽石棺床"后屏之三"刻一歇山顶的房屋内两人坐在榻上交谈，房屋前有流水与桥，这一画像与天水石马坪石棺床"屏风6"的图像比较接近；安伽石棺床"右侧屏之一"的射猎画像也见于石马坪石棺床"屏风11"；下文我还要谈到石马坪石棺床"屏风1"局部的画像与虞弘石棺画像的联系。此外原报告已经指出，石马坪墓中石棺床前排列的胡人奏乐俑所持乐器均属龟兹乐。这些现象似乎都可以说明石马坪石棺床有着比较浓厚的粟特美术色彩，其图像内容值得作更细致的研究。原报告将石马坪石棺床的年代定为隋唐时期，现在看来或许也是北朝晚期到隋代的遗物。

约1922年河南安阳近郊曾出土一具北齐石棺床，其构件现分别藏于美国华盛顿弗里尔美术馆（Freer Gallery of Art, Washington D. C.）、德国科隆东方艺术博物馆（Museum für Ostasiatische Kunst, Cologne）、法国巴黎吉美博物馆（Museé Guimet, Paris）、美国波士顿美术馆（Museum of Fine Art, Boston）。1999年姜伯勤对照天水石马坪石棺床的形制，将这具石棺床做了成功复原，并对其图像进行了研究[2]。早在1958年，斯卡格里亚（Gustina Scaglia）认为安阳石刻可能是为一位驻在邺都的萨宝制作的[3]。姜伯勤赞同这一观点，而虞弘墓与安伽墓的发现都有力地支持了斯卡格里亚的推测。

近年日本Miho博物馆新购进11件加彩画像石壁板和一对门阙，其基座藏于一私人手中[4]。这批石刻传出于山西北齐墓中，其形制与安伽墓石刻类似，从发表的图版来看，Miho石棺床的石质为汉白玉，其图像为浮雕加彩色并贴金，材料和装饰手

---

[1] 天水市博物馆：《天水市发现隋唐屏风石棺床墓》，《考古》1992年第1期，第46—54页。
[2] 姜伯勤：《安阳北齐石棺床的图像考察与入华粟特人的祆教美术》，中山大学艺术学研究中心编：《艺术史研究》第1辑，广州：中山大学出版社，1999年，第151—186页。
[3] Gustina Scaglia, "Central Asians on a Northern Ch'i Gate Shrine," *Artibus Asiae*, vol. XXI, 1, 1958, pp. 9-28.
[4] Annette L. Juliano and Judith A. Lerner, "Cultural Crossroad: Central Asian and Chinese Entertainers on the Miho Funerary Couch," *Orientations*, October, 1997, pp. 72-78.

逝者的面具

法与虞弘石棺基本相同,很可能也属于北齐或隋代并州地区粟特人的遗存。

这些令人耳目一新的资料,对于研究中国古代祆教艺术和中原与波斯及中亚的文化交流有重要的价值,同时也丰富了我们对于汉唐之间墓葬艺术的认识,值得进一步深入研究。受这些资料的启发,重新审视山东青州市(原益都县)傅家村出土的一批北齐画像石,可以获得一些新的认识。本文拟对这批画像石的原配置形式、图像内容以及其他有关问题进行一些初步的探讨。

一　傅家画像石的配置问题

青州傅家画像石 1971 年出土于一座墓葬中,据现场施工人员反映,原墓室向南,呈长方形,南北长近 5 米,东西宽约 6 米,墓室南有长约 5 米、宽近 2 米的甬道[1],墓室与甬道均用上、下两列石板砌成。该墓随葬品早年被盗,未发现随葬品,大部分石构件被农民砌到水库大坝底基的涵洞内。当地博物馆仅收集到一批石板,其中 9 件有阴线刻的画像,大小不完全一致,高 130—135 厘米,宽 80—104 厘米,厚薄不均,最薄的 10 厘米,最厚的近 30 厘米。

关于这批画像石的报告称:"因墓志被压于大坝底基,墓主人姓名无法查考,仅知卒葬于北齐'武平四年'(573)。"[2] 承报告作者夏名采先生面告,这一纪年是夏先生本人调查所得。他于 1973 年到益都县博物馆(今青州市博物馆)工作,次年到傅家访问了当时参与墓葬开挖的几位老农,这些当事人均明确记得墓志中这一墓主卒葬的纪年。在当时尚缺少可以与这批画像内容进行比照的其他发现,人们无法凭空将其年代推断得如此合理。现在比照虞弘墓等新的考古发现来看,这一年代应是可信的,

---

[1] 这些数据是报告作者夏名采调查所得,但与他在另一篇文章中发表的数据有所不同:"墓室长、宽各近 3 米;墓门在南,宽约 1 米;墓门外应有墓道,长、宽不详。"这套数据可能是将这批画像石板认定为墓壁后,根据石板的数量与尺寸对原数据进行了调整。见夏名采:《丝路风雨——记北齐线刻画像》,夏名采主编:《青州市文史资料选辑》第 11 辑,青州,1995 年(内部发行),第 144—149 页。

[2] 山东省益都县博物馆夏名采:《益都北齐石室墓线刻画像》,《文物》1985 年第 10 期,第 49—54 页。

不存在作伪的可能。

1985年的报告发表了8幅画像，有所遗漏，最近夏名采又著文加以补充[1]。为了行文方便，我根据原报告对画像的定名和叙述次序编号如下：

第一石，"商旅驼运图"（图1）。

第二石，"商谈图"（图2）。

第三石，"车御图"（图3）。

第四石，"出行图之一"（图4）。

第五石，"出行图之二"（图5）。

第六石，"饮食图"（图6）。

第七石，"主仆交谈图"（图7）。

第八石，"象戏图"（图8）。

第九，新发表的一石（图9）。

傅家画像石原有配置关系已失去。原报告认为这些画像石原来应砌在墓室四壁，但是目前尚未发现过有线刻画像的北齐石室墓，在山东发现的几座北齐壁画墓的图像形式和内容与之差异也较大，难以支持这一设想。

为了弄清这些石板的用途，首先要分析傅家画像石雕刻技术的来源。

近年来青州一带有不少北朝石刻发现，特别是龙兴寺遗址出土的佛教造像，为我们研究这一时期的雕刻技术提供了大量标本，但是在这些造像作品中很少能看到傅家画像石上行云流水一般的阴刻细线。这种技术也不是当地汉代画像石的传统。山东汉代画像石中可以见到少量的阴线刻，如诸城前凉台东汉孙琮墓画像石即采用阴线刻技法[2]，但其线条比较短而浅细，与傅家画像石飘逸流畅的线条有明显的差异，并且二者时代相差约三个世纪，难以证明其间存在直接的联系。实际上，这批线刻画像的风格与洛阳邙山出土的北魏晚期线刻画像石十分相近。

洛阳线刻画像石在新中国成立之前即有许多重要的发现，以后又陆续有新资料出

---

[1] 夏名采：《青州傅家北齐画像石补遗》，《文物》2001年第5期，第92—93页。
[2] 山东省博物馆、山东省文物考古研究所：《山东汉画像石选集》，济南：齐鲁书社，1982年，图541—557。

逝者的面具

图1 山东青州傅家北齐画像石第一石（郑岩绘图）

图2 山东青州傅家北齐画像石第二石（郑岩绘图）

图3 山东青州傅家北齐画像石第三石（郑岩绘图）

图4 山东青州傅家北齐画像石第四石（郑岩绘图）

图 5　山东青州傅家北齐画像石第五石（郑岩绘图）

图 6　山东青州傅家北齐画像石第六石（郑岩绘图）

图 7　山东青州傅家北齐画像石第七石（郑岩绘图）

图 8　山东青州傅家北齐画像石第八石（郑岩绘图）

土。这些石刻主要包括石棺和石棺床,此外在墓志的盖顶及四周常见线刻的纹样[1]。这些葬具上的图像线条细长,与傅家画像石的风格比较一致。费慰梅早年在分析山东汉代画像石的雕刻技术时指出,线刻技术有模仿绘画的特征[2];而洛阳北魏线刻画像的绘画性效果更为突出,据说早年出土于洛阳邙山、今藏于美国明尼苏达州明尼阿波利斯美术馆的正光五年(524)元谧石棺(图10)在出土之初还带有彩绘和贴金[3]。汪悦进正确指出,这种石棺即《魏书》所记"通身隐起金饰棺"[4]。元谧石棺刻有孝子故事,1973年宁夏固原雷祖庙北魏太和年间墓葬出土的描金彩绘漆棺,也绘有孝子画像,其年代在太和八年至十年(484—486)之间[5]。固原漆棺的发现,不

图9　山东青州傅家北齐画像石第九石(郑岩绘图)

仅可以为洛阳地区线刻葬具的装饰题材找到一个先例,而且进一步证明了线刻画像与笔绘画像之间存在的联系。

值得注意的是,洛阳地区石刻技术十分复杂,如龙门北魏石窟的大量雕刻作品中就集中了多种技术,而葬具的雕刻技术却比较单纯。反过来,这种技术也有着比较特定的使用范围,除了极少量的造像、碑座、墓门的门楣和门框上曾发现线刻以

---

[1] 黄明兰:《洛阳北魏世俗线刻画集》,北京:人民美术出版社,1987年,图版1—67。
[2] Wilma Fairbank, "A Structural Key to Han Mural Art," *Harvard Journal of Asiatic Studies*, 7, no. 1(April 1942), pp. 52-88; reprinted in Wilma Fairbank, *Adventures in Retrieval*, Cambridge, Mass.: Harvard University Press, 1972, pp. 87-140.
[3] 奥村伊九良:《镀金孝子传石棺の刻画に就て》,《瓜茄》5号,大阪:瓜茄研究所,1939年,第359页。
[4] Eugene Y. Wang, "Coffins and Confucianism–The Northern Wei Sarcophagus in The Minneapolis Institute of Arts," *Orientations*, vol. 30, no. 6, pp. 56-64;《魏书·穆崇传》,北京:中华书局,1974年,第664页。
[5] 宁夏固原博物馆:《固原北魏墓漆棺画》,银川:宁夏人民出版社,1988年。

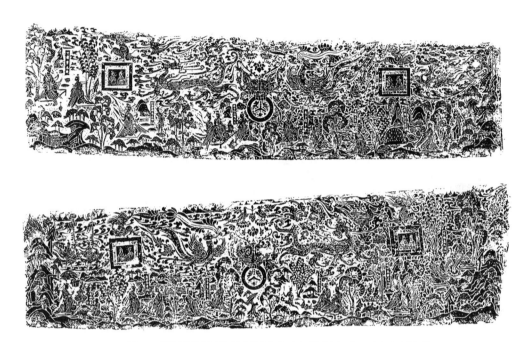

图 10　美国明尼阿波利斯美术馆藏北魏元谧石棺侧面画像（采自《瓜茄》第 5 号，插页图 1、2）

外，绝大部分线刻出现在葬具上。估计这种独特的线刻技术的使用与特定的作坊有关。《洛阳伽蓝记》卷四曰："市北慈孝、奉终二里，里内之人，以卖棺椁为业，赁辆车为事。"[1] 邙山出土的石棺、石棺床等也应是从这一带的市场卖出的。这些葬具被商品化，应当有专业的作坊来生产。

由此可以获得两个推论：其一，在青州出现这种线刻的技术，可能与迁邺后洛阳作坊中工匠的流徙有关，这些工匠或许有来到青州者，有可能将这一技术传至北齐[2]。目前所见有关文献尚少，此备一说，以求后证。其二，由于线刻技术在当时有特定的使用范围，据此可以推测采用线刻技术的傅家画像石可能是一套葬具的构件。

我们再来分析傅家画像石的原配置结构。

---

[1] 杨衒之撰，杨勇校笺：《洛阳伽蓝记校笺》，北京：中华书局，2006 年，第 177 页。
[2] 东汉时即有洛阳工匠迁徙到山东，如早年山东临淄出土的东汉石狮有 "雒阳中东门外刘汉所作师子一双" 的题记。山东省博物馆：《山东省博物馆藏品选》，济南：山东友谊书社，1991 年，第 84 页。

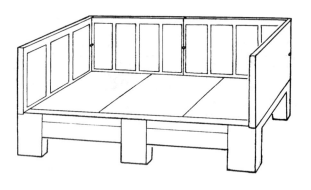

图11　河南洛阳北魏石棺床结构示意图（郑岩绘图）

洛阳等地发现的所谓石棺床模仿当时人们生活中所用的床，周围树立屏风（图11），形制与传为东晋画家顾恺之所作《女史箴图》中的床十分一致[1]，许多精彩的线刻画像即出现于屏风形式的石板上。发掘者将安伽墓石棺床定名为"围屏石榻"，实际上与洛阳地区的石棺床形制相同。画像石棺一般为前高后低的函匣状，如元谧石棺、美国密苏里州堪萨斯城纳尔逊-阿特金斯美术馆所藏的孝子石棺，以及后来出土的升仙画像石棺等都是较著名的例子[2]。

美国波士顿美术馆所藏北魏孝昌三年（527）宁想石室外形呈殿堂状（图12）[3]，其顶部有屋脊与瓦陇，四面立石为墙，正面辟门，墙上部刻出人字拱，山墙上刻出插手与悬鱼，形象十分写实。据郭玉堂记录，宁想石室1931年出土于洛阳故城北半坡，为地下"阴宅"而非祠堂[4]。这种殿堂式的石质葬具以前习惯称为石椁，其中有一些内部还套有木棺，可谓名副其实；但有的体量较小，可能是棺而非椁。据我对宁想石室实物的观察，其内部长度与人体高度大致相当，难以容下其他的葬具。新发现的太原隋代虞弘墓的葬具继承了宁想石室殿堂式的形制，也没有内棺，因此它与宁想石室一样，都是一种特殊形制的棺。

傅家画像石中有两件的右侧边和另两件的左侧边加工成45°斜面，应为拐角扣

---

[1] 石棺床的形制与传为东晋画家顾恺之所作《女史箴图》中的床十分一致。江苏省美术馆编：《六朝艺术》，南京：江苏美术出版社，1996年，第8页。
[2] 黄明兰：《洛阳北魏世俗线刻画集》，图版1—67。
[3] 同上书，图版95—105。国内出版的几种图录在介绍该石室后壁画像布局时皆有错误。据我对实物目验，三幅墓主像位于后壁外面；其内面分为三部分，左右两端为两幅庖厨画像，其中有桔槔取水的一幅位于右端，中央的三分之一空白。关于该石室主人姓名的考证，见曹汛：《北魏宁想石室新考订》，王贵祥主编：《中国建筑史论汇刊》第4辑，北京：清华大学出版社，2011年，第77—125页。
[4] 郭玉堂：《洛阳出土石刻时地记》，洛阳：洛阳商务印书馆、洛阳中华书局，1941年，第36页。

图 12　美国波士顿美术馆藏北魏宁想石室（郑岩摄影）

合处，说明它们至少可以构成一建筑的三个面。如上所述，从雕刻技法的渊源来看，原有配置形式应与石棺和石棺床关系密切；在下文我还将谈到，傅家画像与虞弘石棺壁板画像有许多相似之处，如二者都是竖长方形的屏风形式，边饰纹样十分一致，有的图像显然出自同一粉本，二者的高度也大致相当，因此推测它们的配置结构也应当比较接近。

当然，虞弘石棺与傅家画像石之间也有一些差异，如虞弘石棺围屏背面有彩绘图像，而傅家诸石只是单面刻画像，其背面没有装饰[1]，雕刻技法也不同。因为傅家

---

[1] 图像刻画于单面或双面不能作为区分石棺椁和石棺床的标准。目前所见的大部分石棺床围屏为单面刻画图像，但也有例外者，纳尔逊-阿特金斯美术馆收藏的一套石棺床的围屏即在一面刻孝子故事，另一面刻畏兽等内容。长广敏雄：《六朝时代美术の研究》，东京：美术出版社，1969 年，图 17—28、43—56。

逝者的面具

画像石中未收集到屋顶部分的构件，而且其中有些画面还与Miho石棺床围屏上的画像比较接近（详下文），所以不能完全排除傅家画像石属于石棺床围屏的可能；但是就傅家画像石的高度来看，似乎不像是石棺床的围屏[1]，属于石棺或石椁的可能性更大。

要确定每一块画像石的具体位置，证据尚不足，最大的问题是无法肯定当时是否已将这批画像石收集齐全。但是我们至少可以获知，这些画像石是一具殿堂式石棺或石椁的构件而非墓壁，它们构成了一个半封闭的三维空间。有了这个基础，可以加深我们对其图像的认识。

二　石棺与石棺床结构的意义

北朝墓葬使用仿木结构的石质葬具是一种特殊现象，在研究傅家画像石的图像之前，有必要先讨论一下这些葬具结构所反映的一些观念方面的问题。

历年来洛阳北邙墓葬大量被盗，而石质葬具在各种葬具中只是少数，从《洛阳伽蓝记》卷三所记汉代人崔涵复活的故事可知，奉终里出售的棺椁以柏木最多：

> 洛阳大市北奉终里，里内之人，多卖送死人之具及诸棺椁，涵谓曰："作柏木棺，勿以桑木为欀。"人问其故，涵曰："吾在地下，见人发鬼兵，有一鬼诉称是柏棺，应免。主兵吏曰：'尔虽柏棺，桑木为欀。'遂不免。"京师闻此，柏木踊贵。人疑卖棺者货涵发此等之言也。[2]

---

[1] 傅家画像石比虞弘石棺壁板（高96厘米）和宁想石室壁板（高90厘米）高出约40厘米，而目前所见的石棺床周围屏风的高度则普遍比较低矮，如1977年洛阳出土的石棺床围屏高52.28厘米，1972年沁阳县西向粮所出土的北朝石棺床围屏高度43厘米，安阳北齐石棺床围屏高度50厘米，Miho石棺床围屏高60.2—62.2厘米，早年流散美国的另外一套石棺床的围屏高51厘米，1995年芝加哥美术馆（The Art Institute of Chicago）入藏的石棺床围屏高44.7—46.5厘米（感谢该馆潘思婷［Elinor Pearlstein］女士提供资料）；只有少数石棺床围屏较高，如天水石马坪的一套高87厘米。
[2] 杨衒之撰，杨勇校笺：《洛阳伽蓝记校笺》，第154页。

这一故事颇为荒诞，却也折射出一些史影。我们从中还可以知道，人们在订购葬具时可以比较自由地选择材料，因此石质葬具的使用在这一时期未必受某种官方制度的约束。这些葬具上的图像彼此差别比较大，或装饰孝子故事，或表现升仙的内容，说明北魏墓葬在图像方面也未形成比较严格的规制。在北魏分裂以后的汉人或鲜卑人墓葬中，尚未发现仿木结构的石棺和石棺床，而目前所见继续使用此类葬具的墓葬似乎多与在华粟特人有关，但其雕刻技术又有所改变，以加彩贴金的浅浮雕为主。

石头自汉代以来与永恒的观念联系在一起，对此巫鸿作过专题讨论[1]，这一思想北魏时期仍继续存在，在大量的墓志行文中此等资料极多，无须赘述。值得注意的是，这些石质葬具继续保留了木质葬具的形式，《酉阳杂俎》十三"尸窆篇"云：

图13 美国明尼阿波利斯美术馆藏北魏元谧石棺前档画像（采自《瓜茄》第5号，第367页）

> 后魏俗竞厚葬，棺厚高大，多用柏木，两边作大铜环钮。[2]

函匣状的元谧石棺两侧即有模仿铜环钮的铺兽衔环图案（见图10）。此外，元谧石棺两侧刻有小窗，前档刻有门和门吏（图13），实际上象征着一座建筑[3]，相似的装饰手法甚至可以追溯到先秦时期[4]。

以宁想石室为代表的一类棺椁

---

[1] Wu Hung, "The Prince of Jade Revisited: The Material Symbolism of Jade as Observed in Mancheng Tombs," Rosemary E. Scott ed., *Chinese Jade: Colloquies on Art & Archaeology in Asia*, no. 18, pp. 147-168.
[2] 段成式：《酉阳杂俎》，北京：中华书局，1981年，第123页。
[3] 关于元谧石棺的象征意义及图像的讨论见 Eugene Y. Wang, "Coffins and Confucianism–The Northern Wei Sarcophagus in The Minneapolis Institute of Arts," *Orientations*, vol. 30, no. 6, pp. 56-64。
[4] 如湖北随州战国曾侯乙墓的漆棺就有窗的装饰，湖北省博物馆：《曾侯乙墓》上册，北京：文物出版社，1989年，第36页，图21，第39页，图22。

图 14　山西大同雁北师院北魏宋绍祖墓石椁（采自《大同雁北师院北魏墓群》，彩版 51）

在外形上模仿了木构殿堂的形式，手法更为写实。这种形式的石棺在东汉四川地区已经出现[1]。北朝时期殿堂式棺或椁时有所见，除了宁想石室与虞弘石棺外，新近发现的山西大同雁北师院北魏太和元年（477）宋绍祖墓（图14）和大同智家堡北魏墓均出土仿木构殿堂的石椁，装饰有浮雕的图案和彩绘壁画[2]。1973年发掘的山西寿阳贾家庄河清元年（562）库狄迴洛墓中曾出土过一座木构房屋（图15），其内部另有一长方形函匣状的木棺，可知房屋的性质亦应是椁[3]。这类木棺的图像还出现在傅家画像石第九石中（见图9）。西安地区隋唐墓出土的殿堂式石棺椁是在此基础上发展演化的产物，如李静训、李寿、懿德太子、章怀太子、永泰公主、韦洞、韦顼、杨思勖等人的墓都有殿堂式石棺或石椁出土，并且装饰华美的线刻图像[4]。这类石葬具在宋代以后仍时有发现，例如山东安丘雷家清河北宋绍圣三年（1096）胡瑗石棺仍模

---

[1] 罗二虎：《汉代画像石棺研究》，《考古学报》2000年第1期，第32—33页。
[2] 大同市考古研究所刘俊喜主编：《大同雁北师院北魏墓群》，北京：文物出版社，2008年，第129—130页；王银田、刘俊喜：《大同智家堡北魏石椁壁画墓》，《文物》2001年第7期，第59—70页。
[3] 王克林：《北齐库狄迴洛墓》，《考古学报》1979年第3期，第381—384页。
[4] 这些资料分别见于中国社会科学院考古研究所《唐长安城郊隋唐墓》（北京：文物出版社，1980年）、《文物》1974年第9期、《文物》1972年第7期、《文物》1972年第7期、《文物》1960年第7期、《文物》1959年第8期、王子云《中国古代石刻画选集》（北京：中国古典艺术出版社，1957年）、《唐长安城郊隋唐墓》。

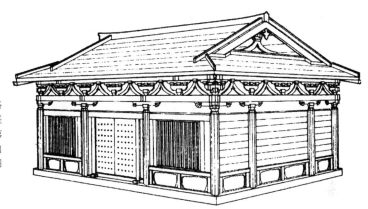

图15 山西寿阳北齐厍狄迴洛墓木椁复原透视图（采自傅熹年主编：《中国古代建筑史》第2卷，北京：中国建筑工业出版社，2001年，第299页，图2-11-32）

仿殿堂的形式，其题记自名为"棺"[1]。

论及北朝殿堂式石棺的结构渊源，除了应考虑到当时所使用的一些木质殿堂式棺椁外，还有一个值得注意的事实，即在北魏、北齐时期，许多汉代石祠仍矗立在地面上。如北魏郦道元《水经注》中就记载有今山东长清孝堂山石祠、汉司隶校尉鲁恭冢和汉荆州刺史李刚墓的祠堂[2]，孝堂山石祠在北齐时还被陇东王、齐州刺史胡长仁在山墙上刻了一篇《陇东王感孝颂》[3]。北朝人在设计自己的葬具时，这些代表着汉文化传统的古迹，可能会对他们产生一定的影响，虽然这些"仿制品"被深埋在地下，但其形制和画像（如李刚石祠和宁想石室都装饰有孝子画像）仍保留了汉代祠堂的许多特征。曾有学者认为宁想石室形制与山东长清孝堂山东汉石祠和金乡县所谓"朱鲔祠堂"相似，用途可能也相同[4]。但宁想石室为地下出土，性质与墓上祠堂应有差别。

有的学者认为唐代殿堂式石椁（或棺）象征墓主人生前的寝殿[5]。就其形制和装饰而言，这种解释是合理的。如李寿墓石椁外壁雕出侍臣和拱卫的甲士，内壁为侍女

---

[1] 郑岩、贾德民：《北宋画像石棺述要》，《安丘文史资料》第9辑，安丘，1993年（内部发行），第101—107页。
[2] 王国维：《水经注校》，上海：上海人民出版社，1984年，第275、290、291页。
[3] 金文明：《金石录校证》，上海：上海书画出版社，1985年，第44页。
[4] 郭建邦：《北魏宁懋石室线刻画》，北京：人民美术出版社，1987年，第30页。
[5] 孙机：《唐·李寿石椁线刻〈侍女图〉、〈乐舞图〉散记》，氏著：《中国圣火——中国古文物与东西文化交流中的若干问题》，沈阳：辽宁教育出版社，1996年，第198页。

和伎乐人,图像的设计与建筑的象征意义十分吻合。陕西靖边唐代杨会墓石棺上所绘侍女还有"阿兰"、"春花"、"思力"等人名[1],似乎表明这些侍女是墓主最贴近的仆从,可以出入墓主私密的内寝。

然而我们在理解石棺椁和石棺床的象征意义时,还必须注意到一个比较微妙的问题,即它们的形式虽然取自地上生者所用的建筑和家具,但是就其含义来说,应是死者在地下起居之所,只是现实生活的一个"镜像",而一切的装饰是为其死后的"生活"准备的。

魏晋南北朝时期的丧葬观念一直处在不断变化之中。汉代的厚葬将墓葬营造成一个"永恒家园"或"理想家园"[2],而曹魏实行薄葬时,则认为"骨无痛痒之知,冢非栖神之宅","为棺椁足以朽骨,衣衾足以朽肉而已"[3]。北魏在汉化的过程中,尊奉儒家孝道,对墓葬的传统认识似乎重新抬头。文明太皇太后冯氏死后,孝文帝的诏书称:"梓宫之里,玄堂之内,圣灵所凭",虽然其丧葬"尊旨从俭","有从有违"[4],但从考古发掘的结果来看,该墓规模浩大,制度逾常[5]。这种观念在迁洛之后,无疑又得以加强,洛阳北魏晚期殿堂和床榻形式的葬具都是被浓缩到最低限度同时又保留着具体的视觉形式的"家"。

在当时人们的心目中,死者同样需要寝殿和床榻。这些寝殿和床榻,不仅仅是放置尸体的用具,在陶渊明《挽歌诗三首》之二中,"宿"成了死亡的同义词:"昔在高堂寝,今宿荒草乡。"[6]诗人所营造的完全是死后的"生活"氛围,但荒草乡毕竟对应着昔日安寝的高堂,正如棺椁模仿寝殿的形式。洛阳北魏王温墓东壁绘一房屋,屋内帷帐下绘墓主夫妇正面坐像(图16)[7],壁画以彩绘的房屋代替了殿堂式棺椁,房

---

[1] 郭延龄:《靖边出土唐杨会石棺和墓志》,《考古与文物》1995年第4期,第39—42、49页。
[2] Wu Hung, "Art in its Ritual Context: Rethinking Mawangdui," *Early China*, 17 (1992), pp. 111-145;中译本见巫鸿:《礼仪中的美术——马王堆再思》,陈星灿译,氏著:《礼仪中的美术——巫鸿中国古代美术史文编》上卷,郑岩等译,北京:生活·读书·新知三联书店,2005年,第101—122页。
[3] 《三国志·魏书·文帝纪》,北京:中华书局,1959年,第81页。
[4] 《魏书·皇后列传》,第330页。
[5] 大同市博物馆、山西省文物工作委员会:《大同方山北魏永固陵》,《文物》1978年第7期,第29—35页。
[6] 王叔岷:《陶渊明诗笺证稿》,北京:中华书局,2007年,第500页。
[7] 洛阳市文物工作队:《洛阳孟津北陈村北魏壁画墓》,《文物》1995年第8期,第26—35页。

屋中是墓主色彩鲜艳的形象；但这幅画像并不是墓主生前的形象，它不具备肖像画写实的特征，而只是代表死者灵魂的符号，是墓葬这一特殊空间的所有者[1]。年代再早一些的大同智家堡北魏石椁正壁也绘有墓主夫妇坐在斗帐中的正面像（图17）[2]，洛阳出土的几具石棺床的围屏上也出现了墓主夫妇的正面画像，而立体的床与围屏又以平面的形式出现在画面中（图18）[3]，这种叠床架屋的做法，似乎着意强调这些葬具的意义和墓主灵魂的存在[4]。

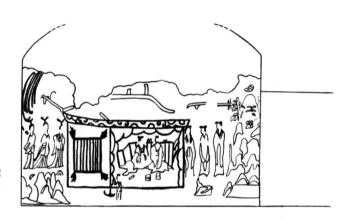

图16 河南洛阳孟津北魏王温墓壁画（采自《文物》1995年第8期，第27页）

图17 山西大同智家堡北魏石椁北壁壁画（采自《文物》2001年第7期，第43页，图6）

---

[1] 参见本书《墓主画像研究》一文。
[2] 王银田、刘俊喜：《大同智家堡北魏石椁壁画墓》，第43页。
[3] 周到主编：《中国画像石全集》第8卷，济南、郑州：山东美术出版社、河南美术出版社，2000年，图版72、73。
[4] 这些画像可以看作后来"重屏"绘画年代较早的先例。有关中国绘画中"重屏"题材的研究，见 Wu Hung, *The Double Screen: Medium and Representation in Chinese Painting*, Chicago, Illinois: The University of Chicago Press, 1996；中译本见巫鸿：《重屏：中国绘画中的媒材与再现》，文丹译，黄小峰校，上海：上海人民出版社，2010年。

图19 山东济南北齐□道贵墓墓主画像（郑岩绘图）

图18 河南洛阳北魏石棺床上的墓主画像（郑岩绘图）

北齐时期，京畿地区的大墓后壁都堂堂皇皇地画上了墓主端坐在帷帐中的正面像，形成了一定的规制，并影响到太原和山东等地。如河北磁县东槐树村武平四年（573）高润墓[1]、太原王郭村北齐武平元年（570）娄睿墓[2]、太原南郊第一热电厂北齐墓[3]和济南马家庄武平二年（571）□道贵墓（图19）[4]等都有这样的墓主画像发现。山东嘉祥英山隋开皇四年（584）徐敏行墓仍延续邺城的传统，在后壁绘有墓主坐在大床上的像[5]。壁画中的房屋、帷帐、榻与殿堂式的石棺和石棺床具有相同的形式，这些带画像的葬具与壁画墓有什么关系，目前还不十分清楚。值得注意的是，在这些墓葬中，殿堂式的石棺和石棺床一般不复出现[6]。同样富有意味的是，在流行殿堂式

---

[1] 磁县文化馆：《河北磁县北齐高润墓》，《考古》1979年第3期，图版柒。
[2] 山西省考古研究所、太原市文物考古研究所：《北齐东安王娄睿墓》，北京：文物出版社，2006年，图57。
[3] 山西省考古研究所、太原市文物管理委员会：《太原南郊北齐壁画墓》，《文物》1990年第12期，第1—10页。
[4] 济南市博物馆：《济南市马家庄北齐墓》，《文物》1985年第10期，第45、46页。
[5] 山东省博物馆：《山东嘉祥英山一号隋墓清理简报》，《文物》1981年第4期，第28—33页。
[6] 出土有木椁的库狄迴洛墓同时绘有壁画，但其后壁壁画未保存下来，内容不详。

石棺椁的唐代壁画墓中，那些正面的墓主画像又销声匿迹了。

无论是立体的，还是平面的，这些殿堂、床榻和墓主画像都是静止、隐秘的形象，而其他的图像却往往拥有更广阔的视野，如娄睿墓墓道两壁大幅的"出行"与"归来"画像，令人回想起陶渊明"一朝出门去，归来良未央"的诗句[1]。从下文的分析中还会看到，葬具上的画像题材也相当丰富，不仅有对丧葬场面的复制，而且有对墓主饮食、出行、会客情景的描绘，已死的墓主在艺术家的想象中延续着各种有生命的活动，而这一切内容虽然打破了葬具空间的局限，却仍与葬具形制上的象征意义密切相关，即都是对于另一个世界的想象与设计。

三 傅家画像石图像解读

傅家画像石采用了屏风的形式，这些石板的界限及封闭性的画像边饰强调了每一画幅独立存在的意义，即每一个画面都可以被相对单独地观察。但另一方面，这些画像属于一个共同的空间，彼此在形式和内容上都会存在许多关联。目前对于画像石配置关系的复原虽然未获得最后成功，但仍要意识到整体关系的存在。这两个方面是研究其图像的出发点。

傅家画像石与虞弘石棺图像有许多令人惊异的相似之处。首先，傅家画像石的边饰除了第五石为近似"回"字形的装饰外，其余均为忍冬纹，与虞弘石棺、安阳石棺床和 Miho 石棺床壁板的边饰极为相近，而傅家第五石转角处的花朵也与虞弘石棺、Miho 石棺床相同部位的花朵极相似（图20）。

其次，虞弘石棺所见颈上系绶带的鸟，在傅家第一、二、三、四、五诸石的画面上部均可见到，有的有一只，有的为两只。这种鸟纹也见于安阳出土的北齐石棺床

---

[1] 王叔岷：《陶渊明诗笺证稿》，第500页。又《洛阳伽蓝记》卷二："（孝义）里西北角有苏秦冢，冢傍有宝明寺。众僧常见秦出入此冢，车马羽仪，若今宰相也。"这类传说似乎也反映了同样的观念。见杨衒之撰，杨勇校笺：《洛阳伽蓝记校笺》，第112页。

图 20　北齐和隋代葬具上的边饰
a、b. 山东青州傅家画像石（郑岩绘图）；c. 山西太原晋源区王郭村隋虞弘墓石棺（采自《文物》2001 年第 1 期，第 39 页）；d. 日本 Miho 博物馆藏石棺床（郑岩绘图）；e. 河南安阳石棺床（采自《艺术史研究》第 1 辑，第 153 页）

画像中（图 21）。同样的形象在葱岭以西的阿富汗巴米扬（Bamiyan）石窟壁画（图 22.1）和葱岭以东的新疆拜城克孜尔石窟壁画（图 22.2）中都可见到，其外部环绕联珠纹，是萨珊波斯人所喜爱的图案[1]。其中克孜尔石窟的鸟纹口中衔联珠组成的环带，与塔吉克斯坦境内著名的粟特城址片治肯特（Panjikent）壁画中表示财富与吉祥的衔环鸟（hvarnah）可以联系起来[2]（图 23）。因此姜伯勤将安阳石棺床上的这种鸟纹考为"波斯式吉祥鸟"是可以成立的。姜伯勤还指出："在波斯史料中与好运相关联的场合，有好几种现象，包括有翼的兽、有翼羊和有翼的'光'"[3]，傅家第七石上部口衔忍冬、颈上系带的长耳犬状翼兽也应属此类表示吉祥的动物（见图 7）。

---

[1] 薄小莹：《吐鲁番地区发现的联珠纹织物》，《纪念北京大学考古专业三十周年论文集》，北京：文物出版社，1990 年，第 333—334 页。
[2] Guitty Azarpay, "Some Iranian Iconographic Formulae in Sogdian Painting," *Iranica Antiqua*, XI, pp. 174-177.
[3] 姜伯勤：《安阳北齐石棺床的图像考察与入华粟特人的祆教美术》，第 166—167 页。

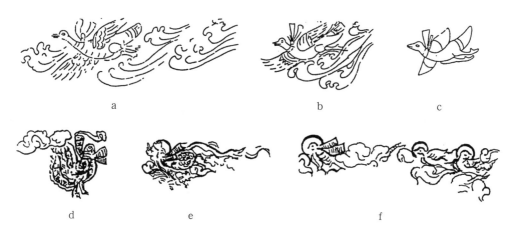

图 21　北齐和隋代葬具上的吉祥鸟
a、b. 山东青州傅家北齐画像石（郑岩绘图）；c. 山西太原晋源区王郭村隋虞弘石棺（采自《文物》2001 年第 1 期，第 39 页）；d、e、f. 河南安阳石棺床（采自《艺术史研究》第 1 辑，第 167 页）

图 22　葱岭东、西石窟壁画中的鸟纹（采自《吐鲁番古墓葬出土艺术品》，第 46 页）
a. 巴米扬石窟壁画；b. 克孜尔石窟壁画

图 23　片治肯特 6—7 世纪粟特壁画（黑色箭头所指为衔环鸟，*Iranica Antiqua*, XI, p. 171, fig. 6）

其三，傅家第二石刻一头戴折角巾、身穿褒衣的人坐在筌蹄上[1]，左手持小杯，右脚横置于左膝上，正与一胡人对饮，后面有一人手捧珊瑚，应是胡人进献的异宝[2]。而虞弘石棺西壁南部内面刻一带头光的神，右手持曲口碗坐于筌蹄上，前有一人"胡跪"进献供品，一人弹琵琶。这两幅画像的构图左右相反，但人物组合关系大同小异，特别是两图中的主角，坐姿竟完全相同（图24），这种坐姿也见于片治肯特的壁画中（见图23）。十分明显，这两幅画像应是在同一粉本的基础上修改

a   b

图24　山东青州傅家北齐画像石第二石与山西太原晋源区王郭村隋虞弘石棺西壁南部内面画像比较
a. 傅家第二石（郑岩绘图）；b. 虞弘石棺画像（采自《文物》2001年第1期，第39页）

---

[1] 关于筌蹄的考证，见孙机:《唐·李寿石椁线刻〈侍女图〉、〈乐舞图〉散记》，第209—211页。
[2] 珊瑚在当时被视为珍宝，往往是皇帝赏赐大臣和官僚争豪斗富之物，如《世说新语》"汰侈"云:"石崇与王恺争豪，并穷绮丽以饰舆服。武帝，恺之甥也，每助恺。尝以一珊瑚树高二尺许赐恺，枝柯扶疏，世罕其比。恺以示崇，崇视讫，以铁如意击之，应手而碎。恺既惋惜，又以为疾己之宝，声色甚厉。崇曰:'不足恨，今还卿。'乃命左右悉取珊瑚树，有三尺、四尺，条干绝世，光彩溢目者六七枚，如恺许比者甚众。恺惘然自失。"刘义庆撰，刘孝标注，杨勇校笺:《世说新语校笺》，北京:中华书局，2006年，第791页；又该书第791页刘孝标注引《南州异物志》曰"珊瑚生大秦国"云云，故珊瑚有可能由善贾的粟特人带入中国。

而成的。

但是，傅家第二石与虞弘石棺西壁南部内面画像的主题并不相同。后者坐在筌蹄上的人物深目高鼻有胡须，身着胡服，有头光，应为一神人；而前者的主角广额丰颐，头系折上巾，身着交领袍，腰束环带，脚穿靴，其头巾与袍的形式与济南马家庄□道贵墓（见图19）[1]和磁县东槐树村高润墓（573）[2]的墓主画像十分接近，应为墓主的形象。傅家画像石中墓主形象还见于第五、六、七石（见图5—7），其中第五石中的墓主头戴鲜卑帽，与太原王郭村娄睿墓壁画中的人物服饰基本相同[3]，是典型的北齐鲜卑服饰。在这个问题上，我们虽然无法根据图像准确推断其血统，但可以判断其文化归属。我们至少可以肯定，这一形象不是粟特人，而是一鲜卑人或汉人，属于北齐统治阶层。第二石中的胡人深目高鼻卷发，身穿联珠纹长袍，与安阳石棺床上粟特人的服饰相同（图25），应是粟特人的形象。

傅家第七石亦刻墓主与粟特人交谈的情景（见图7）。其中央站立的人物面容、服饰与第二石坐在筌蹄上的人物一致，也应是墓主。而粟特人谦卑的动态、后面站立的汉人（或鲜卑人）的服饰亦与第二石所见无差异。

就画面构图形式而言，我们已经找到了第二石的来源；就内容而言，类似第二石与第七石的主题在徐州洪楼东汉画像石中就已经出现（图26）[4]。洪楼画像中坐在中央的人

图25　河南安阳北齐石棺床上的粟特人形象（采自《中国圣火》，第186页）

---

[1] 济南市博物馆：《济南市马家庄北齐墓》，第45、46页。
[2] 磁县文化馆：《河北磁县北齐高润墓》，图版柒。
[3] 山西省考古研究所、太原市文物考古研究所：《北齐东安王娄睿墓》。
[4] 江苏省文物管理委员会：《江苏徐州汉画像石》，北京：科学出版社，1959年，图版肆拾。

图 26　江苏徐州洪楼东汉画像石（采自《江苏徐州汉画像石》，图版 40）

物应为墓主，前来拜见他的客人既有胡人，又有汉人。这种画像很容易使人联想到唐代阎立本的《步辇图》[1]、乾陵 61 尊蕃王像[2]，以及唐代章怀太子墓道中描绘的外国宾客[3]。文献中也记有此类画作，如梁元帝萧绎"任荆州刺史日，画《蕃客入朝图》，帝极称善。（《梁书》具载）又画《职贡图》并序。善画外国来献之事"[4]，王素指出，南北朝时期南北双方以"职贡"盛衰为正统在否之标志，画家往往作《职贡图》以邀宠[5]。因此，傅家第二石应是受到历代帝王"四夷宾服，万方来朝"之类的观念影响，而模仿出的一种程式化图像[6]。

承姜伯勤教授指教，第八石主题应为万灵节（Hamaspath-maedaya）（见图 8）。万灵节是祆教从伊朗—雅利安人宗教中继承的节日，定在每年最后一天的夜晚。据说死者的灵魂在这时会返回到生前的居所。为迎接亡灵，人们要洒扫庭除，举行庆典，奉献祭品和衣物。人们在万灵节中吟诵经文："我们崇拜死者的灵魂（urvan）和那些义人的灵魂（fravaši）。"在新年的曙光即将到来之际，人们在房顶上点起火把。天色渐明时，灵魂又离开人间[7]。"火祆历"全年 365 天，分为 12 个月，每月 30 天，余 5

---

[1] 故宫博物院：《中国历代绘画：故宫博物院藏画集》，北京：人民美术出版社，1978 年，第 36—37 页。
[2] 王子云：《陕西古代石雕刻 I》，西安：陕西人民美术出版社，1985 年，图版 45。
[3] 陕西省博物馆等唐墓发掘组：《唐章怀太子墓发掘简报》，《文物》1972 年第 7 期，图版贰，1。
[4] 张彦远撰，秦仲文、黄苗子点校：《历代名画记》卷七，北京：人民美术出版社，1963 年，第 145 页；该书卷三亦录梁元帝《职贡图》。中国国家博物馆藏有宋人摹《职贡图》一卷，图绘各国使者，其原作被认为出自南朝梁萧绎之手。江苏省美术馆编：《六朝艺术》，"顾恺之、萧绎绘画长卷四款"之三。
[5] 王素：《梁元帝〈职贡图〉新探——兼说滑及高昌国史的几个问题》，《文物》1992 年第 2 期，第 72 页。
[6] 这种不同社会阶层之间图像程式的"借用"是一种普遍现象，如临朐海浮山北齐天保二年（551）崔芬墓中的墓主出行画像，就与龙门石窟所见的皇帝礼佛图、皇后礼佛图，以及传为顾恺之所作的《洛神赋图》中曹植的形象无异。关于这一构图样式的讨论，见杨泓：《美术考古半世纪——中国美术考古发现史》，北京：文物出版社，1997 年，第 229 页；李力：《北魏洛阳永宁寺塔塑像的艺术与时代特征》，巫鸿主编：《汉唐之间的宗教艺术与考古》，北京：文物出版社，2000 年，第 364—367 页。
[7] 龚方震、晏可佳：《祆教史》，上海：上海社会科学出版社，1998 年，第 51 页。

天置闰。其岁首每四年须提前一天，故文献对于九姓胡的岁首记载不一[1]。北周北齐时岁首多在六七月份，万灵节也就在这段时间举行。所谓新年，实际上是在夏季[2]。因此，《隋书·石国传》中的一段记载应是对万灵节宫廷活动的描述：

> 国城之东南立屋，置座于中，正月六日、七月十五日以王父母烧余之骨，金瓮盛之，置于床上，巡绕而行，散以花香杂果，王率臣下设祭焉。[3]

第八石描绘郊外景象，远处的屋宇可能象征"置座于中"的房屋。大象背上的台座应是《石国传》中的床，只是省略了盛烧骨的金瓮。床沿所装点的六个桃形物，应是火焰，说明这种游行的活动是在夜晚举行的。这些特征基本上可以与文献中关于万灵节的记载相符合。

第九石所刻画疑为送葬场面（见图9）。图中四马抬一房屋前行，房屋体量较小，应是一棺。其底部勾栏纤巧通透，说明棺为木质。如上所述，宁想石室和虞弘石棺外形均仿木构的房屋，傅家画像石的形制也是如此。这类仿木结构石棺的流行，说明当时有许多殿堂式木棺存在，厍狄迴洛墓出土的木构房屋除了用作椁而略有不同，其材质和形制都与之类似。

宋齐间著名道士顾欢在批评佛教时曾说："棺殡椁葬，中夏之制；火焚水沉，西戎之俗。"[4]生活在西域的粟特人葬俗本与汉人不同，流行使用盛骨瓮而不用棺椁。以康国为例，《通典》卷一九三引韦节《西蕃记》云：

> 国城外别有二百余户，专知丧事。别筑一院，其院内养狗，每有人死，即往取尸，置此院内，令狗食之肉尽，收骸骨埋殡，无棺椁。[5]

---

[1] 蔡鸿生：《唐代九姓胡与突厥文化》，北京：中华书局，1998年，第32—33页。
[2] 姜伯勤：《安阳北齐石棺床的图像考察与入华粟特人的祆教美术》，第172—173页。
[3] 《隋书》，北京：中华书局，1973年，第1850页。
[4] 《南齐书》卷五十四《顾欢传》，北京：中华书局，1972年，第931页。
[5] 《通典》，北京：中华书局，1984年，第1039页。

逝者的面具

入华粟特人的情况已发生了很大变化,他们也使用汉人中流行的石棺和石棺床。但是在汉化的总趋势下,原来的习俗还会有所遗留,墓葬中出现一些奇特的现象。如虞弘石棺中不见尸骨,而摆放随葬品,但石棺底部虚空,似可起到盛骨瓮的作用;安伽墓的尸骨在甬道内,而不在石棺床上[1],该墓在封闭时室内还曾点火焚烧,墓内缺少随葬品。这些葬具的装饰图像也与北朝汉人或鲜卑人墓葬中画像石和壁画有显著的差别。此外,在傅家第九石送葬的场景中刻一犬,虞弘石棺的图像中也多见犬的形象,应是粟特人养犬食尸遗俗的反映。

图27 Miho石棺床上的丧礼画像(郑岩绘图)

这类题材不独在傅家画像石中出现,Miho石棺床围屏上的一幅画像描绘了具有典型祆教特征的丧礼场面(图27)。画面中的丧礼是在野外举行的,其中心有一戴口罩的祭司照料一火坛[2],在他的背后四人手持尖刀"劙面截耳"[3],其余的人低首肃立哀悼。几匹马所载应为丧葬所用物品。在祭司的下方也刻有一犬,应与傅家第九石中的犬含义相同。这一场面与文献中的记载正可吻合,同时也说明墓葬中刻画丧

---

[1] 基于这一现象,韩伟主张石棺床应更名为"围屏石榻"。但实际上,洛阳北魏同样形制的葬具就被研究者称为石棺床,这主要是从形制上考虑的,已约定俗成,所以本书仍沿用旧有名称,以强调其发展的连续性。韩伟:《北周安伽墓围屏石榻之相关问题浅见》,《文物》2001年第1期,第97—98页。

[2] 祆教火坛和祭司的图像也见于安阳石棺床,有关论述见姜伯勤:《安阳北齐石棺床的图像考察与入华粟特人的祆教美术》,第159—160页。

[3] 关于这一细节,韩伟解释为手执燃料的陪祭者,不确,从发表的图版看,四人手中所持为刀。韩伟:《北周安伽墓围屏石榻之相关问题浅见》,第92页。关于九姓胡丧礼中"劙面截耳"习俗的考释,见蔡鸿生:《唐代九姓胡与突厥文化》,第24—25页。

葬内容在当时是比较通行的做法。

傅家第八、九两石构图形式有许多共性，如二者远景均为连绵的山峦，山中皆有一建筑；第八石大象背上的床与第九石马所抬的棺皆为木结构。这似乎说明此两石可以互相呼应，原来的位置可能比较对称。从主题上看，二者也有一定的关系，第九石刻画送葬的情节，第八石表现迎接死者灵魂的活动，皆与死亡、丧葬有关，出现于墓葬中极为合理。

傅家第三、四两石刻画牛车和鞍马（见图3、4），这是北朝艺术中最为习见的题材。如果说北朝壁画中具有偶像性质的正面画像是表现墓主神灵所在的一种符号，那么，牛车、鞍马题材则是表现人物身份的一种固定模式。从西晋开始，高官豪门以牛车为贵，所随葬的陶俑便以牛车和鞍辔马具齐全的乘马为中心。到北朝时期以牛车、鞍马为中心的出行仪卫陶俑数量大增，成为显示死者身份的主要象征。这种题材在墓室壁画、佛教造像中也十分多见，兹不一一备举。

鞍马与牛车作为一种程式化的固定搭配出现，实际上是卤簿的简化形式。《隋书·经籍志》、《历代名画记》等文献都记载有《卤簿图》，数量极多。如《宋书·宗室传》：

> （刘韫）在湘州及雍州，使善画者图其出行卤簿羽仪，常自披玩。尝以此图示征西将军蔡兴宗，兴宗戏之，阳若不解画者，指韫形像问曰："此何人而在舆上？"韫曰："此正是我。"其庸鄙如此。[1]

周一良认为"绘制出行卤簿之图画，以自炫耀，南北朝以后成为风气，盖不止庸鄙之刘韫而已"[2]。由于这种风气存在，其粉本必然流传极多。

在安伽石棺床、Miho石棺床、安阳石棺床上也可见到墓主骑马出行或乘牛车出行的画面，其中安阳石棺床上的仪仗和出行画像的服饰、乘骑、伞盖"与粟特本土大同小异"[3]，但Miho石棺床的这类题材却明显有汉化的倾向（图28、29），与一

---

[1]《宋书》，北京：中华书局，1974年，第1466页。
[2] 周一良：《魏晋南北朝史札记》，第165页。
[3] 姜伯勤：《北齐安阳石棺床画像石与粟特人美术》，第166页。

图 28 Miho 石棺床围屏上的牛车画像（郑岩绘图）　　图 29 Miho 石棺床围屏上的鞍马画像（郑岩绘图）

般北齐壁画中所见的同类画面十分相似，也与傅家第三、四两石画面构图相当接近。唐贞观廿一年（647）大唐故洛阳康大农墓志云，康大农父康和为隋定州萨宝，"家僮数百"，"出便联骑"[1]，萨宝生前既然有与汉族贵族同样的气派，当然也可在墓葬中采用类似的图像。

傅家第四石右边加工为 45°斜面，而第三石牛车画像的两边垂直，因此可以肯定这两幅画像并不正对，应分别属于备马和牛车行列中的一部分，即这两幅画像还有其他与之相配的画像共同构成规模更大的行列。从方向上看，第一石胡人牵驼马画像（见图 1）的方向与第四石画像一致，似可与之相连接。此石左边呈斜面，可能与之垂直。目前尚未看到可与牛车相连接的其他画像。

第一石刻胡人牵骆驼，原报告认为第一石画像中骆驼驮有成卷的织物，提出"墓主人生前可能是一位从事东西方贸易的商人，他的仆人中有西域乃至中亚的人"。实际上，该骆驼背上的平行线表现的应为行旅所用的毡帐或用于载物的支架[2]，所表现的内容与娄睿墓墓道西壁出行画像上层的驼队比较一致。同样的题材也见于 Miho

---

[1] 周绍良：《唐代墓志汇编》上册，上海：上海古籍出版社，1992 年，第 96 页。
[2] 关于南北朝隋唐时期毡帐形制的讨论，见吴玉贵：《白居易"毡帐诗"所见的唐代胡风》，荣新江主编：《唐研究》第 5 卷，北京：北京大学出版社，1999 年，第 401—420 页。

青州北齐画像石与入华粟特人美术

图 30　Miho 石棺床围屏上的骆驼画像（郑岩绘图）　　图 31　太原王郭村北齐娄睿墓壁画中的驼队（郑岩绘图）

石棺床。在 Miho 石棺床画像和娄睿墓壁画中甚至也都出现了胡人的形象（图 30、31）。这些绘画作品与北朝墓葬中常见的陶骆驼一样，是这一时期墓葬中所流行的艺术题材，它们在墓葬中的含义或许应与有关的丧葬观念联系起来考察[1]。

第五石刻墓主骑马，也属卤簿性质的画像，与其他画像的关系不详（见图 5）；其边饰亦与其他画像不同，原因不明。第六石刻墓主怀拥一长条形几坐于席上，为四分之三侧面，与北朝壁画墓中常见的正面坐像有所差别，且该石右边呈 45°角，应不是正壁中央的偶像，与其他诸石的关系也不明确（见图 6）。

以上关于傅家图像的分析启发我们对一些原有的观点和方法进行反思。有的研究者将这些图像复原为死者生前的真实经历，指出：

---

[1] 关于这一问题的专题研究，见 Elfriede Regina Knauer, *The Camel's Load in Life and Death: Iconography and Ideology of Chinese Pottery Figurines from Han to Tang and Their Relevance to Trade along the Silk Routes*, Zürich: AKANTHVS, Verlag Für Archaeologie, 1998。荣新江对该书的评论见《唐研究》第 5 卷，第 533—536 页。

逝者的面具

画像在颂扬墓主生平经历的同时，不但细致入微地描绘了墓主当年亲率商队远征西域，从事丝绸外销的生活片断，而且着意刻画了一个前来青州洽谈贸易的外商谒见墓主的场面。（指第二石——引者注）……北齐石室画像中《象戏图》的出现……表明这位青州商人的足迹已经涉及印度河流域的佛教国度。[1]

这一观点试图建立各幅画面之间的联系，建立图像与史实的联系，我也曾赞同过这种思路[2]。但是这种解释不仅在对具体画面内容的认定上存在偏差，而且缺少对一些中间环节的具体分析。这种思路由来已久，是我们研究古代墓葬中的图像时所惯用的[3]。关于傅家画像的传统解释比较有代表性地反映了其中的问题，因此值得加以分析。

首先，画面之间的联系应当建立在对这些石刻原有结构进行复原的基础上。虽然本文没有彻底解决石棺结构复原的问题，但我们已经知道这些画像原来被安排在一个三维空间中，而不是处在同一个平面上；它们往往成对地互相呼应，并不是一套前后连接紧密的"连环画"；画面之间的关系不是时间性的，而是空间性的，因此在画面之间很难找出一种单线的文学性的叙事关系[4]。

其次，问题还出现在我们以往对于"写实"的理解上。傅家画像石线条流畅，人物比例合度，形象生动，是古代美术中难得的写实风格的作品，然而这种写实性的风格很容易对我们理解画像内容产生一种误导，认为这些栩栩如生的作品是对墓主生前活动的忠实再现，这实质上是将作品形式上的写实风格与内容忠实于原型这两个不同的问题等同起来，或者说"写实＝现实主义"。这在理论上显然过于简单化，一个相

---

[1] 齐涛：《丝绸之路探源》，济南：齐鲁书社，1992年，第157—249页。此外关于该墓的报告也持类似的观点。
[2] 郑岩、贾德民：《汉代卧驼铜镇》，《文物天地》1993年第6期，第36—37页。
[3] 相关讨论见郑岩："客使图"溯源——关于墓葬壁画研究方法的一点反思，陕西历史博物馆编：《唐墓壁画国际学术研讨会论文集》，西安：三秦出版社，2006年，第165—180页。
[4] 有关方法论的研究，见蒋英炬：《汉画像石考古学研究絮语——从对武梁祠一故事考证失误说起》，山东大学考古学系编：《刘敦愿先生纪念文集》，第431—437页；Wu Hung, " What is *Bianxiang* 变相? -On the Relationship between Dunhuang Art and Dunhuang Literature, " *Harvard Journal of Asiatic Studies*, 52. 1 (1992) pp. 111-192, 中译本见《何为变相？——兼论敦煌艺术与敦煌文学的关系》，郑岩译，《礼仪中的美术——巫鸿中国古代美术史文编》下册，第346—404页。

反的例子是西汉霍去病墓前著名的马踏匈奴石雕风格并不"写实",没有直接刻画霍去病的形象,却恰恰与其生前的事迹密切相关[1]。我们以往对于画像"写实"风格的解读,还有可能在某种程度上受到了长期以来中国官方文艺理论的影响,即认为"现实主义"的最高准则为"真实地再现典型环境中的典型人物"。这一理论长期统治着美术创作与评论,也很容易左右研究古代美术时的思路[2]。

再次,将这些画像解释为一系列具体的事件,很可能受到了阅读文献时习惯思路的影响。而文学语言与绘画语言有不同的特点,如果利用文学手段表现某一具体的事件,就必须具备三个基本的条件:时间、地点、人物,而在这一系列画像中能够明确看到的只有人物这一个因素,而时间与地点的表现往往不十分明确。因此上述观点要成立,就要首先一一证明这些画像的时间、地点具有唯一性,而目前要解决这一问题,还缺乏足够的材料,也就是说,将这一画面解释为一个具体事件的前提条件尚不充分。

从史实到一套图像的形成也有许多中间环节,就傅家画像石而言,诸如葬具的功能、粉本的利用等,都是一些必须考虑的因素。粉本的形成与生活的真实背景或多或少有一定关系,但是这些画面被描绘在葬具上,直接反映的是当时人们的丧葬观念,而不是其生活原型。例如,出现胡人牵骆驼画像的大背景是对外交通与贸易的发达,但是以娄睿墓的胡人牵骆驼壁画与墓志以及正史中关于娄睿的传记进行比较,却很难发现画像与墓主生平之间有直接的联系。

我不否认墓葬中也存在对墓主生平的具体描述,如内蒙古和林格尔小板申东汉墓壁画中的多幅车马行列、城池、府舍的图像题写有墓主不同时期的官位和任职处的地名[3],很可能是对于其仕宦经历的表现。但是这种做法在南北朝时显然发生了变化,墓葬中的各项内容似乎有一种功能的划分,墓主的家世与生平被详细地记述在墓志

---

[1] 金维诺:《秦汉时代的雕塑》,氏著:《中国美术史论集》,北京:人民美术出版社,1981年,第50页。
[2] 有学者指出,中国文艺理论中"再现"一词是对 representation 的误译,而这个词在西方已不是"再现(摹仿式)",而是"表现"、"表象"、"象征"等意义。转引自周汝昌:《红学的深思》,文池主编:《在北大听讲座(第三辑)——思想的魅力》,北京:新世界出版社,2001年,第37页。
[3] 内蒙古自治区博物馆文物工作队:《和林格尔汉墓壁画》,北京:文物出版社,1978年,第10—19页。

中,充分利用了文学在叙事方面特有的长处;壁画着重营造丧葬礼仪的空间氛围,大多与真实的事件无关;陶俑则是千人一面,甚至不同的墓葬中出土有使用同一模具制作的陶俑。

粉本被多次借用、复制、选择、组合、改造,所涉及的问题相当复杂。我们认为傅家石棺图像的构图和主题大多取自一些既有的格套,并不意味着否定这套图像所具有的鲜明个性,相反,在许多看似雷同的图像程式中,都有与墓主特殊身份相关的损益,选择什么图像、如何进行改造,都反映出死者文化趣味的独特与复杂,但是对此类问题必须做更为具体的分析。因此,一个更难以解决的问题是:传统的形式难道不可以用来表现一种特定的意义吗?

我曾注意到,山东博物馆藏有一件清代扇面,其画面表现了19世纪60年代初山东淄川农民刘德培暴动的事件(图32),却利用了木版年画《空城计》的构图(图33),原画中的诸葛亮被改造成刘德培的军师,而攻城者成了僧格林沁率领的清兵[1]。这种情况同样也见于傅家画像石中,如傅家第二石在借用现成的粉本时,主题就发生了改变。但是,由于傅家画像石的资料不完整,既缺乏画像石的配置关系,又没有其他文字材料,因此要从根本上解决这一问题是非常困难的。总之,我认为该墓的画像题材和构图大多渊源有自,但同时也不完全排除这些画像的独创性和特殊意义。我所建议的是,在探索其独创性和特殊意义时,必须重视对一些前提条件的讨论,在理论上决不能简单化。

四　傅家画像石的历史背景

近年来青州地区南北朝考古最重要的发现是龙兴寺窖藏出土的大批北朝佛教造像,研究者非常注重这些造像的艺术特征,将其中北齐时期衣服紧窄,衣纹稠密的风

---

[1] 郑岩:《一幅珍贵的年画》,《文物天地》1995年第4期,第32—34页。

图32 山东博物馆藏清代刘德培暴动扇面（王书德摄影）

图33 山东潍坊杨家埠年画《空城计》（清版新刻，郑岩收藏）

格与以曹仲达为代表的"曹家样"联系起来。《历代名画记》卷八云："曹仲达，本曹国人也。"[1] 曹国属于昭武九姓之一，因此，曹仲达是画史上唯一有明确记载的粟特画家。青州北朝佛教造像与这位粟特画家的风格有关，这似乎可以为傅家画像中所出现的粟特美术因素找到一个背景。

但是荣新江的观点更为慎重，他指出，"曹家样"所代表的是一种绘画风格，石

---

[1] 张彦远撰，秦仲文、黄苗子点校：《历代名画记》，第157页。

刻造像毕竟属于雕塑艺术,二者之间还有一定的距离,"曹仲达的绘画所表现的样式,恐怕首先应当具有粟特美术的特征"。曹仲达活动的主要地区应当在邺城地区,因此包括早年安阳出土的石棺床在内的一些粟特美术品,其作者应是邺城的粟特工匠[1]。换言之,包括虞弘墓在内的几批葬具上粟特风格的雕刻应出自粟特工匠之手。

我们既然不能简单地根据傅家画像推出墓主曾远行到中亚等地的结论,也不能直接将青州美术的风格与曹仲达等画家的活动直接联系起来,那么傅家画像出现粟特美术因素的背景到底是什么?

宿白注意到青州龙兴寺佛造像自东魏晚期开始流行衣裙贴体的新风格,认为这种变化的背景"与6世纪天竺佛像一再东传、高齐重视中亚诸胡伎艺和天竺僧众以及高齐对北魏汉化的某种抵制等似皆有关连"。他提到这些以商贩或伎巧东来中原的胡人在北魏多宅于洛阳,后附高齐东去,颇受恩幸,而迁邺后,东西往返仍极为频繁。宿白特别指出,青州傅家画像石中多见胡人形象,便与这种背景有关[2]。

傅家墓的墓志缺失,只能凭借图像来推断墓主身份。如上文所述,画像中墓主的服饰与面相均表现出与粟特人明显不同的特征,可以判断为汉人或鲜卑人,这是傅家画像石与虞弘、安伽等墓葬的装饰关键性的差别。另一方面,傅家画像石又大量借用了粟特美术的绘画样本,甚至墓主的坐姿也表现出对于异质文化的欣赏和认同。可以得出这样结论:傅家石棺的主人是北齐统治阶层中汉人或鲜卑人的一员,但很可能生前与萨宝等粟特人有相当密切的联系,以致于可以得到萨宝丧葬所用的粉本并乐于加工改造,用在自己的墓室中。

既然傅家画像石与萨宝墓葬的图像有许多相似之处,那么北齐时期青州有无萨宝就是一个值得注意的问题。罗丰1998年曾收集唐代以前文献与墓志中所见的萨宝资料,其中有二人在京师任职,五人在河西地区的凉州和张掖,一人在定州,一人在

---

[1] 荣新江:《粟特袄教美术东传过程中的转化——从粟特到中国》,巫鸿主编:《汉唐之间文化艺术的互动与交融》,北京:文物出版社,2001年,第52—54页;荣新江:《中古中国与外来文明》,第301—325页。
[2] 宿白:《青州龙兴寺窖藏所出佛像的几个问题——青州城与龙兴寺之三》,《文物》1999年第10期,第44—59页。

并州，一人不详[1]。但是萨宝很可能也是一个全国性的官职，国家图书馆藏拓本有唐咸亨四年（673）唐故处士康君墓志，云："父仵相，齐九州摩诃大萨宝……"[2] 姜伯勤认为此处的"摩诃大萨宝""与一个王朝的全国性职衔有关"[3]。又《隋书·百官志》言及北齐萨宝制度分为"京邑萨甫"和"诸州萨甫"两类[4]。

虽然文献中尚未发现关于北齐青州萨宝的明确记载，但有墓志资料显示，北齐时青州的确可以接触到来自中亚与萨宝有关的人物。荣新江曾引1984年太原北郊小井峪村出土的龙润墓志来说明并州粟特聚落和萨宝府在唐代的影响[5]，该墓志对于研究本文的问题同样具有重要价值（图34）。兹引有关文字如下：

> 君讳润，字恒伽，并州晋阳人也。白银发地□□□蛇龙之山。祖先感其谲诡，表灵异而称族。凿空鼻始，爰自少昊之君；实录采奇，继以西楚之将。及汉元帝，显姓名于史游。马援之称伯高，慕其为人，敬之重之。《晋中兴书》，特记隐士子伟，以高迈绝伦。并异代英贤，郁郁如松，硌硌如玉者也。曾祖康基，高齐青、莱二州刺史，僵（疆）场邻比，风化如一。……□（公）属隋德道消，嘉循贞利，资业温厚，用免驱驰。唐基缔构，草昧区夏。义旗西指，首授朝散大夫，又署萨宝府长史。……永徽四年（653）九月十日，薨于安仁坊之第，春秋九十有三。……永徽六年三月廿日，附身附椁，必诚必信，送终礼备，与夫人何氏合葬于并州城北廿里井谷村东义村北。[6]

---

[1] 罗丰：《萨宝：一个唐朝唯一外来官职的再考察》，荣新江主编：《唐研究》第4卷，北京：北京大学出版社，1998年，第217—219页。
[2] 周绍良：《唐代墓志汇编》上册，第571—572页。
[3] 姜伯勤：《萨宝府制度源流论略》，饶宗颐主编：《华学》第三辑，北京：紫禁城出版社，1998年，第294页。
[4] 《隋书》，第756页。
[5] 荣新江：《隋及唐初并州的萨宝府与粟特聚落》，《文物》2001年第4期，第86—87页。
[6] 《隋唐五代墓志汇编·山西卷》，天津：天津古籍出版社，1991—1992年，第8页；《全唐文补遗》五，西安：三秦出版社，1998年，第111页。

图 34　山西太原北郊小井峪出土唐龙润墓志（采自《文物》2001 年第 4 期，第 86 页）

荣新江认为，墓志中所谓龙姓来自少昊的说法不足凭信，而在汉文史料和文书中，龙姓一般是西域焉耆国东迁中原以后所用的姓氏[1]。作为焉耆胡后裔的龙润在唐代出任并州萨宝府长史，说明了龙姓与粟特聚落有直接联系。龙润的曾祖龙康基在北

---

[1] 荣新江:《龙家考》,《中亚学刊》第 4 辑，北京：北京大学出版社，1995 年，第 144—160 页。

齐时曾出任青州刺史，与青州傅家画像石中出现粟特文化因素的事实应非巧合；龙康基、龙润所处时代虽然有别，但他们分别任职于青州和并州，或可说明这两个地区之间存在文化上的联系，这种联系在傅家画像和虞弘石棺画像中再次表现出来。此外，青州地区在北齐时期是否存在粟特聚落，也有待于将来新的考古资料来验证。

虞弘石棺图像粟特文化色彩较为纯粹，傅家画像石中原有的粉本显然被做过较大改动，但虞弘石棺的年代比傅家墓晚19年，傅家画像石不可能直接来自虞弘石棺。除了傅家画像石与Miho石棺床画像所表现出的共性以外，在天水石马坪石棺床"屏风1"下部也有与傅家第二石类似的图像（图35）。这些图像之间的相似性可以证明，北朝前后有一些具有鲜明粟特文化色彩的粉本在汉地流传使用。

在华粟特人墓葬装饰的粉本除了人物相貌和服饰、器具等物质文化方面具有中亚民族的特征外，还明显地保留有祆教美术的印记。姜伯勤对安阳石棺床的祭司、火坛等图像进行了研究[1]，在虞弘墓、安伽墓也都出现了火坛等形象，Miho石棺床上还有典型的祆教葬礼图像，这些内容可能直接承袭粟特人故土原有的图像体系。另一方面，正如许多学者所注意到的，这些流寓于中

图35　甘肃天水石马坪石棺床画像（采自《考古》1992年第1期，第48页）

---

[1] 姜伯勤：《北齐安阳石棺床画像石与粟特人美术》，第159—160页。

国内地的中亚人也有汉化的倾向,不但营建墓葬、使用棺椁,而且其装饰图像也吸收了一些中国传统的题材,例如上文所提到的鞍马和牛车,就很有可能来自内地汉人和汉化鲜卑人的图像系统。随着资料的不断丰富,粟特美术汉化的问题还值得继续探讨。

从傅家画像石可以看到,正在汉化的祆教丧葬美术又被一位非粟特人借用,这对于文化"互动"的理论来说是一个绝好的注脚。这批资料启发我们不仅要注意到外来文化的汉化问题,同时还要关注在外来文化的影响下中国本土文化所发生的变化,即中原民族传统的丧葬美术对异质的粟特美术的吸收、改造与利用。

在南北朝美术考古的资料中,我们不难找到一些来自中亚的影响,就山东地区 6 世纪的考古材料而言,这种影响不仅在佛教造像上有显著的

图 36　山东临朐冶源北齐崔芬墓壁画中的跳胡旋舞者(郑岩绘图)

体现,而且在墓葬壁画中也有迹可寻。如距离不远的临朐冶源北齐天保二年(551)崔芬墓壁画中,一方面绘有竹林七贤等汉文化所标榜的人物,另一方面与这些高士画像并列的还有两个跳胡旋舞的人物(图36)[1],这一图像与1985年宁夏盐池县唐代6号墓石门上雕刻的舞蹈的胡人舞姿极相似,而同一墓地的3号墓出土的何府君墓志称墓主为"大夏月氏人",可知是六胡州粟特人的一处墓地[2]。但是与崔芬墓和徐敏行墓所不同的是,傅家石棺中所出现的粟特美术色彩不是局部的、少量的,而是

---

[1] 山东省文物考古研究所、临朐县博物馆:《山东临朐北齐崔芬壁画墓》,《文物》2002 年第 4 期,第 4—25 页;Wu Wenqi, "Painted Murals of the Northern Qi Period," *Orientations*, vol. 29, no. 6, June 1998, pp. 60-69.
[2] 宁夏回族自治区博物馆:《宁夏盐池唐墓发掘简报》,《文物》1988 年第 9 期,第 43—56 页。

比较完整地借用了胡人墓葬的图像样本，因此也就具有特殊的研究价值。

因为缺少背景材料，我们还不清楚为什么这位汉人或鲜卑人要借用一套如此特殊的图像来装饰自己的墓葬。可以看到这种借用并不是全盘抄袭，而是明显留有与墓主本人所属文化相关的改造痕迹。例如傅家画像石并不采用粟特葬具上的浅浮雕，而是延续了北魏洛阳地区的传统，这一点是否与墓主的种族有关，值得注意。又如傅家第二石在构图上采用了粟特人的范式，主题却与原来大相径庭。墓主本人坦然坐在虞弘墓中属于一位尊神的筌蹄上，而旁边的粟特人却被刻画得形体矮小，一副毕恭毕敬的姿态，设计者似乎忘记了画像粉本来源于粟特人这一事实。这种矛盾的现象透露出墓主对于其身份和所属文化根深蒂固的优越感，耐人寻味。

Miho石棺床与安伽石棺床上所见的鞍马和牛车无疑来自中原汉文化，但是当这些题材再次出现于傅家石棺上时，又与Miho画像的构图如此相似，使我们难以判断这些图像的文化属性。这可以作为文化融合与交流的过程中同一图像在不同性质的文化中来回传动的一个典型案例。

无论汉化还是胡化，都是对自身文化的改造和对其他文化的利用，"化"的过程必然受到许多因素的影响，而融合与转化的程度也可以分为不同的层次，所涉及的问题相当复杂。如果将安阳、安伽、Miho的石棺床和虞弘石棺等视为比较典型的入华粟特人丧葬美术的样式，而将崔芬墓等看作典型的汉人丧葬美术的标本，那么傅家石棺则可以当作这二者之间一种特殊的"混同形式"。如上所述，不同性质的文化相互"混同"的现象在这两类既有的传统中就已经存在了，但是，无论在虞弘墓还是崔芬墓，我们都能够比较容易地判断出其文化的基调色彩，而在傅家画像中，基调色彩则大大模糊了。这种现象的存在，提醒我们对于一些习惯使用的方法必须更加慎重。由于傅家墓志缺失，我们在上文不得不借助图像来判断墓主的身份，但是所选取的是服饰和人物相貌这些比较具体的指标。假设当年刻有墓主肖像的几块石板没有被收集到，我们是否可以根据画像风格等指标来作为判断社会、文化属性的标准呢？同样，如果没有墓志，我们根据壁画能否将固原隋大业六年（610）

史射勿墓定为萨宝后裔的墓葬呢[1]？

不同文化之间的交流所带来的变化在不同地区、不同社会阶层中会有所差异，有时表现得比较显著，有时又会比较模糊。青州出现如此一座深受粟特文化影响的墓葬应是一个特例，它与粟特美术的密切联系需要通过一个比较直接的渠道来实现，即与粟特人的流寓和绘画粉本的流传有直接关系。我们必须注意避免把这一墓葬所得出的个别结论简单地普遍化、扩大化，就山东地区所发现的其他北朝墓葬来看，外来文化的影响并不都是如此显著。今后随着考古资料的丰富，我们还需要对墓葬中粟特美术的因素做进一步的定性定量分析，以获得更为具体的认识。

近年来南北朝时青州地区文化成分的复杂性颇受研究者关注。这一地区在东晋十六国后期曾是南燕建都之地，此后相继属东晋、刘宋、北魏、东魏、北齐。青州曾有半个世纪的时间处在南朝前期文化的氛围中；入魏以后，也不断受到来自南朝的影响。因此，青州地区的考古学文化中至少有三个方面的因素，即来自河北京畿地区的影响、来自南朝的影响，以及当地的文化传统，这些因素在佛教造像和墓葬资料中都有不同程度的表现[2]。青州及其附近地区发现的墓葬，如临淄窝托村北朝崔氏墓地[3]、临朐北齐崔芬墓、济南北齐□道贵墓、济南东八里洼北齐壁画墓[4]等，均呈现出多元化的特色，这些墓葬缺乏某种必须严格遵守的规制，特别是壁画等图像表现出更大的自由度和不确定性，与两汉和唐代大一统时期各地文化面貌所表现出的强烈同一性有别，是南北朝时政权分立、人口流徙、思想多元、文化交融的结果。傅家画像石反映出青州一地的文化还存在外来的因素，可进一步加深我们对于这个问题的理解。

---

[1] 史射勿墓志称："公讳射勿，字槃陀。平凉平高县人也，其先出自西国。曾祖妙尼，祖波匿，并仕本国，俱为萨宝。"但墓葬中壁画的题材和布局与宁夏固原深沟村发掘的北周天和四年（569）柱国大将军、原州刺史河西公李贤墓葬中的壁画一脉相承，而看不出有明显的粟特文化色彩。宁夏文物考古研究所、宁夏固原博物馆：《宁夏固原隋史射勿墓发掘简报》，《文物》1992年第10期，第15—22页；宁夏回族自治区固原博物馆罗丰编著：《固原南郊隋唐墓地》，北京：文物出版社，1996年，第7—30页，彩色图版1—8。

[2] 杨泓：《关于南北朝时青州考古的思考》，《文物》1998年第2期，第46—53页。

[3] 山东省文物考古研究所：《临淄北朝崔氏墓》，《考古学报》1984年第2期，第221—244页；淄博市博物馆、临淄区文管所：《临淄北朝崔氏墓地第二次清理简报》，《考古》1985年第3期，第216—221页。

[4] 山东省文物考古研究所：《济南市东八里洼北朝壁画墓》，《文物》1989年第4期，第67—78页。

附　记

本文写作过程中，曾得到杨泓、姜伯勤、巫鸿和李清泉等先生的指教。文章原刊于巫鸿主编《汉唐之间文化艺术的互动与交融》（北京：文物出版社，2001年，第73—109页），后经修改，收入拙著《魏晋南北朝壁画墓研究》（北京：文物出版社，2002年，第236—284页）一书。文章发表后，引起相关研究者的重视。然十年之后重读此文，于心未安处所在多有。近年来新的材料和新的研究层出不穷，很难再全面改写本文。此次重刊，除了对文字略加整理外，需对几个问题加以说明。

一、本文所论傅家画像石长期以来在青州市博物馆被镶嵌在展室墙壁中展出，迄今依然。在这种情况下，除了可以约略观察到边缘侧面的情况外，无法观察到其背面的状况。2004年12月，我承纽约大都会艺术博物馆亚洲部屈志仁先生邀请，赴该馆参加为配合"走向盛唐"（Dawn of the Golden Age）文物展所举办的演讲会，再次看到展览中借展的青州傅家第一石和第二石。由于展出环境改变，我得以观察到两石的背面，发现皆未经打磨，粗糙不平，很像我在本书《山东临淄东汉王阿命刻石的形制及其他》一文中所讨论的许多汉代小祠堂外壁的情况。因此，傅家画像石原报告对其性质的推测或许不宜轻易否定，即这批石刻很有可能是墓室的墙壁。本文推断为石棺构件，显然证据不足。好在这一看法并不影响本文所讨论的主要问题。以线刻画像装饰墓葬壁面的做法尚未有其他例子发现，故可先充分注意到这一现象，以备后证。考虑到北朝时期屡有殿堂式的石棺出土（除了文章所举诸例，近年来又有西安北周史君墓所见同类型的葬具发现），本文第二部分所讨论的此类葬具象征意义的问题，或仍有一定价值，故仍予以保留。

二、文中提到青州当地北朝时期少见阴线刻的雕刻技术，这一论断也失之轻率。2001年，上海博物馆展出的一件青州龙兴寺出土的北齐背屏式造像的背面，即有流畅的阴线刻，但资料至今未见发表。另外，在鲁北博兴县的北朝佛教造型中，也曾见阴线刻画像的例子。对此李少南（《从博兴出土的石刻线画略谈北朝线刻艺术》,《考古》1989年第7期,第653—656页)和赵超(《从北魏永安二年张昙祐等造像上的线刻画看石刻线画的发展》,《考古与文物》2010年第6期,第73—78页)皆有专文讨论。

三、文中根据画像中墓主的面相认为死者并非西域人,而可能是内地的鲜卑人或汉人。但这种方法在研究北周康业墓画像时并不适应(见本书所收《逝者的"面具"——论北周康业墓石棺床画像》一文)。不过,康业墓尚不是判断傅家墓墓主身份直接的材料。在目前看来,我对傅家墓主族属的推断仍不失为较慎重的假说,但新的材料的确再次提醒我们,对于古代墓葬画像的复杂性要有充分的认识。

第四编

制度、空间与形式

论"邺城规制"

——汉唐之间墓葬壁画的一个接点

处于汉唐两个大时代之间的魏晋南北朝壁画墓承前启后，具有明显的过渡性特征。在东魏、北齐国都邺城地区，即今河北南部的临漳、磁县一带，因为资料比较丰富，这种特征表现得尤为明显。邺城地区的壁画墓多属于皇室和其他异姓贵族，由于墓主身份较高，因此墓葬形制和壁画内容都可能受到制度的约束，形成一定的规制，对于其他的社会阶层、地区和时代产生了显著影响，在中国古代壁画墓发展史上具有重要意义。

一 邺城地区墓葬壁画的特征

邺城地区发现的东魏、北齐墓葬壁画代表了汉唐之间墓葬壁画发展的最高水平。为了探讨这些壁画墓的特征及其在历史上的地位，有必要先从宏观的角度对汉代墓葬壁画的传统进行简略的回顾。

汉代是壁画墓发展史上的第一个高峰，已经发现的彩绘壁画墓和画像石墓、画像砖墓资料十分丰富[1]。这些墓葬形制多样，大中型的墓葬往往有多个墓室，各个墓室具有不同的功能，仿佛地上建筑的重重院落，具有"第宅化"的特征[2]。以内蒙古

---

[1] 美术家所理解的壁画并不仅仅指彩绘壁画，如李化吉指出，壁画即"装饰壁面的画。包括用绘制、雕塑及其他造型或工艺手段，在天然或人工壁面（主要是建筑物内外表面）上制作的画"。根据"制作和技法"，壁画可分为"绘画型"和"绘画工艺型"两大类，前者以手绘方式完成，后者借助工艺制作手段体现。（李化吉：《壁画》，《中国大百科全书·美术 I》，北京：中国大百科全书出版社，1991年，第81—82页）这一由创作实践所得出的概念，对于古代壁画的研究而言，也比较接近事实。本文中"壁画"取其广义，指各种形式的壁面装饰，诸如画像石、模印画像砖等壁面装饰形式，主要以二维的平面来表现图像，对于第三度空间感的追求极有限度，更具有绘画的特征，也应列入壁画的范畴之中。
[2] 吴曾德、肖亢达：《就大型汉画像石墓的形制论"汉制"》，《中原文物》，1985年第3期，第55—62页。

论"邺城规制"

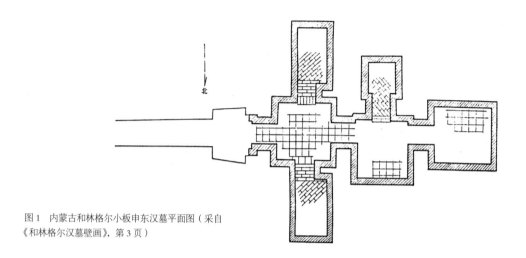

图 1　内蒙古和林格尔小板申东汉墓平面图（采自《和林格尔汉墓壁画》，第 3 页）

和林格尔新店子小板申东汉壁画墓为例，这座大型壁画墓有前中后三室，前室附设左右两个耳室，中室设右耳室，全长 19.85 米（图 1）[1]。墓室各个单元分别象征着庭、明堂、后寝（室）、更衣、车马库、炊厨库，以及农田和牧野[2]。

与后来各个时代相比较，汉代墓葬壁画在内容上是一个发明与实验的大时代，一切关于死亡之后另一个世界的想象几乎都表现于墓葬之中，而后来各个时代的各种绘画题材似乎都可以从中找到自己的源头[3]。信立祥曾将汉画像石的题材分为 9 类 55 种[4]，尽管这一直观的分类方式后来被信氏本人所扬弃[5]，但是其结论在一定程度上反映出汉代墓葬画像艺术在题材方面的多样性。

我们仍以和林格尔小板申墓为例，对这一时期壁画墓的题材与布局进行一些观察。从该墓前室的甬道开始，经过前室四壁、前中室之间的通道两侧，一直到中室，其壁画描绘了城池、粮仓、府舍、署吏和车马行列，并写有大量的榜题，包括"举孝

---

[1] 内蒙古自治区博物馆文物工作队：《和林格尔汉墓壁画》，北京：文物出版社，1978 年。
[2] 俞伟超：《汉代诸侯王与列侯墓葬的形制分析》，氏著：《先秦两汉考古学论集》，北京：文物出版社，1985 年，第 123 页。
[3] 2000 年 7 月杰西卡·罗森（Jessica Rawson）在北京大学"汉唐之间文化互动与交融国际学术研讨会"的发言中也表述了类似的观点。
[4] 信立祥：《汉画像石的分区与分期研究》，俞伟超编：《考古类型学的理论与实践》，北京：文物出版社，1986 年，第 234—306 页。
[5] 信立祥：《汉画像石综合研究》，北京：文物出版社，2000 年，第 59—62 页。

逝者的面具

廉"、"郎"、"西河长史"、"行上郡属国都尉"、"繁阳令"、"使持节护乌桓校尉"、"使君从繁阳迁度关时"、"宁城"等，这些画面被学者们认定为墓主生前仕途经历的再现。前室顶部描绘了各种仙人瑞兽。在中室西壁至北壁绘有燕居、乐舞百戏、宴饮、祥瑞，以及孔子见老子、列女、孝子等历史故事。后室壁画的题材则全然不同，四壁主要描绘了农桑、畜牧和各种手工业，表现庄园内的生产状况。后室顶部绘有四神。前室与中室所附耳室内也绘有庖厨、谷仓和各种农牧活动。可以看出，这是一个十分庞大的图像体系。墓室被分割为若干个结构复杂、功能不同的空间，壁画的题材包括对墓主生前经历的回顾、为死者在地下"生活"所准备的衣食与享乐活动、表现道德与伦理观念的故事、象征着天命的祥瑞，以及对于神仙世界十分具体的描述，等等。在这个围绕着死亡而展开的图像体系中，包含了汉代人对宇宙、历史和自我的各种认识。

更为重要的是，和林格尔小板申汉墓只是一项个案，而不是汉代壁画墓的标准或样板，同一时期的其他壁画墓虽然也有类似题材，但是在对题材具体的选择、组织和表现方式上则各有侧重，所表达的思想观念或多或少都有一定的差异；就同一观念的表现来说，不同的墓葬或祠堂可以选取不同的题材，缺少某种必须遵循的规制。

例如，同样是表现墓主的身份地位的主题，在东汉晚期的几座壁画墓中就有不同的方式，如河北望都所药村1号墓前室四壁和前中室之间的通道两侧上栏绘十余位属吏，并署有其官职，根据这些属吏的形象可以推测墓主生前具有二千石以上的官秩[1]。而河北安平逯家庄熹平五年（176）墓除了综合运用车马出行和属吏两类题材来表现墓主身份，又在中室右侧室绘制大幅墓主正面坐像[2]。

同一题材的画像，即使在同一座墓中，往往也有不同的表现，例如，在山东安丘董家庄东汉画像石墓中，分别位于中室和后室的两幅雷神出行画像就有很大的不同[3]。有的学者还谈到，在这座大型的画像石墓中（图2），除了几根立柱的雕刻可以看出是经过特别的设计外，更多的画面很像是工匠们利用预制的构件进行拼装[4]，所以尽

---

[1] 北京历史博物馆、河北文物管理委员会：《望都汉墓壁画》，北京：中国古典艺术出版社，1955年。
[2] 河北省文物研究所：《安平东汉壁画墓》，北京：文物出版社，1990年，图6，图版40。
[3] 安丘县文化局、安丘县博物馆：《安丘董家庄汉画像石墓》，济南：济南出版社，1992年，图版15、60。
[4] 曾蓝莹：《作坊、格套与地域子传统：从山东安丘董家庄汉墓的制作痕迹谈起》，《台湾大学美术史研究集刊》第8期（2000年3月），第33—86页。

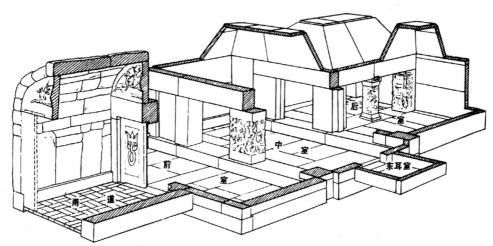

图 2　山东安丘董家庄东汉画像石墓透视示意图（郑岩绘图）

管墓葬规模宏大，却表现不出十分系统有序的思想。

形成汉代墓葬壁画题材和形式多样性的原因很多，其中有一个现象值得注意，即汉代装饰画像的墓葬虽然数量众多，但多属于社会中下层人物的墓葬。目前秦汉帝陵的主墓室均未发掘，《史记·秦始皇本纪》所言秦始皇陵中"上具天文，下具地理"[1]的设计是否以画像来表现尚不清楚，两汉帝后陵墓内的装饰情况也不为人所知。而已经发掘的诸侯王陵、列侯陵墓中的装饰画像极为少见，据统计只有如下几例：

一、河南永城芒砀山柿园 1 号西汉梁王陵顶部和侧壁等处发现壁画，内容与形式模仿漆棺的装饰。其 8 号侧室厕所踏脚石上刻常青树、小鸟、玉璧等画像[2]。但在同一墓地的其他王陵中未发现画像，可知该墓只是一个特例。

二、广州西汉南越王赵眜墓前室周壁、室顶及南北两道石门上绘朱墨两色的云纹图案[3]。

三、江苏睢宁九女墩东汉画像石墓出土有玉衣片，墓主可能为某楚王[4]。

---

[1]《史记》，北京：中华书局，1959 年，第 265 页。
[2] 阎根齐主编：《芒砀山西汉梁王墓地》，北京：文物出版社，2001 年，第 81—247 页。有关墓壁画的讨论，参见本书《关于墓葬壁画起源问题的思考——以河南永城柿园汉墓为中心》一文。
[3] 广州市文物管理委员会、中国社会科学院考古研究所、广东省博物馆：《西汉南越王墓》上册，北京：文物出版社，1991 年，第 28—29 页。
[4] 李鉴昭：《江苏睢宁九女墩汉墓清理简报》，《考古通讯》1955 年第 2 期，第 31—33 页。

四、安徽亳县董元村1号墓有少量画像石和彩绘残迹,并出土银缕玉衣和铜缕玉衣各一件,墓砖上有东汉延熹七年(164)和"曹侯"的题记[1]。

五、亳县董园村2号东汉墓有部分画像石和彩绘壁画残迹,并出土铜缕玉衣残片,墓主为可能列侯一级[2]。

六、新近报道的山东滕州染山汉墓墓内有部分画像石,同时出土有玉衣片,清理者认为其年代在西汉中期,墓主为诸侯王[3]。待考。

这有限的几座墓葬的画像彼此差异很大,说明在汉代高等级陵墓中使用画像并没有形成一定的制度。目前所见的大型画像石墓多为二千石的官吏或有经济实力的地方豪强,大型彩绘壁画墓的墓主等级也大致相同。而数量众多的中小型彩绘壁画墓、画像石墓和画像砖墓的墓主则多属于下层官吏、知识分子、富裕农民。

在墓葬中雕刻或绘制画像的传统长期流行于社会中下层,所反映的丧葬观念和其他相关的思想很难一致,更难以形成比较严格的制度。在许多情况下,墓葬中能否采用画像,选取什么样的题材和形式,往往由地方传统习俗、死者家族的经济实力以及其他各种人为的因素决定[4],而不是由官方的制度决定的。在许多大型墓葬中,墓主身份等级一般不是以画像来反映,而是以墓葬形制、棺椁、玉衣和其他随葬品来体现。

汉代壁画墓的许多特征在河西和东北地区的魏晋墓中有所遗留,但河西壁画墓也只是继承了汉代画像传统的一部分,而在题材观念上缺乏创新,似乎预示着一个时代的结束[5]。随着拓跋鲜卑入主中原而崛起的北朝壁画墓则面目一新,特别是邺城地区东魏、北齐壁画墓,在墓葬形制、壁画内容等方面完全是另外一种格局。

汉代流行的多室墓在北朝时期完全为带长斜坡墓道的单室墓所代替,墓室的多少不再是代表墓葬规格的标准。平面呈方形的单室墓从西晋时期即开始在中原出现,是

---

[1] 安徽省亳县博物馆:《亳县曹操宗族墓葬》,《文物》1978年第8期,第34—35页。
[2] 同上文,第35—36页。
[3] 滕州市汉画像石馆:《染山汉墓》,济南:齐鲁书社,2010年,第1—35页。
[4] 巫鸿将这些因素归纳为4种"声音",分别来自家庭、朋友同事、死者和建造者,见Wu Hung, *Monumentality in Early Chinese Art and Architecture*, Stanford: Stanford University Press, 1995, pp. 189-250.
[5] 郑岩:《魏晋南北朝壁画墓研究》,北京:文物出版社,2002年,第145—180页。

所谓"晋制"的一个主要特征[1]。这种墓葬形制后来为入主中原的北魏统治者所继承，即使帝陵也采用单室墓。大同方山北魏冯太后永固陵代表了双室墓转化为单室墓的最早形态（图3）[2]，而洛阳北魏宣武帝景陵则已完全确立了单室墓的制度（图4）[3]，这一传统为磁县湾漳北朝大墓所继承（图5）[4]。其他等级的壁画墓也采用单室墓的形制。单室墓的出现必然使得墓室在空间方面的象征意义发生改变，越来越趋于单一化。而汉代比较简单的墓道，在这一时期却变得异常重要，不仅长度大大增加，而且许多大墓的墓道还经过了特殊的加工。

与墓葬形制的变化相应，这时期的壁画题材也发生了显著的变化。我们选取邺城地区闾叱地连墓[5]、尧峻墓[6]、高润墓[7]、湾漳墓[8]四座壁画保存较好的东魏、北齐

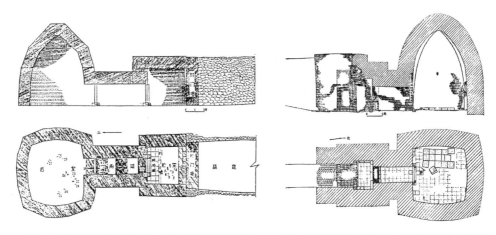

图3 山西大同北魏永固陵平、剖面图（采自《文物》1978年第7期，第30a）　　图4 河南洛阳北魏景陵平、剖面图（采自《考古》1994年第9期，第805页）

---

[1] 俞伟超：《汉代诸侯王与列侯墓葬的形制分析》，第124页。
[2] 大同市博物馆、山西省文物工作委员会：《大同方山北魏永固陵》，《文物》1978年第7期，第29—35页。
[3] 中国社会科学院考古研究所洛阳汉魏城队、洛阳古墓博物馆：《北魏宣武帝景陵发掘报告》，《考古》1994年第9期，第801—814页。
[4] 中国社会科学院考古研究所、河北省文物研究所：《磁县湾漳北朝壁画墓》，北京：科学出版社，2003年。有关分析见赵永洪：《由墓室到墓道——南北朝墓葬所见之仪仗表现与丧葬空间的变化》，巫鸿主编：《汉唐之间文化艺术的互动与交融》，北京：文物出版社，2001年，第427—462页。
[5] 磁县文化馆：《河北磁县东魏茹茹公主墓发掘简报》，《文物》1984年第4期，第1—9页。
[6] 磁县文化馆：《河北磁县东陈村北齐尧峻墓》，《文物》1984年第4期，第16—22页。
[7] 磁县文化馆：《河北磁县北齐高润墓》，《考古》1979年第3期，第235—243转234页。
[8] 中国社会科学院考古研究所、河北省文物研究所：《磁县湾漳北朝壁画墓》。

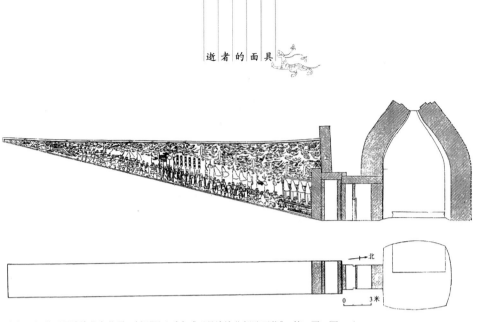

图 5　河北磁县湾漳北齐墓平、剖面图（采自《磁县湾漳北朝壁画墓》，第 6 页，图 4A）

墓葬，以下表显示题材及其在墓葬内的分布情况：

墓例		闾叱地连墓	尧峻墓	高润墓	湾漳墓
墓主身份		茹茹邻和公主。	辅国将军、持节东郡太守、当郡督尉、使持节、南岐州刺史主衣督统、征羌侯、征西将军、征羌县开国子、开府仪同三司、使持节怀州诸军事、怀州刺史、使持节都督赵安平三州诸军事、骠骑大将军、赵州刺史、开府仪同三司、中书监、开国侯。（从一品）	赠侍中，使持节假黄钺，冀定沧瀛赵幽安平常朔并肆十二州诸军事，左丞相，太师，录尚书事，冀州刺史，品爵如故（冯翊郡王，正一品），谥号文昭王。	推测墓主为东魏文襄王高澄[1]或北齐文宣帝高洋[2]。
年代		武定八年（550）	天统三年（567）	武平七年（576）	北齐
墓道壁画	东壁	前段绘青龙；中段绘立姿仪卫 7 人；后段下栏绘廊屋内兵栏列戟，兵栏后有坐姿仪卫 6 人，最后绘门吏 1 人，上栏绘羽人、怪兽、瑞鸟、忍冬、莲花、流云。（见图6）	不详。	上部有莲花、忍冬、流云等，其他不详。	前端绘青龙、神鸟、怪兽等；后段下栏绘 53 个仪仗人物，末段仪仗人物身后绘廊屋，上栏绘千秋万岁等各类神兽 20 个以及莲花、忍冬、流云等。（见图 8、12、13）

---

[1] 河北省临漳县文保所：《邺城考古调查和钻探简报》，《中原文物》1983 年第 4 期，第 9—16 页。
[2] 马忠理：《磁县北朝墓群——东魏北齐陵墓兆域考》，《文物》1994 年第 11 期，第 56—67 页。

（续表）

墓例		闾叱地连墓	尧峻墓	高润墓	湾漳墓
墓道壁画	西壁	前段绘白虎；后段下栏绘廊屋内兵栏列戟，兵栏后有坐姿仪卫6人，最后绘门吏1人，上栏不清。（见图7）	不详。	不详。	前端绘白虎、神鸟、怪兽等；后段下栏绘53个仪仗人物，末段仪仗人物身后绘廊屋，上栏绘千秋万岁等各类神兽20个以及莲花、忍冬、流云等。（见图9）
	地面	花草纹图案。	不详。	不详。	莲花图案。（见图10）
	门墙	中央绘正面朱雀，两侧绘怪兽、莲花、流云等。	中央绘正面朱雀，两侧绘羽人、莲花、流云等。	不详。	中央绘正面朱雀，两侧绘神兽、莲花、流云等。（见图11）
甬道壁画	东壁	绘侍吏立像，现存3人。	不详。	不详。	残留侍卫形象。
	西壁	绘侍吏立像，现存4人。	不详。	不详。	残留侍卫形象。（见图8）
墓室壁画	北壁	下栏绘墓主及持盖、扇的侍女立像，上栏绘玄武。	不详。	绘墓主坐于帷帐中，两侧各有侍者6人，持伞盖等物。	四壁被烟熏黑，在强光下，北壁下数第一栏可见帐幔、羽扇，推测为人物仪仗；第二栏只有南壁可见绘一对朱雀，东壁有怪兽残迹，推测该栏绘四神等；第三栏绘三十六禽；第四栏有建筑的残迹。
	东壁	下栏绘侍者立像，现存7人头部，上栏不详。（见图15）	不详。	残存牛（？）车、伞盖、扇等。	
	西壁	下栏绘侍女立像10人，上栏绘白虎。（见图16）	不详。	残存侍者2人，其余不详。	
	南壁	不详。	不详。	不详。	
	顶部	星象。	不详。	不详。	星象。

（注：以上各墓均坐北朝南）

此外，在冀南豫北以邺城为中心的地区所发现的东魏壁画墓还有磁县县城南天平四年（537）徐州刺史元祜墓[1]、磁县东陈村武定五年（547）西荆南阳郡君赵胡仁墓[2]、景县野林庄（属冀州）武定五年左光禄大夫雍州刺史鄢陵县伯高长命（？）墓[3]

---

[1] 中国社会科学院考古研究所河北工作队：《河北磁县北朝墓群发现东魏皇族元祜墓》，《考古》2007年第11期，第3—6页。
[2] 磁县文化馆：《河北磁县东陈村东魏墓》，《考古》1977年第6期，第391—400转428页。
[3] 河北省文管会：《河北景县北魏高氏墓发掘简报》，《文物》1979年第3期，第18—21页。

和磁县孟庄元氏墓[1]。在这一地区发现的北齐壁画墓还有磁县讲武城太宁二年（562）比丘尼垣（司马南姿）墓[2]、磁县申庄武平元年（570）济南憨悼王妃比丘尼等行（李难胜）墓[3]、安阳洪河屯村武平六年（575）骠骑大将军开府仪同三司凉州刺史范粹墓[4]、安阳清峪村武平七年（576）文宣帝高洋妃弘德夫人颜玉光墓[5]、磁县讲武城56号北齐墓[6]和磁县刘庄北齐修城王高孝绪墓[7]等。这些墓葬的壁画大都保存欠佳，无法详加讨论。

上表反映出邺城壁画一个最显著的特征，即绘画内容和所分布位置的规制化。这批位于东魏、北齐京畿地区的墓葬中包括了当时最高规格的墓葬——帝陵。宿白已注意到这些壁画中有着制度的因素，如闾叱地连墓和湾漳墓墓道前端的巨幅青龙、白虎画像（图6—8）不见于山西太原北齐东安王娄睿墓，对此他指出：

> 这个现象似乎暗示此图画内容为更高等级的墓葬所特具。它的来源如果可以和《梁书·武帝纪》中所记："天监七年（508）春正月……戊戌作神龙仁虎阙于端门、大司马门外"、《梁书·敬帝纪》所记："太平元年（556）……冬十一月乙卯，起云龙神虎门"相比拟，那就仅限于皇帝可以使用；这样，这个礼仪制度溯源，有可能又找到"中原士大夫望之以为正朔所在"的"江东吴儿老翁"那里去了。[8]

如果我们将"规制"理解得比宿白此处所提到的"制度"更为宽泛一些，那么我们还可以看到邺城北朝壁画还包括其他一些比较规整的内容。杨泓师将邺城地区壁

---

[1] 徐海峰、佟宇喆、王法岗：《磁县北朝墓群M001号墓》，《中国考古学年鉴2008》，北京：文物出版社，2009年，第161—163页。
[2] 河北省文物管理委员会：《河北磁县讲武城古墓清理简报》，《考古》1959年第1期，第25页。
[3] 张利亚：《磁县出土北齐憨悼王妃李尼墓志》，《文物春秋》1997年第3期，第73—74页。
[4] 河南省博物馆：《河南安阳北齐范粹墓发掘简报》，《文物》1972年第1期，第47—57页。
[5] 安阳县文教局：《河南安阳县清理一座北齐墓》，《考古》1973年第2期，第90—91页。
[6] 河北省文物管理委员会：《河北磁县讲武城古墓清理简报》，第25页。
[7] 河北省文物考古研究所张晓峥、张小沧：《河北磁县发现北齐皇族高孝绪墓》，《中国文物报》2010年1月15日，第4版；国家文物局主编：《2009中国重要考古发现》，第100—105页，北京：文物出版社，2010年。
[8] 宿白：《关于河北四处古墓的札记》，《文物》1996年第9期，第58页。

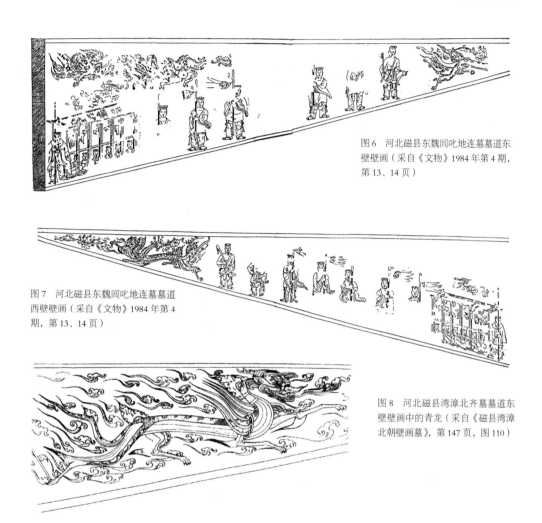

图6 河北磁县东魏闾叱地连墓墓道东壁壁画（采自《文物》1984年第4期，第13、14页）

图7 河北磁县东魏闾叱地连墓墓道西壁壁画（采自《文物》1984年第4期，第13、14页）

图8 河北磁县湾漳北齐墓墓道东壁壁画中的青龙（采自《磁县湾漳北朝壁画墓》，第147页，图110）

画的特征进行了如下总结：

第一，墓道壁画以巨大的龙、虎布置在最前端，青龙和白虎面向墓外，衬以流云、忍冬，有时附有凤鸟和神兽。

第二，墓道两侧中段绘出行仪仗，间叱地连墓出现廊屋内的列戟，湾漳墓仅存廊屋残迹。墓道地面有莲花、忍冬、花卉等图案，或认为是模拟地毯。

第三，墓门正上方绘正面的朱雀，两侧有神兽等图案，间叱地连墓、尧峻墓和湾漳墓保存较好，高长命墓仅残存神兽及火焰，余二墓（指高润

墓和颜玉光墓——引者注）残毁不详。门侧多有着甲门吏。

第四，甬道侧壁为侍卫人像。

第五，墓室内壁画仍按传统作法，在正壁（后壁）绘墓主像，旁列侍从卫士。侧壁有牛车箨盖或男吏女侍。墓主绘作端坐帐中的传统姿势，如高润墓。室顶绘天象，其下墓壁上栏分方位绘四神图像，间叱地连墓保存较完整。[1]

这些特征反映出了汉唐之间壁画墓的一个大的变化，即在墓葬规格提高的同时，壁画题材和分布趋于同一。我们不妨将这些特征称作"邺城规制"。

二 邺城地区墓葬壁画的主题

邺城壁画的内容与布局在某种意义上体现了当时人们对丧葬的认识。一座墓葬以墓门为界，大致可以分成墓室和墓道两大部分，每一部分的画像表现了不同的主题（图9）。

墓室顶部绘银河、星象和四神，这些传统的内容强调了人与天的关系。后壁绘正面墓主像，这种画像流于程式，并不是严格意义上的肖像，而是墓主灵魂的替代物，其正面的形式有着偶像的色彩。这种偶像式画像采取了人物最"标准"的姿态，加上它在墓室中的特殊位置，以及帷帐、屏风和侍从辅助性图像，使得墓室变得如同皇室的宫廷或高官的衙署[2]。

如果说偶像性质的正面墓主画像是表现神灵所在的一种符号，那么，牛车和鞍马题材则是表现人物身份的一种固定模式。从西晋开始，随葬的俑群中就出现了牛车和鞍马，北朝时期以牛车鞍马为中心的出行仪卫行列成为显示死者身份的

---

[1] 杨泓：《南北朝墓的壁画和拼镶砖画》，第434页。
[2] 有关墓主正面画像的讨论，参见本书《墓主画像研究》、《墓主画像的传承与转变——以北齐徐显秀墓为中心》两文。

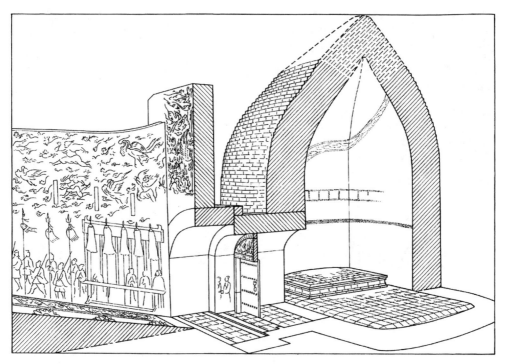

图 9 河北磁县湾漳北齐墓室、甬道、墓道壁画透视示意图（采自《磁县湾漳北朝壁画墓》，第 8 页，图 5）

象征[1]。北魏晚期洛阳一带墓葬中流行鞍马与牛车画像，为北齐墓葬壁画所继承。墓葬中的这类图像显然是为死者所预备的出行工具。

墓室中的画像除了延续传统"天"的观念外，其四壁主要是对一个封闭的、私密的个人空间的复制。在墓葬封闭之后，这些壁画和陶俑成为墓主生命在另一个世界延续所不可缺少的内容，因此这套图像也就具有了永恒的意义。墓道中的图像则全然不同，那些描绘精美的画像是一种公开的、暂时性的艺术。

墓道从商代出现到汉代，一直作为下葬时的通道，就目前所见的资料而言，大面积的墓道壁画是在邺城地区的东魏北齐墓中开始出现的[2]。湾漳墓和间叱地连墓的墓道壁画下层皆描绘大规模的仪仗，其中人物的安排以墓道地面为基线，而不采取与

---

[1] 详细的论述见杨泓《谈中国汉唐之间葬俗的演变》、《北朝陶俑的源流、演变及其影响》两文，氏著：《汉唐美术考古和佛教艺术》，北京：科学出版社，2000 年，第 1—10、126—139 页。
[2] 目前西魏壁画墓的甬道情况不详，在北周壁画墓的墓道中也有壁画发现，与邺城地区的墓道壁画有所区别，但是也不排除二者有互相影响的可能性。

图 10　河北磁县湾漳北齐墓墓道北端地画（采自《磁县湾漳北朝壁画墓》，图版 60.2）

地面平行的水平分栏方式，仪仗中的人物大部为正面，目光正对墓道的中轴线，这说明这些画像是以下葬时运送棺柩的队伍为中心而设计的。这些画像是对葬礼的复制，是为了在下葬死者时被人观瞻所绘的。当送葬的人们脚踏着绘有莲花（图10）的墓道行进时，迎面是门墙上正面的朱雀（图11），背后是地上的神道和神道两侧的墓仪雕刻[1]，而与这个真实的队列相平行的，是墓道两壁庄严肃穆的龙虎和仪仗人物画像（图12、13）。这些画像中的人物与真人高度大致相同，在整个礼仪中极具有真实感。因为可以被当时送葬的人们看到，墓道两壁的壁画应受到制度严格的限制，我们可以从壁画中明确地看到湾漳墓与间叱地连墓仪仗规格的不同。

湾漳墓墓门两侧的一对陶俑，其高度也与真人相当（图14）。这对陶俑与墓室中的上千件陶俑的体量大相径庭，这种差别的原因应在于二者的功用不同，前者和墓道中的壁画一样，是葬仪的参与者，而后者只是传统意义上的"俑"。

---

[1] 北朝墓仪石刻发现数量不多，北魏孝文帝长陵发现两个对称的石墩，推测为石人基座（洛阳市第二文物工作队：《北魏孝文帝长陵的调查和钻探——洛阳邙山陵墓群考古与勘测项目工作报告》，《文物》2005第7期，第57页）。北魏宣武帝景陵和孝明帝静陵前皆发现石人（黄明兰：《北魏洛阳景陵位置的确定和静陵位置的推测》，《文物》1978年第7期，第36—41页）。河北赞皇李希宗墓盗洞中发现一高50厘米的石人头部，发掘者认为原是神道石刻（石家庄地区革委会文化局文物发掘组：《河北赞皇东魏李希宗墓》，《考古》1977年第6期，第382页），待考。湾漳墓前也发现有石人（中国社会科学院考古研究所、河北省文物研究所：《磁县湾漳北朝壁画墓》，彩版1.2)。此外文献中对北朝墓仪石刻也有所记载，如《魏书·赵修传》记修葬父时，"于京师制碑铭，石兽、石柱皆发民牛车，传至本县"（《魏书》，北京：中华书局，1974年，第1998页）。

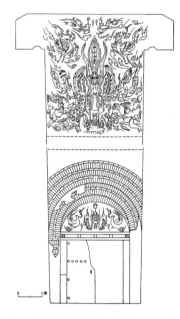

图 11　河北磁县湾漳北齐墓墓室门、门楣、门券及甬道南端门墙壁画（采自《磁县湾漳北朝壁画墓》，第 12 页，图 9A）

图 12　河北磁县湾漳北齐墓墓道东壁壁画局部（采自《磁县湾漳北朝壁画墓》，第 150 页，图 113）

图 13　河北磁县湾漳北齐墓墓道东壁壁画（采自《磁县湾漳北朝壁画墓》，第 144、145 页之间的拉页，图 108）

　　像其他随葬品一样，墓室内的画像主要是围绕死者的需要而设计的。但是，墓道壁画出现后，其"观者"发生了重要的变化。我们在考古报告中所看到的墓道壁画，实际上是经过考古工作者发掘后所"复原"的墓道被使用时的空间结构与视觉效果，而两壁的画像也只有在那个时候才有意义。葬礼结束后，墓室被封闭，从发表的线图来看，间吐地连甬道两侧画像中的几个人物便被封门墙所压（图 15），墓道中的壁画在封闭墓门后也与死者隔离开来，那些精心描绘的宏大的仪仗画面被回填，这个

连续的图像体系的主要功能已经完成,因而就失去了存在的价值。

当然这种划分也不是绝对的,在封闭墓门之前,墓室内的壁画也会被人们看到,甬道两壁所绘的侍者将这两大部分连接为一个整体。墓室内的图像有些也可能成为送葬仪式的一部分。《通典》中载有晋朝礼家贺循所议定的葬礼:

> 至墓之位,男子西向,妇人东向。先施幔屋于埏道北,南向。柩车既至,当坐而住,遂下衣几及奠祭。哭毕柩进,即圹中神位。既窆,乃下器圹中,荐棺以席,缘以绀缯,植翣于墙,左右挟棺,如在道仪。[1]

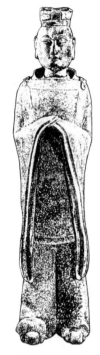

图14 河北磁县湾漳北齐墓门吏俑(郑岩绘图)

此处在"墓之位"进行的仪式虽然是地上的活动,但似乎可以在壁画中反映出来,如"男子西向,妇人东向"恰与咂地连墓室左壁为男侍(西向,见图15),右壁为女侍(东向,图16)的人物安排相一致。另一方面,墓室内的牛车和鞍马也暗示了墓主灵魂与外界的联系。在邺城以外的地区,有时墓室内出行的图像还绘延续到墓道中(详下文)。

与墓道下栏严整的仪仗行列相比较,墓道上层的各种鸟兽则显得十分凌乱,从构图形式上看,这些图像互不相属,似乎是各种来源不同的粉本的拼凑。其实这种现象在汉代以来就已存在,除了西王母、祥瑞图有一套或几套较为严格的图像体系外,大部分的奇禽异兽变化多端,没有严格的规制。以湾漳墓的这类画像而言,既有人首鸟身的类似"千秋万岁"的形象[2],又有所谓的"畏兽",还有莲花、忍冬、流云等内容,各种图像有着不同的来源。它们被组合在一起,只能说明人们对与墓葬相关的神

---

[1]《通典》卷八十六《礼四十六》,北京:中华书局,1984年,第468页。
[2] 朱岩石:《"千秋万岁"图像源流浅识》,中国社会科学院考古研究所汉唐与边疆考古研究编委会:《汉唐与边疆考古研究》第1辑,北京:科学出版社,1994年,第131—135页。

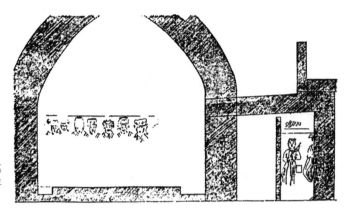

图 15　河北磁县东魏闾叱地连墓墓室东壁壁画（采自《文物》1984 年第 4 期，第 15 页）

图 16　河北磁县东魏闾叱地连墓墓室西壁壁画（采自《文物》1984 年第 4 期，第 15 页）

仙世界没有一套统一的理论化的理解。对于死后另一个世界的幻想并不存在于墓葬中，而是寄托在安阳、邯郸等地那些大大小小的庙宇和石窟中[1]。当然，这种局部的无序并不影响规制的存在，从大的方面来看，邺城壁画同一化的题材和严整的布局是前所未有的。

---

[1] 在这个问题上，我们也能发现以往对于这类图像研究方法的误区，即我们习惯于以某一种神怪形象的外貌特征与文献中的记载进行比照，通过比照似乎可以发现不少的资料，但是我们往往不注意文献中的记载是否与图像属于同一个思想体系，将问题简单化；同时对于单个图像的孤立考证并不能清楚地说明这些图像之间的联系，因此也无助于我们对于整套图像的含义的理解。

逝者的面具

三 邺城墓葬壁画的渊源

北魏迁都洛阳以后，作为一种政治措施，鲜卑贵族死葬北邙而不归葬故里，加快了北魏葬俗的汉化，而相关的埋葬制度趋于规范化，这一点在随葬的陶俑方面表现得比较明显[1]。但是壁画的规制则最终是在邺城完成的。

据发掘报告所言，湾漳墓室的壁画均被烟火熏黑。这一现象颇值得推敲。一个被忽视的问题是，这些壁画是什么时候被破坏的？按照一般的理解，墓葬壁画的破坏应是盗墓或其他偶然的原因造成的，但是根据墓葬发掘现场所拍的照片来看，情况似乎并非如此。所谓烟熏的部分主要是墓室的四壁，其顶部仍保存了部分图像，而同样集中在底部的各种随葬品却没有被火烧的痕迹，西部的石棺床也没有被火烧。因此我推测墓室四壁的壁画被熏黑应是在随葬品放入墓室之前所为，即壁画绘制完成后，可能又以烟火熏黑。

这就使我们联想到在洛阳邙山发掘的北魏宣武帝景陵的墓室。该墓室内无壁画，但"在所有墓壁、墓顶表层砖的外露面上，全都涂了一层均匀、黝黑、光亮的颜色，从色调上强调了这一特定建筑的性格特征"[2]。那么，湾漳墓室内在壁画完成后又熏黑的作法，是否表现了对于洛阳旧制度的某种衔接，是很值得注意的。

退一步说，即使这一假设不能成立，仍可通过湾漳墓与景陵的比较，看到新规制与旧传统在湾漳墓中的冲突。如在形制方面，二者均为单室墓，规模也比较接近，二者地上均发现有石人，这说明了邺城在制度上对洛阳的继承；而湾漳墓一反常规地使用了壁画，又表现出对传统的否定。就墓道而言，前者没有装饰壁画，后者出现了壁画。尽管目前北魏壁画墓的墓道多未作清理，但北周壁画墓的墓道缺乏北齐墓葬所见的那种"长卷式"壁画，说明北齐与北周墓道的装饰可能并没有一个共同遵循的年代更早的样板。因此我推测墓道两壁大面积"长卷式"的壁画很可能是

---

[1] 杨泓：《北朝陶俑的源流、演变及其影响》，氏著：《汉唐美术考古和佛教艺术》，北京：科学出版社，2000年，第129—131页。
[2] 中国社会科学院考古研究所洛阳汉魏城队、洛阳古墓博物馆：《北魏宣武帝景陵发掘报告》，《考古》1994年第9期，第809页。文献中屡见当时将墓室称作"玄宫"的记载，这种涂黑墓室的做法，或与"玄宫"的观念有关。

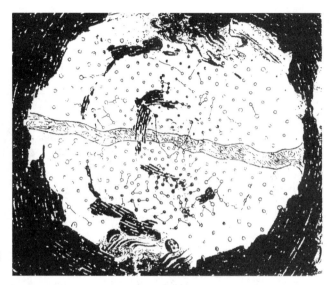

图 17　河南洛阳北魏元乂墓壁画（采自《文物》1974 年第 12 期，图版壹）

北魏分裂以后才开始出现的[1]。因此我将北朝壁画墓的变化称作"邺城规制"，而不是"洛阳规制"。

邺城壁画与北魏洛阳壁画又有着密切的联系。如洛阳北向阳村孝昌二年（526）江阳王元乂墓墓顶的银河与星象（图 17）[2]，孟津北陈村太昌元年（532）安东将军王温墓中正面的墓主像[3] 等内容在邺城地区继续存在。随着今后洛阳考古工作的展开，还有可能继续发现这方面的资料。

近年来，北魏平城的壁画墓材料日益丰富，如山西大同沙岭发现的太延元年（435）任侍中、平西大将军等职的破多罗氏父母合葬墓（图 18）[4]、迎宾大道北魏 16 号墓[5]、马辛庄和平二年（461）散骑常侍选部尚书安乐子梁拔胡夫妇墓[6] 等都发现了壁画。其中以破多罗氏父母合葬墓和梁拔胡夫妇墓的壁画保存最好。前者为带长斜坡

---

[1] 据说孝庄帝静陵的墓道与墓室发现有壁画，但发掘中止（徐婵菲：《洛阳北魏元怪墓壁画》，《文物》2002 年第 2 期，第 91 页），我们期待着更新的材料来检验这一推测。
[2] 洛阳博物馆：《河南洛阳北魏元乂墓调查》，《文物》1974 年第 12 期，第 53—55 页。
[3] 洛阳市文物工作队：《洛阳孟津北陈村北魏壁画墓》，《文物》1995 年第 8 期，第 26—35 页。
[4] 大同市考古研究所：《山西大同沙岭北魏壁画墓》，《文物》2006 年第 10 期，第 4—24 页。
[5] 大同市考古研究所：《山西大同迎宾大道北魏墓群》，《文物》2006 年第 10 期，第 50—71 页。
[6] 国家文物局主编：《2009 中国重要考古发现》，北京：文物出版社，2010 年，第 106—111 页。

逝者的面具

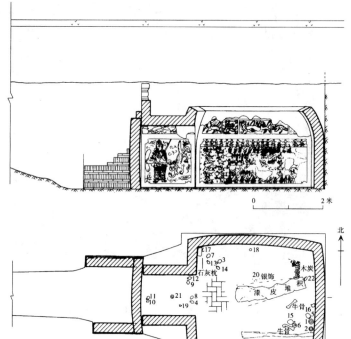

图18 山西大同沙岭北魏破多罗氏夫妇合葬墓平、剖面图（采自《文物》2006年第10期，第7页）

墓道的单室墓，其正壁绘墓主夫妇像，左壁绘庖厨、宴饮，右壁绘牛车出行，前壁左右两侧各绘一高举盾牌、手执长刀的武士。墓室顶部已毁，只有右壁上部残留有绘在红色框格内的神兽和瑞禽。甬道两侧各绘一守门武士和人面兽身的神怪，顶部绘伏羲、女娲等。墓道未发现壁画。后者为长斜坡墓道单室墓，其正壁绘墓主正面宴饮像及众多的侍者，左壁绘山林狩猎，右壁绘农作、庖厨等，甬道两壁绘镇墓神兽。这两座墓正壁所见墓主像等，都可以看作东魏、北齐壁画的先声。

正壁的墓主夫妇画像还见于大同智家堡北魏石椁内（图19）[1]。智家堡的殿堂式石椁内装饰彩绘壁画，其年代可能略晚于沙岭墓，大致与司马金龙墓（474—484）年代相当。石椁正壁绘夫妇坐像，背后和两侧绘男女侍者，侧壁绘恭立男女和持幡羽人，南壁绘鞍马、牛车和树木，封门石板内面绘两侍女，顶部盖板内面绘花卉。正如徐润

---

[1] 王银田、刘俊喜：《大同智家堡北魏石椁壁画墓》，《文物》2001年第7期，第50—51页。

图 19　山西大同智家堡北魏墓石椁正壁壁画（采自《文物》2001年第7期，第43页，图6）

庆所见，智家堡石椁壁画表现出比沙岭墓更强的"对称性"[1]。与智家堡年代相当的大同曹夫楼村北魏太和元年（477）宋绍祖墓石椁内的壁画似乎没有这样规范性的内容，该石椁外壁刻有高浮雕的铺兽衔环和门钉等，内壁东、西、北三面残存有舞蹈、奏乐等题材的彩绘壁画[2]，或许说明严格的规制在这一时期还没有形成。虽然平城和邺城之间的北魏洛阳时代还有很大的缺环存在，但平城北魏墓正壁的墓主像、对称性的布局等的确是邺城东魏、北齐墓的显著特征，它们与邺城地区的关系值得今后进一步研究。

更远一些说，邺城和洛阳、平城壁画的许多题材可以上溯到汉代，例如，墓顶描绘的天象在汉代就已经十分流行，东魏北齐墓葬只是延续了旧的套路，不管是把星宿画得更加精确还是较为粗略，在观念上都没有实质性的改变。如上文所述，墓主正

---

[1] 徐润庆：《从沙岭壁画墓看北魏平城时期的丧葬美术》，巫鸿、郑岩主编：《古代墓葬美术研究》第1辑，北京：文物出版社，2011年，第163—190页。
[2] 大同市考古研究所刘俊喜主编：《大同雁北师院北魏墓群》，北京：文物出版社，2008年，第71—182页。

面的画像在河北安平逯家庄东汉墓壁画中就已经出现[1]。

由于时间上的缺环太大，我们还难以充分说明北朝壁画与中原年代更早的壁画墓是如何建立联系的。一种可能是数百年前的绘画粉本流传下来并被再次利用。另一种可能是一些早期的墓葬偶然被发现，甚至重新加以利用[2]，会或多或少地影响当时的葬俗。在5—6世纪，一些汉代石祠仍矗立在地面上[3]。这些代表着汉文化传统的古迹或许会影响到后人对于墓葬的设计。更值得重视的一种情况是，中原传统的文化与习俗在其他边远地区保存下来并再次回流中原，即西晋与刘宋时期的学者所说的"中国失礼，求之四夷"[4]。我曾对河西地区对汉代壁画墓传统保存与转移的问题进行了讨论[5]，此外，更直接的影响应当来自"中原士大夫望之以为正朔所在"的南朝。

如上所述，宿白已经指出湾漳墓道的龙虎与南方文化的联系[6]，他还曾谈到北朝壁画人物绘画的风格与南朝的联系[7]。赵永洪也仔细分析了湾漳大墓壁画题材与南朝的共性[8]。从时间上说，这一时期首先在帝陵中采用壁画的并不是湾漳墓，而是南朝帝陵（图20），只是南北方壁画的制作技术有所不同而已。邺城地区在帝陵中装饰壁画的做法既然不是从北魏洛阳继承的，就有可能与南朝文化的一再北传有关。

南朝帝陵中采用壁画装饰，应与当时的思想文化背景有关。因为正是在这一时期，文学艺术获得了大的解放，绘画不再单纯是政治教化的工具，或被视作奇技淫巧，而是取得了独立的地位，人们开始从审美的角度评论绘画。便于携带与流传的卷轴画在这一时期出现，社会上出现了收藏名家作品的热潮，许多画家的作品受到皇帝的赏识。正如许多学者所指出的，西善桥宫山大墓中的竹林七贤与荣启期画像的粉本

---

[1] 河北省文物研究所：《安平东汉壁画墓》，北京：文物出版社，1990年，图6，图版40。
[2] 周保平：《徐州的几座再葬汉画像石墓研究——兼谈汉画像石墓中的再葬现象》，《文物》1996年第7期，第70—74页。
[3] 王国维：《水经注校》，上海：上海人民出版社，1984年，第275、290、291页。
[4]《左传》昭公十七年："天子失官，学在四夷。"西晋陈寿《三国志·魏志·乌丸鲜卑东夷列传》和刘宋范晔《后汉书·东夷传》均将此语改作"中国失礼，求之四夷"，概念更为明确完整。关于该问题的讨论见刘敦愿：《"天子失官，学在四夷"解——中国民族学前史上的一个问题》，氏著：《美术考古与古代文明》，台北：允晨文化公司，1994年，第563—573页。
[5] 郑岩：《魏晋南北朝壁画墓研究》，第145—180页。
[6] 宿白：《关于河北四处古墓的札记》，第58页。
[7] 宿白：《中国石窟寺研究》，北京：文物出版社，1996年，第352页。
[8] 赵永洪：《由墓室到墓道——从湾漳北朝壁画墓看南北朝时期埋葬制度的变化》。

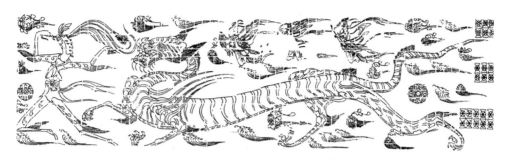

图 20　江苏丹阳金家村南朝墓白虎画像（郑岩绘图）

可能出自名家的手笔。而这种文化气氛在北朝则没有如此显著，所以邺城地区帝陵中出现壁画的做法，极有可能来自南朝。就题材方面来说，除了墓道中的龙虎，邺城墓中大幅的仪仗行列与南朝墓中的卤簿仪仗内容也同属一类，南方地区在社会上流传的"卤簿图"实际上就可能作为粉本流传到北方[1]。邺城地区流行的鞍马和牛车出行的图像与南朝同类图像接近，如江苏常州田舍村南朝晚期墓就出土有这种题材的拼镶砖画（图21）[2]。此外，邺城地区存在的神道墓仪石刻，可能也有来自南朝的文化因素。南朝帝陵的壁画装饰显然也有制度的规定，特别是在宋齐时期，模印砖壁画的题材在帝陵中已经相当固定。南朝壁画规制化的现象，应会对"邺城规制"的形成有重要的影响。

这种继承并不是全盘抄袭，除了与其他时代和地区壁画墓的共同之处外，许多传统题材在邺城地区的消失也值得注意。首先，汉代以及平城北魏墓常见的庄园生产、庖厨宴饮等图像不再流行，各种供死者在地下家园中享用的贵重物品不复存在。虽然在陶俑中还有少量的侍仆形象和庖厨用具的模型，但已不占很大的比例。以庄园为中心的一系列表现经济活动的内容淡化，应当与墓主身份的变化相适应。流行这类图像的汉代乃至河西魏晋墓葬多属于中产阶级，对他们而言，广置良田，桑麻绕宅，是一种理想化的生活。而对于更高层次的统治者来说，他们在世间从来没有衣食之忧，因

---

[1] 周一良：《魏晋南北朝史札记》，北京：中华书局，1985年，第165页。
[2] 常州市博物馆、武进县博物馆：《江苏常州南郊画像、花纹砖墓》，《考古》1994年第12期，图版陆，1、2。

图 21 江苏常州田舍村南朝墓画像砖（郑岩绘图）

此对另一个世界的想象可能更加形而上，所以那些等级严格的仪仗类陶俑和壁画远比牛耕与庖厨更为重要。

其次，在这些帝王显贵的墓葬中，汉代流行的各种历史人物的图像也不再出现。南朝的竹林七贤与荣启期画像只能影响到比较偏远的山东地区的北齐墓葬，在京畿地区的墓葬中也没有出现，这种现象背后的原因也值得进一步研究。

应当特别指出的是，尽管我们可以在其他更早的时代或其他地区找到邺城壁画某些画像的渊源，但是"邺城规制"并不是对旧有题材随意的组装，这些题材在墓葬中的空间配置关系严整而固定，所体现的思想观念不同于其他任何时代或地区。从邺城开始，壁画成为表现墓葬等级地位的比较稳定的指标，并影响到北方其他地区的墓葬和后代壁画墓的发展。

四 "邺城规制"的影响

"邺城规制"在中国墓葬壁画发展史上具有重要意义:其一,它曾对同时代其他地区的墓葬产生过影响;其二,其中的一些内容为后来的壁画墓所继承。

关于第一个方面,"邺城规制"所产生的影响主要表现在对邺城政权所统治区域内的影响。目前在其他地区东魏壁画墓发现数量较少,北齐壁画墓主要分布在太原及其附近地区和山东地区,即当时的并州和青齐地区。

晋阳是掌握北齐军政权力的高欢家族的根据地,今太原一带所发现的北齐壁画墓比较典型的有寿阳贾家庄太宁二年(562)厍狄迴洛墓[1]、太原王郭村武平元年(570)娄睿墓(图22)[2]、太原南郊第一热电厂北齐墓(图23)[3]和太原王家峰武平二年(571)司空武安王徐显秀墓[4]。这一地区的墓葬壁画基本上与邺城壁画一致,如厍狄迴洛墓甬道两壁绘侍卫,娄睿墓墓室后壁绘墓主端坐帐中(图24),左壁绘鞍马羽葆,右壁绘牛车伞盖,顶部也有四神和星象。等级可能较低的太原南郊第一热电厂北齐墓也比较多地受到了"邺城规制"约束,该墓墓室后壁绘墓主正面像,左右两壁绘鞍马与牛车,顶部绘四神与星象。这些特征与邺城地区的壁画墓是比较一致的。

另一方面,该地区的壁画墓也有一些不同于邺城的特点,如娄睿墓墓道按水平

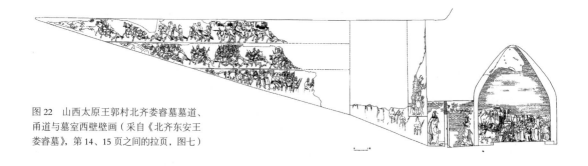

图22 山西太原王郭村北齐娄睿墓墓道、甬道与墓室西壁壁画(采自《北齐东安王娄睿墓》,第14、15页之间的拉页,图七)

---

[1] 王克林:《北齐厍狄迴洛墓》,《考古学报》1979年第3期,第377—402页。
[2] 山西省考古研究所、太原市文物考古研究所:《北齐东安王娄睿墓》,北京:文物出版社,2006年。
[3] 山西省考古研究所、太原市文物管理委员会:《太原南郊北齐壁画墓》,《文物》1990年第12期,第1—10页。
[4] 山西省考古研究所、太原市文物考古研究所:《太原北齐徐显秀墓发掘简报》,《文物》2003年第10期,第4—40页、封面、封二、封底。

图23 山西太原第一热电厂北齐墓壁画（采自《文物》1990年第12期，第3、4页）

图24 山西太原王郭村北齐娄睿墓墓室北壁壁画（采自《北齐东安王娄睿墓》，第15页，图九）

方向分为三栏，分别绘有出行和回归的行列（图25）[1]；娄睿墓与库狄迴洛墓的门扉上均有青龙、白虎等装饰，娄睿墓门楣上绘兽面，库狄迴洛墓门楣上则绘有侧身的朱

---

[1] 娄睿墓壁画的题材最有特色的是墓道两壁由骑吏步卒和驼马组成的规模宏大的行列，其西壁者面向墓外行进，东壁则方向相反。发掘简报将这两幅壁画命名为"出行图"与"归来图"。有的学者将这些画面解释为表现墓主人生前的生活，或者直接与鲜卑人的游牧生活联系起来，但是这种解释过于笼统，没有提出具体的依据，也没有与画面一"出"一"入"的形式联系起来。巫鸿在研究汉代墓葬艺术中车马图像的含义时，也注意到了这一材料。他分析了汉代墓葬中大量出现的运动方向相反的几组车马画像，结合对题记的分析，认为汉代的车马图像中一些走向墓内的行列，可能表现了送葬的场面，而面向墓外者则是去往想象中的仙界的队伍。他认为娄睿墓内的这两幅画像应是汉代传统的余音。Wu Hung, "Where Are They Going? Where Did They Come From? –Hearse and 'Soul-carriage' in Han Dynasty Tomb Art," *Orientations*, vol. 29, no. 6, June 1998, pp. 22-31. 此说揭示了这种题材的渊源，颇具有启发性。此外，文献中有一些能够反映当时人关于墓葬的观念的文字，可以作为今后思考这一问题时的参考。当时人们的确曾想象地下的死者可以出入于墓葬内外，如《洛阳伽蓝记》卷二："（孝义）里西北角有苏秦冢，冢傍有宝明寺。众僧常见秦出入此冢，车马羽仪，若今宰相也。"这类传说似乎也反映了同样的观念。见杨衒之撰，杨勇校笺：《洛阳伽蓝记校笺》，第112页。

有趣的是，娄睿墓墓道中的这些壁画以水平方向上下罗列，而不是像邺城墓道壁画所绘人物那样以倾斜的墓道底线为基准。如前文所述，邺城墓道的构图是从步入墓中的送葬者的视点出发的，娄睿墓墓道壁画在形式上违反了这一规制，主题也一反常规，可以看作是墓室内的壁画内容向墓道的延伸。从构图上讲，这种上下水平罗列的方式也是汉代墓室壁画最为常见的。

图 25　山西太原王郭村北齐娄睿墓墓道东壁中层壁画局部（郑岩绘图）

图 26　山西太原王郭村北齐娄睿墓墓室顶部雷公画像（郑岩绘图）

雀；娄睿墓墓室顶部还绘有十二时和雷公像（图26），等等。这些不同于邺城壁画的现象或者另有来源[1]，或者是当地独有的发明。但总的说来，这一地区的北齐墓葬壁画与邺城地区是大同小异的。

---

[1] 如娄睿墓的雷公画像也见于洛阳北魏孝昌二年（526）江阳王元乂墓，门楣上装饰兽面与邓县学庄南朝墓的做法一致；十二时画像是否与湾漳墓中所谓的"三十六禽"图像有关，尚不能确定。

逝者的面具

最近报道的山西朔州水泉梁北齐墓由墓道、甬道、墓室组成[1]，未发现墓志。墓道和甬道中无壁画，墓室顶部绘天象和十二时，正壁绘墓主夫妇帐下的坐像（图27），左右壁除了绘鞍马、牛车，还以较小的尺度分别绘出行和归来的马队，南壁绘鼓吹。该墓未出土墓志，估计墓主身份较低。朔州在北齐时属北朔州广安郡招远县所辖，发掘者推测墓主为北朔州地区军政官员。该墓壁画绘制较为粗率，但从题材和布局看，与邺城及并州的共同性十分明显。正壁的墓主像与高润墓及徐显秀墓几乎出自同一底本，只是绘制质量较低，而鞍马和牛车也与徐显秀墓所见的基本格局类似。出行、归来的马队与同一壁面上鞍马、牛车比例不一致，似乎说明这些画像画稿来源于另外一个系统。而类似的主题，在与邺城规制有所区别的娄睿壁画中已经看到过。

山东地区发现的北齐壁画墓主要有济南马家庄武平二年（571）祝阿县令□道贵墓[2]、临朐冶源海浮山天保二年（551）东魏威烈将军南讨大行台都军长史崔芬墓[3]和济南东八里洼北齐墓[4]。这一地区的墓葬目前还没有发现墓道中有壁画的墓例，其中□道贵墓无斜坡墓道；崔芬墓的墓道未清理，情况不详；东八里洼墓墓道较短，不可能有壁画。这是否为该地区壁画墓的一个特点，因为资料太少，还难以论定。目前所见山东地区北齐墓的壁画主要出现于墓室内。□道贵墓后壁绘墓主正面像，左右两壁绘鞍马与牛车，门两侧绘侍卫，墓顶绘星象，这种格局明显受到了"邺城规制"的影响。□道贵墓墓门上方装饰兽面，与娄睿墓相似；墓主像背后绘屏风的做法，也见于太原南郊第一热电厂北齐墓，似乎说明该地区的壁画墓同时也受到了来自并州等地区的影响。崔芬墓壁画直接绘于石壁上，与邺城等地的做法不同，壁画则融合了多种因素[5]，一方面前后两壁和墓室顶部大幅的四神画像明显与洛阳和邺城等地的习俗有密切联系，另一方面后壁与左右两壁上还出现了装饰有高士画像的屏风。同样的题材也

---

[1] 山西省考古研究所、山西省博物馆、朔州市文物局、崇福寺文物管理所：《山西朔州水泉梁北齐壁画墓发掘简报》，《文物》2010年第12期，第26—42页。
[2] 济南市博物馆：《济南市马家庄北齐墓》，《文物》1985年第10期，第42—48、66页。
[3] 山东省文物考古研究所、临朐县博物馆：《山东临朐北齐崔芬墓室壁画》，《文物》2002年第4期，第4—25页；临朐县博物馆：《北齐崔芬壁画墓》，北京：文物出版社，2002年。
[4] 山东省文物考古研究所：《济南市东八里洼北朝壁画墓》，《文物》1989年第4期，第67—78页。
[5] 有关讨论参见本书《崔芬墓壁画初探》一文。

图27　山西朔州水泉梁北齐墓墓室北壁壁画（采自《文物》2010年第12期，第35页，图17）

见于济南东八里洼北齐墓。此外，崔芬墓右壁绘墓主出行画像，风格与传为顾恺之所作的《洛神赋图卷》中的曹植画像一致。正如杨泓师所指出的，这些题材应来源于南朝[1]。山东地区因为曾经有较长的时间在南朝的版图中，又距离北齐的统治中心较远，"邺城规制"的影响已不像太原一带那么强烈。至于青州傅家北齐武平四年（573）画像石的题材则深受入华粟特美术的影响，属于另外的系统[2]。

与邺城政权同时并存的梁、陈、西魏、北周的葬俗与东魏、北齐葬俗的关系，我们了解得还不多。以前学者们较多地讨论了南朝文化对北朝的影响，而北朝墓葬是否对南朝也会有一定的影响，目前还不十分清楚。初步看来，东魏、北周的壁画与"邺城规制"的关系不大，二者有着不同的发展轨迹。

繁荣的隋唐文化是在南北朝文化的基础上建立起来的，陈寅恪曾经从典章制度方面深入研究了隋唐文化的渊源问题，认为北魏、北齐是隋唐制度最重要的源头之一[3]。这个问题从墓葬壁画方面也比较明显地表现出来。杨泓师在《隋唐造型

---

[1] 杨泓：《北朝"七贤"屏风壁画》，杨泓、孙机：《寻常的精致》，沈阳：辽宁教育出版社，1996年，第118—122页。
[2] 参见本书《青州北齐画像石与入华粟特人美术——虞弘墓等考古新发现的启示》一文。
[3] 陈寅恪：《隋唐制度渊源略论稿》，北京：生活·读书·新知三联书店，1954年。

艺术渊源简论》一文中对此已作了较多的讨论。例如该文比较了山东嘉祥英山开皇四年（584）隋驾部侍郎徐敏行墓和宁夏固原小马庄大业六年（610）隋右领军骠骑将军史射勿墓的壁画，指出二者的差异在于有不同的渊源，前者继承了北齐的传统，后者继承了北周的传统[1]。徐敏行墓的壁画主要保存在墓室中，其顶部绘天象，正壁绘墓主夫妇坐在帐内的屏风前宴饮。右壁上层绘白虎，下层绘鞍马和持伞盖的仆从；左壁上层绘青龙，下层绘牛车和女侍。前壁墓门两侧是挂仪刀的门吏[2]。这些内容与济南马家庄北齐□道贵墓的壁画一脉相承，从根本上说，乃是对"邺城规制"的继承。

杨泓师进一步指出，初唐的墓葬壁画继承了北齐与北周两方面的内容并拼合在一起，缺乏磨合融汇。在这一时期的壁画中，"墓道前端两壁绘面朝墓外的大幅青龙和白虎，本源于南朝而在北朝晚期流行于东魏—北齐的邺城地区，门前列戟也是邺城地区墓中在东魏武定年间出现的壁画题材，外出游猎则是北齐晋阳地区墓道壁画的主要题材"[3]。

此外，唐代墓葬壁画还有一个显著的特征，即墓主的身份地位较高。虽然在初唐时期壁画的内容尚未形成新的制度，但在皇室贵族等高等级大墓中装饰壁画的传统仍保留下来，这种现象，应与邺城地区东魏—北齐壁画墓有一定的渊源关系。

当然，正如许多学者所指出的，隋唐文化并不只有东魏—北齐一源，而是随着全国的统一，在凝聚、融汇不同地区文化成果的基础上发展而成。随着其他地区壁画墓资料的丰富，我们将会对魏晋南北朝壁画墓在中国古代壁画墓发展史上的地位与意义有更进一步的认识。

本文的写作得到杨泓先生的指导，特此致谢！原载中山大学艺术史研究中心编《艺术史研究》第3辑，广州：中山大学出版社，2001年，第295—329页；《魏晋南北朝壁画墓研究》，北京：文物出版社，2002年，第181—208页。此次重刊，补充了近年来发现的部分新材料。

---

[1] 杨泓：《隋唐造型艺术渊源简论》，氏著：《汉唐美术考古和佛教艺术》，北京：科学出版社，2000年，第157—158页。
[2] 山东省博物馆：《山东嘉祥英山一号隋墓清理简报》，《文物》1981年第4期，第28—33页。
[3] 杨泓：《隋唐造型艺术渊源简论》，第161页。

崔芬墓壁画初探

1986 年清理的山东临朐海浮山北齐天保二年（551）东魏威烈将军、南讨大行台都军长史崔芬墓是美术考古的一次重要发现（图 1）[1]。本文不拟以该墓壁画与文献中对于著名画家的记载作直接比定，来探讨绘画的风格和理论等问题，而是要提出另外一个问题：在这一特定的时代和地区，这样一套壁画是如何形成的？我试图通过该墓葬与同时代其他墓葬的比较，来观察各地区间的文化关系，分析同一地域的墓葬美术中不同的文化因素。这一研究的目的不只是探索艺术创作的规律，更主要的是为观察历史寻找一个新的视点。

北齐壁画墓以京畿邺城地区的发现最为丰富，在今河北磁县附近清理的帝陵与上层贵族墓葬中多绘有壁画。这些墓葬多为砖室墓，壁画一般的格局是：在墓顶绘天象，墓室正壁绘墓主正面像，两侧壁绘鞍马与牛车，墓门

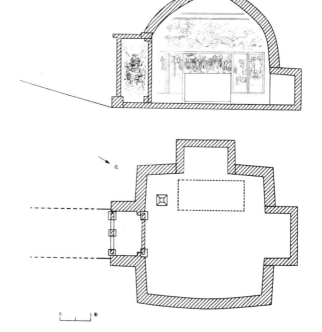

图 1　山东临朐海浮山北齐崔芬墓平、剖面图（采自临朐县博物馆：《北齐崔芬壁画墓》，第 2 页，并有所修正）

---

[1] 山东省文物考古研究所、临朐县博物馆：《山东临朐北齐崔芬壁画墓》，《文物》2002 年第 4 期，第 25 页；临朐县博物馆：《北齐崔芬壁画墓》，北京：文物出版社，2002 年。

两侧和甬道等部位绘侍卫，墓门正上方绘正面朱雀和神兽等，墓门以外的长斜坡墓道两壁绘规模不等的仪仗行列和各种神禽异兽，规格较高的在最前端绘青龙白虎。这些内容在多座墓葬中出现，有规制化的特征，代表了北齐墓葬壁画的主流，并对其他地区有程度不同的影响，甚至一直影响到初唐墓葬壁画的内容与布局[1]。

崔芬墓壁画与邺城地区的墓葬壁画相比较则有较大差异。与邺城壁画墓以砖构筑的做法不同，以崔芬为代表的山东北齐墓多为石室墓，壁画直接绘在石面上。2008年山东青州驼山南麓建筑工地出土的北齐天统六年（武平元年［570］）阳平相燕继墓志描述墓主之葬曰"琢玉石以为室，绘朱紫如取真"[2]，或指的是此类壁画墓。崔芬墓墓道未清理，情况不详，1973年清理的山东临淄窝托村武平四年（573）徐州长史崔博墓[3]、1984年清理的山东济南马家庄武平二年（571）祝阿县令□道贵墓[4]、1986年清理的济南东八里洼北齐墓[5]也未见邺城地区高等级墓葬流行的长斜坡墓道，这是该地区北齐墓的特点，还是等级的局限，值得今后注意。另外，崔芬墓的壁画中诸如高士题材的屏风和墓主出行像等也不见于邺城地区，这说明崔芬墓壁画的题材和形式另有渊源。

崔芬墓四壁布列十七曲屏风，这套家具图像所形成的虚拟空间与墓壁所构成的真实空间重合在一起（图2—5）。除南壁东侧两曲屏风空白，其余各曲装饰多种画像，包括高士、舞蹈、鞍马、山石树木等内容，其中八幅高士画像最为引人注目，基本构图是在一两棵高树下一高士坐于席上，或伏案书写，或饮酒，或手捧盆景，姿态各异，高士背后多有一到两名侍者和山石等。与之相似的还有济南东八里洼北齐墓壁画，后者正壁中间四扇屏风也绘有树下高士（图6）[6]。杨泓师将这些发现与南朝竹林七贤壁画联系起来，揭示出山东地区深受南朝文化影响的事实，深具启发性[7]。

---

[1] 参见本书《论"邺城规制"——汉唐之间墓葬壁画的一个接点》一文。
[2] 此方墓志为个人收藏，有关报道见李森：《新见北齐燕继墓志考析》，《中国文化研究》2010年第4期，第19页。
[3] 山东省文物考古研究所：《临淄北朝崔氏墓》，《考古学报》1984年第2期，第234—238页。
[4] 济南市博物馆：《济南市马家庄北齐墓》，《文物》1985年第10期，第42—48转66页。
[5] 山东省文物考古研究所：《济南市东八里洼北朝壁画墓》，《文物》1989年第4期，第67—78页。
[6] 同上。
[7] 杨泓：《北朝"七贤"屏风壁画》，杨泓、孙机：《寻常的精致》，沈阳：辽宁教育出版社，1996年，第118—122页。

图 2　山东临朐海浮山北齐崔芬墓东壁（郑岩绘图）

图 3　山东临朐海浮山北齐崔芬墓北壁（郑岩绘图）

图 4　山东临朐海浮山北齐崔芬墓西壁（郑岩绘图）

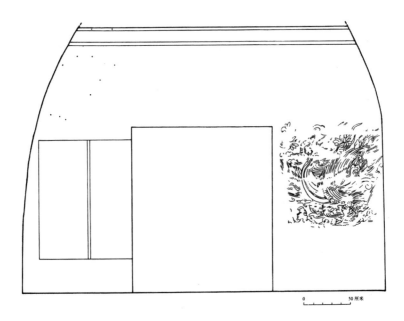

图 5　山东临朐海浮山北齐崔芬墓南壁（郑岩绘图）

图 6　山东济南八里洼北齐墓北壁壁画（采自《文物》1989 年第 4 期，第 69 页）

图 7　山西大同北魏宋绍祖墓石椁画像（郑岩绘图）

在其他北朝墓中，这类题材的影响也有迹可寻。如大同雁北师院北魏太和元年（477）宋绍祖墓石椁正壁所绘弹奏琴和阮咸的人物（图 7），就有可能受到南朝高士画像的影响[1]。洛阳地区北魏晚期墓出土的石质葬具线刻孝子画像中，也隐约可见南朝高士画像构图的影响[2]。但从高士的数量和配有侍女的细节来看，只有崔芬墓壁画

---

[1] 山西省考古研究所、大同市考古研究所：《大同市北魏宋绍祖墓发掘简报》，《文物》2001 年第 7 期，第 31 页。
[2] 关于这些孝子故事在构图上与高士画像的联系，见郑岩：《南昌东晋漆盘的启示——论南北朝墓葬艺术中高士图像的含义》，《考古》2002 年第 2 期，第 84—85 页。

比较完整地接受了南朝竹林七贤与荣启期壁画的内容和形式，说明青州地区在南北朝文化交流中具有特殊的意义。

南朝与北朝高士画像也还有一些差异，除材料和技术上外，另有三个方面：一、墓主身份和墓葬规模有较大差别，前者墓主应为帝王，而后者身份较低；二、前者粉本可能出自名画家之手，而后者只是一般画工所为；三、前者画像有题记，人物身份明确，而后者无题记，人物身份模糊。从这些差异中可以看到同一种题材在不同地区、不同社会层面流传时的变化。这类画像之所以能够流行，是因为在画像背后有一种为人们普遍认可的象征意义。在这种意义下，高士的身份和个性被淡化。具体地说，我认为这些画像在墓葬中的含义应与升仙的观念有关，我对此有专文讨论，兹不赘述[1]。

另外，在南朝墓高士画像中，树木是人物的间隔；而崔芬墓高士画像均绘在屏风内，树木变为人物的背景。屏风实物和图像早在汉代就已经出现于墓葬中，在大同石家寨北魏司马金龙墓中曾发现一具装饰有列女画像的漆木质屏风实物[2]。洛阳一带出土的北魏石棺床，周围环绕屏风，多装饰阴线刻画像，其中1977年出土的一具石棺床的围屏上刻画有许多坐在树下的人物，构图与崔芬墓高士画像极为相似[3]。从材料和技术的角度讲，类似洛阳风格的线刻也曾在青州北齐墓中发现[4]。因此除了来自南朝的影响外，山东北齐墓葬壁画的设计很可能也会受到中原地区丧葬美术的影响。

崔芬墓北壁东端一曲屏风绘两名跳舞者，是一个值得注意的细节。这两人似为女性，身着长袖紧身短裙，舞姿与宁夏盐池县6号唐墓石门上两位胡人画像的动态基本相同[5]。后者的舞姿被认定为粟特人所擅长的胡旋舞[6]，那么崔芬墓中这幅画像

---

[1] 郑岩：《南昌东晋漆盘的启示——论南北朝墓葬艺术中高士图像的含义》，第77—86页。
[2] 山西省大同市博物馆、山西省文物工作委员会：《山西大同石家寨北魏司马金龙墓》，《文物》1972年第3期，第24—26页。
[3] 黄明兰：《洛阳北魏世俗线刻画集》，北京：人民美术出版社，1987年，图版81—84。
[4] 如青州傅家武平四年（573）墓画像石的线刻，有关分析参见本书《青州北齐画像石与入华粟特人美术——虞弘墓等考古新发现的启示》一文。
[5] 宁夏回族自治区博物馆：《宁夏盐池唐墓发掘简报》，《文物》1988年第9期，第43—56页。
[6] 罗丰：《隋唐间中亚流传中国之胡旋舞——以新获宁夏盐池唐墓石门胡舞图为中心》，《传统文化与现代化》1994年第2期，第50—59页。

图8 山东嘉祥英山隋徐敏行墓墓主画像局部（郑岩绘图）

所表现的也应是胡旋舞[1]。胡旋舞出自中亚康国，隋唐时期在中原极为盛行，但胡旋舞初传中原的时间应早于隋代[2]。近年在西安北郊炕底寨出土的北周大象元年（579）安伽墓石棺床和在太原晋源区王郭村发现的隋开皇十二年（592）虞弘墓汉白玉石椁贴金加彩浮雕画像中[3]，均有胡旋舞的图像，而这两座墓葬与进入中原的粟特等民族有关。

罗丰指出，山东嘉祥杨楼英山隋开皇四年（584）驾部侍郎徐敏行墓壁画中男墓主所持透明杯子的形制与萨珊银质酒杯相似，应是萨珊朝的制品；原报告所谓墓主面前的蹴鞠者，应是一舞人，舞姿与西域舞蹈有关（图8）[4]。还应补充的是，徐敏行墓壁画中男女墓主并坐、饮酒、欣赏乐舞的构图不见于邺城北齐墓，而与虞弘墓石棺正壁中央的一幅画像接近（图9）。二者屏风、床上均装饰粟特美术中常见的联珠纹。

---

[1] 本文初稿发表后，有学者对认定该图为胡旋舞的看法提出异议，参见李金凤：《北齐崔芬墓"胡旋舞"壁画质疑》，《文学界（理论版）》2010年第9期，第191页。
[2] 罗丰：《隋唐间中亚流传中国之胡旋舞——以新获宁夏盐池唐墓石门胡舞图为中心》，第52—53页。
[3] 陕西省考古研究所：《西安北周安伽墓》，北京：文物出版社，2003年；山西省考古研究所、太原市文物考古研究所、太原市晋源区文物旅游局：《太原隋虞弘墓》，北京：文物出版社，2005年，图版81—84。
[4] 山东省博物馆：《山东嘉祥英山一号隋墓清理简报——隋代墓室壁画的首次发现》，《文物》1981年第4期，第28—33页；罗丰：《固原漆棺画に见えるペルシャの风格》，（京都）《古代文化》第44卷第8号（1992年），第45—46页；中文本见罗丰：《北魏漆棺画中的波斯风格》，氏著：《胡汉之间——"丝绸之路"与西北历史考古》，北京：文物出版社，2004年，第61—64页。

图9 山西太原王郭村隋虞弘墓石棺墓主画像（采自《文物》2001年第1期，第37页）

据徐敏行墓清理简报介绍，原画像左侧还有奏乐者（罗丰认为除横笛外，其余乐器与西域有关），人物左右绘树木，树上有鸟，这些细节均可在虞弘墓的这幅画像中找到对应的图像。

我还曾注意到，青州傅家北齐武平四年（573）墓线刻画像有浓厚的粟特美术色彩，其中一幅画像甚至与虞弘墓使用了同一幅画稿。通过检索墓志材料，还发现北齐时期西域焉耆胡人龙康基曾出任青州刺史一职，其曾孙龙润唐代时仍在并州担任主管粟特人宗教事务的萨宝一职[1]。将这些现象联系起来，我们有理由认为在公元6世纪前后的山东地区存在较多中亚文化的影响。

崔芬墓屏风还有四曲绘树木与山石而不绘人物或动物，可以看作独立的山水画。这种山水画屏风还出现在济南马家庄武平二年（571）祝阿县令□道贵墓（图10）[2]和徐敏行墓墓主像背后（见图8）。文献记载独立的山水画和山水画论出现在晋宋之际，墓葬壁画中的此类图像可印证美术史上的这一重要变化。此外，崔芬墓左右两壁屏风画像中各有一幅鞍马画像，东壁一幅还绘有马夫。这些杂厕于高士画像中的鞍马应是为墓主出行所预备的骑乘。

除了屏风中的画像以外，崔芬墓的墓主像也备受学者们关注[3]。这一画像与邺城地区北齐墓正壁中央正面的墓主像风格迥异，后者人物正襟危坐，上覆斗帐，两侧有

---

[1] 参见本书《青州北齐画像石与入华粟特人美术——虞弘墓等考古新发现的启示》一文。
[2] 济南市博物馆：《济南市马家庄北齐墓》，《文物》1985年第10期，第45—46页。
[3] 有关这一画像论述，见杨泓：《美术考古半世纪》，北京：文物出版社，1997年，第228—229页；李力：《北魏洛阳永宁寺塔塑像的艺术与时代特征》，巫鸿主编：《汉唐之间的宗教艺术与考古》，北京：文物出版社，2000年，第364—367页；孟晖：《左右扶凭见宓妃》，《艺术世界》2000年11月号，第74—75页。

男女侍者，恰似祠庙中的偶像[1]；而前者则是一种动态的群像，墓主为半侧面，两臂外展，侍者左右扶托，人物的褒衣博带自然下垂，以疏密有致的平行线成功刻画出人物雍容高贵的仪态，与文献中所记两晋南北朝士大夫"左右扶凭"、"入则扶持"、"迟行缓步"的仪貌一致（图11）[2]。为适用这种构图变化，画像的位置也转移到西壁。

正如许多学者指出的，这种格局的墓主画像并不是崔芬墓作者的发明。通过该画像源流的考察，可以进一步思考以下问题：

其一，这种构图年代最早的一例是传为东晋画家顾恺之所作的《洛神赋图》起

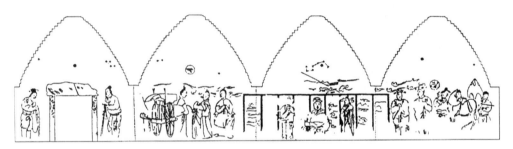

图10　山东济南马家庄北齐囗道贵墓壁画（采自《文物》1985年第10期，第45页）

图11　山东临朐海浮山北齐崔芬墓墓主画像（郑岩绘图）

---

[1] 参见本书《墓主画像研究》一文。
[2] 前引孟晖《左右扶凭见宓妃》一文汇集了这些文献。

图12 传东晋顾恺之作《洛神赋图》局部（采自孙机：《中国古代舆服论丛》，北京：文物出版社，1993年，第171页）

首曹植的形象（图12），这也可以反过来作为判断《洛神赋图》原稿年代的参照，并思考和宗教礼仪功能相关的传统绘画与手卷等新的绘画形式之间的关系。

其二，同一构图所表现的人物身份不同。在龙门石窟北魏宾阳中洞、皇甫公窟、巩县石窟寺、洛阳永宁寺，这种构图表现的是皇帝皇后礼佛图。在四川绵阳汉代平杨府君阙上南朝萧梁至北周时镌刻的佛教龛像中，王或其他贵族礼拜的场面均为这种格局[1]。此外，传为唐阎立本所作《历代帝王图》、敦煌唐代维摩变中的皇帝形象（图13）仍可见到这一构图的影子。这种表现帝王等显贵人物的构图在被崔芬墓"借用"时，除服饰等硬性指标有所改造外，基本格局并无大的变化。那么，在宗教与丧葬礼仪中所用图像，是否受到制度的约束，这种约束的程度有多大，都是值得进一步探讨的问题。

其三，作为图像程序的一个部分，这种画像的位置和意义有明显的差别，在

---

[1] 孙华：《四川绵阳平杨府君阙阙身造像——兼谈四川地区南北朝佛道龛像的几个问题》，巫鸿主编：《汉唐之间的宗教艺术与考古》，第89—137页。

图 13　甘肃敦煌初唐 220 窟维摩变壁画局部（采自沈从文：《中国古代服饰研究》，香港：商务印书馆，1981 年，第 186 页）

《洛神赋图》中，中心人物以第一人称的身份出现，是故事的讲述者；在石窟中，他以供养人的身份出现，是作品的赞助者，其地位从属于宗教偶像；在墓葬中，它是整个图像系统的主角，是墓葬的所有者。由此可以看到同一构图在不同的礼仪环境中其功能方面所产生的变化。

其四，这些图像的属性不同，《洛神赋图》是对于文学作品的诠释和演绎，崔芬画像则从属于社会普遍流行的丧葬观念，这两幅作品大致可归为世俗美术；而诸如帝后礼佛图等则属于佛教美术。由此我们可以观察同一构图在不同性质的文化之间的流传，进而设想到工匠、作坊的分工与联系等问题，而研究者对于世俗美术与宗教美术的划分也只能是相对的。

其五，这些画作的主要人物虽然描绘的是一个可以指认的、有名有姓的人物，但由于借用了现成的画稿，难免千人一面，这些画像的目的并不是要描绘人物逼真的形象，而是以流行的构图表现人物显赫的身份和高贵的仪态，迎合为社会所普遍接受的观念,因此,这些概念化的作品与西方美术"肖像画"的理念有较大差别。

所有这些,都是考古学和美术史研究中值得进一步思考的问题。如我们习惯于认为具有同样形式的图像有着同样的主题,习惯于从图像推考人物的等级身份,习惯于强调民间艺术的纯粹性,诸如此类的理论与方法在新材料面前,都应当认真地加以推敲和反思。

位于崔芬墓南北两壁和东西披顶的四神画像表现了更为广阔的空间,这些画像与墓室方正的平面及自然方位相应,加上穹隆式墓顶和日月星宿的画像,展示了一个深处在地下的立体宇宙。四神中的青龙、白虎、玄武(图14)皆有神人驾驭,与升仙的观念有关。这种有骑者的四神形象,与北魏墓志和葬具装饰(图15)、太原第一热电厂北齐墓画像,以及陕西潼关税村隋墓石棺后挡(图16)的画像比较一致[1],其

图 14　山东临朐海浮山北齐崔芬墓北壁玄武画像(郑岩绘图)

---

[1] 黄明兰:《洛阳北魏世俗线刻画集》,图版14、15、27、28、33、34、52;山西省考古研究所、太原市文物管理委员会:《太原南郊北齐壁画墓》,《文物》1990年第12期,第1—10页;陕西省考古研究院:《陕西潼关税村隋代壁画墓线刻石棺》,《考古与文物》2008年第3期,第33—47页。

图 15　河南洛阳出土的北魏石棺后挡玄武画像（郑岩绘图）

图 16　陕西临潼税村隋墓石棺后挡玄武画像（采自《考古与文物》2008 年第 3 期，第 43 页，图 15）

中北壁中央小龛上方的玄武刻画最为精美，玄武身上的神人手持长剑，仪态威严，应有镇墓驱邪的寓意。在四神画像中，还穿插有所谓的"畏兽"，可能同样具有辟邪的含义。此外墓室四壁上部绘四神的做法见于磁县东魏武定八年（550）茹茹公主闾叱地连墓[1]，说明四神画像可能与中原的联系更为密切。

与镇墓辟邪含义相关的还有甬道两壁的画像（图17）。这里原有两位阴线刻的手持仪刀的文吏（图18），也许是由于不够威猛，又以彩绘的武士像覆盖。这两名武士皆身着铠甲，执盾牌，威风凛凛，形象与镇墓武士俑比较一致。同样的形象也见于早年洛阳出土的宁想石室前挡门道两侧[2]。

与汉朝大一统的文化格局不同，南北朝文化具有明显的地域性，这时期各地的壁画墓形成了一个彼此互动的多极网络。通过对于崔芬墓壁画的解析，我们可以看到地区间的联系是多方向的，山东不仅受到南朝的影响，而且还存在着与中原地区的联

---

[1] 磁县文化馆：《河北磁县东魏茹茹公主墓发掘简报》，《文物》1984 年第 4 期，第 15 页。
[2] 黄明兰：《洛阳北魏世俗线刻画集》，图版 105、106。关于该石室主人姓名的考证，见曹汛：《北魏宁想石室新考订》，王贵祥主编：《中国建筑史论汇刊》第 4 辑，北京：清华大学出版社，2011 年，第 77—125 页。

图 17　山东临朐海浮山北齐崔芬墓甬道壁画（郑岩绘图）　　图 18　山东临朐海浮山北齐崔芬墓甬道阴线刻文吏（采自临朐县博物馆：《北齐崔芬壁画墓》，第 15 页）

系；同时中原与南朝又存在着相互的作用。此外，这一地区可能还有来自中亚的文化因素。在这种文化表象的背后，则是连年的军事征伐、各政权统治地域的此消彼长、人口的流徙迁播、民族的交汇融合，以及交通与贸易的不断发展。对此学者们已有较多论述[1]，此不复赘。

崔芬墓壁画中诸种来源不同的文化因素并不是漫无目的地拼凑在一起的，而是在统一的构思中重构为一个新的有机的图像体系。在这个体系中，看不到邺城地区皇帝和贵族墓葬对仪仗的强调，而更突出了成仙、辟邪等主题。这种变化，是地域的差异，还是等级的差异，由于材料太少，尚难以遽作定论。

还有一些值得注意的现象：其一，济南八里洼墓与崔芬墓壁画表现出某些共性，说明崔芬墓壁画不是偶然出现的孤例；其二，□道贵墓正壁中央绘正面墓主像，左右两壁绘牛车与鞍马图像（见图 10），显然受到"邺城规制"的影响，但其墓道中无壁

---

[1] 杨泓：《关于南北朝时青州考古的思考》，《文物》1998 年第 2 期，第 46—53 页；山东省文物考古研究所、临朐县博物馆：《山东临朐北齐崔芬壁画墓》，第 25 页。

画，正壁所绘屏风各有一曲延伸到左右两壁，与崔芬墓三壁绘屏风的做法有些近似，因此似乎可以将该墓看作邺城与青州之间的一种过渡形式；其三，崔芬墓壁画直接绘在石面上，除涂有一层极薄的白粉外没有地仗，这种做法又与高句丽壁画墓有相近之处；其四，许多唐代墓葬中发现有所谓"树下老人图"的屏风画像，或许与崔芬墓屏风画有所联系。那么，崔芬墓图像配置是否有可能形成了某种地域性定制？这种定制是否与其家族的文化背景有关？它对于其他地区和后世的墓葬壁画有什么影响？诸如此类的问题，目前还难以准确地回答，相信随着今后田野资料的不断丰富，有些疑问会找到答案。

本文原载临朐县博物馆：《北齐崔芬壁画墓》，北京：文物出版社，2002年，第23—32页。此次重刊，略有修改。

压在"画框"上的笔尖

——试论墓葬壁画与传统绘画史的关联

一

1994年，陕西省富平县吕村乡朱家道村一座古墓被盗，考古工作者随即进行了调查。据调查者报道，该墓位于唐高祖李渊献陵陪葬墓区内，是一座4米见方的单室墓，由于随葬品和墓志已佚，墓主身份不明，从人物服饰、发式等方面判断，其年代为盛唐[1]。墓室内绘有壁画，保存尚完整。其西壁绘一组水墨山水六曲屏风（图1）[2]，东壁绘乐舞（图2）[3]，北壁绘两具横长的屏风，屏风中分别绘昆仑奴驭青牛（图3）和仙鹤（图4），南壁最西端又绘一具横长的屏风，屏风中绘卧狮（图5）。墓门两侧各绘一侍从，顶部绘星象和太阳等。该墓的屏风壁画特色鲜明，按照此前学者对于古代屏风样式和结构的分类，南、北壁上的三具屏风属于"一面板式的直背立屏"，西壁的屏风属于"可叠合开张的多曲折扇屏"[4]。根据调查报告和其他相关报道，我绘出

---

[1] 井增利、王小蒙：《富平新发现的唐墓壁画》，《考古与文物》1997年第4期，第8—11页。该报道过于简略，有关的信息还可参考张建林《唐墓壁画中的屏风画》一文（《远望集》编委会：《远望集——陕西省考古研究所华诞四十周年纪念文集》下卷，西安：陕西人民美术出版社，1998年，第720—729页）。后者发表了该墓西壁和北壁壁画的线描图，可补充前者的不足。不幸的是，该墓壁画近年来被当地村民破坏，无法取得更为详细的材料。

孙志虹通过分析山水壁画的风格，认为墓葬的年代在中唐时期（《从陕西富平唐墓山水屏风画谈起》，《文博》2004年第6期，第53页）。徐涛和李星明均认定其年代在盛唐后期（徐涛：《吕村唐墓与水墨山水的起源》，《文博》2001年第1期，第53—57页；李星明：《唐代墓葬壁画研究》，西安：陕西人民美术出版社，2005年，第351页）。赵声良将其年代定于8世纪末至9世纪初（《唐代壁画中的水墨山水画》，陕西历史博物馆编：《唐墓壁画国际学术研讨会论文集》，西安：三秦出版社，2006年，第297—313页）。

[2] 井增利、王小蒙的报道称"西壁与棺床等绘一组山水屏风画"。张建林称这组壁画绘于西壁（张建林：《唐墓壁画中的屏风画》，第722页），李星明称壁画"位于墓室西壁棺床之上"（李星明：《唐代墓葬壁画研究》，第350页），可知壁画是绘在西壁与棺床相对应的位置，壁画与以石板构筑的棺床恰好构成一具带围屏的大床。

[3] 张建林文中提到南壁的卧狮周围绘有屏风的边框，东壁乐舞图也可以看出屏风边框的痕迹，这都是井增利、王小蒙的报道所未涉及的信息。在2008年10月与陕西省文物局徐涛先生的一次谈话中，徐先生认为东壁乐舞图是否为屏风的形式，还有待于进一步推敲。从他提供的照片中，狮子图像的旁边确有屏风边框，但乐舞画却看不到有屏风的痕迹。

[4] 李力：《从考古发现看中国古代的屏风画》，中山大学艺术学研究中心编：《艺术史研究》第1辑，广州：中山大学出版社，1999年，第286页。

压在"画框"上的笔尖

图1　陕西富平吕村朱家道唐墓西壁山水屏风壁画（徐涛先生提供）

图2　陕西富平吕村朱家道唐墓东壁乐舞壁画（徐涛先生提供）

一幅简略的示意图，大致可以反映这些屏风画在墓室中的组合情况（图6）。

　　该墓的山水屏风壁画是近年来学者们讨论唐代山水画时经常征引的材料。除此之外，有研究者还注意到，墓中各组屏风壁画旁边绘有手持笔墨等文具的侍者。其中北壁两屏风之间有一身着男装的侍女手捧毛笔（图7），西壁山水屏风南侧有两名戴幞头的男侍各捧一笔洗，从颜色看，洗内一盛水，一盛墨（图8）。关于这个细节，张

图3 陕西富平吕村朱家道唐墓北壁昆仑奴驭青牛屏风壁画（徐涛先生提供）

图4 陕西富平吕村朱家道唐墓北壁仙鹤屏风壁画（徐涛先生提供）

图6（左） 陕西富平吕村朱家道唐墓壁画配置关系示意图（自东向西看。郑岩绘图）

图5（下） 陕西富平吕村朱家道唐墓南壁卧狮屏风壁画（徐涛先生提供）

图7　陕西富平吕村朱家道唐墓北壁侍女壁画（徐涛先生提供）
图8　陕西富平吕村朱家道唐墓西壁侍者壁画（徐涛先生提供）

建林说，北壁和西壁的侍者"似乎正在侍候挥笔绘屏的画家"[1]。李星明指出：

> 这是其他已知的唐代壁画墓中未曾出现的情景。但是壁面上并未描绘作画人的形象，从壁画的组合与人物位置以及姿态所构成的情境来推测，作画人应是墓主人本身。因此墓主人有可能是一位雅好丹青的贵族或者士大夫画家。[2]

这一看法由图像的题材和形式考虑到作品与人的关系，其思路是可取的，当然

---

[1] 张建林：《唐墓壁画中的屏风画》，第722页。
[2] 李星明：《唐代墓葬壁画研究》，第350—351页。

也需要更多的论据和分析。徐涛最近著文，将与之相关的人群扩展到更大的范围，"有可能意喻着墓主人或安排其丧葬的亲属、官员是绘画的鉴赏者，或有画家参与了其中的设计"[1]。

在我看来，这些手捧笔墨的侍者的确有可能暗示了壁画作者的存在，但却不必曲折地将其推考为长眠在墓中的死者，我更倾向于认为这些独特的形式指向的是曾在墓中作画，完成之后便转身离去的画工。

与长眠在地下的死者相比，画工与壁画的联系是暂时的，却更为直接。当画工面壁而立时，他（们）可能比其他任何人更加关心如何完成这些壁画。画工首先为自己的作品设定了一个个"画框"——平展的屏风，这是唐代绘画最常见的载体。接下来，他（们）便可以在"画框"内安排各种画面。这些画面在题材和形式上彼此差别很大。从题材方面说，山水、动物、人物并无太多的关联。形式上的差别则更为明显：其一，六幅山水画是咫尺千里的远景，昆仑奴和牛的形体略小，像是中景，狮子和鹤则是近景；其二，即使是西壁六幅并列的山水，在构图形式上也互不相属；其三，山水与鹤多用水墨，昆仑奴、牛和狮子则赋有鲜艳的色彩。这些差异使得几幅画面无法互相证明彼此的真实性，这种疏离感告诉我们，一切的一切，不过是画工的笔底乾坤[2]。

被安排在屏风外的侍者虽然也是壁画的一部分，但是由于"画框"的存在，他们与屏风内的图像被分隔于两个世界。北壁持笔女子立于两屏风之间有限的空间内，她的手部已经剥落，值得特别留意的是，幸存的笔尖打破了青牛屏风东侧的边框。与之形成对比的是，她身后衣服的一角恰好与双鹤屏风西侧的边框"相切"。也就是说，画家在处理衣服的线条时，小心地躲避开屏风，以保持屏风的完整，而画到笔尖时，却采取了相反的做法。

---

[1] 徐涛：《唐墓所见〈昆仑奴青牛图〉考释》，中山大学艺术史研究中心编：《艺术史研究》第10辑，广州：中山大学出版社，2008年，第348页。
[2] 这种效果至少在视觉层面上表现得相当突出。至于在观念层面上，我们也许可以勉强构建起这些画面之间内在的联系，例如，可以认为山水画和道家的隐逸思想相关，湖石边的鹤姿态闲适，也反映了道家的追求，由青牛或可联想到老子的事迹，靠近墓门的狮子则意在辟邪，等等。

与屏风的微妙关系使得画笔的形象异常突出，也拉开了女子与屏风画的距离。与这个细节可以比较的，是意大利文艺复兴早期著名画家弗朗切斯科·德·科萨（Francesco del Cossa，1435—1477）所绘的《天神报喜》一图，画家在画框的底部绘出一只蜗牛（图9、10）。法国当代艺术史家达尼埃尔·阿拉斯（Daniel Arasse）指出："这只蜗牛是画在画面之上，但它不是在画面之内。"[1] 这个压在"画框"上的笔尖，显然是画工有意所为，它将女子"推"到了画工和我们所在的现实世界中，借用阿拉斯的话来说，这位女子是画工"创造某个画中的形象，却把它置于我

图9　弗朗切斯科·德·科萨所绘《天神报喜》（约1470—1472），德国德累斯顿美术馆藏（采自阿拉斯：《我们什么也没看见——一部别样的绘画描述集》，北京：北京大学出版社，2007年，彩版1之下）

图10　弗朗切斯科·德·科萨《天神报喜》局部

---

[1] 阿拉斯：《我们什么也没看见——一部别样的绘画描述集》，何蒨译，董强审校，北京：北京大学出版社，2007年，第26页。着重号为原作者所加。

们的空间"[1]。与屏风内各个画面彼此毫不相干的情况相反，持笔女子与捧水墨的两位男子虽然分别处于不同的壁面上，却明显存在着关联：他们的高度与真人相差无几，与画工站立在同一个地平面上；他们手中所持，实际上是同一套文房用具的不同部分；更重要的是，画工的行动可以直接将他们联系在一起，他随时可以接过女子手中的画笔，去两位男子那里蘸水取墨，然后再在屏风内挥洒。除了画工本人，谁会如此强烈地关心绘画工具和材料（笔、墨、水、屏风）的意义？[2]这一别出心裁的设计，使得短暂的创作过程"凝固"下来，反过来，又成为我们追念画工的索引。

与依据文献考证画像主题的方法不同，上述解释的基础是对画面视觉形式所作的分析。如果只是将"证据"限定在文字的范围内，那么，我们大概永远不会发现什么文献材料来支持这种判断。再者，朱家道墓壁画与科萨的画性质也有很大差别，前者深藏在幽暗的墓穴中，而后者是一幅祭坛画[3]。除了偏离了实证主义的轨道，我也许还要面对另外一种批评——"你将那个小小的笔尖放大了！"

好吧，让我后退一步，暂且不去作理论的论辩，而只将这一解释停留在假说的层面上，以等待新的发现和研究来检验和修正。重要的是，从这样的解释出发，却可以引导出一系列的问题：墓葬壁画与其作者到底是什么关系？墓葬壁画与凭借文献和传世品写成的传统绘画史之间是什么关系？面对考古材料，美术史应提出一些什么样

---

[1] 阿拉斯：《我们什么也没看见——一部别样的绘画描述集》，第27页。
[2] 在其他墓葬壁画中，奉持文具的侍者也偶有所见，大多与手持其他物品的侍者平列在一起。例如山西太原南郊王郭村北齐娄睿墓甬道后部西壁绘一侍者手捧插有毛笔的笔格（从扬之水说，见氏著：《终朝采蓝——古名物寻微》，北京：生活·读书·新知三联书店，2008年，第184页），与东壁手托巾的侍者相对（山西省考古研究所、太原市文物考古研究所：《北齐东安王娄睿墓》，北京：文物出版社，2006年，第64—65页）。江西乐平县礼林乡九林村石榴花尖山宋墓西壁绘一手捧砚台的侍者，与之并列和对置于东壁的还有持节杖的武官、持笏的文官和手捧圆盒、印绶、盘、巾、洗、卷状物等物品的侍者（江西省文物考古研究所、乐平县文物陈列室：《江西乐平宋代壁画墓》，《文物》1990年第3期，第14—18页），砚台隐没在其他各种用品中，并不突出。这些侍者可以理解为为墓主而设，侍者所持物品与墓内随葬品在意义上比较一致（如江苏无锡兴竹宋代1号墓中，就随葬有石砚。无锡市博物馆：《江苏无锡兴竹宋墓》，《文物》1990年第3期，第21—22页）。而富平朱家道墓壁画中侍者所持物品单一，画面的形式也与上述墓葬所见有很大的不同。
[3] 阿拉斯不断地从观者的角度解释科萨的作品。与科萨的作品陈列于教堂内的情形不同，一般说来，墓葬并不是一个公共空间。关于墓葬壁画的观者，我曾有过专门的讨论，指出墓主的灵魂和个别情况下在墓门封闭前可能进入墓室的生者，都可能是壁画预设的观者（参见本书《关于汉代丧葬画像观者问题的思考》一文。在此需要补充的是，那些在壁画完工后前来验收的赞助人、在墓葬中作画的画工，也是现场的观者。特别是后者在创作时的态度与心理，也应是美术史研究关注的问题。

的问题，建立一种什么样的叙事框架？

二

20世纪以来的研究者之所以将墓葬壁画纳入中国绘画史，首先是因为古代绘画史料的缺乏，这些考古材料可以发挥"填补空白"的作用。从这一点上说，墓葬壁画的确使得中国绘画史在时间维度上向前大幅延伸。

许多英文版本的中国美术史著作常常提到美国波士顿美术馆所存早年河南洛阳郊区（传为八里台）一座西汉墓山墙上的壁画[1]。1934年，贺昌群将这组文物介绍到中国[2]，启动了中国学者以墓葬壁画讨论中国早期绘画的学术史。但是，为什么这些名不见经传、曾被密封在幽暗的地下的绘画作品可以登堂入室，以合法的身份与荆关董巨、吴门四家的作品相提并论？这些考古发现的材料，与传统绘画史视野中的卷轴画是什么关系？这些前提性的问题很少被加以讨论。这些问题涉及考古学与艺术史的关系、史学观念的变化等重要的理论课题。要全面地回答这些问题，并不是一两篇文章可以完成的，我这里所提出的，只是思考这类问题的一些片断。

有些中国绘画通史著作给我们的印象是：史前和先秦是一大堆盆盆罐罐上的纹样，汉魏晋南北朝绘画包含了帛画和墓葬壁画、画像砖石、石窟壁画等不同形式，唐代绘画由传世的卷轴画和墓葬壁画、石窟壁画共同构成，再往后，墓葬壁画则渐渐淡出历史舞台，一部绘画史便转向单纯的卷轴画史。这样看来，墓葬壁画与卷轴画似乎有一个此消彼长的过程；早期绘画史有作品而无作者，后来（如魏晋时期）有作者而无作品，再往后既有作者又有作品。实际上，这是由于材料的局限和叙事的简单化而带来的错觉。

---

[1] Otto Fischer, *Die Chineseische Malerei der Han-Dynastie*, Berlin: Neff Verlag, 1931, pp. 82-83; Kojiro Tomita, *Portfolio of Chinese Paintings in the Museum (Han to Sung Periods)*, Boston, 1933, pls. 1-8; Fontein Jan and Wu Tung, *Unearthing China's Past*, Boston: Museum of Fine Arts Boston, 1973, pp. 96-99.
[2] 贺昌群：《三种汉画之发现》，《文学季刊》创刊号，1934年1月，第233—236页。

逝者的面具

近年来，有学者提醒我们充分注意墓葬壁画的特性，注重研究古代的葬仪，也要认识到考古材料的偶然性和局限性[1]。还有学者将考古发现的早期图像材料以"礼仪中的美术"概括，以区别于后来主要为欣赏而创作的卷轴画[2]。这些思路比上述做法更值得提倡，我个人的研究也受到这些学者的影响。毫无疑问，身处在21世纪的今天，我们不必再将中国绘画史局限于卷轴画，甚至是文人画的范围内，诸如墓葬壁画、石窟壁画等材料的确可以成为中国绘画史一些值得研究的新系统。就像寺观和石窟壁画的研究必须考虑到宗教和社会的背景一样，研究墓葬壁画同样应当考虑到其丧葬的功用。

但是这种研究取向，并不意味着我们因此可以走向另一个极端——将所有时代的墓葬壁画仅仅看作一般社会观念的产物，看作丧葬礼仪和功能的附属品，看作一部思想史或物质文化史的材料，而忽视这些作品艺术形式本身的价值，忽视作品与作者创造性思维的关系。三十多年前，研究汉代艺术的美国学者费慰梅谈道：

> 如何看待艺术作品的内容呢？的确，无论艺术家使用什么材料，完成什么样的图案或设计，或者叙述某个故事，来表达他所继承的传统、他对外部世界的观察、他的情绪和对美的感受，他总要卷入一些外部因素之中，如赞助人或主人的各种要求。在富有创造性的艺术中，这些前后关联的方面总是学生、学者和批评家们所关注的基本问题，他们研究其传统和影响，讨论其年代和历史背景，对其形状、风格和设计因素进行分类，解释其象征意义以及其图像志的含义。这些煞费苦心的阐释对于我们理解至关重要。但是在实践中，那些研究者往往会因作品的内容而迷乱，无视创造出

---

[1] 如杨泓师认为："从考古学的角度来考察，对汉代墓室壁画研究的基础工作，是对汉代墓葬的综合研究。……如果不能弄清汉代的人是如何看待葬仪制度的，自然会用现代人的思维去'诊断'汉代壁画，得出的结论就可想而知了。"他还指出："在充分肯定汉墓壁画的发现对中国美术史特别是中国古代绘画史研究的重要作用的时候，也不应过分夸大汉墓壁画的艺术价值。因为汉墓壁画在题材方面受丧仪的局限，技法方面也仅能反映当时绘画艺术的一般情况，绝非代表汉代艺术的佳作。"见杨泓：《中国古代墓葬壁画综述》，考古杂志社：《探古求原——考古杂志社成立十周年纪念学术文集》，北京：科学出版社，2007年，第175、178页。
[2] 巫鸿：《礼仪中的美术——巫鸿中国古代美术史文编》，郑岩等译，北京：生活·读书·新知三联书店，2005年。

>   这些作品的双手和大脑。在这些学术讨论中，多么容易将主题和风格假想
>   为具有独立生命的实体！在一步步的风格分析中，又有多少次将它们看作
>   为单性生殖的婴儿！[1]

费慰梅的提醒在今天仍有其价值。在她的文章中，费氏谦卑地回避了对于艺术作品内容的研究，而特别注意材质、技术和风格的讨论，时时产生出富有启发性的创见。在经过了几十年新艺术史的潮流之后，我们没有必要退回到原来的立场，也许我们可以努力将社会史和文化史的研究，与作品形式和风格的分析打通，在一个新的基础上观察作品的形式与风格。在这个思路上，具体到墓葬壁画的研究，需要注意到的一个问题是这类壁画在各个时期的变化。

墓室壁画有着自身的文化传统，受到当时生死观念和其他宗教观念的影响，各个时期的墓葬前后有较强的传承关系，一些晚期墓葬往往延续着早期墓葬中的很多内容。但另一方面，古代墓葬壁画前后的变化又是十分明显的。如果说，我们可以将两汉的墓葬壁画大致解释为一种功能性绘画的话，那么，晚期的墓葬壁画却与传统的生死观和丧葬礼仪渐行渐远。曹魏实行薄葬，加之佛教的流行，人们对于墓葬的观念也发生了重要的转变，这些变化导致墓葬壁画内容和形式的改易。有些研究者往往将早期墓葬壁画中的一些问题简单地移植到后来其他时代的材料中，似乎从两汉到明清，墓葬中所有的绘画都是为了反映古人一成不变而又虔诚无比的"生死观"，这样的思考恐失之偏颇。

用于丧葬的墓室壁画和人们日常社会生活中的绘画性质不同，但是，这并不是说二者绝然独立发展而没有任何关联。墓葬系统虽然特殊，但说到底，墓葬壁画仍是以绘画的形式呈现出来的。社会生活中绘画的发展演变不可能不对地下的墓葬壁画产生影响，人们对于绘画审美价值的认识，绘画艺术的独立，绘画语言本身的丰富和发展，都会影响到墓葬壁画的内容与形式。在时代较晚的墓葬中，这一点表现得尤为明

---

[1] Wilma Fairbank, *Adventures in Retrieval: Han Murals and Shang Bronze Molds*, Cambridge: Harvard University Press, 1972, p. 4.

图 11　河北曲阳县西燕川村五代王处直墓东耳室东壁壁画中的山水屏风（采自河北省文物研究所、保定市文物管理处：《五代王处直墓》，彩版 18）

显。如河北曲阳县西燕川村五代王处直墓内那些画在屏风中的山水（图 11）、花鸟，虽不一定出自名家手笔，但的确可以看到与传世的董源山水、文献记载的徐熙装堂花之间的联系[1]。在辽宁法库叶茂台辽代 7 号墓，甚至直接将两幅立轴画张挂在了小木作棺室的内壁（图 12、13）[2]，虽然近来有学者从丧葬礼仪的角度对画中的内容进行了新的阐释[3]，但不可忽略的是，这些绘画不再是传统的壁画，而采用了立轴的形式。杨泓师曾经注意到河北井陉县柿庄金墓妇女捣练壁画，由此论及张萱《捣练图》摹本在民间的流行，指出"或许民间也会流传张萱画风的作品，甚至据其粉本绘成墓葬壁画，亦未可知"[4]。另一个著名的例子是山西大同元至元二年（1265）冯道真墓中的山水壁画[5]，除了其构图、笔法可以与传世的绘画进行比照外，画中还出现了"疏林夕照"的题款，与一幅手卷的形式无异（图 14）。很显然，这些晚期墓葬壁画在形式上与汉魏时期有较大的差别。我们当然还可以继续讨论壁画在墓葬特定的建筑空间中、在礼仪和宗教语境中的特殊意义（例如将冯道真墓的山水壁画与这位全真教的道官、

---

[1] 河北省文物研究所、保定市文物管理处：《五代王处直墓》，北京：文物出版社，1998 年；孟晖：《花间十六声》，北京：生活·读书·新知三联书店，2006 年，第 28—29 页；郑岩：《装堂花新拾》，《中国文物报》2001 年 1 月 21 日，第 4 版。
[2] 辽宁省博物馆、辽宁铁岭地区文物组：《法库叶茂台辽墓记略》，《文物》1975 年第 12 期，第 26—36 页。
[3] 李清泉：《宣化辽墓：墓葬艺术与辽代社会》，北京：文物出版社，2008 年，第 203—212 页。
[4] 杨泓：《记柿庄金墓壁画"捣练图"》，氏著：《逝去的风韵——杨泓谈文物》，北京：中华书局，2007 年，第 218—220 页。
[5] 大同市文物陈列馆、山西省云冈文物管理所：《山西省大同市元代冯道真、王青墓清理简报》，《文物》1962 年第 10 期，第 45 页。

压在"画框"上的笔尖

图 12　辽宁法库叶茂台 7 号墓出土的《深山会棋图》（采自中国古代书画鉴定组：《中国绘画全集（3）：五代宋辽金》第 2 卷，杭州：浙江人民美术出版社，1999 年，第 82 页，图 57）

图 13　辽宁法库叶茂台 7 号墓出土的《竹雀双兔图》（采自中国古代书画鉴定组：《中国绘画全集（3）：五代宋辽金》第 2 卷，第 84 页，图 59）

龙翔万寿宫宗主的身份联系起来考虑），但是，无论如何，我们不能忽视它们形式上出现的一些新变化，从这个角度讲，研究者有理由将《疏林夕照》图与传世卷轴画放在一起来观察[1]。

---

[1] 李铸晋：《鹊华秋色——赵孟頫的生平与画艺》，北京：生活·读书·新知三联书店，2008 年，第 156—160 页。

图 14　山西大同元代冯道真墓山水壁画（采自《文物》1962 年第 10 期，第 45 页）

三

　　谈及墓葬壁画的转变，一个值得深入分析的关键点是魏晋南北朝时期。在这个时期，绘画和其他艺术形式一样，步入了一个全新的阶段。与欧洲文艺复兴以后架上绘画兴盛的状况类似，独立的手卷越来越流行，并成为后来中国绘画的基本形式之一[1]。这些便于携带的手卷激发了人们购求阅玩、鉴识收藏的热情。本文开头提到的屏风，在魏晋南北朝时期不再只是一种家具，而转变为绘画的重要媒介和载体[2]。《历代名画记》卷二："必也手揣卷轴，口定贵贱，不惜泉货，要藏箧笥，则董伯仁、展子虔、郑法士、杨子华、孙尚子、阎立本、吴道玄屏风一片，值金二万，次者售一万五千。（原注：自隋已前多画屏风，未知有画幛，故以屏风为准也。）"[3] 从考古发现的材料来看，这时期一扇屏风内往往绘有一幅画，"扇"成为"幅"的同义词。

　　2004 年，在西安北郊北周天和六年（571）康业墓内发现一具带围屏的石棺床[4]，

---

[1] 手卷式绘画的雏形在东汉已经出现，至南朝刘宋装背日精，确立其形制。挂轴则粗成于唐代，完备于北宋。有关论述见薛永年：《晋唐宋元卷轴画史》，北京：新华出版社，1993 年，第 2 页。

[2] 两汉时期的屏风也见有彩画装饰，但在汉代壁画和画像石中，屏风并不是一种独立的形象或题材，它常常是墓主画像的背景，屏风的功能在于营造一种空间，而不在于为一幅画提供一个平台。或者说，这时期的屏风主要是以一种家具的形象出现在绘画中的。到了唐代，当张彦远提到屏风时，他记载的不再是一件家具，而是一件绘画作品，在这里，屏风不过是绘画的载体。关于屏风与屏风画的讨论，见杨泓：《逝去的风韵——杨泓谈文物》，第 32—45 页。

[3] 张彦远撰，秦仲文、黄苗子点校：《历代名画记》，北京：人民美术出版社，1963 年，第 31 页。关于"画幛"的研究，见扬之水：《终朝采蓝》，第 37—41 页。

[4] 西安市文物保护考古所：《西安北周康业墓发掘简报》，《文物》2008 年第 6 期，第 14—35 页。

其中的一扇屏风上描绘了墓主的正面像，这位墓主身处一屋宇之下，其坐具同样是一具带围屏的床。值得留意的是，其背后围屏中所装饰的是一组独立的山水画（图15）。虽然线条简略，但这几乎是我们迄今所见最早的独立山水画的例子，也可以看作富平墓山水屏风的"前辈"。这一例子向我们展现了山水画早期阶段的一个重要特征，即这些新的绘画题材，往往是以屏风的形式出现于人们的生活中的。

耐人寻味的是，当我们后退一步来整体地观察康业石棺床时，又会发现一种特别的现象：石围屏的画像并没有沿袭日常生活的题材，即每一扇屏风所装饰的不是这些单纯的、更具有审美价值的山水，而是各种不同形式的墓主画像，诸如鞍马、牛车等这一时期墓葬壁画和明器中流行的题材，也都出现在了屏风中。因为这张床已不再是日常生活中普通的家具，而是安放墓主遗体的葬具[1]，所以它的画像更多的不是来源于日常生活中的绘画，而是要表达特定的丧葬观念，要与当时墓葬壁画、俑群的题材相一致。这些题材的设计与其说意在装饰一套家具，倒不如说是利用图像为死者构建另一种"生活"。

图15　陕西西安上林苑住宅小区基建工地北周康业墓石棺床上的墓主像（采自《文物》2008年第6期，第31页）

---

[1] 前述富平墓山水屏风壁画和棺床组合所反映的，便是这种石棺床的结构。关于康业墓石棺床的讨论，参见本书《逝者的"面具"——论北周康业墓石棺床画像》一文。

逝者的面具

这个与丧葬观念密切联结的图像系统，在汉代墓葬中就已经大致形成。例如，在内蒙古和林格尔小板申东汉墓中，表现墓主生前经历的车马行列、城池府舍从甬道开始，经前室四壁、前中室之间的通道，一直到延续到中室[1]。在河南偃师杏园村东汉墓，大规模的车马出行壁画在前室四壁依次衔接，长达12米[2]。河北望都所药村1号墓所描绘的墓主属吏从前室南壁墓门两侧经过左右壁一直延伸到前中室之间的通道[3]。这些壁画大多不是在二维的平面上展开的，而是与墓室三维的建筑空间结合在一起。当我们观看这些漫无边际的图像时，很容易忘记墙壁的存在。壁画已经将墓室有限的建筑空间转化为一个更加辽阔广大的图像世界。

在北朝墓葬中，壁画传统的主题和构图方式仍在延续，与此同时，一种新的构图方式出现了。在康业墓石棺床上，表现墓主身份的传统主题不仅在具体的题材构成上发生了变化，而且获得了新的形式——它们被分割为相对独立的单元，分别安排在一扇扇屏风之中。我们看到的既是画面中的形象，又是一扇屏风，是一幅具有物质性的绘画。

新的变化不仅局限于葬具，同样也表现在这一时期墓葬壁面的装饰上。例如，山东临朐海浮山北齐天保二年（551）崔芬墓壁画就出现了新的画法[4]。这座单室墓的东、北、西三个壁面上绘屏风（图16），但屏风的连续性被北壁和西壁的小龛破坏，屏风的结构变得散乱而不可理解，其作为家具的完整性不复存在，但其每一扇仍是完整的，可以满足画框的需要。显然，这套壁画的作者首先将他的作品看作独立的"画"，然后才是传统意义的"壁画"。屏风中出现了树下高士，这可以解释为当时流行的一种题材[5]。但是，鞍马、舞蹈等也被画到了屏风内，传统题材因此被纳入了新的"框架"中。

---

[1] 内蒙古自治区博物馆文物工作队：《和林格尔汉墓壁画》，北京：文物出版社，1978年。
[2] 中国社会科学院考古研究所河南第二工作队：《河南偃师杏园村东汉壁画墓》，《考古》1985年第1期，第18—22页。
[3] 北京历史博物馆、河北省文物管理委员会：《望都汉墓壁画》，北京：中国古典艺术出版社，1955年。
[4] 临朐县博物馆：《北齐崔芬壁画墓》，北京：文物出版社，2002年，第23—32页。
[5] 如山东济南八里洼北齐墓就有同类壁画发现。山东省文物考古研究所：《济南市东八里洼北朝壁画墓》，《文物》1989年第4期，第67—78页。

压在"画框"上的笔尖

图16　山东临朐海浮山北齐崔芬墓西壁与北壁（采自临朐县博物馆：《北齐崔芬壁画图》，彩图15）

四

我们再借助文献材料，来看一下古人如何观看和描述壁画。由于墓葬壁画很少见于文献记载，我们所采用的材料是围绕着地上建筑中的壁画展开的。毋庸讳言，这些文字的性质和文体彼此不同，年代跨度也较大，然而，它们与所述绘画的时代接近，或可以在一定程度上反映出彼时人们观看和理解壁画的方式的变化。如果我们承认作品与观者之间存在一种互动关系，那么，这种观看和叙述方式的变化，便可以成为我们理解壁画形式转变的一个有意义的角度[1]。

---

[1] 殿堂寺观壁画与墓葬壁画的功能和意义有所差别，但它们都采用了壁画的形式，所以，在同一历史时期内，二者仍有一定的可比性。

367

逝者的面具

　　我所举的最早的一个例子是屈原的《天问》[1]。按照东汉王逸《天问章句序》的说法，这一作品是屈原遭到放逐以后，见到楚"先王之庙及公卿祠堂"中的壁画，"因书其壁，何（呵）而问之，以泄愤懑，舒泻愁思"[2]。孙作云认为《天问》写于楚怀王三十年（公元前299）秋[3]。根据孙作云的归纳，《天问》全文依次为问天、问地、问人类开始、问舜事、问夏事、问商事、问西周事、问春秋事、杂问四事和结语[4]。从这些内容中，我们可以捕捉到一种眼光和思绪移动的"程序"，即先从空间开始，由建筑内部的壁画联想到茫茫宇宙，继而又按照时间的线索，回顾春秋之前全部的人类历史。孙作云指出："《天问》虽然是根据壁画发问的，但不能因此说，凡是《天问》中所问的，都一一见于壁画。"[5]因此，这些文字不见得是对壁画的如实描述，作者只是借助壁画中的种种题材，"以泄愤懑，舒泻愁思"，而建筑结构和画面形式并没有呈现于文字的表面。《天问》中所表现的，与其说是屈原之所见，倒不如说是其所思。换言之，在这些文字中，壁画只是宇宙和历史的"引线"，它们作为视觉艺术作品的特性，并没有得到充分表现。

　　与屈原的心境不同，四百多年后，王逸的儿子王延寿自楚地北上鲁国，目的只是"观艺于鲁"。当他看到西汉鲁恭王刘余所建造的灵光殿豪华气派，大为惊异，于是写出了著名的《鲁灵光殿赋》。赋的开篇先颂扬汉朝创基、俾侯于鲁，以及作京筑城的宏伟大业，继而叙述灵光殿丰丽博敞的建筑以及华丽无比的装饰。作者将这座建筑的总体格局与天上的星宿相比照，又根据自身位置的变换，依次叙述"崇墉"、"朱阙"、"高门"、"太阶"、"堂"，而后穿过"金扉"向北行，进入曲折幽邃的"旋室"、"洞房"，闲宴的"西厢"和重深的"东序"，继而铺叙了梁柱、门窗、天井等建筑部件的华美。

---

[1] 洪兴祖撰，白化文等点校：《楚辞补注》，重印修订本，北京：中华书局，1983年，第85—119页。限于篇幅，此处不再引用其原文。
[2] 同上书，第85页。孙作云认为，屈原所见，是春秋末年楚昭王十二年（公元前504）从郢都迁往鄀地（今湖北宜城县东南45公里处）所建楚宗庙中的壁画。孙作云《从〈天问〉中所见的春秋末年楚宗庙壁画》，氏著：《天问研究》，郑州：河南大学出版社，2008年，第62页。
[3] 孙作云：《〈天问〉的写作年代及地点》，氏著：《天问研究》，第12页。
[4] 孙作云：《〈天问〉校正本》，氏著：《天问研究》，第102—108页。
[5] 孙作云：《从〈天问〉中所见的春秋末年楚宗庙壁画》，氏著：《天问研究》，第62页。

接下来的一段常常被研究汉画像砖石的学者们所征引：

> 飞禽走兽，因木生姿。奔虎攫拏以梁倚，仡奋亹而轩鬐。虬龙腾骧以蜿蟺，颔若动而躨跜。朱鸟舒翼以峙衡，腾蛇蟉虬而绕榱。白鹿孑蜺于欂栌，蟠螭宛转而承楣。狡兔跧伏于柎侧，猿狖攀椽而相追。玄熊舑舕以断断，却负载而蹲跠。齐首目以瞪眄，徒脈脈而狋狋。胡人遥集于上楹，俨雅跽而相对，仡欺㹜以雕眠，鹡鵫鵫而睽睢。状若悲愁于危处，憯嚬蹙而含悴。神仙岳岳于栋间，玉女窥窗而下视。忽瞟眇以响像，若鬼神之仿佛。[1]

这段文字似乎是对一些建筑构件上的浮雕的描写，所有的形象都和具体的建筑构件结合在一起。在下一段文字中，种种建筑术语不复存在，使我们联想到那些图像是在平整的墙面上铺展开来的：

> 图画天地，品类群生，杂物奇怪，山神海灵。写载其状，托之丹青，千变万化，事各缪形；随色象类，曲得其情。上纪开辟，遂古之初；五龙比翼，人皇九头；伏羲鳞身，女娲蛇躯。鸿荒朴略，厥状睢盱；焕炳可观，黄帝唐虞。轩冕以庸，衣裳有殊，下及三后，淫妃乱主；忠臣孝子，烈士贞女。贤愚成败，靡不载叙；恶以诫世，善以示后。[2]

显然，后一段文字仍保留了《天问》从空间到时间的叙事构架。但是，这里说的天与地，是"图画"的"天地"，文字的指向不是一种思想或观念，而是具体的视觉形象。对人物的描写，也从屈原笔下的"女娲有体"发展到"女娲蛇躯"这类具体的表述，所有的画面都"焕炳可观"。之后，作者简单提到了画面的教化功能——"恶以诫世，善以示后"。赋的最后又采取宏观的视角回望整套建筑及其与环境的关联，将灵光殿的意义提升到"瑞我汉室，永不朽兮"的历史高度。

---

[1] 萧统编，李善注：《文选》第 2 册，上海：上海古籍出版社，1986 年，第 514—515 页。
[2] 同上书，第 515—516 页。

逝者的面具

在王延寿的笔下，壁画图像与建筑的关系进一步明确。但是，在赞叹壁画"千变万化，事各缪形；随色象类，曲得其情"的同时，他仍强调壁画内容上的关联。这种状况在我们所举的第三个例子——张彦远的《历代名画记》——中发生了变化。该书卷三之"记两京及外州寺观画壁"一节中记载了大量寺观壁画，我们任意选取长安"慈恩寺"一条，来看他的记述方式：

> 塔内面东西间，尹琳画。西面菩萨骑师子，东面骑象。
> 塔下南门尉迟画。西壁千钵文殊，尉迟画。
> 南北两间及两门，吴画，并自题。
> 塔北殿前窗间，吴画菩萨。殿内杨庭光画经变，色损。
> 大殿东轩廊北壁，吴画未了。旧传是吴，细看不是。
> 大殿东廊从北第一院，郑虔、毕宏、王维等白画。
> 入院北壁，二神甚妙，失人名。
> 两廊壁间阎令画。中间及西廊李果奴画行僧。
> 塔之东南中门外偏，张孝师画地狱变，已剥落。
> 院内东廊从北第一房间南壁，韦銮画松树。
> 大佛殿内东壁好画，失人名。
> 中三门里两面，尹琳画神。[1]

在张彦远的文字中，建筑仍然存在，但是没有对其结构完整的描述，述及西壁，却不提东壁，说到第一间，却不顾第二间，也没有涉及壁画内容之间的关联，上文所见的时空坐标不复存在。张氏似乎在寺院中挑选了一些作品，其选择的依据是画家的名望和作品的水平，正像书名所说的那样，他所选取的是一幅幅"名画"[2]。张彦远的

---

[1] 张彦远撰，秦仲文、黄苗子点校：《历代名画记》，第50—51页。
[2] 李星明《唐代墓室壁画研究》一书的下编为"绘画史中的唐墓壁画"，他的目标是"将壁画从墓葬中'剥离'出来，暂时脱离墓葬文化的上下文，将其置于唐代绘画史的语境中来阐发起艺术方面的意义"（第229页）。作者未对这一方法的前提加以说明。在我看来，尽管李著所说的"绘画史"也许过分拘泥于其传统的意义，但这种做法的确与《历代名画记》的叙事方式"暗合"。

记述在很大程度上忽略了壁画的内容，更没有考虑其宗教意义。这些寺院被转换成一座座展览名家绘画作品的美术馆，所有的壁画就像陈列在展厅中的屏风和卷轴。

我们不能将这种转换简单地理解为一位专门治绘画史的学者独有的方式。这些混迹于车水马龙的大都会中的宗教壁画，之所以能够吸引百姓的目光，并不只是因为它们的宗教价值，而是其日益世俗化的风格，正像寺院内的俗讲，之所以令贩夫走卒趋之若鹜，更主要的是因为其宣讲的方式越来越具有文学魅力[1]。（如当时的慈恩寺，就是长安城中戏场最集中的地方[2]。）吴道子在兴善寺内所绘地狱变相，固然可以有"京都屠沽渔罟之辈，见之而惧罪改业者，往往有之，率皆修善"的教化功能，同时，他画神像时，也像是在演出一场大戏，"长安市肆老幼士庶竞至，观者如堵。其圆光立笔挥扫，势若风旋，人皆谓之神助"[3]，"喧呼之声，惊动坊邑"[4]。这样一堵壁画的感染力主要不在于绘画的题材，而在于画家高超的技法。所以，那些前往寺院看画的人们，往往也带着一双审美的慧眼。

在唐代，从"壁画"到"画"的联系不仅表现于概念上，有时也表现于物质层面上。张彦远记长安兴唐寺西院"又有吴生（道子）、周昉绢画"[5]，薛永年指出："这种绢画或裱于墙壁，或悬挂于墙壁，因绢幅的门面有一定尺度，制作壁画如不拼接缝合，便需要由数幅组成一铺，唐诗中'流水盘回山百转，生绡数幅垂中堂'者，即是不贴于壁面而由数幅组成的活动壁画。"[6]唐代寺院中的这类特殊绢本壁画，在形式上可以看作卷轴画与壁画的桥梁。更耐人寻味的是壁画被人们切割收藏的史实：

> 会昌中多毁折，今亦具载，亦有好事收得画壁在人家者。[7]

---

[1] 有关讨论见向达：《唐代俗讲考》，氏著：《唐代长安与西域文明》，北京：生活·读书·新知三联书店，1957年，第294—336页；郑振铎：《中国俗文学史》，上海：上海人民出版社，2006年，第154页。
[2] 《南部新书》戊："长安戏场多集于慈恩，小者在青龙，其次荐福、永寿。尼讲盛于保唐，名德聚之安国，士大夫之家入道尽在咸宜。"钱易撰，黄寿成点校：《南部新书》，北京：中华书局，2002年，第67页。
[3] 于玉安：《中国历代美术典籍汇编》第六册，《唐朝名画录》，天津：天津古籍出版社，1997年，第290页。
[4] 俞剑华注译：《宣和画谱》卷二《道释二》，南京：江苏美术出版社，2007年，第59页。
[5] 张彦远撰，秦仲文、黄苗子点校：《历代名画记》，第53页。
[6] 薛永年：《晋唐宋元卷轴画史》，第3页。
[7] 张彦远撰，秦仲文、黄苗子点校：《历代名画记》，第49页。

逝者的面具

会昌五年（845），武宗毁天下寺塔，两京各留三两所，故名画在寺壁者，唯存一二。当时有好事，或揭取陷于屋壁。已前所记者，存之盖寡。先是宰相李德裕镇浙西，创立甘露寺，唯甘露不毁，取管内诸寺画壁，置于寺内……[1]

壁画的宗教价值在武宗灭法的狂飙中被否定，人们切割揭取下来的壁画，脱离了建筑母体，获得了独立的身架，凸现出来的是名家壁画流畅飞动的线条和红深绿浅的色彩。

五

让我们返回图像的世界。

富平朱家道村的壁画实在为我们的想象力提供了太多的空间，这种想象对于美术史的研究来说并非毫无价值。与生硬地从墙上揭取壁画不同，朱家道墓的画工利用自己的画笔，巧妙地将漫无边际的墙壁转化成了似乎可以轻易移动的屏风。彼此独立的屏风给人的视觉印象是，这些题材各异的画作并不单纯是为丧葬需要而准备的一套"壁画"，而是一幅幅标准的"画"。适于这套画作的观看和描述方式，不是屈原式和王延寿式，而是时代与之接近的张彦远式。

与人来人往的寺观不同，这里毕竟是幽暗的地下墓室。死亡是令人恐惧的，不管画工们将这里装点得多么温暖，墓室总是不祥之地，是那些善于咏诗属文的学者们不予注意的地方。在一般情况下，生人无法看到这些画在阴冷的墓葬中的绘画[2]。也许

---

[1] 张彦远撰，秦仲文、黄苗子点校：《历代名画记》，第 71 页。又见宋郭若虚《图画见闻志》卷五"会昌废壁"条，《图画见闻志》，北京：人民美术出版社，1963 年，第 127—128 页。
[2] 我曾根据墓葬门外甬道两壁的题记，推测陕西旬邑百子村东汉墓壁画曾在完成后，有可能对外界开放。（参见本书《关于汉代丧葬画像观者问题的思考》一文）有论者误认为我说的是一种普遍的现象。其实我在文中已经强调，我所讨论的只是一个特例。

出钱的丧家可以看到这些壁画，但我们很难想象，画工画出那些手捧笔墨的侍者，雇主便会增加他的工钱。我倾向于认为，作者的用意出自对自己身份的认定。命运决定了画工工作的场所局限于墓室之中，但是，这些形式特殊的画作可以提醒画工自己：他不再是一位传统意义上的墓葬壁画匠师，而是可以和那些载入史册的名家们相比肩的画家，因为他的作品不再只是"壁画"，而是"画"，甚至比那些寺观内的壁画更具有"画"的身架，屏风外那些手捧笔墨的人即便是墓主的家奴，此时也已被主人差遣来侍奉这位尊贵的画家。

令人惊异的是，屏风中所见的仙鹤、狮子、牛、山水，大致与唐人对于绘画题材分类的方式相应。如朱景玄在《唐朝名画录》序中提到的四个门类是"人物"、"禽兽"、"山水"和"楼殿屋木"[1]。朱景玄说到程修己，"尤精山水、竹石、花鸟、人物、古贤、功德、异兽等"[2]。

张彦远说："何必六法俱全（原注：六法解在下篇），但取一技可采。（原注：谓或人物、或屋木、或山水、或鞍马、或鬼神、或花鸟，各有所长。）"[3] 该墓室较小，壁画很可能是一人独立完成的。在绘制这样的壁画时，他俨然不只是一位"但取一技可采"的人，而是能够在不同的屏风上将各种题材的作品一挥而就[4]。屏风以外还绘有乐舞、门吏、星空，但那不过是传统的延续和制度的需要，而不是他主要兴趣之所在。他为死者提供的不再只是一个宗教的、功能性的空间，而是一个五彩斑斓的绘画天地。

长期以来，人们习惯于在"墓葬制度"的概念下，利用类型学方法将墓葬壁画进行分类研究，这样便可以从总体上把握古代墓葬壁画发展变化的基本情况，有利于

---

[1]《唐朝名画录》，第288页。
[2] 同上书，第296页。
[3] 张彦远撰，秦仲文、黄苗子点校：《历代名画记》，第12页。白适明认为，8世纪之盛唐时期已经形成了"人物"、"屋宇"、"山水"、"鞍马"、"鬼神"和"花鸟"等六大画科，至11世纪左右才开始产生更细腻的转变。白适明：《盛世文化表象——盛唐时期"子女画"之出现及其美术史意义之解读》，中山大学艺术史研究中心编：《艺术史研究》第9辑，广州：中山大学出版社，2007年，第46页，注释2。
[4] 2008年9月26日，在杭州召开的"考古与艺术史的交汇"国际学术研讨会上，雷德侯（Lothar Ledderose）教授提醒我注意，也许该墓壁画是由多位画工合作完成的。如果这种可能性成立，那么，他们的分工形式可能就比较接近在寺观内绘制壁画的画工，即不同的画家负责不同壁面上的绘画。

观察和掌握许多具有普遍性的问题。但是，在类型学的研究中，我们很容易将一些具有独特性的东西排除[1]。而美术史研究在关心作品时代风格等共性问题的同时，也要注意研究一些富有个性的作品。几乎所有研究者都注意到朱家道墓壁画所显示出的个性，这种个性是无法在"墓葬制度"的层面进行解释的，它所显示的正是画工在一定范围和程度上所具有的自主性。又如，节愍太子李重俊墓墓道第一过洞东侧小龛的两侧各绘了一位男侍，按照"制度"或传统，这两位男侍应是拱手肃立的姿态，就像其他类似位置常见的形象一样；但是，画工偏偏将北侧的一位画成正匆匆从远处奔跑而来的样子[2]。在李宪墓墓道北壁上绘门楼，大概也是"制度"的规定，但画工却在门楼东开间竹帘后画出一位躬身向下眺望的书生的侧影[3]。如果忽略掉这类细节，这些壁画与流水线上批量生产出的盆子罐子又有多大的区别？

朱家道墓壁画的作者似乎有一种愿望，他试图在壁画中突出自己的价值。这种身份的自我认定是与以往不同的，与之形成鲜明对比的是陕西旬邑县百子村东汉墓的例子[4]。该墓后室两侧壁上描绘了墓主夫妇接受属下拜谒的场面，画工夫妇也出现在那些属吏的行列中（图17）。这是目前见到的中国最早的"自画像"。这位画工谦卑之至，并没有写上自己的名字，而只写了"画师工"三字（图18），他在整套壁画中只是一个小小的配角。如果没有题记，我们无法将他与其他的形象区分开来。

即使如此，我们也不能认为汉代的画工们完全是在从事一种被动的、不具有创造力的工作，否则，我们就无法解释为什么同样的题材，在汉代被表现得风格各异。实际上，汉代画工在考虑到壁画的宗教和礼仪功能以外，也致力于绘画语言的探索。在汉代壁画的研究中，我们要特别注意中国早期的绘画语言是如何在这个时代进行试验并日益丰富的。

陕西西安理工大学基建工地汉墓东壁有一幅射猎图，在墓葬特殊的环境下，两千

---

[1] 考古类型学采用的"典型器物"必须"使用量大"，这样"才能在各遗迹单位有较多发现，便于比较"。俞伟超：《考古学是什么——俞伟超考古学理论文选》，北京：中国社会科学出版社，1996年，第78页。
[2] 陕西省考古研究所、富平县文物管理委员会：《唐节愍太子墓发掘报告》，北京：科学出版社，2004年，第49页。
[3] 陕西省考古研究所：《唐李宪墓发掘报告》，北京：科学出版社，2005年，第131页。
[4] Susanne Greiff, Yin Shenping, *Das Grab des Bin Wang: Wandmalereien der Östlichen Han-zeit in China*, Verlag des Römisch-Germanischen Zentralmuseums in Kommission bei Harrassowitz Verlag · Wiesbaden, Mainz, 2002.

图 17（上） 陕西旬邑百子村东汉墓后室西壁壁画（Susanne Greiff, Yin Shenping, *Das Grab des Bin Wang: Wandmalereien der Östlichen Han-zeit in China*, abb. 28）

图 18（右） 陕西旬邑百子村东汉墓后室西壁壁画中的"画师工"（采自徐光冀主编：《中国出土壁画全集》第 6 卷，北京：科学出版社，2012 年，第 125 页，图 118）

年后，画像底稿的一些线条隐约显现了出来，仔细观察可以看到，在底稿中，有的马前腿本来是向后收起的，但在定稿时，画者又将前腿改为平行前伸的样子，这样一来，马儿的动势更加强烈（图 19、20）[1]。

这样的修改，不会对主题以及所表达的观念有任何影响。那么，画工为什么要费心劳神地对这些马腿进行修改呢？答案很可能

---

[1] 国家文物局：《西安理工大学西汉壁画墓》，《2004 中国重要考古发现》，北京：文物出版社，2005 年，第 107—113 页。该墓壁画中马儿四肢腾空，前后同时平伸的姿态与法国浪漫主义画家席里柯（Theodore Géricault，1791—1824）《爱普松赛马》一图中的马相似，这种画法在中国古代十分常见，相关讨论见郑岩：《中国古画中马儿的爱普松跑法》，杨泓等著：《马的中国历史》，香港：商务印书馆，2008 年，第 90—96 页。

逝者的面具

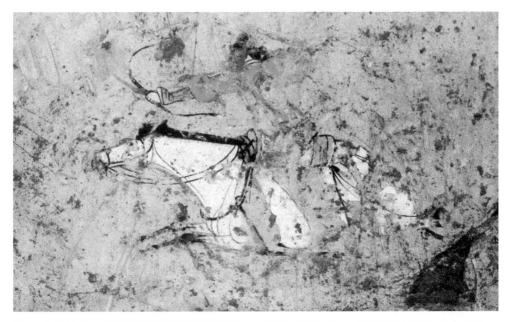

图 19　陕西西安理工大学基建工地汉墓东壁射猎图局部之一（采自国家文物局：《2004 中国重要考古发现》，第 109 页）

图 20　陕西西安理工大学基建工地汉墓东壁射猎图局部之二（采自国家文物局：《2004 中国重要考古发现》，第 109 页）

是，这位画工并不只是在被动地工作，他面壁而立，端详，沉思，推敲，不为这些绘画在丧葬礼仪中的功用，不为雇主的工钱，只是为了把这些奔跑的马儿画得更好。这时候，他就不再是一位仅仅为稻粱谋的普通工匠，而是一位富有自觉意识的艺术家了。也正因为如此，我们才可以将这些作品写入一部中国绘画史。

本文原刊于《新美术》2009年第1期，第39—51页；范景中、郑岩、孔令伟主编：《考古与艺术史的交汇》，杭州：中国美术学院出版社，2009年，第82—104页。在写作过程中，曾得到李清泉、徐涛、雷德侯、张鹏、韩小囡、刘婕、郑以墨和王哲等师友的帮助，特此鸣谢！

论"半启门"

一

双扉安设的门,一扉关闭,另一扉微微开启,一位女子从缝隙间露出半身。

这是中国古代绘画和雕刻中常见的一个画面,从汉代开始,就出现于墓室、墓祠和石阙画像中,到唐辽宋金元时期再度盛行,既见于墓葬,又见于石窟、塔、经幢、舍利函、铜镜、瓷枕、玉器和卷轴画等载体,在晚近的艺术作品中也偶有所见。这一母题被研究者称为"妇人启门"、"妇人掩门"、"启门图"、"半启门中探身人物"等。为了行文方便,本文简称之为"半启门"。

材料是研究的基础,然而,考古材料的出土与研究的跟进并不同步。早在1944年,莫宗江和王世襄就已经注意到四川宋墓中的此类雕刻(图1)[1]。1957年,宿白报道了河南禹县白沙三座北宋墓的材料,将墓中此类图像称作"妇人启门",并汇集相关图像和文献材料,就其在墓葬空间中的功能作了审慎的讨论[2]。但是,这只是对于偶然获得的考古材料的分析,并不是有目的、主动性的专题研究,相反,这些内容还在一定程度上偏离了当时的主流话语[3]。

---

[1] 莫宗江:《宜宾旧州坝白塔宋墓》;王世襄:《四川南溪李庄宋墓》,均载《中国营造学社汇刊》第7卷第1期(1944年),第105—110、129—139页。莫宗江指出,旧州坝 I. P. 101 号宋墓墓室北壁(正壁)"龛之内辟格子门两扇……门之东扇稍北错如半启;夹门雕出一妇人,面向墓室中作欲出状。衣裙襖,髻鬟挽结于顶上,手捧一物,不辨为何。此制以今所知,似为通行之手法。其意义何属,有俟博雅"(莫文,第109页)。针对南溪李庄唐家湾墓甲正壁后龛同样的图像,王世襄论曰:"门蔽半身之妇人,为全墓最易引人注意之点。……其形制与宜宾旧州坝宋墓所见者,颇多似处,可见为当时极普遍之装饰。"(王文,第132页)
[2] 宿白:《白沙宋墓》,北京:文物出版社,1957年第1版。此据2004年第2版,第54—55页。
[3] 例如,在1959年特殊的政治背景下,宿白无奈地发表了一份"检讨",其中特别谈到《白沙宋墓》对于"墓主人开芳宴"、"妇人启门"等图像的描述,"是抱着欣赏态度来叙述的",未能发现其中的"非常明显的阶级斗争、阶级对比"。宿白:《彻底改造自己,高举红旗前进》,《考古》1959年第2期,第68页。

时隔三十多年，梁白泉发表了《墓饰"妇人启门"含义揣测》一文[1]，重拾这一话题。这篇短文引发了后来人们对于半启门图持续的讨论[2]。这个题目不仅为考古学和美术史研究者所注意，也受到历史学家的关注，这从一个侧面反映了古代图像材料正日益受到多个学科的重视。

更为重要的是，论题的选择反映了学术研究方向的转换。一般地说，半启门图难以与经济史、政治史和军事史建立直接的联系，无法进入主体历史叙事，而有可能关系

图1 南溪李庄镇唐家湾宋墓甲正壁后龛半启门图（采自《中国营造学社汇刊》第7卷第1期，第139页，插图3）

---

[1] 梁白泉：《墓饰"妇人启门"含义揣测》，《中国文物报》1992年11月8日，第3版。最近，作者又对该文进行了较大幅度的修订，认为"它的含义，当可解读为墓葬者祈望墓主人，从此升天成仙而永生"。见梁白泉：《墓饰"妇人启门"含义蠡测》，《艺术学界》2011年第2期，第63—73页。

[2] 相关的论述主要有刘毅：《"妇人启门"墓饰含义管见》，《中国文物报》1993年5月16日，第3版；郑滦明：《宣化辽墓"妇人启门"壁画小考》，《文物春秋》1995年第2期，第73—74页；土居淑子：《古代中国の半開の扉》，《古代中国考古·文化論叢》，东京都：言叢社，1995年，第253—292页；郑岩：《民间美术二题》，《民俗研究》1995年第2期，第89—93转77页；郑岩：《白驹过隙与侍者启门——东汉缪宇墓画像中的时间与空间》，《文物天地》1996年第3期，第15—17页；郑绍宗：《宣化辽墓壁画——中国古代壁画之精华》，《故宫文物月刊》1997年第12期，第102—125页；Paul R. Goldin, "The Motif of the Woman in the Doorway and Related Imagery in Traditional Chinese Funerary Art," Journal of the American Oriental Society, vol. 121, no. 4, Oct. – Dec. 2001, pp. 539-548；邓小南：《从考古发掘材料看唐宋时期女性在门户内外的活动——以唐代吐鲁番、宋代白沙墓葬的发掘资料为例》，《历史、史学与性别》，南京：江苏人民出版社，2002年，第113—127页；刘耀辉：《晋南地区宋金墓研究》，北京大学硕士学位论文，2002年，第33—34页；盛磊：《四川"半启门中探身人物"题材初步研究》，朱青生主编：《中国汉画研究》第1卷，桂林：广西师范大学出版社，2004年，第70—88页，又见朱青生主编：《中国汉画学会第九届年会论文集》，北京：中国社会出版社，2004年，第213—223页；冯恩学：《辽墓启门图之探讨》，《北方文物》2005年第4期，第30—34页；张鹏：《妇人启门图试探——以宣化辽墓壁画为中心》，《艺术考古》2006年第3期，第102—108转64页；吴雪杉：《汉代启门图像性别含义释读》，《文艺研究》2007年第2期，第111—120页；王天祥、李琦：《也论大足北山176与177窟：一个独特题材组合的案例——以"妇人启门图"为中心》，《艺术考古》2008年第4期，第107—110转79页；韩小囡：《图像与文本的重合——读辽代铜镜上的启门图》，《美术研究》2010年第3期，第41—46页；杨孝鸿：《汉代墓葬画像中"假门"现象之探讨——兼论灵魂升天还是回归》，中国汉画学会、四川博物院编：《中国汉画学会第十二届年会论文集》，香港：中国国际文化出版社，2010年，第88—93页；李清泉：《空间逻辑与视觉意味——宋辽金墓"妇人启门"图新论》，巫鸿、郑岩主编：《古代墓葬美术研究》第1集，北京：文物出版社，2011年，第329—362页；易晴：《试析宋金中原北方地区砖室墓中〈妇人启门〉图像》，樊波主编：《美术学研究》第1辑，南京：东南大学出版社，2011年，第107—127页；李明倩：《打开一扇门——中国古墓妇人启门图像研究综述》，《戏剧丛刊》2011年第5期，第84—85页。

到物质文化史、日常生活史、性别史、身体史等方面的研究。随着商品潮流与消费时代的到来，以及学术研究的多元化，学者们对于历史细节的兴趣日益浓厚，将目光投射到这些细微的材料上，是一种典型的新文化史研究的倾向。与此相关，中国美术史的写作方式正在经历着由以教材为主导的通史编纂向重视专题与个案研究转变，研究者的目光从经典作品逐步向更为广泛的视觉材料扩展，在这种背景下，这类图像也必然进入美术史学家的视野。而研究对象的改变，也伴随着问题和方法的变化。基于这种观察，关于半启门图的研究就必须从对于学术史和方法论的反思起步。

学者们关于半启门图的讨论有着各不相同的切入点。材料的时空关系是首先要注意的问题，如王世襄谈到，唐家湾宋墓的半启门图与四川芦山东汉建安十六年（211）王晖墓石棺前挡的半启门图（图2）相似，指出"考此制之由来，或可上溯至汉代"[1]。许多学者还曾细致梳理过汉代的材料。可以补充的是，山东邹城卧虎山2号西汉晚期墓石椁东端外侧刻两扇门扉，一人手上持节，从门缝中探出半身（图3）[2]。这是目前所见半启门图年代最早的一例。但是，我们至今无法证明汉代的半启门图与唐代以后该母题的流行有着必然的传承关系，更不必说这种图像盛衰的原因[3]。土居淑子曾提到，除了中国的材料，半启门图在古罗马石棺雕刻和庞贝壁画中也很常见。从半开启的门中走出的是希腊神话中的英雄赫拉克利斯（希腊文 Ηρακλῆς，转写为 Heracles, Herakles 或拉丁文 Hercules）或赫尔墨斯（希腊文 Ερμής，拉丁文 Hermes）[4]。但是，

---

[1] 王世襄：《四川南溪李庄宋墓》，第132页。
[2] 邹城市文物管理局：《山东邹城市卧虎山汉画像石墓》，《考古》1999年第6期，第43—51页；胡新立：《邹城汉画像石》，济南：山东美术出版社，2008年，第14页，图19。
[3] 1987年在山西大同湖东1号墓发现的一具漆棺的后挡，绘有半启门图，其年代属北魏平城时代，这是汉唐之间半启门图罕见的一次发现，见山西省大同市考古研究所：《大同湖东北魏一号墓》，《文物》2004年第12期，第31页，图10。
[4] Britt Haarløv: *The Half-Open Door: A Common Symbolic Motif within Roman Sepulchral Sculpture*, Odense University Press, 1977. 传说赫拉克利斯曾去冥府，并带回冥府之神哈笛斯（Hades）看守冥府之门的狗赛耳薄鲁斯（Cerberus），他的形象因此与冥府产生了联系。邢义田对于赫拉克利斯在东方的传播有着详细的研究，他指出"变形后的赫拉克利斯的造型元素和角色形象的确曾随着佛教传入中古中国"。见邢义田：《赫拉克利斯（Heracles）在东方——其形象在古代中亚、印度与中国造型艺术中的流播与变形》，荣新江、李孝聪编：《中外关系史——新史料与新问题》，北京：科学出版社，2004年，第15—47页；修订本见氏著：《画为心声——画像石、画像砖与壁画》，北京：中华书局，2011年，第458—513页。英译本见 I-tien Hsing, "Heracles in the East: The Diffusion and Transformation of His Image in the Arts of Central Asia, India and Medieval China", trans. by William Crowell, *Asia Major*, vol. XVIII. pt. 2, pp. 103-154. 同时，邢义田又对妄谈汉与罗马的直接关联持批评态度。见邢义田：《从金关、悬泉置汉简和罗马史料再探所谓罗马人建骊靬城的问题》，氏著：《地不爱宝——汉代的简牍》，北京：中华书局，2011年，第285—316页。

论"半启门"

图2 四川芦山东汉王晖墓石棺前挡半启门图（采自高文主编：《中国画像石全集》第7卷，郑州：河南美术出版社，2000年，第11页，插图14）

图3 山东邹城卧虎山2号西汉墓石椁东端外侧画像（采自胡新立：《邹城汉画像石》，第14页，图19）

目前并没有可靠的材料支持在汉和罗马的半启门图之间建立有效的链接。土居淑子提醒我们，仅凭形式上的相似尚不能证明两者间的联系，不能套用对于罗马石棺的解释来理解汉代石棺。

宿白在讨论白沙宋墓的半启门图时，并没有简单地将文字和图像进行直接关联，他谈道："按此种装饰就其所处位置观察，疑其取意在于表示假门之后尚有庭院或房屋、

厅堂，亦即表示墓室至此并未到尽头之意。"[1]这一见解是对于画面形式的分析，而不是对于意义的阐释。梁白泉的贡献是重新注意到这一母题的趣味，他推测这种图像"似反映了一个故事"，并试图从文献中寻找线索[2]。这篇短文尽管行文审慎，却将这项研究导向另外一个方向，即关于图像意义的讨论。这个问题引人入胜，所见成果也最多。

在讨论图像意义时，更为深入的观察具体到了图像内部的两个基本元素：人物和门。这涉及两个子问题：第一，她是谁？第二，这是一道什么门？

关于第一个问题，刘毅根据汾阳金墓的材料，将启门的女子认定为墓主生前的侍女姬妾之属，认为半启门图反映了别葬的妻妾希望自己的灵魂来到丈夫的归宿地[3]；郑滦明和郑绍宗则将宣化辽墓壁画此类图像中的人物分为侍女和婢妾[4]。历史学家还将这个问题进一步延伸到社会性别史的领域。戈尔丁注意到四川荥经东汉石棺画像中启门女子与接吻情节的关系（见图39），提出女子启门有着性的含义，代表了男性对于死后幸福生活的想象[5]。邓小南的研究重点则转向唐宋时期女性的社会生活史，认为以白沙宋墓为代表的妇人启门图是儒家礼教约束下女子"无故不窥中门"的反映[6]。

也有学者从信仰的角度来思考门后人物的身份，早在1983年，就有学者谈到芦山县王晖石棺前挡的半启门"是人神化了的朱雀形象"[7]。土居淑子的研究联系到了汉代"天门"的概念，认为立于门缝之间的人物虽然身份并不确定，但有不少与仙界有

---

[1] 宿白：《白沙宋墓》，第54—55页。
[2] 梁白泉：《墓饰"妇人启门"含义揣测》。梁文强调图像与文献的相关性，在这一方向上，王天祥、李琦引《战国策》等材料论证了四川大足北山176窟的"妇人启门图"的含义（王天祥、李琦：《também论大足北山176与177窟：一个独特题材组合的案例——以"妇人启门图"为中心》，第109页）；韩小囡则试图寻找图像和文学表达的契合点，将旧称为"楼阁人物镜"的宋代铜镜与《夷坚志》中的几个故事进行了对比，指出了铜镜图像与文学文本在构成元素上的雷同之处（韩小囡：《图像与文本的重合——读宋代铜镜上的启门图》，第44—46页。但其他学者多将这类铜镜的主题释为"明皇游月宫"的故事，见 Ju-hsi Chou, Circles of Reflection: The Carter Collection of Chinese Bronze Mirrors, Cleveland, OH, Cleveland Museum of Art, 2000, p. 87; Eugene Y. Wang, "Mirror, Moon, and Memory in Eighth-century China: From Dragon Pond to Lunar Palace," Cleveland Studies in the History of Art, vol. 9, no. 1, 2005, pp. 60-62；李清泉：《空间逻辑与视觉意味——宋辽金墓"妇人启门"图新论》，第346—347页）。
[3] 刘毅：《"妇人启门"墓饰含义管见》。
[4] 郑滦明：《宣化辽墓"妇人启门"壁画小考》；郑绍宗：《宣化辽墓壁画——中国古代壁画之精华》。
[5] Paul R. Goldin, "The Motif of the Woman in the Doorway and Related Imagery in Traditional Chinese Funerary Art"；关于四川荥经东汉石棺的报道，见李晓鸥：《四川荥经东汉石棺画像》，《文物》1987年第1期，第95页。
[6] 邓小南：《从考古发掘资料看唐宋时期女性在门户内外的活动》。李清泉的论述中也谈到这个问题，见李清泉：《空间逻辑与视觉意味——宋辽金墓"妇人启门"图新论》，第341—345页。
[7] 刘志远、余德章、刘文杰：《四川汉代画像砖与汉代社会》，北京：文物出版社，1983年，第103页。

关，发挥着引领死者进入仙境的作用[1]。吴雪杉注意到荥经石棺上的西王母画像，推断开门的女子可能是西王母的使者。他同时还指出，山东、江苏地区的启门者还包括男性，他们可能是死者灵魂栖息的"理想的家"中的侍者[2]。

上述解释与第二个子问题密切相关。巫鸿与土居淑子类似，也认为山东、四川汉代画像中的半启门有可能是"魂门"和"天门"的象征[3]。杨孝鸿认为，汉代的假门是沟通阴阳两界的窗口[4]。针对辽代仿木结构的墓葬，这个问题更易于在具体的建筑环境中展开。冯恩学推断位于辽墓正壁的门象征着"堂"或"寝室"，位于左右侧壁的门有可能是酒房、书房、茶房之类[5]。李清泉敏锐地注意到，辽宋金墓葬中的这类图像作为一种艺术语汇，"无论在哪一个时段和哪一个地区，始终都保持着整齐一律的风格和样式，仿佛就是一个固定不变的形象代码"，他相信这种共性"背后必定连着一套可以为当时人所普遍认知的符号象征逻辑"。他认为"宋辽金墓葬装饰中的'妇人启门'背后的空间，实际上是一个'寝'，而'妇人启门'图像即是这个'寝'的暗示符号"，这类图像潜在的社会文化根源则是"妇人治寝门之内"的传统女性伦理观念。他进一步结合唐宋传奇与宋元杂剧中对于美女形象的塑造，强调当时的人们相信"画中那美丽动人的女子身后，就是他们在生前梦寐以求的来世仙居或'仙寝'"[6]。

基于对源流、意义等问题的讨论，张鹏将辽墓中的半启门图作为考察燕云地区契丹族统治下汉人的丧葬观念及唐五代以来胡汉文化互动的重要视角[7]，从而使图像成为讨论更大的历史学问题的入口。新近易晴的文章则从风水的角度讨论了宋金墓葬北壁这类图像的宗教意义[8]。

上述关于图像意义的讨论，既有图像志（Iconography）层面的，也有图像学

---

[1] 土居淑子：《古代中国の半開の扉》，第275—287页。
[2] 吴雪杉：《汉代启门图像性别含义释读》。
[3] 巫鸿著，郑岩、王睿编：《礼仪中的美术——巫鸿中国古代美术史文编》下册，郑岩等译，北京：生活·读书·新知三联书店，2005年，第481、491—492页。
[4] 杨孝鸿：《汉代墓葬画像中"假门"现象之探讨——兼论灵魂升天还是回归》。
[5] 冯恩学：《辽墓启门图之探讨》，第31—32页。
[6] 李清泉：《空间逻辑与视觉意味——宋辽金墓"妇人启门"图新论》。
[7] 冯恩学也将半启门图视作关南汉人墓葬的特征，并将辽宁法库叶茂台7号墓石棺上的启门图看作契丹贵族汉化的结果。冯恩学：《辽墓启门图之探讨》，第34页。
[8] 易晴：《试析宋金中原北方地区砖室墓中〈妇人启门〉图像》。

(Iconology）层面的。在前一个层面，有的研究者试图找到一种文献，一举破解所有这类材料背后所表达的共同主题。这种考证的前提是，半启门图是对一个特定的文学故事的图解。但是，如果这个前提不首先得到证明，那么所有的论证就都没有实际意义。后一个层面所关心的是这种图像在不同环境中的使用问题，研究者谨慎地将研究范围缩小，着力分析半启门图与墓葬中其他题材的空间关系和意义关联。这种思路为理解墓葬的意义找到了很好的途径，但对于半启门图而言，其结论只能局限在特定时段的材料中，而无法对这种图像的流行提出整体的解释。面对纷纭众说，我们也许该稍作停留，仔细想一下这样的问题：究竟是什么引发了我们对于这种图像的兴趣？美术史的研究到底应该从哪里出发？

二

与半启门图同时代的人是怎样看待这类图像的呢？

许多研究者注意到宋人邓椿《画继》卷十记述的一幅画。让我们重新阅读这段文字：

> 画院界作最工，专以新意相尚。尝见一轴，甚可爱玩。画一殿廊，金碧熀燿，朱门半开，一宫女露半身于户外，以箕贮果皮作弃掷状。如鸭脚、荔枝、胡桃、榧、栗、榛、芡之属，一一可辨，各不相因。笔墨精微，有如此者！[1]

在邓椿眼中，这幅界画富有"新意"，"甚可爱玩"，而其"新意"无非两点：一是宫女半启门的构图，二是各种果皮一一可辨的精微笔墨。这两点都属于画面的表现形式，而非主题和意义。对于果皮的表现手法，熟悉宋代院画的人不会感到陌生，例

---

[1] 邓椿、庄肃撰，黄苗子点校：《画继／画继补遗》，北京：人民美术出版社，1964年，第124页。

如在李嵩的《货郎图》中，挑担上的各种什物就被描绘得"一一可辨，各不相因。""朱门半开"的形式在院画中难得一见，对照考古发现或可认定这种手法来自民间[1]。在这里，邓椿既没有强调宫女姓甚名谁，也没有说明这是何处殿廊。换言之，邓椿并没有将这幅画当作一个故事来欣赏，他感兴趣的只是画面新奇的形式。

目前所见的汉代半启门图大多见于丧葬性建筑，唐宋以后的材料性质复杂，既有墓葬材料，又有佛教遗存，在太原龙山道教石窟中也有所见[2]，此外如邓椿所述，还见于北宋院画中。试图用一种文献全面地解释如此复杂的材料，显然是不可能的。或许最初使用这种图式的艺术家（包括工匠，下同）的确是将这种形式与特定的主题结合在一起的，但是，在图式流传的过程中，其原初的意义并未继续随着图式传递下来。正如许多研究者谈到的，这些图像在不同的语境中出现时可能有着不同的意义。

既然可以将这些性质不同的材料作为一个整体来观察，就说明我们重视的是这些材料之间的共性。这些形形色色的材料之间的"最大公约数"如果不能归结为同一种主题或意义，那么又会是什么？答案可能很简单：是这种图像独特的表现形式。

关于形式的讨论是美术史研究最为基础的层面，但是，随着新艺术史的兴起，形式问题在很大程度上被弱化，研究者有时将形式看成艺术中过于浅白的元素。我虽然并不主张美术史返回到纯粹的形式主义的时代，然而就半启门这一母题的讨论而言，则恰恰要从形式本身入手。正是半启门的图像形式吸引了研究者的目光，但是，人们却匆匆略过了形式这道门，未把它看作进入到更深层研究的通道。下文的讨论将会进一步证明，这个视角并不是从外部强加进来的，而是半启门图本身的艺术感染力决定了我们的讨论必须从观看开始。一个瓶子可以用来装各种不同的酒，但我这里讨论的只是瓶子的高度、容量、视觉效果，而不是酒的味道。从美术史的立场出发，我们首先关心的是"看见了什么"。我并不反对在特定条件下讨论酒与瓶子的关系，但这却不是本文的重点。

那么，什么是门？

---

[1] 郑岩：《民间美术二题》，第90—92页。
[2] 张明远：《龙山石窟考察报告》，《文物》1996年第11期，第65—66页。

逝者的面具

法国哲学家德瓦（Roger-Pol Droit）这样回答：

  它是双面的，有两个完全独立甚至对立的面。我们将开口称为"门"。……"门"指的是流动的空间，穿越的点，连续障碍的中断。"门"同时也代表相反意义：可以用来关闭这个开口，封住洞口，阻止通行。

  ……你或许认为门不是开着的就是关着的，不是有就是没有，不是空的就是实的。错了。其实门同时具备了这些特征，绝无例外。它结合的空与实并不是不兼容的两个对立面，而是一体的两面。

  ……既空亦实的门是一件双面事物，既能划定界限也能破除界限，既能保护也能排斥，既能接受也能拒绝。它是里外并存。没有一条心灵之路是与门无关的。[1]

如果要为德瓦这些富有哲理的话配加插图，那么，半启的门是再恰切不过的了。门扉一扇关闭，一扇开启，使得门同时指向两个相反的状态——"开"与"关"，"空"与"实"。门是已知世界和未知世界的界限和连接点，德瓦的定义和图像中半启的门都表明，门随时可以开启，又随时可以闭合，那个未知的世界随时可以接纳，也随时可以拒绝我们。面对一道门，我们不禁要问：门的那边是什么？怎样打开？何时关闭？谁来打开这道门？谁可以通过这道门？需要阿里巴巴的咒语吗？进入以后还能返回吗？

当我们还没有触摸到这扇门时，门扉从背后悠然开启，一女子露出半身——还有比这更令人感到惊异的吗？

借助于出色的考古报告，河南禹县白沙赵大翁墓（1号墓，元符二年[1099]）后室北壁的半启门图成为这类图像中最为著名的一例（图4）[2]。该墓后室北壁（正壁）

---

[1] 德瓦：《51种物恋》，颜湘如译，台北：大块文化出版股份有限公司，2004年，第85—86页。感谢赵玉亮学棣惠赠此书。
[2] 宿白：《白沙宋墓》，图版34.1。

上部绘有帷幔，其下用砖砌出一假门。与墓内其他建筑构件一样，假门的结构十分具体，其外层有上额、槫柱、门砧，内层有门额、立颊、地栿，门额上有门簪两式四枚，左扇门扉向北面微微开启。假门之间，一圆雕的女子面南而立。女子垂双髻，身着窄袖衫和长裙，裙下露出鞋尖。由于门的缝隙有限，我们只能看到她大半部的脸和身体，她处在"藏"与"露"之间。与门一样，砖雕的女子原来敷有色彩，可知这一形象有多么逼真动人。白沙 2 号墓后壁也有一砖砌的假门，在向墓外稍稍开启的左门扉上，绘一探身而视的年轻女子（图 5）[1]。与 1 号墓的圆雕相比，这位女子更像是映照在门扉上的一个迷迷离离的影子。

限于体例，《白沙宋墓》对于门与人物的描述分属于"墓的结构"和"墓的装饰"两节[2]。实际上，人与门密不可分，人的力量使门运动，运动的门又将人物露

图 4 河南禹县白沙北宋赵大翁墓（1 号墓）后室北壁半启门图（采自宿白：《白沙宋墓》，图版 34.1）

图 5 河南禹县白沙北宋 2 号墓墓室北壁半启门图（采自宿白：《白沙宋墓》，图版 43）

---

[1] 宿白：《白沙宋墓》，图版 43。
[2] 同上书，第 30、42—43 页。

出或藏起；门是塑造人物形象的道具，而人物使门获得了生命。

李清泉谈到，白沙宋墓的半启门图是这类图像中"最为典型的"例子[1]。进一步讲，这种图式包括两个基本元素：一是半启的门，二是启门的女子。减少其中任何一个元素，这种图式都将不复成立，这两个元素的稳定性使得这种"典型图式"最为普遍。在宿白所提到的例子中，典型图式流行于汉代及唐辽宋金元时期，甚至在民国年间仍有所见，广泛出现于各种性质不同的载体中。在这一漫长的历史过程中，这些例子之所以被看作半启门图，是因为它们同时具备了这两个基本的元素，至于人物的服饰、门钉的数量，以及绘画与雕刻的技法，都是附属的、不确定的元素。

当我们讨论这种图式的视觉特征时，年代和区域变得不再重要。因此，本文不再采用考古地层学和类型学的思路来处理这些考古材料，即不再以建立这种图像的时空框架为首要目的。此外，为了理解这种图式的特征，我们还需要引入"观者"这一元素。说到这里，有的读者会立即想到这些画面所在的场所，关心那位观者身在何处。的确，多数的半启门图发现于封闭的墓葬中，而墓葬的"观者"是一个并不容易讨论的问题[2]。但是，我在这里首先要强调的是半启门图作为一种图像（image）抽象地存在时的形式特征，这种形式超越其物质形态和所在环境。毫无疑问，这种图式在使用的过程中会受到环境的制约，也会反过来赋予其所在环境某种特殊的意义，但这是另一个层面的问题（我会在本文最后一部分涉及这类问题）。需要特别指出的是，这种图式本身决定了它的对面有一位观者存在——不管是不是真的有一位具体的观者存在，它自身的形式都有这种诉求。在这种图式中，画面中人物的目光需要对面与之交流的另一种反方向的目光来回应，这也正是这种图式特有的吸引力。

半启门图看似一个戏剧性的情节，然而它本身既不构成一种起承转合、首尾完整的文学性叙事，也不是一个绝对静止的画面。它是艺术家摄取的一个特定的时间点，这个时间点稍纵即逝，正在运动的门扉和人决定了这一画面充满了不确定性。接下

---

[1] 李清泉：《空间逻辑与视觉意味——宋辽金墓"妇人启门"图新论》，第330页。
[2] 关于墓葬图像的观者的问题，参见本书《关于汉代丧葬画像观者问题的思考》一文。

去，有着两种发展方向可供选择：

A，门扉继续打开，观者最终看到女子完整的身体；

B，门扉继续关闭，观者最终什么都看不到。

女子的形象定义了一条道路穿过门而存在，这条道路在 A 的情况下是连续的一条线，在 B 的情况下则被阻断。当 A 发生时，道路指向两个方向，有两种可能性存在：

A1，女子跨过门槛，走进观者所在的空间；

A2，女子引导观者跨过门槛，进入一个未知的世界。

如果 A1 发生了，观者会问：她是谁？来自何处？这时，观者又会有两种选择：

A1.1，接纳她；

A1.2，拒绝她。

如果 A2 发生了，观者会问：她是谁？要带我去往何处？这时，观者也会有两种选择：

A2.1，跟随她去；

A2.2，不跟随她去。

在这种图式的使用中，还可以产生另外一个层面的延伸：女子是从一座建筑的内部望着我们；或者相反——她只是一位不期而至的访客。

在 B 的情况下，女子瞬间的形象留在了观者的记忆中。观者同样会问：她是谁？……因为忽然消失，所以她留给观者的记忆无比深刻。

在注视画面中女子的同时，观者也被画面中的女子所注视。种种陌生感和意外迫使观者反问自己：我在哪里？这是真实的吗？这是梦境吗？我是谁？……

在特定的文化背景下，门不仅界定了空间的分隔与关联，同时也是政治、社会空间的界限与通道[1]。当然，它还可以成为信仰世界的入口。这样，谁、是否应该、怎样跨越这道门……就有了更多更复杂的选择。在半启门图中，艺术家并没有把故

---

[1] 刘增贵从空间通道、人群分界、社会表征三个方面对这个问题进行了讨论。见刘增贵：《门户与中国古代社会》，《中研院历史语言研究所集刊》第 68 本第 4 分，1997 年，第 817—819 页。

逝者的面具

事讲完,他只是开了一个头,剩下的部分交由观者去想象、选择、补充、改造、完善。任何一种答案都有可能成立,任何一种选项、任何一种组合都可以将故事发展得独一无二。

文学作品中也常见半启门的形式,如唐人元稹《莺莺传》中崔莺莺所赋《明月三五夜》即有"待月西厢下,迎风户半开"之句[1],白居易诗《琵琶行》以"千呼万唤始出来,犹抱琵琶半遮面"写琵琶女的委婉美丽[2],《红楼梦》第三十七回黛玉"半卷湘帘半掩门,碾冰为土玉为盆"的诗句[3]也是此类艺术手法。《战国策·齐策六》王孙贾之母曰"女朝出而晚来,则吾倚门而望;女暮出而不还,则吾倚闾而望"[4],以"倚门"、"倚闾"来表达盼望子女归家的殷切心情。《史记·货殖列传》"刺绣文不如倚市门"[5],却是指妓女卖笑,盖取其隐秘之意,当今山东、河南等地民间贬称妓女为"半掩门子",正是其遗俗。

半启门的表现手法可以用在不同的语境之中,表达彼此相似或相异的意义,由此铺陈衍生出的故事,可能属于上面所提到的A—A1—A1.1、A—A1—A1.2、A—A2—A2.1、A—A2—A2.2和B的任何一种,而它们之间的共性,只在于半启门形式本身。在这一点上,李清泉指出这类图像和文学材料反映了时人"普遍的视觉兴趣"[6],是颇中肯綮的。

图像和文字中的元素偶然会有交叉[7],但在通常的情况下,图像和文字是两个互不相属的集合。如果说这两个集合之间有何共性的话,那就是它们都在反复使用着半启门这种独特的形式。我们既然不能用"刺绣文不如倚市门"的含义来解释"半卷湘帘半掩

---

[1] 李昉等编:《太平广记》第十册,卷四八八,北京:中华书局,1961年,第4013页。据周绍良考证,《莺莺传》一题为《太平广记》编者所加。见氏著:《唐传奇笺证》,北京:人民文学出版社,2000年,第385页。与之大同小异的诗句也见于《霍小玉传》,皆源于唐代流传甚广的李益《竹窗闻风寄苗发司空曙》一诗。见《唐传奇笺证》,第161—162、397—398页。
[2] 朱金城笺校:《白居易集笺校》第2册,上海:上海古籍出版社,1988年,第685页。
[3] 曹雪芹撰,无名氏续,中国艺术研究院红楼梦研究所校注:《红楼梦》上册,北京:人民文学出版社,1982年,第492页。
[4] 诸祖耿:《战国策集注汇考(增补本)》,南京:凤凰出版社,2008年,第666页。
[5]《史记》,北京:中华书局,1959年,第3274页。
[6] 李清泉:《空间逻辑与视觉意味——宋辽金墓"妇人启门"图新论》,第346—353页。
[7] 邓椿《画继》所述图画,是文字记载的图像的一个例子,而安徽歙县元代元统二年(1334)胡氏生茔石室雕刻崔护"去年今日此门中,人面桃花相映红,人面不知何处去,桃花依旧笑春风"一诗传说的画面,则是文学性故事见诸图像的例子。后者见李清泉:《空间逻辑与视觉意味——宋辽金墓"妇人启门"图新论》,第348页。

门",那么,又如何能够轻易地在一条文献和一幅绘画之间建立意义上的关联呢?

与历史上的观者一样,今天的研究者也会被半启门的画面深深吸引,将自己置身于女子对面。当研究者不由得在各种可能性之间选择和组合时,实际上也深深地陷入了画面所布下的谜局之中。基于这样的认识,我试图从这个谜局中挣脱,不再追问"她是谁"或"门后是什么"这类问题,尝试着选取一个新的视角,避开海妖塞壬(Siren)的歌声,即不再与画中人对视,而绕到这个谜局的侧面,旁观艺术家与这种图式的关系。当然,我们再也看不到艺术家本人,但是,我们可以通过分析图像内在的元素及其变化,来推考艺术家探索和使用这一图式的方式和思路。

虽然考古发现的半启门图材料已较为丰富,然而,我们却难以完整地建立起这种图式演化的时间性谱系。存留至今的材料只是历史上实际存在过的作品的一小部分,一些重要的环节可能已经消失。关于时间意义上的"起源"问题也不容易讨论,即使最早的瓶子是为一种特定的酒设计的,但那个瓶子及其所容纳的酒也早已不复存在。更重要的是,影响半启门图发生改变的原因远不止"时间"这一个因素,例如,一位艺术家可以根据环境的要求,或者凭借偶然得到的工具和媒材,甚至单纯依靠其个人的性格和情绪,在瞬间改变半启门图的样式,创造出独具特色的作品。这样的作品可能会影响到后来图式的发展走向,也有可能因为某种特殊的原因而未产生任何影响。因此,"进化"或"退化"的模式都不足以概括一种图式复杂的历史。研究者们习惯用考古类型学的方法来处理图像,但是,这种方法也未必能够全面地揭示出图像变化最为关键的方面。因为从生物分类学发展而来的类型学强调的是人工制品总体的发展规律,在选取标本时,一些不具有普遍性的材料要被剔除,而对于美术史研究来说,那些被剔除的标本却有可能是最具个性的艺术作品。

我放弃建立完整的半启门图演化谱系的企图,转而从两个方面探索这种图式发展变化的逻辑关系:一、在下一节,我将联系具体的例子,分析半启门图式在使用过程中的修正与变迁,从而更深入地理解这种图式的特征。我并不特别强调各个例子的年代关系,而相信图像形式有其内在的生命节律,不一定完全从属于时代的变迁。二、在第四节中,我将讨论古人在表达内—外、藏—露、实—虚等概念时,有过哪些相似的尝试和探索,通过材料的扩展,我意在说明半启门只是其中的一类方

案,而不是其全部,由此也可以反过来理解这类方案的价值何在。

三

以下我试图通过两批比较集中的材料,来观察古代艺术家对于半启门图式使用和改造的情况,第一批是前面提到的宣化辽代张氏家族墓壁画[1],另一批材料是四川泸县几座南宋中晚期石室墓中的雕刻[2]。必要时,我也会提及其他一些考古发现。

我们还是要从白沙宋墓半启门图所代表的典型图式说起。这种看似简单的图式为各个时期的艺术家们不断复制和引用,数量最多。艺术家们懂得画面本身所具有的魔力,他们自己置身于谜局之外,不作太多的增减,继续用这个传统的画谜去诱惑新一批的观者。艺术家们并不需要亦步亦趋地描摹一个固定的画稿,在许多时候,艺术家只要将半启门典型图式的两个基本元素记在心中,就可以随时创作出一张图画来,这样,在具体分寸上也就难免有些差别。例如,这种差别常常表现于女子从门缝间向外探身的尺度。在白沙2号墓,女子只有大半个脸和上半身的一小部分探出门来(见图5);而在泸县青龙镇3号墓正壁,一位女子的大半身已经从门扉间露出[3];青龙镇1号墓正壁和左右壁三道门前,侍女们皆全身露出,站在门槛上,只有身后微微开启的门扉暗示着她们刚刚从门间走出(图6)[4]。女子的身体展现得越多,画面的神秘感就越弱。河南林县(今林州市)金皇统三年(1143)墓绘三幅半启门图,其西壁和北壁两幅中的女子动作幅度极大,难免让人误以为她们正在挣脱门后另一

---

[1] 冯恩学以"启门人"为标准,将宣化等墓葬的半启门图分为"女子启门图"(又分为"进门图"和"出门图"两种)、"男子启门图"、"双女启门图"三类(冯恩学:《辽墓启门图之探讨》,第30—31页)。李清泉则将妇人启门划分为"妇人进门"、"妇人关门"、"妇人启门"三类(李清泉:《空间逻辑与视觉意味——宋辽金墓"妇人启门"图新论》,第329页)。与这种划分方式相比,我更强调画面的结构以及各类别之间的关系。此外,李清泉还将晨起开门、日暮关门的图像称为"准妇人启门图像"(同前引李清泉文,第330页),我则将其看作经过改造后的方案。
[2] 四川省文物考古研究所、成都市文物考古研究所、泸州市博物馆、泸县文物管理所:《泸县宋墓》,北京:文物出版社,2004年。
[3] 同上书,图37。
[4] 同上书,图9、10、11。

种控制其身体的力量（图7）[1]，这可能是画工受造型技术水平的局限，无意间造成的戏剧性效果。

有的艺术家对典型图式加以大胆改造，将这个未完成的故事发展下去，幻化出千姿百态的新图画。他们实际上与观者一样，也参与了解谜和选择的过程。宣化张诱恭墓（2号墓，天庆七年[1117]）东南壁绘侍女启门而入的瞬间，其左半身掩于门外，右脚踏入门槛。女子双手托盘，盘内有两小盏（图8）[2]。

图6 四川泸县青龙镇1号墓正壁半启门雕刻（采自四川省文物考古研究所等：《泸县宋墓》，第18页，图11）

图7（左下） 河南林县金墓北壁半启门图（张增午先生提供图片）

图8（右下） 河北宣化辽张诱恭墓（2号墓）东南壁半启门图（采自河北省文物考古研究所：《宣化辽墓——1974—1993年考古发掘报告》，由彩版80、81拼合而成）

---

[1] 张增午：《河南林县金墓清理简报》，《华夏考古》1998年第2期，第37页，图3。又见张增午、李向明：《林州文物考古发微》，郑州：中州古籍出版社，2009年，第144页，图13-3。
[2] 河北省文物考古研究所：《宣化辽墓——1974—1993年考古发掘报告》，彩版80、81。

在泸县宋墓中，启门的女子也多手持物品，所见有灯盘（见图6）[1]、托盘[2]、圆盒[3]、梳妆架[4]、扇[5]等。这些物品皆为日常生活器具，女子小心翼翼地将物品在不同的空间之间搬运，既显示了物品的珍贵，也清楚地表明了女子的身份。手中既然持有物品，就只好以身体另外的部位将门推开。我们都熟悉唐代诗人贾岛苦吟"推敲"二字的故事，所以也不难感受到人物开门方式的变化所带来的画面效果的差别。至于在邓椿《画继》所记的界画中，"物品"这一元素反向转化为"废弃物"，被女子倒出门外，这样的颠覆可真称得上有"新意"了。

将两个持物女子的场景相向叠在一起，便是宣化张世古墓（5号墓，天庆七年[1117]）后室东南壁所见的图画。这一画面通过两位侍女之间物品的交接，完成了不同空间的连接（图9）[6]。两女子目光彼此交流，若有所语。这时，观者成为局外人，只能从侧面观察这个封闭性的故事而不能参与其中。李清泉还注意到，壁画中背面的女子与张世卿墓（1号墓，天庆六年[1116]）后室西壁的"掩门"女子（图10）动态基本一致，只是方向左右相反，他认为这是同一粉本的翻转[7]，由此揭示出生成这种方案的具体技术。

宣化张世卿墓后室西壁的女子为背面，这个画面可以被看作与典型图式的意义、形式相反的一种变化，画面中的女子即将隐入一个我们看不到的空间，而拒绝与我们交流。或者说，这是艺术家转到了门的另一面看到的场景：女子小部分身体已隐藏在门扉间，接下来，她将在门的另一面"典型地"现身。

年代略早于宣化张世卿墓的张文纪墓（6号墓）、张文藻墓（7号墓，大安九年[1093]）、张世本墓（3号墓，大安九年）的壁画将背面的女子进行了更加大胆的改造：

---

[1] 四川省文物考古研究所等：《泸县宋墓》，图11。
[2] 同上书，图9。
[3] 同上书，图10、75。
[4] 同上书，图76。
[5] 同上书，图156。
[6] 河北省文物考古研究所：《宣化辽墓——1974—1993年考古发掘报告》，图202。
[7] 李清泉：《宣化辽墓——墓葬艺术与辽代社会》，北京：文物出版社，2008年，第112页。报告将此处壁画描述为"依女子托衣启门进入内室"（河北省文物考古研究所：《宣化辽墓——1974—1993年考古发掘报告》，第211页），而非李清泉所说的掩门。细审图片，可知女子手中虽未必"托衣"，但似持有物品，故可判断是启门，而非掩门。

图9 河北宣化辽张世古墓（5号墓）后室东南壁半启门图（采自河北省文物考古研究所：《宣化辽墓——1974—1993年考古发掘报告》，彩版74）

图10 河北宣化张世卿墓（1号墓）后室西壁的半启门图（采自河北省文物考古研究所：《宣化辽墓——1974—1993年考古发掘报告》，彩版66）

女子并没有跨过门去，相反，她们在为门上锁（图11）[1]。在这里，门的意义体现为隔绝、封闭与保护。

辽宁凌源富家屯1号元墓墓门上部（面向墓外）绘有半启的朱红色大门，不过门扉间所见不再是踽踽凉凉的一人，而是手中持有各种器皿、并肩向门外张望的三位女子，门隙间还露出银铤等财宝，此外，假门两侧的墙壁上也绘仕女和大量银铤

---

[1] 河北省文物考古研究所：《宣化辽墓——1974—1993年考古发掘报告》，图142、75，彩版35、44。我赞同李清泉将这些图像解释为锁门的观点，其合理之处在于注意到了墓葬壁画整体的关系（李清泉：《宣化辽墓壁画中的时间与空间问题》，韩国中国史学会编：《中国史研究》第34辑，2005年，第77—106页；李清泉：《宣化辽墓——墓葬艺术与辽代社会》，第240页）。与之不同，郑滦明和冯恩学则将张文藻墓后室西壁的这幅画解释为开锁（郑滦明：《宣化辽墓"妇人启门"壁画小考》，第73页；冯恩学：《辽墓启门图之探讨》，第30页），郑滦明称女子"一手托锁，一手持钥匙"。实际上，由于壁画中女子的右手被遮挡，未见钥匙，故此说尚缺乏直接的论据。

图 11 河北宣化辽张文藻墓（7号墓）后室西壁锁门图（采自河北省文物考古研究所:《宣化辽墓——1974—1993年考古发掘报告》，彩版 35）

（图 12、13）[1]。美女、金钱，热热闹闹，一样也不少，时人的幸福观如此"实际"，其表达也这般直截了当。

除了女子启门，张世卿墓后室东壁还描绘了一位黑衣男子手捧一函从半启的门扉间步入墓室（图 14）[2]。该函的形制与色彩与其北侧"备经图"书桌上的函完全一致，推测为书函或文房用具。持书启门的男子还见于泸县宋墓石刻[3]，此外，泸县墓葬中还有男侍持印盒等物[4]，有一例甚至肩扛一硕大的交椅（图 15）[5]。这些变化，已经背离

---

[1] 辽宁省博物馆、凌源县文化馆:《凌源富家屯元墓》，《文物》1985年第6期，第55—64转74页。山东济南历城区埠东村元代壁画墓的西壁描绘了一扇半启的门，门外堆满了金光灿灿的财宝，也十分直白地反映了人们对于财富的追求（刘善沂、王惠明:《济南市历城区宋元壁画墓》，《文物》2005年第11期，第69页，图35）。
[2] 河北省文物考古研究所:《宣化辽墓——1974—1993年考古发掘报告》，图162。
[3] 四川省文物考古研究所等:《泸县宋墓》，图166。
[4] 同上书，图26、59。
[5] 同上书，图165。

图12 辽宁凌源富家屯1号元墓墓门壁画（采自《文物》1985年第6期，第57页，图3）

图13 辽宁凌源富家屯1号元墓墓门上部半启门图（采自《文物》1985年第6期，第61页，图16）

了典型图式性别上的规定性，而男侍手中所持物品，则多与礼仪、权力和知识有关。

男子启门的图像在汉代已有所见[1]。在唐宋以后的材料中，除了世俗男子，还可见到僧人的形象，其中最为精彩的一例是山东兖州兴隆塔地宫出土的宋代舍利石函正面的假门，从门扉间探出半身的一位僧人形象活泼，与两侧两身菩萨庄重谨严的气度形成有趣的对比（图16）[2]。山西长治郝家庄元墓东壁从半启的门间探出身的则是一位顽皮的男孩（图17）[3]。

---

[1] 郑岩：《民间艺术二题》，第93页。
[2] 山东省博物馆、山东省文物考古研究所、兖州市博物馆：《兖州兴隆塔北宋地宫发掘简报》，《文物》2009年第11期，第49页。
[3] 长治市博物馆：《山西省长治市郝家庄元墓》，《文物》1987年第7期，第88—92页。

图 14　河北宣化辽张世卿墓（1号墓）后室东壁半启门图（采自河北省文物考古研究所：《宣化辽墓——1974—1993年考古发掘报告》，彩版62）

图 15　四川泸县福集镇针织厂1号墓石刻（采自四川省文物考古研究所等：《泸县宋墓》，第157页，图165）

图 16　山东兖州兴隆塔地宫宋代舍利石函正面假门（山东博物馆提供图片）

图 17　山西长治郝家庄元墓东壁启门图（采自徐光冀主编：《中国出土壁画全集》第 2 卷，北京：科学出版社，2012 年，第 222 页，图 212）

图 18　山西太原龙山元代石窟道童像（采自李雁红主编：《太原文物》，太原：山西人民出版社，1999 年，第 78 页）

　　新的图画色彩缤纷。但是，作为一幅画，这些被改造后的方案并不都算成功。画面增加了新的元素，也增加了更多的确定性，而一旦艺术家代替观者进行选择，观者发挥其想象力的空间就相对缩小了。在典型图式中，我们几乎可以听到门枢转动或者门扉轻合的声音，但是，横在侍者肩上的交椅、拥挤在门间的姐妹，却彻底破坏了典型图式特有的简洁、沉静、含蓄、幽美。

　　半启门图的魅力还在于它采取了绘画的形式，即使浮雕，也仍基本上保持着二维的格局。半启的门在有限的平面上拓展出了三维的空间，同时又设置了一种限度，观者必须依靠想象力，并与画中的人物互动，才有可能进入画面的深处，因此，观看这样一幅画，就是人们的欲望与来自画面阻力之间的对抗。这种张力的存在，带来了人们观看的快感。在这一点上，山西太原龙山道教石窟的一个例子是绝好的注脚。在其第 6 窟南壁一靠西与正龛相连的坛上，雕刻出高 1.4 米、宽 0.9 米的圆拱门，设两扇门扉，右侧门扉开启少许，一位高 1.17 米的童子手持书卷将从门内走出（图 18）。

适当尺度和空间关系以及独特表现的风格,加上这一图像特有的魅力,使得图像和观者的互动在这里变成现实,它吸引了很多访客一次次试图推开石门,日久天长,竟在两扇门扉上留下了深深的印痕[1]。

在实际的使用中,半启门图常常要与具体的建筑空间结合在一起,如何处理这种关系,就成为艺术家们必须面对的一个新课题。在赵大翁墓甬道口也有两扇假门,与龙山石窟的做法不同,这两扇砖砌的门扉安置于甬道的左右侧壁上,呈完全开启的状态。也就是说,这两扇门不是在一个平面上,而分别立于相对的两面墙上,与整个建筑成为一个整体。在门扉背后,艺术家绘出了司阍人、贡纳钱财者、致送酒物者、牵马者等形象的壁画,也呈现半藏半露的状态,使得这些前来为墓主送钱送物的人们看上去络绎不绝(图19、20)[2]。就墙面上人物与门扉的关系而言,这与半启门图是相近的。但是,这些人物原本应从两扇门扉间的通道进入墓室,现在却只好画在门扉之后,看上去似乎是从门道外侧的墙缝里钻出来的。因为门扉间的通道不再是纸帛或墙壁上的一段空白,而成为一段真实的三维的空间,那里的工作只有雕塑家才能胜任。这样,绘画的平面转为三维的空间,半启门的格局被拆分,人物与门的关系变得不合逻辑,艺术感染力也大打折扣。

相比之下,宣化辽墓壁画的处理方式则更为成功。如前所述,这几个例子过多地加入了新的元素,在一定程度上改变了典型图式原有的结构,但在另一个层面上,艺术家对典型图式的改造却有了新的意义,这种意义体现于画面与建筑环境的良性互动。例如,启门女子手中的物品很多都可以在墓内的随葬品中找到同类的实物,图像和实物互为注脚,一方面,图像表现了随葬品实际的功能,另一方面,器物的真身也赋予了图像以生命。

李清泉注意到,在宣化几座墓葬的后室,"东壁的假门中均作人物自门扉启门进入墓室,而西壁假门鲜有作开启状的,门上还常常挂有铁锁",与墓室内晨起梳洗和日暮掌灯等壁画联系起来看,"应是分别表现晨起开门和日暮关门的。也就是说,这

---

[1] 张明远:《龙山石窟考察报告》,第65页。
[2] 宿白:《白沙宋墓》,图版27。

图19 河南禹县白沙北宋赵大翁墓甬道东壁假门及壁画（采自宿白：《白沙宋墓》，图版27.2）

图20 河南禹县白沙北宋赵大翁墓甬道西壁假门及壁画（采自宿白：《白沙宋墓》，图版27.1）

类画面也在表现一天当中的时序活动"[1]，如此一来，便将时间概念巧妙地融入了这种表现空间关系的图式中。可见，艺术家对于典型图式加以改造的一个重要原因是建筑对绘画提出了新的要求，而改造后的方案也有可能依赖建筑而构成新的更加复杂的图式。这种新图式不再是一幅画，而是一组画，不妨将之称作"组合图式"。

---

[1] 李清泉：《宣化辽墓——墓葬艺术与辽代社会》，第240页。对这一观点的表述又见李清泉：《空间逻辑与视觉意味——宋辽金墓"妇人启门"图新论》，第330页。

图 21　山东济南长清区方山灵岩寺唐慧崇塔（谢燕摄影）

组合图式在绘画与建筑空间之间建立起一种有机的关系，它避免了赵大翁墓甬道假门所见的尴尬。组合图式可以追溯到山东济南长清区方山灵岩寺唐慧崇法师塔（图21）。该石塔南面辟有一门，由此可以看到石塔的内部，石塔东、西外壁均雕刻一半开的假门，其中东侧假门刻画一女子手执如意启门而入（图22），西侧假门刻一女子手提一壶倚门而立，仿佛刚从门中走出（图23）。一出一入的女子，使

图 22　山东济南长清区方山灵岩寺唐慧崇塔东壁假门（谢燕摄影）

图 23　山东济南长清区方山灵岩寺唐慧崇塔西壁假门（谢燕摄影）

得石塔在洞开的南门所规定的南北主轴线以外，增加了一条东西向的副轴线，而这条副轴线的成立，需要观者凭借其想象力去参与完成[1]。

慧崇塔的"进门—出门"与宣化的"开门—锁门"具有相似的连贯性，但二者所体现的"内"、"外"概念却有所不同。塔的雕刻出现于外壁，主要展现的是建筑外部形象。观者受假门图像的吸引，不由得从南门探身观察假门的背后，但其内壁空空荡荡，什么都没有。宣化壁画绘在墓室内壁，展现的是墓室建筑内部的空间。假门虽然暗示了这个空间在观念上的拓展，但"锁门"一节却强调了墓室建筑内部结构的完整性。

复杂的是，"进门—出门"的组合图式也见于墓室，山西汾阳高级护理学校金代5号墓为八角形墓，墓葬正壁（西壁）为墓主夫妇像，其右侧之西南壁雕刻一女子启门走入墓室，其左侧之西北壁雕刻一女子启门走出墓室。在与西南壁相邻的南壁，也雕刻一女子进入墓室（图24）[2]。三位进进出出的女子并未构成明显的线性关联，其作用不是强化墓室内部空间的意义，而是在墓室以外拓展出虚拟的空间。

这些新的图式赋予了建筑全新的意义，反过来，图像在建筑中的配置关系也会影响图像细节的改变。四川南宋石室墓正壁小龛内常见两种题材的雕刻，一种是安置屏风，或屏风前设交椅，以象征墓主的神位；另一种是在龛内雕刻半启门。泸县所见门前男侍将交椅扛在肩上的雕刻（见图15）实际上是综合了这两种传统的结果，四川华蓥东郊南宋嘉定十一年（1218）安丙夫人李氏墓正壁在屏风下部雕出半启门（人物上部已残）的做法（图25），也可以作同样的解释。

这些变化依赖于具体的建筑和特定的功能而产生，所以，一旦脱离了这些特殊的外部条件，一些新的元素就会变得非常不稳定。那些特别的例子虽然有趣，却无法成为半启门图的主流，能够纵横于不同时空和文化环境的，仍是最为典型的图式。

---

[1] 在隋唐时期，济南地区（当时属齐州、齐郡）流行单层四门的石塔，慧崇塔的结构可能与这种传统有关。对此，我将另文讨论。
[2] 山西省考古研究所、汾阳县博物馆：《山西汾阳金墓发掘简报》，《文物》1991年第12期，第16—32页。

图 24　山西汾阳高级护理学校金代 5 号墓（自左至右依次为南壁、西南壁、西壁、西北壁。采自《文物》1991 年第 12 期，第 21—22 页，图 10、13）

图 25　四川华蓥南宋安丙夫人李氏墓正壁小龛（采自四川省文物考古研究院、广安市文物管理所、华蓥市文物管理所：《华蓥安丙墓》，第 26 页，图 23）

四

在表达人物与建筑空间的关系时，至少有其他两个与半启门相似的方案也被使用过，第一种方案是人物半隐于屏风之后，第二种方案可称为"窥窗"。

先说第一种。在白沙赵大翁墓前室西壁墓主夫妇开芳宴一图中，有两组侍者分别立于男女墓主身后的屏风旁，其后方的两位侍女身体皆半藏半露，这两组人物背后还有一具立屏，他们的位置暗示着还有更多的侍者将要从两重屏风间陆续走出（图26）[1]。同样的手法也见于陕西韩城盘乐村宋墓壁画（图27）[2]。在这个例子中，两侧的窗子使得"墓室墙壁"与"画中墙壁"重合，而屏风后露出半身的人，则将墓主身后的屏风向前推出，使之看上去不至于像贴在墙上的一张画。

图26 河南禹县白沙北宋赵大翁墓（1号墓）前室西壁开芳宴图（采自宿白:《白沙宋墓》，图版5）

---

[1] 宿白:《白沙宋墓》，图版5。
[2] 孙秉君、刘军、程蕊萍:《陕西韩城盘乐宋代壁画墓》，国家文物局:《2009 中国重要考古发现》，北京：文物出版社，2010 年，第170—175 页。

逝者的面具

图 27　陕西韩城盘乐宋墓正壁壁画（采自国家文物局：《2009 中国重要考古发现》，第 172 页）

屏风与门在形式上较为相近，这一方案同样表现了人物与空间的关系。上文提到华蓥南宋安丙夫人李氏墓正壁小龛在屏风下部雕出半启门（见图 25）[1]，实际上是将两个方案整合在一起，体现出二者在空间表达上的共同作用。但二者也有不同的方面，其一，门依附于厚重的墙而存在，其位置是固定的，而轻巧的屏风却可以被整体移动，因此后者对空间的分割是相对的；其二，在半启门图中，人的活动导致门扉运转，而屏风后的人物除了自身的移动，并未改变屏风静止的状态，人与物缺少互动。因此，屏风方案的视觉冲击力逊于半启门图一筹。或许正因为如此，这种形式并没有像半启门那样成为独立存在的画面，而是不露声色地组合在其他画面之中，人们在使用这一图式时也就显得更为从容。有些经过巧妙组合后的画面，也可能相当复杂，如德国科隆博物馆（Museen der Stadt Koln）所藏明代崇祯十三年（1640）闵

---

[1] 四川省文物考古研究院、广安市文物管理所、华蓥市文物管理所：《华蓥安丙墓》，第 26 页，图 23。

寓五主持刊印的《西厢记》版画中"省简"一幅（图28）[1]，其画面结构令人联想到委拉斯贵兹（Diego Velázquez, 1599—1660）的《宫娥》（*Las Meninas*）[2]。

鉴于巫鸿对于中国古代绘画中屏风作为媒材及表现方式的意义已有详细研究[3]，我将更多的篇幅留给第二个与半启门相似的方案——窥窗。

在中国古代绘画艺术中，窥窗母题较早的一例见于东汉

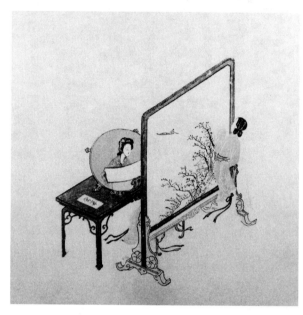

图28　德国科隆博物馆藏明《西厢记》版画"省简"（毕斐教授提供图片）

晚期的河南密县（今新密市）后士郭1号墓[4]。在该墓前室北壁门洞上部隔梁的横额上砌有三块方砖，每砖为一画，其外缘有较宽的边饰，仿佛是一个画框，边框内绘有菱形窗棂。这让我们联想到"绘画是通向外部世界的一个窗口"这句话，不过这里不再是一个比喻，而是在绘画和窗口之间进行了转换和整合，每幅画直接表现为一个窗口，二者的边缘完全重合。透过窗棂，可以看到人物活动，他们或彼此交谈，或观赏斗鸡的游戏（图29）。窗框、窗棂强调了墙体的存在，而其背后的人物则突破了墙面的限制，推出了另外一个空间，作为"物"的窗和作为"画"的外景巧妙地统一在了一起。

---

[1] 关于该图的研究，见 Wu Hung, *The Double Screen: Medium and Representation in Chinese Painting*, Chicago and London: University of Chicago Press, 1997, p. 252；中译本见巫鸿：《重屏：中国绘画中的媒材与再现》，文丹译，黄小峰校，上海：上海人民出版社，2010年，第228页。
[2] 对于委拉斯贵兹的《宫娥》结构的研究，见米歇尔·福柯（Michel Foucault）：《词与物：人文科学考古学》，莫为民译，上海：上海三联书店，2001年，第一章，第3—21页；该章另一个中译本（陈永国译）见陈永国主编：《视觉文化研究读本》，北京：北京大学出版社，2009年，第233—245页。
[3] Wu Hung, *The Double Screen: Medium and Representation in Chinese Painting*.
[4] 河南省文物研究所：《密县后士郭汉画像石墓发掘报告》，《华夏考古》1987年第2期；第101—102页。

图29　河南密县后士郭1号东汉墓前室北壁横额壁画（采自贺西林、郑岩主编：《中国墓室壁画全集》第1卷，石家庄：河北教育出版社，2010年，第62页，图72）

图30　河南焦作白庄121号西汉墓彩绘陶楼（采自《中原文物》2010年第6期，彩版1.1）

　　后士郭墓壁画的作者并不是这种图式的始作俑者，东汉王延寿《鲁灵光殿赋》描写了西汉鲁恭王刘馀在曲阜城所建灵光殿的建筑与壁画，其中就有"神仙岳岳于栋间，玉女窥窗而下视"的句子[1]。与赋中所描述的场景更为贴合的一个例子见于河南焦作白庄121号墓出土的一件彩绘陶楼（图30）[2]。这件高112厘米的明器共有四层，所表现的是一处豪华的粮仓。在陶楼第四层有两窗洞开，其右者有一彩绘的陶人临窗而立，露出半身。陶人头戴黑色高冠，着绿色交领衣，似为一男子的形象。根据发掘者的意见，该墓年代约在西汉晚期至新莽时期，也早于后士郭墓壁画。我们可以看到这件作品与后士郭墓壁画的一些微妙的差别，陶楼中的人物临窗而望，目光穿越了窗口；壁画的窗口吸引着观者窥视，但窗外的人物却不理会观者所在的世界。

　　年代晚于后士郭墓壁画的例子是安徽马鞍山雨山区孙吴朱然墓出土的一件漆案[3]。这件漆案的案面横82厘米，纵56.5厘米，中部黑色漆地上绘制宫闱宴乐图（图

---

[1] 萧统编，李善注：《文选》第2册，上海：上海古籍出版社，1986年，第514页。
[2] 焦作市文物工作队：《河南焦作白庄汉墓M121、M122发掘简报》，《中原文物》2010年第6期，第10—27转46页，彩版1、2。这种有"窥窗"人物的陶楼在河南发现过多例，多为东汉时期的作品。
[3] 安徽省文物考古研究所、马鞍山市文化局：《安徽马鞍山东吴朱然墓发掘简报》，《文物》1986年第3期，第1—15页。

图 31　安徽马鞍山市雨山区孙吴朱然墓漆案画像（采自王俊主编：《马鞍山文物聚珍》，北京：文物出版社，2006年，第70页）

31）。画面左上角绘皇帝与嫔妃并坐于幄帐中[1]。右侧一排坐席上绘皇后与众宾客。画面中央为宏大的百戏场景。画面最远处有一排房屋，只可见其墙壁与五个窗口，每个窗口透过菱形的窗格，都可以看到一至两个人物向画面中央眺望。画面主体是对一个封闭空间内人物活动的描绘，通过窥窗的图式，艺术家暗示画面深处还有另一个空间存在。由于窗间人物的目光也集中在百戏的场面上，所以画面并没有因为"内"与"外"两个空间的存在而分裂，相反，窗间人物与身处画外的观者一样，目光都集中在了画面的中心。透过这五个小窗口的目光会激发观者将整个画面想象为一个窗口，换言之，观者也像远处窗间的人物一样，正通过另一个窗子注视着画面中央的人们，而这个窗子的边框正是整个画面的边框（图32）。

云南昭通后海子东晋太元十一至十九年（386—394）之间的霍承嗣墓墓顶西披下方中部绘一女子持仙草逗引青龙，女子画像有墨书题记"玉女以草授龙"和朱书题

---

[1]　关于该图中"幄帐"的考证，见扬之水：《曾有西风半点香——敦煌艺术名物丛考》，北京：生活·读书·新知三联书店，2012年，第6页。

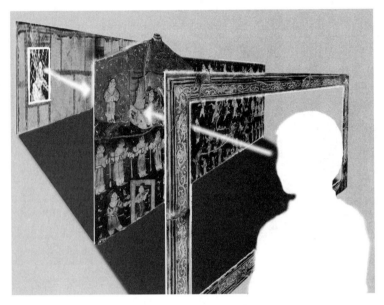

图32 安徽马鞍山市雨山区孙吴朱然墓漆案画像空间结构示意图（郑岩制图）

记"金女觇聪而视"[1]。"觇"即"窥"，"聪"通"牕"，故朱书题记应释为"金女窥窗而视"。女子持仙草逗引青龙壁画是墓中四神壁画之一，"玉女以草授龙"的题记正与图像对应，但"金女窥窗而视"却没有相应的图像。

我们不难推知这些图像和文字的制作程序：画工首先为青龙壁画增加一位引导者[2]，再题写"玉女以草授龙"加以说明，这时，他可能由"玉女"联想到了《鲁灵光殿赋》"玉女窥窗而下视"，便将这个句子题写在了前一条题记旁边，不过，他将"玉女"改成了"金女"，以避免与前一条题记中的"玉女"重复。"金女窥窗而视"并未引导出相关的图像，由此可以得知，《鲁灵光殿赋》关于宫殿壁画的描述，可以在后世的壁画创作者中以文字或诵记的方式代代传递[3]。

在北朝墓葬中，窥窗的传统仍在延续。宁夏固原雷祖庙北魏墓描金彩绘漆棺两

---

[1] 云南省文物工作队：《云南省昭通后海子东晋壁画墓清理简报》，《文物》1963年第12期，第1—6页。
[2] 在南京地区发现的年代略晚的南朝大墓中可以看到同样的主题，如丹阳鹤仙坳、金家村南朝墓甬道即有仙人引导青龙和白虎的拼镶砖画。见南京博物院：《江苏丹阳胡桥南朝大墓及砖刻壁画》，《文物》1974年第2期，第44—56页；南京博物院：《江苏丹阳胡桥、建山两座南朝墓葬》，《文物》1980年第2期，第1—17页。
[3] 近代民间画工中流传有许多口传的画诀，既包括了绘画的技法，也涉及绘画的题材。见王树村：《中国民间画诀》，北京：北京工艺美术出版社，2003年。

侧以绘画的形式打开两个小窗，每个窗口内有两位向外眺望的人物（图33）[1]。同样的形式也见于洛阳北魏正光五年（524）元谧石棺[2]（图34），这具石棺的表面装饰着大量孝子故事，逐渐远去的山林使人几乎忘记了石面的存在，然而，当我们的眼光与窗内人物的眼光相遇时，交点则是窗口所在的平面，如巫鸿所见，窗口使人再次强烈地意识到石棺平面的存在[3]。

图33　宁夏固原雷祖庙北魏墓描金彩绘漆棺残片（采自宁夏固原博物馆：《固原北魏墓漆棺画》，彩色摹本第4幅）

实际上，在湖北随州战国曾侯乙墓出土的漆棺上就曾出现彩绘的窗口，但窗间并无人物的形象[4]。北魏漆棺和石棺上的窗口，也许并不

图34　河南洛阳北魏元谧石棺画像局部（采自《瓜茄》第5号，大阪：瓜茄研究所，1939年，插页图）

能跨越巨大的时间沟壑，与上古的传统建立直接的联系，但它们的共同之处，均在于将安葬死者的这个"盒子"转化为一座房屋。房屋需要有门窗[5]，北魏的艺术家由窗子又联想到汉代以来流行的"窥窗"，于是便将这个旧的典故贴在了新制作的棺上。

---

[1] 宁夏固原博物馆：《固原北魏墓漆棺画》，银川：宁夏人民出版社，1988年，彩色摹本第4、6幅。
[2] 黄明兰：《洛阳北魏世俗石刻线画集》，北京：人民美术出版社，1987年，第30—39页。
[3] 巫鸿撰，郑岩、王睿编：《礼仪中的美术——巫鸿中国古代美术史文编》，第696页。
[4] 湖北省博物馆：《曾侯乙墓》下册，北京：文物出版社，1989年，图版10.1。
[5] 固原雷祖庙漆棺和元谧石棺的前挡皆有假门。

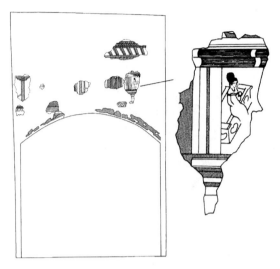

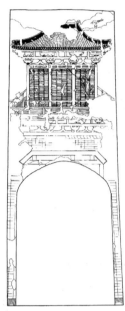

图35 陕西礼泉东坪村唐新城长公主墓门楼壁画（采自陕西省考古研究所等：《唐新城长公主墓发掘报告》，第78—79页，图79）

图36 陕西蒲城三合村唐李宪惠陵门楼壁画（采自陕西省考古研究所：《唐李宪墓发掘报告》，第131页，图144）

早期道教解除瓶上的镇墓文常常提到"生人自有宅舍，死人自有棺椁"[1]，以强调生死异途；艺术家的努力则在于通过建立生与死的连接和转换，使死者也有其宅舍，以消弥、淡化生与死的对立，而不是要真的开一个窗口，让我们看到其内部无情的死亡。

窥窗的例子在唐代偶有所见。陕西礼泉东坪村陪葬唐太宗昭陵的龙朔三年（663）新城长公主墓墓道北壁过洞以上绘一门楼，在其东部残存的壁画中，透过卷起的帘子可以看到室内一宫女坐于床上（图35）[2]。栏杆、湘帘都吸引着观者的目光穿越窗口向内观望。与之有所不同的是，陕西蒲城三合村唐天宝元年（742）让皇帝李宪夫妇惠陵墓道北壁门楼中，则画出竹帘内一位躬身向下眺望的书生（图36）[3]。这两个例子在"内"与"外"的矛盾之外，又增加了"上"与"下"的关系，这使我们再次回想起《鲁灵光殿赋》"玉女窥窗而下视"的句子。在陕西彬县冯晖墓（图37）[4]和陕西宝鸡李茂

---

[1] 如山西临猗县街西村出土的东汉延熹九年（166）解除瓶上的文字。见王泽庆：《东汉延熹九年朱书魂瓶》，《中国文物报》1993年11月7日，第3版。
[2] 陕西省考古研究所、陕西历史博物馆、礼泉县昭陵博物馆：《唐新城长公主墓发掘报告》，北京：科学出版社，2004年，第78—79页，图版20。
[3] 陕西省考古研究所：《唐李宪墓发掘报告》，北京：科学出版社，2005年，第131页，图144。
[4] 咸阳市文物考古研究所：《五代冯晖墓》，重庆：重庆出版社，2001年，图6、彩版2。

贞夫人墓[1]这两座五代墓的墓门以上设有砖雕彩绘的门楼，可以看作唐墓门楼传统的延续，这些年代略晚的门楼上皆装饰妇人半启门，窥窗和半启门两个相似的方案由此连接在一起。

窥窗是目光的运动，而启门则是身体对于空间的突破，所以，二者所蕴涵的张力程度并不完全相同。但是，窗格和门缝面积有限，窥窗和启门一样，都是藏与露的较量与妥协。由此我们也可以认识到，在内外空间的表达上，半启门是一种特别的，但不是唯一的形式，它是人们各种尝试中的一种选择。

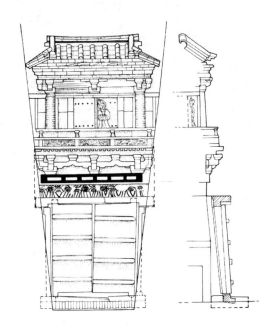

图 37　陕西彬县五代冯晖墓砖雕彩绘门楼（采自咸阳市文物考古研究所：《五代冯晖墓》，图6）

五

从拓片上看，山东邹城卧虎山2号西汉墓的半启门图似乎是一张独立的画（见图3）；而在墓葬中，这幅画被雕刻在石椁东端的外壁，画中的"门"也是石椁的"门"。类似的例子还有著名东汉王晖石棺（见图2）[2]。在这里，我将此类半启门图看作一种"建筑元件"，它在墓葬中的意义，在于利用建筑的局部形象将墓室、棺椁转化为一种完整的"建筑"，而这种地下的建筑既有类似地上建筑的形象，又有特定的象征意义。

---

[1] 宝鸡市考古研究所：《五代李茂贞夫妇墓》，北京：科学出版社，2008年，第41—43页。
[2] 对于王晖石棺前部的半启门与石棺结构、意义的关系，巫鸿已有过讨论，见巫鸿撰，郑岩、王睿编：《礼仪中的美术——巫鸿中国古代美术史文编》，第176页。

图 38　四川成都土桥东汉墓画像（采自龚廷万、龚玉、戴嘉陵编：《巴蜀汉代画像集》，北京：文物出版社，1998 年，图 81）

　　四川成都土桥东汉墓画像中的半启门图（图 38）则属于另一种类型。在这个例子中，半启的门同样是建筑的一部分，但是，这座建筑是"画中的建筑"，也就是说，建筑的形象在画面内部就已经完成，它并未使石棺的意义发生根本性的变化。与之类似的还有宋金时期的"明皇游月宫"铜镜[1]，其中虽然也有半启门的图像，但它只是故事的一个情节，镜子还是镜子。这种类型的半启门图可以称作"绘画元件"。四川荥经石棺的半启门图则同时具备了"绘画元件"和"建筑元件"两种功能，它满足了一个画面的需要，也带动着该画面一同成为石棺有机的组成部分（图 39）。在汉代墓葬画像中，作为"绘画元件"的半启门数量多于作为"建筑元件"的半启门，在唐宋时期则以后者更为多见。

　　除了门，其他"建筑元件"还包括铺作（斗栱）（图 40）、柱子、窗（图 41）等。在墓室的营造中，铺作、柱子、门、窗等构件以绘画或雕刻的形式制作出来，被研究者称作"仿木结构"[2]。仿木结构的墓室在两汉时期随着横穴墓的流行开始出现，辽宋金元时期则达到高峰。一些以砖石制作的建筑构件看上去相当真实，砖块石块的切磨精益求精，五彩斑斓的色彩遮蔽了材料原有的质感，在结构上也力求准确[3]。但是，这些仿制品又不完全等同于地上建筑的构件，它们的结构常常受到材料和技术的局

---

[1] 孔祥星：《中国铜镜图典》，北京：文物出版社，1992 年，第 750—751 页。
[2] 新近对于仿木结构墓室的一项重要研究，见 Wei-Cheng Lin, "Underground Wooden Architecture in Brick: A Changed Perspective from Life to Death in 10th-through 13th-Century Northern China," *Archives of Asian Art* (October 2011), 61 (1), pp. 3-36.
[3] 如宿白注意到，赵大翁墓门铺作的材、栔高度为 15∶5.2，与北宋《营造法式》的规定极为接近。见宿白：《白沙宋墓》，第 31—32 页注释 1。

图39　四川荥经东汉石棺画像（采自高文主编：《中国画像石全集》第7卷，第88—89页，图111）

图40　河南禹县白沙北宋赵大翁墓前室西北隅铺作（采自宿白：《白沙宋墓》，图版2）

限[1]，也必须依附于墓室内部的空间而存在。在上文的讨论中，我们已谈到北魏漆棺和石棺上窗口与宅舍概念的关联，同样，墓葬中的建筑元件也不是可有可无的"装

---

[1] 宿白同时注意到，赵大翁墓中有些构件由于砖材的局限，也多有与制度不合之处，如所有铺作皆出跳甚短。宿白：《白沙宋墓》，第27页。

图41　河南禹县白沙北宋赵大翁墓后室东北壁假窗（采自宿白：《白沙宋墓》，图版33.1）

饰",相反,由于它们的存在,墓葬由一个埋葬死者的地下"洞"、"穴"转化为与地上建筑相似的一个镜像,即人们常说的"地下宫殿"。

梁庄爱论注意到一个有趣的现象,即辽代及其稍后时期的墓葬内顶多绘有天象图,四壁的梁、柱、铺作皆呈现出外立面的形象,基于这种观察,她将墓室解释为对房舍中央一个庭院的模拟,而不是室内的空间[1]。李清泉认为,这种看法无法解释宣化辽墓后室"壁画中所描绘的那些备茶、备经、备装、备食活动为什么会在院子里进行,更无法想象古人平常要在院子里点灯、更衣、化妆"。因此,他把宣化后室看作"供墓主人在地下起居活动的一个'堂'"。他进一步解释说,这个经过精心装点的"堂""并不在地下或人间",而是"拥有佛教信仰的宣化张氏家族及其同代人所能够想象的灵魂的永久居所——天堂"[2]。林伟正则在技术和观念层面对这个问题作了更为细致的分析,他认为,将建筑外立面形象组合在一个内部空间中,实质上是将生者世界的木构建筑符号重新加以包装并赋予其新的文化含义,而创造出的一种为死者所用的新语汇[3]。

---

[1] Ellen Johnston Laing, "Patterns and Problems in Later Chinese Tomb Decoration," *Journal of Oriental Studies*, 16, nos. 1, 2 (1978), pp. 3-20; "Chin 'Tartar' Dynasty (1115-1234) Material Culture," *Artibus Asiae*, no.49, 1/2(1988/89), pp. 73-126.
[2] 李清泉：《宣化辽墓——墓葬艺术与辽代社会》,第246—250页。
[3] Wei-Cheng Lin, "Underground Wooden Architecture in Brick: A Changed Perspective from Life to Death in 10th-through 13th-Century Northern China," p. 27.

论"半启门"

图 42 河南禹县白沙北宋赵大翁墓墓室结构透视图（采自宿白：《白沙宋墓》，第 23 页）

　　的确，单方向地将这类墓室认定为内部或外部，都是不够全面的，实际上，一座仿木结墓室具有双重的性格。以赵大翁墓（图 42）为例，一方面，在墓室单面的墙壁上，各种"建筑元件"构成了一座地上建筑生动的外立面形象，门、窗、铺作的朝向暗示着其背后不可见的部分才是室内；另一方面，这些外立面却合围成一个实际的、封闭的、内向的空间，各种随葬品就放置在这个看似"庭院"的空间中，而那些门、窗无论怎样逼真，其背后实际上都是漫漫无际的黄土。一块块砖经过切割、磨角、对缝、拼合、彩绘，组织成一朵铺作，看上去真实无比，可观可触，但却不具有承重的作用，相反，工匠必须注意如何保证这些构件不会散落。一方面，各种"建筑元件"的配置合乎结构的逻辑，尺度也大致符合比例；另一方面，实际的墓室却狭小逼仄，赵大翁墓前室内部长 1.84 米，宽 2.28 米，平面六角形的后室最宽处也不过 2 米多。按照李清泉的解释，辽墓后室北壁妇人启门的背后，象征着"寝"；但是，死者的尸骨却实实在在地安置在后室的棺床上。在赵大翁夫妇的肉身随着时光朽枯的同时，他们栩栩如生的形象却永远留在墙壁上（见图 26）[1]。

　　更为有趣的一对矛盾出现于该墓的前部。一方面，甬道外端嵌砌了三层封门砖（图 43），封门砖外的墓道用土填实，将整座墓葬严密地封闭在地下；另一方面，在甬道的东西两壁，又各砌出高 117 厘米，宽 52 厘米，厚 2 厘米的版门一扇，门钉、门

---

[1] 关于墓主画像与死者遗体关系的讨论，参见本书《逝者的"面具"——再论北周康业墓石棺床画像》一文。

图43　河南禹县白沙北宋赵大翁墓墓门外层封门砖（采自宿白：《白沙宋墓》，第26页，插图3）

图44　河南禹县白沙北宋赵大翁墓甬道东壁假门（采自宿白：《白沙宋墓》，图版18.2）

环历历可数，几可乱真（图44）。（如上文所述，这两扇版门的背后是送钱人等壁画。）换言之，这座墓葬有两种门，一种是实际的通道，一种是虚拟的图像；前者坚实朴素，后者惟妙惟肖；前者无情地关闭，后者永久地开启。

上述两个矛盾的方面，分别建立在两个不同的哲学概念上：一个是现实，一个是理想。在现实的一面，是人们必须面对的死亡。人死后，尸体要埋在地下。受材料、技术、财力的局限，地下的墓室空间十分有限。生死有别，同时为了防盗，封门墙必须修建得十分坚实。墓葬封闭后，是令人绝望的黑暗和死寂……在理想的一面，人们并不把死亡看作彻底的终结，而是希望人死后会有另一个世界，有另一种"生活"。除了诵经、祭祀，也要在物质上作出相应的安排，于是墓葬被设计得如同死者生前的家，甚至比生前曾经居住的房屋更为奢华。墓室要有灯光，地下也要有日月星辰。要在概念上、视觉上扩展墓室的空间，要将各种衣食器具准备齐全，还要有童仆侍奉左右，失去生命的尸骨要转化为永生的形象……这些无穷无尽的愿望可以通过一种重要的手段来实现，那就是艺术。

更为复杂的是，现实与理想并不是两条平行线，相反，它们共存于同一座墓葬中，我们往往难以清晰地区分一座墓葬中什么是现实，什么又是艺术。墓葬的营造、对尸体的掩埋，本身就基于一种信仰和理想；作为艺术表现，既要突破，又要随时受到空间、技术、材料的局限；所有的艺术实践，最终又会以物质的形式、视觉的语言体现出来，变成一种新的事实……这一切，使得我们难以按照单一的逻辑，严丝合缝地解释所有图像及其空间关系。一座墓葬，说到底，便是现实与理想、死亡与艺术碰撞、交织、合谋、妥协的结果，其目的就是要将现实和幻觉混淆[1]。

在这一认识的基础上再回头来看半启门图时，我们就会发现，这不仅仅是一个画面，而是对于上述矛盾的一种浓缩、简洁的艺术表达[2]。

一般来说，当我们观赏画在墙上的一幅画时，墙面会被图像所遮蔽，当传说中鸟儿去啄食画在墙上的葡萄时，它也意识不到墙的存在。但是，一扇门则不同，门必须依赖墙而存在。作为"建筑元件"，门是图绘或雕刻而成的，但墙却不需要艺术地加以表现，因为它此刻就真实地矗立在那里。图绘的门承认了墙的存在；而作为图像，它又力求突破墙的局限，半开的门扉、美丽的女子，都将观者的注意力从墙上移开，从死亡中移开。这就像木偶片《神笔》中的一个情节[3]：小主人公马良在监狱的墙上画出一道门——没有墙，门就画不出；忽然，神笔展现了魔力，门扉洞开，马良获得了自由。

感谢李清泉、王云、洪知希（Jeehee Hong）、文文、吴雪杉、张增午、肖贵田等朋友对于本文写作的帮助。本文初稿曾译为西班牙文（"La «puerta entreabierta» en el arte imperial chino," traducido por Ivo Hardies）与英文（"The 'Half-Open Door' in Ancient Chinese Art," translated by Daniel Szehin Ho），刊于双语杂志 Art in China（Issue 4, Winter 2012, pp.8-15, 16-22）。中文稿有较大幅度的增补，第四节中的一部分抽出，以《说"窥窗"》为题刊于《设计艺术研究》2012 年第 1 期，第 29—32 页；第一至三、五节简缩后刊于《故宫博物院院刊》2012 年第 3 期，第 16—36 页。此次全文发表，并略有修订。

---

[1] 按照林伟正的说法，仿木结构墓室所表现的并不是真实的幻境（a realistic illusion），而是幻化的现实（an illusory reality）。Wei-Cheng Lin, "Underground Wooden Architecture in Brick: A Changed Perspective from Life to Death in 10th-through 13th-Century Northern China," p. 6.
[2] 邓小南也曾谈到半启门与空间的复杂关系："所谓'妇人启门'形象，其'启'与'闭'，事实上无从绝对区分。从墓室格局来看，她们所开启的，显然不是通向外部世界之门；她们相对于内门的'走出'，实际上是相对于墓室的'进入'。"见邓小南：《从考古发掘材料看唐宋时期女性在门户内外的活动——以唐代吐鲁番、宋代白沙墓葬的发掘资料为例》，注释 30。
[3]《神笔》，编剧洪汛涛，导演靳夕、尤磊，摄影章超群，木偶设计虞哲光，1955 年上海电影制片厂美术片组摄制。

后　记

　　这本书是我十多年来研究中国古代墓葬的一些心得，所讨论的范围集中在两汉到南北朝时期的墓葬图像，部分涉及唐代乃至辽宋金元的材料。

　　这些文字在书中按研究对象的年代依次排列，但写作时却不像考古发掘那样根据地层逐一揭露；相反，这个过程是由个人学术兴趣的移动、新考古材料的启发，以及其他种种机缘促成的，所以看似缺少系统性。我想，贯穿这些文字的线索，是一种不断学习和思考的轨迹。

　　在写作过程中，我的研究视角和方法前后有一些变化，这与我在此期间学习、工作和生活环境的变动有关。我从博物馆来到美术学院，由考古学领域迈入美术史研究的新天地，这些机缘使我有机会观察、理解和反思不同学科、不同学者对于同一类材料的不同态度和入思方式。我认为，在学科之间，在不同的理论和方法之间，除了差别和对立，或许还可以寻找一种彼此补充、相互兼容的模式。因此，我试图通过一些尝试性研究，获得更多的途径，去发掘考古材料中所包含的丰富信息，从而探索建立这类关联的可能性。我并不过多地强调学科的纯粹性，也不去纠结问题和方法正宗与否，更不以形成固定的风格或模式为急务。这一领域的研究并没有一套成熟的工作程序，可以使我们放心地照章办事。我们需要进行更加多维多元的探索，而不是贸然作出结论。要做的工作太多，这本书只能反映我个人的阶段性认识，其基本语法为进行时，而非完成时。

　　书的署名者是我个人，但我并非一位在深山中独自面壁的修行者。在这期间，我有幸得到许多老师和前辈的指导，有幸与国内外许多不同领域的学者交流，也有幸与一批批朝气蓬勃的学生彼此激发。是他们使我感受到在浮华焦躁的夹缝中，还有理想、责任与天真存在。这多么美好!

　　感谢北京市社会科学出版基金的资助,感谢匿名审稿人重要的修改意见,感谢北京大学出版社的朋友们,感谢责任编辑谭燕女士为本书出版所付出的努力。

郑　岩

2012 年 3 月 28 日